존재의 지도

 M 카이로스총서 66

존재의 지도 Onto-Cartography

지은이 레비 R. 브라이언트
옮긴이 김효진

펴낸이 조정환
책임운영 신은주
편집 김정연
디자인 조문영
홍보 김하은

펴낸곳 도서출판 갈무리 등록일 1994. 3. 3. 등록번호 제17-0161호
초판 1쇄 2020년 7월 24일
초판 2쇄 2020년 12월 12일

종이 화인페이퍼 인쇄 예원프린팅 라미네이팅 금성산업 제본 경문제책

주소 서울 마포구 동교로18길 9-13 [서교동 464-56] 2층
전화 02-325-1485 팩스 02-325-1407
website http://galmuri.co.kr e-mail galmuri94@gmail.com

ISBN 978-89-6195-242-2 93100
도서분류 1. 철학 2. 현대철학 3. 서양철학 4. 사회과학

값 25,000원

이 도서의 국립중앙도서관 출판예정도서목록(CIP)은 서지정보유통지원시스템 홈페이지(http://seoji.nl.go.kr)와 국가자료
공동목록시스템(http://www.nl.go.kr/kolisnet)에서 이용하실 수 있습니다.(CIP제어번호 : CIP2020028271)

존재의 지도
Onto-Cartography

기계와 매체의
존재론

An Ontology of
Machines and Media

레비 R. 브라이언트
지음

김효진
옮김

갈무리

일러두기

1. 이 책은 Levi R. Bryant의 *Onto-Cartography:An Ontology of Machines and Media* (Edinburgh University Press, 2014)을 완역한 것이다.
2. 외국 인명과 지명은 원칙적으로 국립국어원에서 공표한 외래어 표기법에 따라 표기하려고 하였으며, 널리 쓰이는 인명과 지명은 그에 따라 표기하였다.
3. 인명, 지명, 책 제목, 논문 제목 등 고유명사의 원어는 맥락을 이해하는 데 원어가 꼭 필요하다고 생각되는 경우를 제외하고는 본문에서 원어를 병기하지 않았으며 찾아보기에 모두 수록하였다.
4. 단행본과 정기간행물에는 겹낫표(『 』)를, 논문에는 홑낫표(「 」)를, 블로그 제목, 텔레비전 프로그램 이름, 영화 제목, 노래 제목, 비디오 게임 이름에는 가랑이표(〈 〉)를 사용하였다.
5. 저자의 대괄호는 〔 〕를 사용하였고, 옮긴이가 이해를 돕기 위해 첨가한 내용은 [] 속에 넣었다.
6. 영어판에서 이탤릭체로 강조된 것은 고딕체로 표기하였다. 단, 영어판에서 영어가 아니라서 이탤릭으로 강조한 것은 한국어판에서 강조하지 않았다.
7. 지은이 주석과 옮긴이 주석은 같은 일련번호를 가지며, 옮긴이 주석에는 [옮긴이]라고 표시했다.
8. 인용문 중 기존 번역이 있는 경우 가능한 한 기존 번역을 참고하였으나 전후 맥락에 따라 번역을 수정했다.
9. 한국어판 지은이 서문으로 옮긴이의 서문을 갈음한다는 옮긴이의 뜻에 따라 별도의 옮긴이 후기는 싣지 않는다.

차례

존재의 지도

먼저 저는 『존재의 지도: 기계와 매체의 존재론』이라는 책이 한국어로 출간되는 것을 알고서 얼마나 기쁘고 영예로운 느낌이 들었는지 표현하지 않을 수 없습니다. 그 책이 처음 출판된 지는 거의 6년이 지났고, 더욱이 느린 출판 과정을 참작하면 그 책이 저술된 지는 거의 10년이 지났습니다. 오늘 저는 그 책을 뒤돌아보면서 이렇게 자문했습니다. "나는 무엇을 추구했을까?" "나는 무엇을 이루어 내고 싶었을까?" "이 책은 무엇에 관한 것이었을까?" 글쓰기의 경이는 그것이 사유의 한 형식이라는 것입니다. 우리는 사유를 우리의 일상생활을 구성하는 일반적인 인지와 혼동하지 말아야 합니다. 우리의 일상생활을 보편적으로 구성하는 일반적인 인지의 대다수는 인정과 습관으로 이루어져 있습니다. 이와는 대조적으로, 사유는 인정과 습관을 단절함으로써 무언가 새로운 것을 생산하는 드문 사태입니다. 비록 저자에게만 그럴지라도 말입니다. 글쓰기는 단지 누군가가 이미 생각한 바를 보고하는 것이 아니라, 오히려 무언가를 발견하고 발명함으로써 그 작가가 이전과 다른 사람이 되도록 이끕니다. 글쓰기 속에서 그리고 글쓰기를 통해서만 사유될 수 있으며 글쓰기를 하지 않았더라면 결코 사유될 수 없었을 그런 것들이 있습니다. 진정한 글쓰기가 이루어진다면 저자는 자신이 작성한 글을 보며 어김없이 놀라지 않을 수가 없고 심지어 때로는 당황하게 될 것입니다. 저자는 그 글이 이럴 것이라고 예상할 수가 없었을 것입니다.

제가 이런 생각을 떠올리게 된 것은, 『존재의 지도』를 뒤돌아보면서 그 책의 핵심 개념, 즉 그 책에서 부각하고자 노력했던 그 개념이 제가 알기에는 그 책 속 어디에서도 나타나지 않음을 깨달았기 때문입니다. 처음부터 끝까지 『존재의 지도』는 우리 자신이 그 속에 갇혀 있는 억압적인 회집체assemblage들에서 벗어날 **탈출 속도**에 도달하는 방법에 관한 물음과 씨름하고 있습니다. 이 개념이 그 책 속 어디에서도 나타나지 않는다면, 그 이유는 제가 그 책이 저술될 때까지 그 개념을 생각할 수 없었기 때문입니다. 탈출 속도는 어떤 객체가 육중한 물체의 중력에서 벗어나려면 도달해야 하는 속도입니다. 예를 들면, 지구의 중력에서 벗어나려면 객체는 최소한 초속 11.2킬로미터의 속도에 도달해야 합니다.

이제는 분명하게도, 탈출 속도라는 개념을 환기할 때 저는 어딘가 다른 곳 ─ 물리학 ─ 에서 비롯된 어떤 개념을 채택하여 『존재의 지도』를 활성화하는 특정 개념들과 문제들의 맥락에서 그것을 재구상하고 있습니다. 그 책의 중심 개념 중 하나는 '중력'입니다. 중력은, 푸코의 의미와 유사하게, 무언가에 속하는 '역능'을 가리키는 저의 용어입니다. 뉴턴의 중력 개념을 아인슈타인의 중력 개념과 대조해 봅시다. 뉴턴의 경우에는 중력이 끌어당김과 밀침의 힘입니다. 아인슈타인의 경우에는 중력이 힘이 아니라 오히려 객체들의 질량에 의해 만들어지는 시간과 공간의 곡률입니다. 지구 같은 객체가 태양 주위를 공전하는 이유는 지구가 태양에 끌리기 때문이 아니라 오히려 지구가 태양에 의해 만들어진 시공간 곡률을 따라 이동하고 있기 때문입니다. 『존재의 지도』의 중심 논제는 객체와 기표가 우리를 자신의 궤도에 포획하는 독자적인 종류의 '중력'을 행사한다는 것입니다. 다시 말해서, 사회가 그런 형식과 구조를 유지하는 이유는 단지 사람들이 품고 있는 믿음 때문 ─ 이 경우에는 변화가 성공적인 이데올로기 비판을 통해서 간단히 초래될 수 있을 것입니다 — 이 아니라 오히려 사람들이 그들의 움직임 가능성을 조직하고 제한하는 객체들과 기표들의 엄청나게 풍부한 회집체들에 갇혀 있기 때문입니다. 이런 이유로 인해 『존재의 지도』라는 책의 부제에 '매체'라는 낱말이 들어가게 되었습니다. 여기서 '매체'는 주로 인쇄 매체와 시각 매체를 가리키는 것이 아니라, 오히려 우리의 행위와 행위 가능성이 우리 세계의 비품을 이루는 객체들과 기표들을 통해서 매개되는 방식을 가리킵니다.

우리는 코로나19를 겪으면서 이 모든 것을 알 수 있습니다. 미합중국의 코로나19 대유행은 체계 이론가들이 '사악한 문제'라고 부르는 것의 일례입니다. 무엇보다도, 어떤 생태계 또는 체계의 문제들이 엄청난 규모로 서로 의존함으로써 어떤 손쉬운 해결책도 허용하지 않을 때 사악한 문제가 발생합니다. 제가 사는 텍사스주에서 해결해야 할 문제는 이번 가을학기에 어린이들을 다시 등교시켜 대면 수업 형식의 교육을 받게 하는지 여부에 관한 문제입니다. 텍사스주 정부는 어린이들을 다시 등교시켜야 한다고 단호히 주장했습니다. 이것에 대한 이유는 꽤 명료합니다. 어린이들이 집에 머무르고 있는 한, 부모들은 직장에 돌아갈 수 없습니다. 현재 많은 사람이 건강보험이 없거나 실업수당을 받지 못하거나 다른 형태의 정부 보조를 받지 못한 채 실업 상태에 있습니다. 이들 가족의 고난에 덧붙여, 한때 호황이었던 주 경제가 휘청거리고 있는 이유는 사람들이 물건을 살 돈이 없거나 물건을 팔기 위해 감히 집을 나서지 않기 때문입니다. 그리하여 더 많은 일자리가 사라지고 도처에서 기업이 도산하고 있습니다. 돈이 순환하고 있지 않기에 주 정부 역시 병원과 다른 서비스가 계속 기능하게 만드는 데 필요한 세수를 거둬들이지 못하고 있습니다. 이것이 『존재의 지도』에서 제시된 의미에서의 중력에 관한 일례입니다. 코로나19 대유행이

제가 '블랙홀 객체'라고 부른 것, 즉 그 중력이 매우 거대하여 아무것도 그것에서 벗어날 수 없는 객체의 일례가 아니기를 기대합시다.

우리는 코로나바이러스, 경제, 그리고 텍사스주와 미합중국 연방의 다양한 규정과 법률의 중력, 궤도 안에 갇혀 있습니다. 그 주장은, 어린이들이 대면 수업을 받기 위해 다시 등교하게 된다면 부모들이 직장에 다시 나갈 수 있을 것이라는 착상에서 비롯됩니다. 그렇지만 이 제안은 그 나름의 온갖 종류의 중력 문제를 맞닥뜨립니다. 예를 들면, 수업 규모가 사회적 거리두기를 엄청나게 어렵게 만드는 문제가 있습니다. 화장실에서 변기 물을 내릴 때 바이러스가 전파될 수 있는 문제가 있고, 어린이들이 자신의 손을 제대로 씻을 수 있도록 물을 데우는 데 시간이 걸리는 문제가 있습니다. 교실을 드나드는 통로가 협소하여 어린이들이 서로 밀치게 만드는 문제가 있습니다. 그리고 물론, 어린이들 – 그들 중 많은 어린이가 자신의 부모에게서 코로나바이러스에 감염될 가능성은 희박하다거나 그 바이러스는 위험하지 않다는 말을 듣고 있습니다 – 이 사회적 거리두기 지침을 따르게 하는 일이 어렵다는 문제가 있습니다. 더욱이 무엇보다도, 어린이들이 다시 등교하게 되면 학교가 전파의 벡터가 될 가능성이 있기에 코로나바이러스의 확산을 심화하고 어린이 등교 정책이 해결하게 되어 있는 문제들을 악화시킬 것입니다. 이 문제에 대한 좋은 해결책은 없습니다. 각각의 가능한 해결책이 다른 끔찍한 문제들을 초래합니다. 우리는 대면 수업이 어린이들의 정신 건강과 사회적 발달에 필수적이라는 말을 듣습니다. 이 말은 진실이지만, 그들이 코로나바이러스에 감염되어 귀가함으로써 본의 아니게 부모와 다른 소중한 이들을 죽게 만든다면 그들의 정신 건강과 발달은 어떠할 것 같습니까?

『존재의 지도』는 철학 전문 저널과 학술회의에서 논의되기보다는 오히려 도구로 사용되도록 저술된 책입니다. 저는, 독자들이 이어지는 글에서 제시되는 개념들을 자신이 갇혀 있는 중력장에서 벗어날 탈출 속도에 도달하기 위해 자신이 살아가는 세계의 지도를 제작하는 데 사용하기를 열렬히 바랍니다. 저는 종종 무엇을 해야 하느냐는 질문을 받습니다. 우리는 어떻게 상황을 바꾸고 탈출 속도에 도달할 수 있습니까? 모든 세계 또는 회집체는 다르기에 이런 질문에 대해 제가 가진 유일한 대답은 "지도를 제작해야 한다"라는 것입니다. 하나의 실천으로서 존재지도학에는 세 가지 차원이 있습니다. 첫 번째 차원은 제가 지도학이라고 부르는 것입니다. 이것은 여러분이 살아가는 세상을 조직하는 객체들과 기표들의 회집체들에 관한 지도를 제작하는 데 있을뿐더러 이들 회집체가 우리의 행동과 움직임의 가능성을 조직하는 방식을 식별하는 데 있습니다. 객체들과 기표들로 이루어진 이런 특정한 회집체는 우리의 경로를 어떤 식으로 조직하는 것일까요? 두 번째 차원은 제가 해체라고 부르는 것입니다. 불가피하게도, 지도학을 수행한 이후에는 다른 삶과 움직임의 가능성을 차단하는 객체들과 기표들의 어떤 배치들이 있음을 깨닫게 될 것입니다. '해체'는 철저히 문자 그대로 여겨져야 합니다. 이들 객체와 기표가 대안적 삶과 움직임의 가능성을 차단한다면, 우리가 그 속에서 거주하고 살아갈 새로운 중력 경로, 새로운 시공간의 고랑을 개방하기 위해 그 걸림돌들을 어떻게 제거할 수 있을까요? 마지막으로, 세 번째 차원은 제가 대지형성이라고 부르는 것입니다. 새로운 생활양식의 가능성을 개방하기 위해 어떤 새로운 객체들과 기표들의 세계를 구축하고 창조할 수 있을까요?

지도 제작, 해체, 그리고 대지형성이라는 실천이 이 책의 명령입니다. 그것들은 모두 우리가 살아가는 억압적인 세계에서 벗어날 탈출 속도에 도달하기 위함입니다. 주지하다시피, 맑스는 철학의 목적이 세계를 표상하는 것이 아니라 세계를 바꾸는 것이라고 말했습니다. 저는 사람들이 자신의 탈출 경로를 구축하는 데 도움이 될 개념적 도구들을 제공하리라는 희망을 품고서 제가 세계를 바꾸는 데 작게나마 기여할 것이라고 기대합니다. 저는 이 책이 새로운 한국 독자들에게 영향을 미침으로써 새롭고 아름다운 해방적 전환을 이루는 데 사용되리라 희망합니다.

2020년 7월 13일
레비 R. 브라이언트

레비 브라이언트의 『존재의 지도: 기계와 매체의 존재론』은 에든
버러대학교 출판사에서 펴내는 '사변적 실재론' 총서의 두 번째 책이
다. 이 책은 현대 철학에서 대체 불가능한 인물로 확립된 저자가 기울
인 두드러진 노력의 결실이다. 브라이언트의 초기 작업은 질 들뢰즈의
철학과 자크 라캉의 정신분석학에 강한 영향을 받았고, 이들 인물에
게서 배운 교훈은 오늘날에도 여전히 브라이언트의 사유를 활성화한
다. 좋고 나쁜 철학 블로그들이 번성하는 시대에 브라이언트의 널리
읽히는 〈라발 서브젝츠〉Larval Subjects 블로그는 대륙적 전통의 젊은
철학자들에게 여전히 가장 강력한 회합 장소다. 그 블로그에 실린 모
든 글은 브라이언트의 잡식성 독서 취향, 새로운 증거에 직면하여 자
신의 관점을 기꺼이 진전시키는 성향, 독자들과 나누는 대화에의 끝
없는 욕구를 반영할 뿐만 아니라, 학구적인 저자들 사이에서 보기 드
문 그의 다채로운 이력도 반영한다. 브라이언트가 보낸 개인사의 가
장 예외적인 (그리고 유쾌한) 특징 중 하나는, 자신의 블로그에서 분
명히 다시 언급되는 대로, 그가 자신의 박사학위 논문을 석사학위 논
문보다 먼저 작성했다는 사실인데, 그 이유는 시카고 소재 로욜라대학
교의 논문심사 위원들이 제출된 석사학위 논문의 내용이 너무나 충
실하여 석사학위용으로 낭비되기에는 아깝다고 느꼈기에 브라이언
트에게 애초의 논문을 박사학위 논문으로 다시 제출하기 전에 더 짧
은 논문을 작성하도록 요청했기 때문이다. 브라이언트는 솔직함과 생
생한 문체로 인해 지금까지 험담꾼들과 유명한 논쟁을 벌이게 되었지

만, 한편으로 세계 전역에서 수천 명의 찬양자도 얻게 되었다. 더욱이, 브라이언트는 적극적인 국제적 강연자이기도 한데, 철학이라는 분과 학문 이상의 분야들에서 그 영향력이 점점 더 커지고 있다.

브라이언트는 이 책에 앞서 두 권의 책을 출판했다. 첫 번째 책은 『차이와 소여 : 들뢰즈의 초험적 경험주의와 내재성의 존재론』*Difference and Givenness : Deleuze's Transcendental Empiricism and the Ontology of Immanence*(2008)이라는 들뢰즈에 관한 책으로 높이 평가받고 있다. 많은 독자가 이 책을 들뢰즈의 걸작 『차이와 반복』에 관한 최고로 유용한 책으로 여기는데, 그런 영예를 놓고 경쟁하는 다수의 훌륭한 책이 있음에도 말이다. 내가 브라이언트와 개인적으로 알게 된 시기는 그의 첫 번째 책이 출판된 직후였는데, 요컨대 그 만남은 두 사람 모두에게 심대한 영향을 끼친 지성적 우정이었다. 브라이언트는 '객체지향 존재론'(이하 OOO)으로 알려진 운동에서 빠르게 핵심 인물이 되었는데, 그 용어는 2009년에 브라이언트 자신이 고안한 용어다. 브라이언트는 객체지향 패러다임과 브뤼노 라투르의 저작에 몰두함으로써 『객체들의 민주주의』*The Democracy of Objects* 1(2011)라는 자신의 두 번째 책을 저술하게 되었다. 그 책은 장점이 많은 책이면서, 어쩌면 바디우와 들뢰즈 같은 기성의 대륙적 명사들에서 프란시스코 바렐라와 움베르토 마투라나, 독일인 체계 이론가 니클라스 루만에 이르기까지 놀랍도록 다양한 사상가를 종합한 점에서 가장 주목할 만한 책일 것이다. 그 책은 자체의 많은 흥미로운 참고문헌을 넘어서 향후 수십 년 동안 읽힐 법하게 만드는 참신함과 명쾌함으로 특징지어진다.

브라이언트의 이례적인 지적 성장 능력을 참작하면, 독자는 당연

---

1. 레비 R. 브라이언트, 『객체들의 민주주의』, 김효진 옮김, 갈무리, 근간.

히 그의 최신 저작에서 또 하나의 새로운 전환이 이루어짐을 예상할 것이다. 『존재의 지도』의 쟁점은 '유물론'이라는 낱말인데, 요컨대 브라이언트는 유물론을 그 찬양자들과 적들에게서 공히 변호하기를 바란다. 브라이언트가 비물질적 실재에 대한 모든 호소에 반대하는 열렬한 유물론자이더라도, 더 정곡을 찌를 것은 브라이언트의 다른 비판, 즉 텍스트 기반 문화연구의 숲에서 길을 잃게 되는 이른바 유물론자들에 대한 그의 짜증이다. 브라이언트가 멋지게 서술하는 대로,

> 물질적인 것들이 기표의 변별적 차이들의 안개 속에 흩어져 버린 후에는 화석연료, 오염물, 자동차, 지구의 알베도와 상호작용하는 햇빛 등의 실재적인 물리적 효험을 생각하기 위한 여지가 더는 존재하지 않게 되었다. 인문학의 생태이론가들 사이에서도 꿀벌들이 농경에서 수행하는 역할과 그것들이 의존하는 관계들의 체계를 논의하기보다는 오히려 문학과 영화에 묘사된 환경의 초상들을 논의하는 것에 대한 선호가 나타난다.

전력선과 공장, 박물관, 스포츠 경기장 같은 비담론적 존재자들의 설치가 민중에게 명백한 영향을 미치는 〈심시티〉SimCity라는 비디오 게임을 접함으로써 자신이 강건한 유물론으로 개종하게 된 사태에 브라이언트는 약간의 당혹감을 표현하지만, 그의 당혹감은 이미 한물간 것이다. 최근에 (이안 보고스트 같은 사상가들이) 다음번의 철저한 정치적 도구이자 일종의 고급 예술로서 비디오 게임에 대해 갖는 관심이 급증하는 국면을 유의하자.

세계는 순전히 기표적 실재들 또는 담론적 실재들로 이루어져 있기보다는 오히려 물질적 실재들로 온전히 이루어져 있다는 브라이언

트의 결론은 "그것들 자체가 다른 존재자들로 구성된…다양한 규모 수준에서 현존하는 단위체들 또는 개별적 존재자들"에 대한 전망에 해당한다. 이렇게 하여 브라이언트는 지금 당신이 읽고 있는 책의 중추를 형성하는 기계지향 존재론을 표명하게 된다. 존재자가 기계인 이유는 그것이 "입력물에 역동적으로 작용하여 출력물을 생산하"기 때문이다. 더욱이, 이 이론이 "어떤 세계에서 기계들이 다른 기계들의 움직임과 발달, 되기를 조직하는 방식을 분석하는, 이들 회집체 사이에 맺어진 관계들의 지도"를 전개하는 한, 그 이론은 존재지도학이 된다. 궁극적으로, 브라이언트의 최근 작업은 새로운 형식의 정치철학을 겨냥한다. "존재지도학이 겨냥하는 목표는 탐구 양식들을 차단하는 것이 아니라, 권력이 작동하는 방식을 더 잘 이해하고 다양한 형태의 억압을 극복하기 위한 전략을 고안함으로써 우리가 세계에 개입하여 변화를 만들어낼 가능성을 확대하는 것이다."

『존재의 지도』는 사유를 촉발하는 책이자 해박한 지식을 담은 책일 뿐만 아니라, 대단히 재미있는 책이기도 하다. 이 책은 브라이언트의 이전 저작에 친숙하지 않은 사람도 금방 이해하기 쉬운 것으로 판명될 것이다. 브라이언트를 이름나게 만든 강력한 블로그 글들과 마찬가지로, 이 책은 철학의 미래로 나아가는 또 하나의 길을 제시한다.

2013년 6월, 카이로
그레이엄 하먼

벵골보리수, 세쿼이아, 두족류 동물, 카피바라, 너구리,

완보동물, 미생물, 바이러스, 아마존 우림, 산호초,

그리고 지금까지 상상되지 않은 기술을 위하여

서론 : 유물론의 갱신을 위하여

이 책은 유물론을 변호하면서 갱신하려고 시도한다. 이것은 비판자와 옹호자에게 공히 맞서는 데 필요한 변호와 갱신이다. 비판자의 경우에, 우리는 유물론이 환원적이고, 기계론적이며, 그리고 인간과 사유, 사회와 관련하여 아무튼 물질적인 것이 아닌 무언가가 존재한다고 주장하고자 하는 반(反)계몽주의자에 맞서 유물론을 변호해야 한다. 하지만 어쩌면 오늘날 더 위협적인 사람은 유물론의 옹호자일 것이다. 대륙적 전통의 비판 이론가와 사회 이론가, 정치 이론가의 경우에, 우리는 그들 자신의 관점이 '유물론적'이라는 말을 거듭해서 듣게 되지만, 그들의 분석에서 물질의 물질성이 갑자기 사라짐을 보게 될 따름이다. 이들 담론과 이론적 경향에서는 '유물론'이라는 용어가 매우 희석되어 버려서 '역사'와 '실천'에 지나지 않는 것을 나타내게 되었다. 물질이 변화하고 발달하기에 역사를 갖고, 주택 건설 같은 실천이 물질에 관여한다는 것은 확실히 참이다. 불행하게도, 맑스에 대한 대단히 선택적인 독법에서 비롯된 현대 유물론의 경우에, '역사'는 대체로 담론적 역사를 뜻하게 되었고 실천은 담론적 실천을 뜻하게 되었다. 역사는 담론, 세계에 관해 우리가 말하는 방식, 사회를 조직하는 규범과 법률의 역사가 되었고, 실천은 주체성을 형성하는 담론적 실천 — 기표와 수행, 서사, 이데올로기의 행위주체성을 통한 실천 — 을 나타내게 되었다. 당연히 그런 사회 이론은, 자신의 작업 도구, 즉 텍스트가 세계의 가장 근본적인 얼개를 구성한다고 믿고 싶어 했던 동시에 자신이 행하고 탐구하는 것이 무엇보다도 가장 중요하다고 믿고 싶어 했던 인문학자들에게 편리했다. 어떤 사람이 하루에 얻는 칼로리의 양, 칼로리 원천의 지리적 위치(예를 들면, 칼로리 원천이 멀리 떨어진 알래스카 지역에 있는지 여부), 정보가 특정 매체를 통해서 전달될 수 있는 속도, 하루에 12시간 동안 데이터를 입력하는 작업의 영향, 자식이 있는지 여부, 여행의 쓰레기 생산량, 컴퓨터 작업, 가정 난방 방식, 도로가 설치되는 방식, 도로의 존재 여부, 특정한 식단의 체형 형성 효과, 그리고 그 밖의 많은 것과 같은 물질적 요소들은 철저히 도외시되었다. 이론의 '유물론적' 전회와 더불어 물질은 아무튼 완전히 증발하였기에 우리에게는 단지 언어와 문화, 담론성만 남게 되었다.

　유물론이라는 용어가 매우 공허해져서 지젝은 이렇게 쓸 수 있었다. "유물론은 내가 보는 실재가 결코 '전체'가 아님을 뜻하는데, 그 이유는 실재의 대부분이 내게 이해되지 않기 때문이 아니라, 실재가 그 속에 내가 포함되어 있음을 가리키는 어떤 얼룩, 맹점을 함유하고 있기 때문이다."[1] 사실상 이것은 특이한 주장이다. 물질이 누군가에게 목격당해야 할 필요가 어디에 있는가? 맹점이 물질과 무슨 관계가 있는가? 이 주장에는 왜 '질료', '물리성', 혹은 물질적 행위주체에 관한 언급이 없는가? 그 옹호자들 사이에서는 유물론이 물질적인 것과는 전혀 관련이 없는 예술 용어가 되어 버린 것처럼 보이곤 한다.

---

1. S. Žižek, *The Parallax View* (Cambridge : MIT Press, 2006), 17. [슬라보예 지젝, 『시차적 관점』, 김서영 옮김, 마티, 2009.]

유물론은 단지 무언가가 역사적이고, 사회적으로 구성되고, 문화적 실천을 수반하며, 그리고 우연적임을 뜻하게 되어 버렸다. 유물론은 항성의 핵심에서 일어나는 과정, 암으로 인한 고통, 혹은 화석연료의 온실가스로의 변환과 아무런 관련이 없다. 유물론 속 어디에 유물론이 있는지 의아하다.

우리는 이 사태를 지성사적 계보들 ― 한편으로 그리스 원자론자 데모크리토스의 후예들과 다른 한편으로 역사적 유물론 출신의 비판 이론가들 ― 의 단순한 차이에 귀속할 수도 있을 것이지만, 불행하게도 이런 유물론의 도착, 문화적인 것과 담론적인 것으로의 환원이 매우 실제적인 분석적 영향과 정치적 영향을 미친다. 분석적 층위에서, 이런 사태는 **물리적 행위주체들이 보이지 않게 하는** 결과를 낳는다. 이런 사태가 일어난 부분적인 이유는 자본주의 체제에서 우리가 사물과 관계를 맺는 방식은 사실상 사람들 사이의 관계, 즉 사회적 관계임을 보여준, 상품 물신숭배에 관한 맑스 ― 오늘날 '역사적 유물론'으로 불리는 것에 대해 아무 책임도 없는 인물 ― 의 분석으로부터 영향을 받았기 때문이다.[2] 맑스는 옳았다. 어떤 사람이 셔츠 한 장을 구매할 때, 그는 단지 하나의 사물을 구매하고 있는 것이 아니고, 오히려 생산과 분배, 소비를 포함하는 사회적 관계들의 네트워크 전체에 참여하고 있다. 하지만 아무튼 이 논제는, 맑스 자신의 견해와 어긋나게도, 사물은 실재적이지 않다는 주장이 되었거나, 혹은 사물은 한낱 사회적인 것과 문화적인 것이 구체화된 것[3]에 불과하다는 주장이 되었다. 비판 이론의 이런 기본 도식에 기반을 둔 비판적 태도는, 우리가 사물의 역능

---

2. K. Marx, *Capital : Volume 1* (New York : Peguin Classics, 1990), 165. [카를 마르크스, 『자본론 I-상·하』, 김수행 옮김, 비봉출판사, 2015.]
3. 같은 책, 128. [같은 책.]

power이라고 여기는 것은 사실상 경제적인 것, 언어적인 것, 혹은 문화적인 것의 위장된 예화임을 시연하는 것이 되었다. 모든 것이 인간들의 소외된 거울이 되었기에 우리가 사물에서 찾아내는 것은 바로 우리가 거기에 집어넣은 것임을 증명하는 것이 과업이 되었다. 사물 자체의 역능을 언급하는 것, 즉 사물이 사회적 관계의 운반체로서의 자신의 지위를 넘어서는 효과를 산출한다고 말하는 것은 더없이 순진한 행위가 되었다.

이렇게 해서 유물론자는 불편한 처지에 놓이게 되었다. 한편으로 유물론자는, 모든 것이 물리적이라고 믿는, 즉 헤겔이나 플라톤의 경우처럼 관념이나 개념이 존재의 본질을 결정하는 것은 아니라고 믿는 '엄격한 유물론자'이어야 했다. 유물론자는 헤겔을 물구나무 세우기로 되어 있지 않았던가? 헤겔을 물구나무 세우기는 물질적 사물들이 관념들에서 비롯되기보다는 오히려 관념들이 물질적 관계들에서 비롯됨을 보여주는 것을 반드시 수반하지 않았던가? 다른 한편으로, 아무튼 자신의 이론적 구상에 힘입어 유물론자는 담론성, 개념, 사회적인 것, 문화적인 것, 이데올로기적인 것, 텍스트, 그리고 의미 — 관념적인 것들 — 를 존재를 형성하는 질료로 여기게 되었다. 이런 일이 어떻게 일어나 버렸던가? '역사적 유물론'에서 유물론자는 더 멀리 나아가서 과학과 의학의 모든 발견을 담론적인 사회적 구성물로 매도하는 지경까지 이르게 되었다(여기서 과학과 의학의 실천이 이데올로기적 비판을 받지 말아야 한다고 말하는 것은 아니다).

이런 사태의 분석적 결과와 정치적 결과는 처참했다. 분석적 측면에서, 우리는 권력과 지배가 작동하는 방식에 관해 단지 절반만 이해할 수 있었다. 역사적 유물론자와 비판 이론가, 구조주의자, 포스트구조주의자는 패션이 어떤 의미와 상징 자본 등의 운반체로 작용함으로써 권력을 행사하고 어떤 가증스러운 사회적 관계를 강화하는 방식을 식별하도록 가르쳐주었다. 하지만 이것은 이야기의 일부일 뿐이다. 제인 베넷이 서술하는 대로, 사물 역시 독자적인 역능을 갖추고 있다.[4] 불행하게도, 사회 이론과 정치 이론의 담론주의적 성향은 지하철의 회전식 개찰구와 산맥, 해류 같은 사물들도 사회적 관계를 조직하고 지배 양식을 영속시키는 방식을 설명하지 못했는데, 그 이유는 이들 이론이 사물은 사회적 의미와 관계의 운반체 또는 전달체일 따름이라고 이미 결정했었기 때문이다. 사물이 제거되어 버렸기에 사회적 관계가 취하는 형식에 이바지하는 사물의 효험을 탐구하는 것은 거의 불가능한 일이 되었다. 권력의 영역 전체가 보이지 않게 되었고, 그리하여 우리는 해방적 변화를 만들어내는 데 전략적으로 개입할 모든 종류의 기회를 잃어버렸다. 변화를 만들어내기 위한 유일한 전략은, 먼저 우리가 어떤 현상을 담론적으로 구성한 방식을 드러낸 다음에 그 현상이 어떻게 우연적인지 밝히고, 그리하여 그것이 왜 옹호될 수 없는지 보여주는 것이 되었다. 이렇게 해서 변화와 해방을 산출하는 한 방식으로서 '회전식 개찰구'를 제거한다는 생각은 감지조차 되지 않았다. 이것은 비인간의 비기표적 행위주체들이 담론적인 것들과 마찬가지로 사회적 관계를 구축하는 방식을 아무튼 인식하지 못한 이상한 반反변증법적 태도였다.

다른 한편으로, 유물론이 다양한 역사적 유물론의 담론주의로 이행함으로써 우리 시대의 중요한 정치적 쟁점 중 하나인 기후변화를 다룰 수 없게 되었다. 기후변화를 생각하려면 생태적으로 생각해야

---

4. J. Bennett, *Vibrant Matter* (Durham : Duke University Press, 2010) [제인 베넷, 『생동하는 물질』, 문성재 옮김, 현실문화, 2020]을 참조하라.

하고, 생태적으로 생각하려면 우리는 자신이 더 넓은 자연 세계에 묻어 들어가 있는 방식과 더불어 비인간 사물이 독자적인 역능과 효험을 갖추고 있는 방식도 생각해야 한다. 하지만 우리는, 암묵적으로 아니면 명시적으로, 사물을 인간 담론성의 운반체로 환원하기로 선택했었기에 기후변화 같은 것을 설명할 수 없게 되었는데, 그 이유는 오직 문화만이 우리의 작업 범주로 남게 되었기 때문이다. 기호들이 도입한 이진 대립쌍들의 안개 속에 물질적인 것들이 흩어져 버린 후에는 화석연료와 오염물, 자동차, 지구의 알베도와 상호작용하는 햇빛 등의 실재적인 물리적 효험을 생각하기 위한 여지가 더는 존재하지 않게 되었다. 인문학의 생태이론가들 사이에서도 꿀벌들이 농경에서 수행하는 역할과 그것들이 의존하는 관계들의 체계를 논의하기보다는 오히려 문학과 영화에 묘사된 환경의 초상들을 논의하는 것에 대한 선호가 나타난다.

나는 한때 역사적 유물론 진영에 몸담았던 개종자의 열정을 품고서 이 책을 적는다. 2006년 이전에, 즉 내가 사변적 실재론이나 객체지향 존재론에 관해 아무튼 무언가를 듣기 이전에, 나는 담론주의에 확고히 뿌리박고 있었다. 나는 지젝, 라캉, 데리다, 아도르노, 그리고 구조주의자들과 포스트구조주의자들의 저작에 깊이 뿌리박고 있었기에, 사회적 관계들이 언어와 문화에 의해 구축되고, 기호들이 도입한 변별적 차이들이 세계를 분할하며, 그리고 이들 기표적 회집체를 폭로함으로써 변화가 초래된다고 전적으로 확신했다. 나는 나의 옐름슬레우를 읽었었다.

나는 무엇보다도, 그리고 말하기가 당혹스럽게도, 2006년 11월에 채점의 고역을 잠깐 쉬기 위해 실행한 컴퓨터 게임 프로그램, 〈심시티 4〉에 의해 독단의 잠에서 깨어났다. 이 게임은 나의 신념을 철저히 흔들었다. 그 게임을 잘 알지 못하는 사람들을 위해 말하자면, 〈심시티〉는 그 프로그램 사용자가 도시를 건설하고 설계하여 그것이 성장하는 것을 살펴보는 시뮬레이션 게임이다. 하지만 '설계'라는 용어에서 사용자가 자신의 도시가 진화하는 방식을 완전히 통제할 수 있다는 결론을 끄집어내는 것은 잘못일 것이다. 사용자는 다양한 지역(주거지역, 상업지역, 산업지역 등)을 구획하는 방식, 도로와 전력선을 설치할 장소, 공장과 발전소를 건립할 장소, 박물관과 스포츠 경기장을 건설할지 여부 등에 대한 결정권이 있다. 하지만 도시는 자발적으로 성장하는데, 이를테면 주민을 끌어들이거나 끌어들이지 않고, 업체를 끌어들이거나 끌어들이지 않는다. 사용자가 도로를 잘못 설치하면, 교통 혼잡이 발생하고, 시민들이 화를 내게 되고, 그리하여 사용자는 다른 사업에 투자할 수 있게 하는 과세 기반을 잃게 된다. 사용자가 발전소를 잘못된 장소에 건립하면, 시민들이 화를 내고 아프게 되며, 그리고 떠나기 시작하고 건강 문제를 겪으면서 일을 하지 못하게 된다. 사용자가 전력선을 적절히 연결하고 추가하는 것을 잊어버린다면, 도시의 상업지역과 산업지역은 성장하지 못하고, 게다가 일자리가 없기에 새로운 사람들이 주거지역에 이주하도록 유인할 수 없게 된다. 사용자는 시민들을 즐겁게 하기 위해 스포츠 경기장을 건설하기로 정할 수 있지만, 그들은 세금 인상과 교통 혼잡과 관련하여 화를 내게 된다. 더욱이, 사용자가 대응해야 하는 자연재해가 주기적으로 발생한다.

〈심시티〉가 내게 가르쳐준 것은 기표와 의미, 믿음 등이 사회적 관계를 구축하는 유일한 행위주체들이 아니라는 점이다. 그 지역이 발전소로부터 입수할 수 있는 에너지양에 따라 상업지역이 성장하는지 여부는 기표적 차이나 문화적 차이가 아니다. 쓰레기와 화력 발전소, 산업 폐기물로 생성된 오염으로 인해 사람들이 죽거나 떠나기 시작하는 여부는 기표적 차이가 아니다. 시민들이 교통 혼잡에 대하여 화가 나서 소환투표로 시장을 파면하는지 여부는 기표의 결과가 아니다. 이 모든 상황을 산출하는 것은 사람들이고 이 도시에 모여들거나 이 도시를 떠나거나 소환투표로 시장을 파면하는 것도 사람들인 한에서는 여기에 사회적 관계들이 존재함이 확실하지만, 요점은, 이들 경우에, 도시가 취하는 형태는 오로지 기표, 텍스트, 믿음, 혹은 서사의 결과만이 아니라는 것이다. 그것은 도로와 전력선, 오염 등의 실재적 특성들의 결과다.

아무리 통속적이고 우스꽝스러운 것처럼 들릴지라도, 나는 이런 상황을 대면하고 깜짝 놀랐다. 사회적 관계와 권력, 지배에 관한 나의 이론 전체가 위태롭게 되었다. 컴퓨터 게임과 같이 명백히 비물질적인 것, 즉 하찮고 실체가 없는 것을 통해서 매개되었더라도, 나는 실재적 물질성, 물리적 질료, 사물, 그리고 그것들이 만들어 내는 차이를 맞닥뜨리게 되었다. 이 만남은 궁극적으로 내가 객체지향 존재론, 『객체들의 민주주의』라는 책, 그리고 존재지도학이라는 관념에 이르게 만든 씨앗이었을 것이다. 이어지는 텍스트에서 내가 변호하는 유물론은 뻔뻔스럽게도 소박하다. 나는 물질 자체가 무엇일지 결정하려고 노력하지 않는다. 한편으로 나는, 개념들로 작동하는 철학이 그런 물음에 대답할 도구를 갖추고 있지 않은 한에서는 이런 노력이 헛고생이라고 믿는다. 그것은 물리학과 화학에 맡기는 것이 최선인 물음이고, 게다가 역사가 무언가 시사하는 바가 있다면, 철학자가 자신이 물질의 본질에 관한 개념을 제공할 수 있다고 믿을 때마다 나중에 그 믿음은 잘못된 것으로 판명되었다는 사실이다. 다른 한편으로 나는 물질이 한 가지 종류의 것임을 확신하지 않는다. 오히려, 만사는 매우 다양한 종류의 물질이 존재한다는 결론을 가리키는 것처럼 보인다. 마찬가지로, 나는 질적인 것과 양적인 것 사이의 관계 같은 난해한 문제들을 해결하려고 시도하지 않는다. 이들 추상관념에 힘입어 우리는 물질을 무시하게 되고, 그리하여 물질을 사물로 인식하기보다는 오히려 개념으로 전환하게 된다고 나는 믿는다.

그런데 내가 '물질'로 의미하는 바는 단지 '질료'와 '사물'일 뿐이다. 세계는 온전히 '질료'로 구성되어 있고 '질료'는 다양한 형상으로 나타난다고 나는 주장한다. 관념과 개념도 자신의 물질성을 갖추고 있다. 이 질료가 무엇이라고 판명될지는 미해결의 문제다. 그것은 다양한 형태의 에너지, 끈, 기본 입자, 그리고 기타의 것이라고 판명될 수도 있을 것이다. 내가 내 관점은 뻔뻔스럽게도 소박하다고 서술하면서 정작 말하는 바는, 세계는 나무와 바위, 행성, 항성, 웜뱃 같은 물리적 사물들로 구성되어 있고, 사유와 개념은 오로지 뇌 속에, 종이 위에, 그리고 컴퓨터 데이터은행 안에 존재할 따름이며, 관념은 광섬유 케이블, 연기 신호, 산소가 풍부한 대기 등과 같은 물리적 매체를 통해서만 전달될 수 있을 뿐이라는 것이다. 단 하나의 정합적인 존재론은 이산적이고 창발적인 존재자들의 현존을 인정하는 것이라고 내가 믿는 이유에 대한 논증은 어딘가 다른 곳에서 제시되었고,[5] 그래서 나는 이 논증을 여기서 되풀이하지는 않을 것이다. 그 대신에 이어지는 글은, 세계는 다양한 규모 수준에서 현존하면서 그것들 자체가 다른 존재자들로 구성된 단위체들 또는 개별적 존재자들로 구성되어 있다고 전제함으로써 시작한다. 나는 존재자들이 입력물에 역동적으로 작용하여 출

---

5. L.R. Bryant, *The Democracy of Objects* (Ann Arbor : Open Humanities Press, 2011), ch. 1 을 보라.

력물을 산출하는 방식을 강조하기 위해 이들 존재자를 '기계'라고 부를 것이다.

수많은 존재론 및 인식론 쟁점이 논의되는 한편으로, 이어지는 글의 주요 목표는 사회적이고 정치적이며 윤리적이다. 『존재의 지도』가 분석하려고 시도하는 것은 기계들 사이의 관계들 — 담론적 층위와 물리적 층위에서 맺어진 관계들 — 이 사회적 또는 생태적 관계들을 조직하는 방식이다. 내가 '사회적 또는 생태적'이라고 말하는 이유는, 존재지도학이 사회는 특정한 종류의 생태이면서 자신이 묻어 들어가 있는 자연 세계와의 더 넓은 생태적 관계들에 항상 열려 있음을 나타내기 때문이다. '온토-카르토그라피'onto-cartography — '존재'를 뜻하는 '온토'라는 낱말과 '지도'를 뜻하는 '카르토그라피'라는 낱말을 합성한 용어 — 는 어떤 세계에서 기계들이 다른 기계들의 움직임과 발달, 되기를 조직하는 방식을 분석하는, 이들 회집체 사이의 관계들에 관한 지도를 가리키는 나의 명칭이다.[6] 다시 말해서, 존재지도학은 권력이 왜 이런 식으로 작동하는지, 사회적 조직의 현행 형태들이 왜 지속하고 변화에 내성이 있는지, 사회가 왜 엔트로피의 결과로 그냥 해체되지 않는지 설명하려고 시도하는 동시에 억압적인 사회적 체계를 변화시키기 위한 전략을 고안하려고 시도한다. 『존재의 지도』의 논제는, 사회적 관계 또는 생태[7]는 물리 기계들과 담론 기계들이 회집체, 세계, 또는 생태에

---

6. [옮긴이] '카르토그라피'라는 용어가 '지도' 혹은 '지도 제작(술)' 혹은 '지도학'을 나타내듯이, 한국어판에서 '온토-카르토그라피'라는 용어는 맥락에 따라 '존재의 지도' 혹은 '존재의 지도 제작(술)' 혹은 '존재지도학'으로 번역하였다.

7. [옮긴이] 에콜로지(ecology), 즉 생태는 관계들의 네트워크들의 총체를 나타낸다. 한편으로, 생태론(ecology)은 관계들의 총체로서의 생태에 대한 태도나 시각, 관점으로 규정될 수 있고, 다른 한편으로 생태학(ecology)은 생태론을 비롯하여 생태에 관한 경험적 및 이론적 지식을 추구하는 분과학문으로 규정될 수 있다. 이처럼 에콜로지라는 낱말이 갖는 다의성을 참작하여, 한국어판에서 에콜로지라는 용어는 맥락에 따라 생태 혹은

내재하는 요소들에 발휘하는 중력 ─ '역능'을 가리키는 나의 용어 ─ 으로 인해 그런 형태를 취한다는 것이다.

존재지도학은 지리지도학과 공통되는 쟁점과 주제가 많이 있지만, 지리지도학은 지리학의 한 분야로서 지리적 공간의 지도를 제작하는 반면에 존재지도학은 기계들 또는 존재자들 사이의 관계들이나 상호작용들의 지도와 이들 관계가 존재자들의 움직임과 되기를 구축하는 방식의 지도를 제작한다는 점에서 두 지도학은 서로 다르다. 그건 그렇다 치고, 나는 지리학이 사회과학의 여왕이라고 강력히 주장하는데, 그 이유는 지리학이 세계와 사회적 관계를 최소로 탈물질화하면서 사회적 생태를 담론성으로 전환하기를 기피하는 사회 이론의 갈래이기 때문이다. 이것이 사실인 이유는, 지리학은 사회적 관계가 항상 어떤 특정한 공간이나 장소에 묻어 들어가 있는 방식을 파악하고, 소통이 공간을 가로질러 가는 데 시간이 걸리고 전달 매체가 필요함을 인정하며, 물질적 세계의 지리적 양태가 사회적 관계가 취하는 형식을 결정하는 데 중요한 역할을 수행함을 인식하기 때문이다. 사회철학과 정치철학은 더 지리학적인 것이 되어야 한다.

존재지도학은, 사회사상과 정치사상이 사회적 관계를 담론적인 것이나 기호적인 것으로 환원하려는 경향에 비판적인 한편으로, 이들 이론의 범위가 적절히 명시되면 그것들이 잘못되었거나 틀렸다고 전제함으로써 나아가지는 않는다. 화이트헤드가 주장하는 대로, 철학은 어설픈 추리나 노골적인 허위로 인해 실패하는 경우는 거의 없고, 오히려 "철학에서의 주된 과오는 과잉 주장에 있다."[8] 담론성이 다

생태론 혹은 생태학으로 번역되었다.

8. A.N. Whitehead, *Process and Reality* (New York : Free Press, 1978), 7. [알프레드 노스 화이트헤드, 『과정과 실재』, 오영환 옮김, 민음사, 2003.]

양한 방식으로 세계를 구축하는 데 이바지한다는 비판 이론들의 공통 논제와 관련된 문제는 그 논제가 허위라는 점이 아니라 그것이 과잉 주장이라는 점이다. 이런 견지에서, 이어지는 텍스트에서 나는 비판 이론들의 발견을 통합할 만큼 충분히 강건한 틀을 전개하려고 시도하는 한편으로, 물리적 매체가 사회적 관계를 구축하는 데 수행하는 역할을 비환원론적으로 설명하기 위한 여지도 확보하였다.

　존재지도학이 겨냥하는 목표는 전적으로 정치적이고 윤리적이지만, 이어지는 글에서 나는 어떤 특정한 윤리적 패러다임도 정치적 패러다임도 옹호하지 않는다. 다시 말해서, 이어지는 작업은 메타정치와 메타윤리의 작업으로 서술될 수 있다. 그 작업은, 우리가 어떤 정치적 쟁점들에 관여해야 하는지, 우리가 무엇을 해야 하는지, 혹은 우리가 어떤 윤리를 옹호해야 하는지 규정하지 않고, 오히려 정치적 및 윤리적 문제들이 그 속에서 사유되어야 하는 존재론적 틀을 개괄하려고 시도한다. 최근에 애덤 밀러는 이런 종류의 이론 구상을 서술하기 위해 '이식'porting이라는 개념을 제안했다.9 컴퓨터 프로그램에서 이식은 어떤 프로그램이 이질의 소프트웨어 환경에서 작동할 수 있도록 그 프로그램을 재가공하는 과정이다. 내가 바라는 바는 다양한 정치적 선입관 ― 자본주의에 대한 맑스주의적 비판, 권위와 권력에 대한 아나키즘적 비판, 가부장제에 대한 페미니즘적 비판, 본질에 대한 해체주의적 비판, 이데올로기에 대한 비판, 이異성 규범성에 대한 퀴어 이론적 비판, 환경적 실천에 대한 생태적 비판, 인간 예외주의에 대한 포스트휴먼주의적 비판, 인종주의에 대한 포스트식민주의적 비판 등 ― 이 존재지도학의 틀로 유익하게 이식될 수 있을 것이라는 점인데, 그리하여 탐구와 정치적 실천의 새로운

---

9. A. Miller, *Speculative Grace* (New York : Fordham University Press, 2013), 4~5.

수단을 개발하는 데 도움을 주고, 몇 가지 다른 이론적 틀의 맹점을 드러내며, 어떤 개념들과 주장들을 더 정확하고 엄밀하게 만드는 데 도움이 될 것이다. 존재지도학이 겨냥하는 목표는 탐구 양식들을 차단하는 것이 아니라, 권력이 작동하는 방식을 더 잘 이해하고 다양한 형태의 억압을 극복하기 위한 전략을 고안함으로써 우리가 세계에 개입하여 변화를 만들어낼 가능성을 확대하는 것이다.

이 책의 개관

1장에서, 세계는 온전히 기계들로 구성되어 있다는 주장이 제시되면서 현존하는 기계들의 다양한 종류(담론 기계, 물리 기계, 유기 기계, 무기 기계, 그리고 기술 기계)가 대략적으로 개괄된다. 여기서 나는 "세계는 온전히 기계들로 구성되어 있다"는 주장에 대응하여 제기될 법한 비판을 다루려고 시도하면서 포스트휴먼 매체생태론을 제시하는데, 요컨대 세계에서 어떤 존재자의 되기와 움직임에 이바지하면서 그 존재자가 다른 존재자들과 주고받는 상호작용의 가능성을 제공하는 동시에 제약하는 별개의 존재자라면 무엇이든 매체로 이해된다. 2장에서는 기계의 일반 존재론이 전개된다. 기계는 그것의 조작, 즉 자신을 관통하는 입력물을 변환하여 다양한 유형의 출력물을 산출하는 활동의 견지에서 이해되어야 한다고 나는 주장한다. 기계가 흐름에 조작을 수행하는 한, 기계는 자신이 다른 존재자들로부터 받는 정보와 물질, 에너지의 흐름을 통해서 다른 기계들과 상호작용적 관계를 맺는 것, 즉 '횡단–신체적'trans-corporeal 존재자로 이해되어야 한다. 3장에서 나는, 기계가 주변 세계의 다른 존재자들과 상호작용하는 방식을 이해하려면 '에일리언 현상학'을 끌어들여야 한다고 주장한다. 이안 보고스트가 명확히 표명한 대로,[10] 에일리언 현상학은 어떤 비인간 존재자가 주변 세계를 관찰하거나 주변 세계와 상호작용하는 방식에 관한 소견이다. 마침내 4장에서, 기계는 다른 기계들의 회집체라는 주장과 더불어 모든 기계는 엔트로피 또는 잠재적 해체의 문제에 직면한다는 주장이 제시된다. 기계가 시간이 흐름에 따라 존속하기 위해서는 기계가 자신의 조직을 유지할 수 있게 하는 부단한 작용들에 관여해야 한다고 나는 주장한다.

5장에서는 세계의 구조가 탐구된다. 여기서 나는, 다양한 세계가 현존하며 세계는 기계들의 생태라고 주장한다. 또한, 나는 표현의 세계(담론 기계 또는 기호 기계들의 세계)와 내용의 세계(물리 기계들의 세계) 사이의 관계와 더불어 이들 세계가 서로 영향을 미치는 방식도 조사한다. 들뢰즈와 가타리에게서 비롯된 내용과 표현이라는 개념에 힘입어 존재지도학은 기호학적 성향의 비판 이론가들이 발견한 결과를 계속 간직할 수 있는 한편으로, 물리적 사물들이 발휘하는 역능에도 여전히 주의를 기울일 수 있게 된다. 6장에서 나는 존재지도학의 틀 안에서 이해되는 시간과 공간의 구조를 탐구한다. 나는 공간을 그 속에서 운동이 모든 방향으로 가능하고 존재자들이 들어 있는 텅 빈 환경으로 여기는 뉴턴의 구상을 거부하고, 오히려 무엇이 무엇과 관련되어 있는지와 어떤 존재자가 어떤 특정 종점에 이르려면 거쳐야 하는 벡터를 결정하는 기계들 사이의 경로들로 구성된 공간에 관한 토폴로지적 구상을 옹호하는 논증을 펼친다. 나는 경로들의 토폴로지적 구조가 회집체 안에서 권력이 조직되는 방식을 결정

---

10. I. Bogost, *Alien Phenomenology, or What It's Like to Be a Thing* (Minneapolis : University of Minnesota Press, 2012)를 보라.

하는 데 핵심적인 역할을 수행한다고 주장한다. 마찬가지로, 나는 다원주의적 시간 개념을 옹호하는 논증을 펼치는데, 여기서 시간은 어떤 기계가 다른 기계들로부터 입력물을 받아서 조작을 실행할 수 있는 속도로 이해된다. 여기서 나는 서로 다른 시간적 구조를 갖춘 기계들이 상호작용할 때 일어나는 문제를 조사하고, 역사적 유물론자와 신유물론자가 공유하는 역사성에 관한 관념을 복잡하게 하며, 피로와 정보 포화 같은 에너지 관련 주제를 탐구한다. 나는 열역학적 및 시간적 쟁점들이 권력이 구축되는 방식과 어떤 억압적인 사회적 생태가 존속하는 이유를 결정하는 데 중요한 역할을 수행함을 예증하려고 시도한다. 대부분의 사회적 관계들이 취하는 형식은 다양한 원인 또는 과잉결정에서 비롯되고 우리가 사회적 회집체를 제대로 이해하려면 이런 분산된 인과성에 주목해야 한다고 주장함으로써 나는 6장을 마무리한다.

7장에서 나는 사회적 회집체의 행위주체성과 구조에 관한 물음들을 다룬다. 나는, 유추와 비유를 통해 아인슈타인의 상대성 이론에 의존함으로써, 사회적 회집체들은 '사회적 힘'에 의해 결합하는 것이 아니라, 기계들이 다른 존재자들의 움직임과 되기, 발달을 정향하는 시공간적 경로들을 구축하는 방식에 의해 결합한다고 주장한다. 나는 기호 기계와 물리 기계가 '중력'처럼 다른 존재자들의 시공간을 휘게하는 방식을 언급하는데, 여기서 나는 '중력'을 사회 이론과 정치 이론이 공유하는 '권력'이라는 개념을 대체하는 용어로 제시한다. '중력'이라는 용어의 이점은, 우리가 '권력'이 내포하는 인간 중심적 함의들을 극복하여 식물과 동물, 박테리아, 기술, 하부구조, 지리적 특징 같은 비인간 기계들도 사회적 회집체가 취하는 형식에 이바지하는 방식에 주의를 기울이는 데 그 용어가 도움이 된다는 것이다. 여기서 나는, 생태를 '중력적으로' 구축하는 다양한 종류의 객체 ─ 어두운 객체, 밝은 객체, 위성 객체, 희미한 객체, 불량 객체, 그리고 블랙홀 객체 ─ 를 구분하고, 게다가 주체와 행위주체를 구분한다. 나는 행위주체성이 하등한 박테리아에서 발견되는 행위주체성에서 위로는 기관과 국가가 발휘하는 그런 종류의 행위주체성에 이르기까지 다양한 정도로 나타난다고 주장하는 한편으로, '주체'는 인간과 비인간이 공히 그리고 생물과 무생물이 공히 일시적으로 점유할 수 있는 기능적 용어로 이해되어야 한다고 주장한다. 나는 '준^準객체'라는 세르의 개념에 의존하여 주체는 다른 기계들을 한 회집체에 복속시키거나 꿰매 넣거나 한데 모으는 조작자라고 주장한다.

8장은 사회사상과 정치사상의 지리철학적 틀을 개관한다. 지리철학의 주장에 따르면, 물질적이고 자연적인 세계만이 존재할 따름이고, 사회와 문화는 자연적이고 물질적인 세계 안의 회집체이고, 사회적 회집체가 조직되는 방식을 결정하는 데 더 넓은 자연 세계가 핵심적인 역할을 수행하고, 엔트로피에 저항할 에너지를 얻기 위해 물질적 흐름에 의존하지 않는 사회적 회집체는 전혀 없으며, 그리고 사회적 회집체가 취하는 형태는 대체로 다양한 기계에 의해 과잉결정된다. 나는, 발달 체계 이론의 자료에 의존함으로써 어떤 유기체의 구성에 있어서 유전자, 환경, 그리고 그 유기체 자체의 적극적인 참여를 포함하는 쌍방적 인과성의 견지에서, 존재자가 취하는 형태를 탐구하는 발달 모형을 옹호하는 논증을 펼친다. 발달 체계 이론은 과잉결정에 민감한 분석의 훌륭한 사례를 제공할 뿐만 아니라, 우리가 사회학과 비판 이론에서 맞닥뜨리는 문제들을 넘어서는 길도 성찰한다. 유전자 중심주의 생물학자는 유기체를 유전자를 통한 일방적 인과성의 효과에 불과한 것으로 여기거나, 혹은 유전자와 환경의 결합 효과로 여기는 경향이 있다. 여기서 유기체 자체는 효과로 환원되면서 자기 자신의 형성이나 구성에 있어서 적극적인 역할을 수행하지 않는다. 행위주체가 흔히 생산 조건과 생산 관계의 효과에 불과한 것으로 여겨지는 비판 이론 ― 특히 맑스주의적 종류의 이론 ― 에서도 유사한 틀이 반영된다. 발달 체계 이론은, 유기체가 자신이 주변 환경과 맺는 선택적 관계들과 스스로 적소를 구축하는 방식을 통해서 자기 자신을 형성하고, 발달시키고, 혹은 구성하는 데 어떤 역할을 수행한다고 주장한다. 그리하여 그 이론은 행위주체를 '무대' 또는 환경의 효과로 환원하는 경향에서 비롯되는 행위주체성의 위기를 뛰어넘어 생각하기 위한 유익한 길을 제공한다.

8장은 지리철학의 세 가지 차원, 즉 지도학과 해체, 대지형성에 관한 논의로 마무리된다. 지도학은 회집체나 생태를 구성하는 기계들 사이의 상호작용과 관계들에 관한 지도의 제작과 관련되어 있다. 여기서 나는, 네 가지 종류의 지도 ― 지형도, 발생도, 벡터도, 양상도 ― 를 제시하면서 정치적 실천이 세계에 효과적으로 개입하여 더 공정하고 공평하고 지속 가능하며 만족스러운 회집체나 생태를 생산하기 위해서는 회집체들에 관한 훌륭한 지도가 필요하다고 주장한다. 해체는 다양한 비판 이론에서 나타나는 전통적인 해체 작업으로 이루어져 있을 뿐만 아니라, 물질적 세계 속 억압적 관계들의 적극적인 단절 작업으로도 이루어져 있다. 나는, 세계를 변화시키려면 표현의 층위와 내용의 층위에서 기계들이 맺은 관계들을 해체해야 하는 경우가 흔히 있다고 주장한다. 마지막으로, 대지형성은 사람들이 자신이 살아가는 억압적 환경을 벗어날 수 있게 할 대안들을 구성하거나 만들어내는 데 있다. 여기서 나는, 지금까지 비판 이론이 표현의 층위 또는 기호 기계의 층위에서 억압적 기계들을 해체하는 작업을 훌륭히 해냈더라도, 많은 억압적 관계가 잘못된 이데올로기적 믿음을 품은 사람들에게서 비롯되는 것이 아니라 아무 대안도 제공하지 않는 물질적 환경에서의 삶에서 비롯된다고 주장한다. 우리는 사람들이 환경을 벗어날 수 있게 할 대안들을 적극적으로 구성하는 작업을 더 훌륭히 해내야 한다고 나는 믿는다. 예를 들면, 사람들은 지배적인 농경 관행이 환경 파괴와 기후변화의 큰 원인이 됨을 쉽게 인식할 수 있을 것이지만, 식량을 생산할 대안이 없다. 여기서 대지형성은 사람들에게 대안을 제공할 회집체, 이를테면 지역에서 환경친화적인 방식으로 식량을 생산하는 회집체를 구축하는 데 있을 것이다.

1부 기계들

1장

포스트휴먼 매체생태론을 향하여

우리는 기계를 발명하기 위해 아르키메데스를 기다릴 필요가 없었는데, 그 이유는 존재가 기계가 아닌 것으로 구성된 적이 결코 없었기 때문이다. 자연 또는 존재는 단지 공장들, 즉 미시기계들과 거시기계들로 구성되어 있을 따름인데, 종종 서로 둘러싸는 이들 기계는 다른 기계들에서 물질의 흐름을 끌어들여서 자신의 조작 과정을 거쳐 그 생산물로서 새로운 형태의 흐름을 산출한다. 요약하면, 존재는 기계들의 집합체 또는 회집체. 『옥스퍼드 영어사전』(이하 OED)이 서술하는 대로, 기계는 "세계나 우주의 얼개를 구성하는 물질적 혹은 비물질적 구성물(들)"로 이루어져 있다. 그러므로 '기계'는, 물질적 존재자든 혹은 비물질적 존재자든, 유형有形, corporeal 존재자든 혹은 무형無形, incorporeal 존재자든 간에, 현존하는 모든 존재자를 가리키는 이름이다. '존재자', '객체', '실존자', '실체', '신체', 그리고 '사물'은 모두 '기계'의 동의어다.[1] 우리가 존재의 기본 단위체를 나타내는 데 '기계'라는

---

1. 그러므로 기계라는 개념은 내가 『객체들의 민주주의』라는 책에서 도입한 객체라는 개념을 대체한다. 하지만 이런 전환이 절대적으로 새롭지는 않은 이유는 그 책의 4장에서 내가 객체들을 타자생산적 기계와 자기생산적 기계로 이미 구분했었기 때문이다.

용어를 매우 좋아한다면, 그것은 두 가지 이유 때문이다. 첫째, 기계라는 개념은 존재자의 본질이 작동하거나 조작하는 것임을 훌륭히 포착한다. 존재하는 것은 행하는 것, 조작하는 것, 작용하는 것이다. 둘째, '객체'는 주체에 대립적인 존재자 혹은 주체에 의해 상정된 존재자라는 함의를 떠올리게 하지만, '기계'는 이런 연상을 방지함으로써 우리가 주체와 객체의 관계를 심문하기에 대한 400년 묵은 철학적 강박에서 벗어날 수 있게 한다. OED가 서술하는 대로, 기계는 "독립적인 신체로서 작용하는 것으로 여겨지는 신체"다.

기계에 관한 일반적인 편견들

모든 기계는 경직된 기계다

그런데 기계지향 존재론(이하 MOO)을 전개할 수 있으려면, 지금까지 기계의 본성으로 여겨진 몇 가지 편견이나 가정을 먼저 제거해야 한다. 이들 편견 중 첫 번째 것은 '경직된 기계들'이 기계들의 존재 자체를 망라한다는 견해다. 경직된 기계란 규칙화된 작동으로 특징지어지는 고정된 물질적 부분들로 구성된 기계인데, 요컨대 학습하고 성장하며 발달할 수 없다. 경직된 기계의 사례들은 자동차와 원시 컴퓨터, 휴대전화, 전등이 있지만, 바위, 죽은 행성과 유성, 원자 등도 마찬가지로 경직된 기계다. 경직된 기계는 자신이 수행하는 조작의 변화를 겪을 수 없고, 그것의 유일한 운명은 엔트로피 또는 궁극적인 해체다. 하지만 현존하는 모든 존재자가 기계라는 것이 사실이라면, 경직된 기계는 존재하는 기계들의 아종을 형성할 수 있을 따름임이 확실하다. 자동차와 달리, 식물은 성장하고 발달한다. 많은 곤충은 나비처럼 자기 생의 상당 부분을 애벌레 같은 매우 다른 유기체로 살아간다.

살아있는 행성은 자신의 작용이 시대마다 다른, 확연히 구별되는 기후 단계들을 겪는다. 어린이·수달·조직체 등은 학습할 수 있고, 그 학습의 결과로 자신의 행동과 조작을 바꿀 수 있다.

더욱이, 모든 기계가 전적으로 물질적인 것은 아니다. 모든 언어적 존재자는 존재하기 위해 말이나 글의 형태로 물질적 신체가 필요하지만, 그런데도 이들 존재자는 어떤 무형의 차원을 보유하고 있는 덕분에 오랜 시간 동안 휴면 상태로 있다가도 어느 시점에 다른 존재자에 작용하기 시작할 수 있게 된다. 헌법은 휴대전화처럼 고정된 물질적 부분들로 구성된 존재자가 아니지만, 그런데도 여전히 하나의 기계다. 요리법은 자체적으로 아무 재료도 갖추고 있지 않지만, 여전히 재료에 작용하는 기계다. 소설은 자체적으로 그 어떤 사람, 바위, 관목, 동물, 폭탄, 혹은 대기오염 사건도 포함하고 있지 않지만, 그런데도 온갖 종류의 방식으로 사람, 기관, 경제 등과 같은 다른 기계들에 작용한다. 부채는 우리가 세계 안의 물질적 사물로 식별할 수 있는 것이 전혀 아니지만, 수십억 명의 사람들의 삶을 조직하는 기계다.

나무는 비행기에 못지않은 기계이고, 헌법은 VCR에 못지않은 기계다. 이들 존재자가 모두 기계라는 점이 인정된다면, 당연히 경직된 기계는 단지 기계의 수없이 다양한 종류 중 한 가지 종류일 뿐이다. 그리하여 기계와 관련하여, 규칙적인 방식으로 물질의 흐름에 작용하는 고정된 물질적 부분들로 이루어진 존재자라는 개념보다 훨씬 더 넓은 개념이 필요하다. 또한, 메커니즘과 기계적인 것에 관한 우리의 구상도 실질적으로 수정되어야 한다. 16세기로부터 물려받은 메커니즘에 관한 친숙한 구상들은 기계적인 것을 창조적인 것에 대립적인 것이자 규칙화된 활동으로 특징지어지는 것으로 여기지만, 학습할 수 있는 인간과 동물, 나무, 예술 작품 같은 사례들은 창조적 메커니즘에 관한 이론을 시사하는데, 여기서 우리는 많은 종류의 기계에 대해서 어떤 기계가 무엇을 할 수 있는지 아직 알지 못한다. 그리고 사실상, 생물학, 복잡계 이론, 혼돈 이론 등과 같은 다양한 과학을 살펴보면, 우리는 유물론이 존재를 '기계론적'으로 특징짓는다는 이유로 그 이론은 창조성을 설명할 수 없다고 특징짓는 낡은 규정이 도처에서 수준 미달임을 알게 된다. 오히려, 지난 1백 년 동안, 유물론은 물질이 정신적인 것 혹은 초자연적인 것을 보충하지 않고도 지극히 창조적임을 도처에서 보여주는 것처럼 보인다. 어쨌든, 기계지향 존재론은 이런 다양한 종류의 기계가 공유하는 본성을 포착할 만큼 충분히 넓은 기계 개념이 필요할 뿐만 아니라, 마치 동물학 및 식물학과 마찬가지로, 살아있는 기계, 무형 기계, 예술적 기계, 정치적 기계 등과 같이 종류가 다양한 기계의 본질적인 특징들을 탐구하는, '기계학'으로 불릴 수 있는 분야도 필요하다. 현재로서는, 기계의 어떤 다른 유과 종이 있는지조차도 확실하지 않다.

모든 기계는 설계된다

두 번째 강한 편견은 기계가 설계된다는 것이다. 기계의 설계자는 일신교적 전통의 유일신 혹은 플라톤의 『티마이오스』에 나오는 조물주 같은 어떤 종류의 신이나 아니면 인간 같은 지적인 합리적 존재자로 여겨진다. 예를 들면, 윌리엄 페일리의 유명한 설계 논증에 관해 생각할 수 있을 것인데, 여기서 우리는 자연 안에 질서와 목적이 있다는 점에서 신의 설계의 현존을 추론할 수 있다. 다윈 혁명의 여파로 신의 현존을 옹호하는 목적론적 논증에 여전히 설득당하는 사람은 거의 없지만, 우리가 '기계'라는 용어를 들을 때마다 인간 설계자를 연상하지 않기가 아직도 어렵다. 여기서 우리는 '객체'라는 용어와 관련하여 일어나는 위험과 유사한 의인화의 위험을 맞닥뜨린다. 우리는 '객체'라는 용어를 듣자마자 그 객체를 파악하거나 상정하거나 지향하거나 마주치는 주체에 관해 생각하게 되는 것과 꼭 마찬가지로, '기계'라는 용어의 경우에는 그 기계를 설계하고 제작한 인격체, 합리적 존재자, 혹은 사람들에 관해 생각하게 된다. 네덜란드 풍차를 맞닥뜨리면, 그 풍차를 구상하고 건설한 사람들에 관해 생각하게 된다. 우리는 그 풍차를 이들의 설계와 작업이 남긴 흔적으로서 만난다.

'기계'라는 용어 덕분에 우리는 자신의 주의를 독립적인 신체로서 작용하는 존재자에 기울임으로써 '객체'라는 용어가 불러일으키는 인간 중심적 연상을 회피할 수 있게 되는데, 그리하여 주체에 의해 고려되거나 지향되는 것으로서의 객체에 집중하는 일을 방지하게 된다. 하지만 '기계'라는 용어는 그 기계를 구상하고 제작한 사람들을 연상시킨다는 점에서 그 나름의 위험을 수반한다. 객체라는 개념을 기계라는 개념으로 대치하더라도 우리는 여전히 인간중심주의라는 위험에 직면하는 것처럼 보일 것이다. 하지만 모든 존재자가 기계이고, 게다가 신의 현존을 옹호하는 목적론적 논증이 다윈 혁명의 여파로 무너져 버렸다고 해도 무방하다면,[2] 당연히 기계 중 소수의 부분만이 인간에 의해 설계되거나 우주 속 어딘가에 현존할지도 모르는 비인간 지적 존재자들에 의해 설계된다는 결론이 도출된다. 이런 존재론의 틀 안에서는 나무와 살아있는 행성, 구리 원자가 모두 기계의 사례일 것이지만, 이들 기계 중 어느 것도 누군가에 의해 설계되지 않았다. 오히려,

---

2. 설계자 없는 설계에 관한 탁월한 논의에 대해서는 D.C. Dennett, *Darwin's Dangerous Idea* (New York : Simon & Schuster, 1995)를 보라. 우리는 데닛의 유전자중심주의에 대해서는 상당한 의구심을 품으면서도 창발에 관한 무(無)목적론적 설명은 대체로 승인한다.

마누엘 데란다가 이야기한 대로, 이들 기계는 창발을 유도하는 지향성을 전혀 갖추지 않은 다른 기계들에서 창발되었다.[3]

사실상, 냉장고와 예술 작품처럼 인간에 의해 제작된 기계들의 경우에도 곰곰이 생각해 보면, 이들 기계가 인간의 모형과 의도의 단순한 생산물인지에 대하여 의구심을 품게 된다. 테크네techne에 관한 전통적인 설명에 따르면, 인공물은 장인의 마음속에 먼저 구상된 다음에 그 장인의 행위주체성을 통해서 수동적인 물질에 부과되는 모형에서 생겨난다고 여겨진다. 그런 설명은 철학의 역사 전체에 걸쳐서 예술과 기술에 관한 논의를 지배하는 경향이 있었던 창조에 관한 질료형상론적 설명이다. '질료형상론'hylomorphism이라는 용어는 '질료'를 뜻하는 그리스어 낱말 힐레hyle와 '형상'을 뜻하는 그리스어 낱말 모르페morphe에서 유래한다. 이런 제작 모형에 따르면, 장인은 먼저 자신의 마음속에 자신이 생산하고 싶은 것에 대한 일종의 청사진(형상)을 구상하고, 그다음에 그 모형을 질료에 부과하여 형상을 부여한다.[4] 나는 먼저 내 마음속에 내가 생산하고 싶은 칼에 대한 심적 모형을 구상한 다음에 주변 세계의 재료를 그 형상으로 빚기 시작한다.

그러나 예술 작품, 도구, 혹은 기술을 제작하는 실제 활동을 더 면밀히 검토하면, 매우 다른 일이 일어남을 알게 된다. 예술가가 어떤 종류의 의도를 품고서 악천후 대피소 같은 것을 만들어냄이 확실하고, 이 의도에는 건축가의 청사진의 경우처럼 다소 정교한 모형이 포함될 수 있지만, 바로 여기서 질료형상론적 모형과의 유사성이 끝나게 된다.

---

3. M. DeLanda, "Emergence, Causality and Realism," *The Speculative Turn*, eds. L.R. Bryant, N. Srnicek, and G. Harman (Melbourne : Re.Press, 2011), 381~92를 보라.

4. 질료형상론에 대한 중요한 비판에 관해서는 G. Simondon, *L'individuation à la lumière des notions de forme et d'information* (Paris : PUF, 1995) [질베르 시몽동, 『형태와 정보 개념에 비추어 본 개체화』, 황수영 옮김, 그린비, 2017]를 보라.

인공물이 생산되는 방식에 대한 질료형상론적 모형과 관련된 문제는, 그런 모형이 생산 시간뿐만 아니라 세계의 재료에의 관여도 망각한다는 점이다. 생산 시간과 물질에의 관여에 주의를 집중함으로써 드러나는 사실은, 모든 인공물의 생산은 수동적인 질료에 단순히 형상을 부과하는 활동이라기보다는 오히려 일종의 협상에 더 가깝다는 점이다. 더욱이, 모든 협상의 경우와 마찬가지로, 그 협상의 최종 출력물 또는 생산물은 기존의 잘 규정된 계획의 결과라고 말할 수 없다.

『변증법적 이성비판』에서 사르트르는 물질에 관해 논의하면서 이 논점을 예시하는 시사적 사례들을 제시한다. 사르트르는, 루이스 멈퍼드를 좇아서, 증기기관은 화부와 기술자가 끊임없이 돌봐야 했기에 대규모 산업 시설을 향한 경향을 조장했다고 지적했다.[5] 그 이유는 증기기관을 유지하는 활동의 노동집약적 특징으로 인해 대규모 산업 시설이 소규모 시설보다 더 효율적이고 비용효과성이 더 높을 것이기 때문이다. 여기서 요점은 단순하다. 증기기관의 제작 활동의 배후에 있는 의도는, 예를 들면, 벌목용 톱을 가동할 에너지를 창출하는 것이었다. 그뿐이다. 이런 목적이나 목표 자체와 관련된 그 어떤 것도 대규모 공장의 설립 목표를 수반하지 않는다. 하지만 증기기관의 어떤 요건, 즉 그것이 유지되는 데 많은 일이 필요한 노동집약적 특질로 인해 증기기관이 경제적 및 물질적 효율성이 가장 높게 작동하도록 설치될 대규모 공장의 설립이 장려되었다. 당연히 이런 사태에는 다양한 톱을 가동하기 위한 대형 증기기관의 생산도 수반되곤 했다. 여기서 우리는 기계 자체가 설계자에게 그의 의도를 벗어나는 어떤 명령을 내리

---

5. J-P. Sartre, *Critique of Dialectical Reason: Volume One*, trans. A. Sheridan-Smith (New York: Verso, 2004), 159. [장 폴 사르트르, 『변증법적 이성비판 1』, 박정자·윤정임·변광배·장근상 옮김, 나남출판, 2009.]

는 사례를 보게 된다. 기계 자체가 결국 설계자가 의도하지 않은 방식으로 설계에 이바지하게 된다.

여기서 사르트르가 대규모 공장을 조장하는 증기기관에 관해 언급하는 바는 물질 일반에 대해서도 성립한다. 모든 층위에서 물질은 설계자에게 명령을 내린다. 증기기관의 사례를 염두에 두고서 열차의 발명을 고찰하자. 열차의 크기, 열차 바퀴의 특질, 열차의 속도 등은 부분적으로 가용 재료에 따라 달라질 것이다. 여태까지 우리가 생산한 강철과 금속이 레일로 사용될 때 기관의 무게를 감당할 수 있는가? 사하라, 알래스카, 혹은 시베리아에서 나타나는 상황처럼 온도가 두드러지게 변화하는 상황을 맞닥뜨릴 때 이들 금속은 얼마나 잘 견뎌낼 것인가? 보일러의 강철이 견뎌낼 수 있는 온도는 얼마인가? 기관을 가동하는 데 이용할 수 있는 에너지원은 어떤 것들 ─ 나무, 석탄, 가솔린, 전기 등 ─ 이 있으며, 이들 다양한 에너지원은 기관의 형태와 그 용량에 어떻게 이바지하는가? 열차 설계자는 자신의 마음속에 이상적인 청사진을 품고 있을 것이지만, 열차가 운행할 환경, 현존 기술, 그리고 야금학에서 나타나는 가용 재료의 물질적 특질에 관여하기 시작하면서 자신이 애초에 의도한 설계를 변경하라는 명령을 받게 된다. 사실상, 이런 물질적 고려는 재료의 경제적 타당성과 가용성 같은 문제들을 다룰 엄두조차 내지 못하는데, 이런 문제들도 모두 열차가 최종적으로 취할 형태에 마찬가지로 이바지한다. 열차의 설계자가 열차를 설계하는 것에 못지않게 열차의 설계자는 열차에 의해 설계된다. 이런 이유로 인해 사르트르는, 설계자의 지성과 목표에서 생겨나는 것이 아니라 사물 자체에서 생겨나는 일종의 '기술적 지향성'이 있다고 주장할 것이다. 이 상황은, 물질과 현존 기술이 자신의 특성과 경향의 결과로서 '지향'하거나 목표로 삼고 있는 것과 우리 자신이 목표로 삼고 있는 것 사이의 드라마, 즉 지향들의 투쟁에 우리가 사로잡힌 것처럼 보인다.

비슷한 취지로, 나중에 사르트르는 인간이 어디에서 살든 간에 도구가 자신의 기법을 우리에게 부과한다고 말할 것이다.[6] 여기서 사르트르가 도구에 관해 언급하는 바는 환경의 경우에도 마찬가지로 참이다. 도구와 환경은 둘 다 해결되어야 할 어떤 문제를 명령으로 제기한다. 당연히 이 명령은 다양한 방식으로 대처할 수 있지만, 그런데도 한결같이 끈덕지다. 이런 일은 다양한 방식으로 일어난다. 첫째, 도구나 환경은 신체를 습관적으로 구축하게 된다. 잉크 펜은 어떤 파지 방식들을 요구한다. 잉크 펜은 그것을 반복적으로 끊임없이 사용하는 동안 근육과 뼈가 취하는 형태에 영향을 끼칠 개연성이 있을 뿐만 아니라, 그 결과로 다른 파지 방식들을 차단하는 다양한 신경학적 파지 도식이나 경향도 생성한다. 자연적 환경 요소도 마찬가지다. [미합중국] 뉴저지주에 고용되어 바다에서 다리를 건설하면서 자신의 생을 보낸 내 조부는 이상한 걸음걸이로 걷는데, 그의 다리는 약간 벌어졌고 그의 어깨는 약간 굽었다. 내 조부가 이런 식으로 걷는 이유는 그가 자신이 작업하는 바지선과 예인선의 표면이 파도에 따라 흔들린 결과로서 이런 움직임의 도식을 형성한 일종의 체화된 파도이기 때문일 개연성이 높다. 들뢰즈와 가타리가 언급한 난초와 말벌의 경우와 꼭 마찬가지로, 우리의 몸도 독자적인 방식으로 다른 기계들의 특질들을 내부화한다.

둘째, 우리가 사용하는 도구는 우리가 대응해야 하는 사회적 요건도 생성한다. 사회적 명령이 우리가 생산한 사물들의 세계에서 비롯

---

6. 같은 책, 197. [같은 책.]

되기 시작한다. 여기서 가장 두드러진 사례는 시계의 발명, 특히 개인용 시계의 발명일 것이다. 시계와 계시기의 발명과 더불어 사회생활 전체가 변화하기 시작한다. 시계가 발명되기 이전에, 태양의 위치뿐만 아니라 밝음과 어두움으로 판별된 시간은 약속 시각에 대하여 어떤 느슨함을 반드시 수반했다. 만인이 입수할 수 있는 정밀한 시계의 발명과 더불어 생활과 노동은 새로운 방식으로 편성되었다. 점진적으로, 만인이 계시기를 이용할 수 있게 되면서 사람들이 자신의 노동, 자신의 나날, 자신의 만남 약속을 연대기적 시간에 따라 조직하는 것이 명령이 되었다. "이 특정 시각에 오십시오." "이 회의는 이 특정 시간 동안 개최될 것입니다." "식사는 이 시각에 제공될 것이기에 그 시각에 일어나십시오." 물론 정밀 시계의 폭정에서 벗어날 수는 있지만, 이것은 사회적 비용을 크게 치르고서야 이루어진다. 여타의 사람이 정밀 시계에 속박된 한에 있어서 일단의 다양한 사회적 의무와 기대가 이 기술에서 생겨나고, 그리하여 하나의 온전한 생활양식이 생겨난다. 전구, 신문, 텔레비전, 자동차, 그리고 더더욱 휴대전화의 발명과 관련하여 마찬가지 주장이 제기될 수 있을 것이다. 이들 기술은 모두 우리의 사회적 관계의 본성과 관련된 규범 집합을 생성한다.

여기서 요점은, 어떤 인공물의 생산도 단순히 어떤 모형을 구상한 다음에 질료를 그 형상에 따라 빚는 일이 절대 아니라는 것이다. 장인의 의도와 지도가 인공물을 생산하는 데 어떤 역할을 수행하지만, 사물 자체와 사용되는 물질, 그것들이 산출되는 환경도 장인이 예상하지 않은 방식으로 최종 생산물에 이바지한다. 생산되는 것은 어느 모로 보나 장인의 의도만큼이나 물질의 요건에서 비롯된 결과다. 이와 관련하여, 우리는 헤겔이『정신현상학』에서 제시한 "객관적 정신"에 대한 분석에 절반만 동의할 수 있을 뿐이다. 헤겔이 진술하는 대로,

사물을 빚을 때, 노예 자신의 부정성, 즉 그의 대자적 존재는 오로지 그가 대면하는 현존 형태를 도외시함으로써만 그에 대한 객체가 된다. 하지만 이런 객관적인 부정적 국면은 다름 아닌 바로 그 앞에서 노예가 두려움에 떤 낯선 본질이다. 그런데 이제 노예는 이런 낯선 부정적 국면을 파괴하고, 그 자신을 사물들의 영구적인 질서 속에 부정적인 것으로서 상정하며, 이를 통해 그 자신의 대자적 존재, 즉 그 자신으로 인해 존재하는 누군가가 된다.[7]

헤겔의 요점은, 노예가 세계의 낯선 물질을 자신이 바라는 형상으로 빚을 때, 그가 빚는 인공물이 물질적 사물들 속에서 존속할 것인 한에 있어서 노예의 정신은 객관적인 영속성을 띨 뿐만 아니라, 세계는 그 자신의 정신, 본질, 혹은 의식을 반영하게 된다는 것이다. 다시 말해서, 물질을 빚을 때, 노예와 관련된 세계는 그 자신의 의식을 반영하게 된다(부정성).

그렇지만, 앞서 말한 바에 근거하여, 이제 우리는 상황이 전적으로 다름을 알 수 있다. 물질은 우리의 조형이나 기입을 기다리는 수동적인 질료이기는커녕 오히려 온갖 종류의 예기치 않은 방식으로 우리의 설계를 수정한다. 열차 설계자의 의도에 따라 열차가 정확히 이런 형태를 보이게 된 것이 아니고, 오히려 물질의 요건이 열차의 최종 설계를 이런 특정 모양과 구성으로 이끌었다. 시계 발명자는 시계가 생활의 모든 양상을 편성하도록 의도하지 않았지만, 시계가 생겨나고 널리 이용할 수 있게 되면서 일상과 사회적 관계는 매우 다른 구조를 띠게

---

7. G.W.F. Hegel, *Hegel's Phenomenology of Spirit*, trans. A.V. Miller (Oxford:Oxford University Press, 1977), 118. [게오르그 빌헬름 프리드리히 헤겔, 『정신현상학 1·2』, 임석진 옮김, 한길사, 2005.]

되었다. 비인간 기계나 재료는 우리 자신의 의도와 계획만큼이나 설계에 이바지한다. 더욱이, 시계의 사례가 시사하는 대로, 이들 물질은 설계가 취하는 형태를 제약하는 명령을 내릴 뿐만 아니라, 우리가 물질을 조형하는 만큼이나 우리를 설계한다. 내 삶의 본성, 목적, 의도가 시계와 같은 사물의 발명과 더불어 변화한다.

매클루언이 "매체가 메시지다"라는 유명한 주장을 제기했을 때 염두에 두었던 것은 바로 이런 것임이 틀림없다. 매클루언이 서술하는 대로,

> 전깃불이 뇌수술을 위해 사용되느냐 아니면 야간 야구경기를 위해 사용되느냐는 중요하지 않다. 이들 활동은 어떤 의미에서 전깃불의 '내용'이라는 주장이 제기될 수 있을 것인데, 그 이유는 전깃불이 없었다면 그런 활동들이 현존할 수 없었을 것이기 때문이다. 이 사실이 '매체가 메시지다'라는 점을 강조할 따름인 이유는 인간의 연합과 행동이 나타내는 규모와 형식을 구성하고 제어하는 것이 바로 매체이기 때문이다.[8]

매체 ─ 여기서 내가 '기계'라고 부르는 것 ─ 는 인간 자체에서 절대 비롯되지 않는 다양한 방식으로 인간의 행동과 사회적 관계, 설계를 형성한다. 그러므로 모든 인공물의 생산이 인간의 의도뿐만 아니라 비인간의 특질에서도 비롯되는 한에 있어서 여하튼 설계를 언급하는 것은 오해를 불러일으킨다. 여기서 우리는 내가 서론에서 '중력'으로 부른

---

8. M. McLuhan, *Understanding Media* (Cambridge : MIT Press, 1994), 8~9. [마셜 매클루언, 『미디어의 이해 : 인간의 확장』, 김상호 옮김, 커뮤니케이션북스, 2011.]

것의 전형적인 사례를 맞닥뜨린다. 세계 속 기계들의 특질은 우리의 행동과 목표를 우리 자신이 의도하지 않은 방향으로 끌어당기는 어떤 중력을 우리에게 미친다. 예를 들면, 우리는 자신의 소원과 목표에도 불구하고 시계의 인력에 사로잡히게 되고, 그리하여 우리 생활은 점점 더 시계를 둘러싸고 조직된다.

기계는 목적이나 쓰임새가 있다

기계에 관한 세 번째 강한 편견은 기계가 목적이나 쓰임새를 갖고 있다는 것이다. 이 가정은 전기 칼과 전동 면도기 같은 경직된 기계를 기계의 전형으로 여기는 데서 생겨난다. 우리는, 전기 칼의 목적은 칠 면조나 빵을 자르는 것이고 전동 면도기의 쓰임새는 수염을 깎는 것 이라고 말하면서, 이들 쓰임새와 목적이 마치 기계의 고유한 특질인 것 처럼 여긴다. 하지만 모든 존재자, 사물, 또는 객체가 기계라는 것이 참이라면, 이런 가정은 명백히 사실이 아니다. 중성미자와 블랙홀, 씨 앗, 관목, 토끼 같은 다양한 존재자가 모두 기계라면, 이들 기계는 전 기 칼이 목적이나 쓰임새를 갖고 있다는 그런 의미에서의 목적이 있지 않음이 확실하다. 블랙홀은 무언가를 위해서 존재하는 것이 결코 아니 다. 블랙홀은 그것이 특정 방식으로 조작하거나 작동한다는 점에서 기계인 것은 사실이지만, 자신을 넘어서는 어떤 특정 목적이나 목표, 쓰임새가 전혀 없다. 아마존의 카피바라는 자체적으로 목적과 목표가 있음이 확실하지만, 악어와 표범을 위한 먹잇감이 되는 행동이나 다른 식물을 위한 비옥한 토양을 창출하기 위해 어떤 식물을 소화함으 로써 그 식물의 생명을 파괴하는 작용처럼 자신을 넘어서는 고유한 목 적이 있는 것은 아니다. 카피바라는 이들 쓰임새를 악어와 표범, 식물 같은 다른 기계들에 의해 부여받을 수 있지만, 이들 쓰임새는 기계로서의 본질에 속하지 않는다.

여기서 블랙홀과 카피바라 같은 기계들에 관해 언급된 바는 볼펜과 자동차 같은 경직된 기계의 경우에도 마찬가지로 참이다. 이런 종류의 경직된 기계들은 특정한 목적을 위해 설계되어 제작되었더라도 어떤 쓰임새를 자기 존재의 고유한 특질로서 갖추고 있지는 않은데, 비록 어떤 쓰임새를 부여받을 수는 있지만 말이다. 그 이유는, 인간에 의해 제작되었든 그렇지 않든 간에, 모든 기계가 다능성이기 때문이다. 생물학에서 다능성 세포는, 간세포, 근육세포, 혹은 신경세포 같은 다양한 종류의 세포가 될 수 있는 능력을 갖춘 줄기세포 같은 세포다. 다능성 세포는 다중의 생성 역능을 갖춘 세포인데, 말하자면 그 세포는 다양한 방식으로 자신을 현실화할 수 있다.

모든 존재자의 다능성이 한정되어 있음 – 어떤 존재자도 다른 모든 종류의 존재자가 될 수는 없음 – 에도 불구하고, 모든 존재자가 다능성이라는 것, 즉 별개의 형태와 기능이 생겨날 수 있게 하는 다수의 가능한 생성 역능을 보유하고 있다는 것은 사실이다. 단순한 경직된 기계의 사례로서 바위를 살펴보자. 바위는, 그것이 자신이 처해 있는 환경 조건에 따라서 매우 다양한 상을 띨 수 있다 – 바위는 가열되면 용암이 될 수 있고, 냉각되면 깨지기 쉽고, 기타 등등 – 는 의미에서 다능적일 뿐만 아니라, 그것이 매우 다양한 쓰임새를 맡을 수 있다는 의미에서도 다능적이다. 바위는 문진이나 문 버팀돌로 사용될 수 있고, 던지면 무기가 될 수 있고, 가열하여 물속에 넣으면 가열 기구가 될 수 있으며, 그리고 벽돌 등이 될 수 있다. 바위는 어떤 쓰임새가 있는 것이 아니고, 오히려 어떤 쓰임새로 쓰인다.

볼펜도 바위와 마찬가지다. 볼펜은 글쓰기를 위해 설계되어 제작되었음이 확실하지만, 그런 의도가 볼펜의 본질을 규정하지도 않고 그 다능성의 기반을 약화하지도 않는다. 바위가 매우 다양한 기능이나 쓰임새를 맡을 수 있는 것과 꼭 마찬가지로, 볼펜 역시 찌르는 무기, 침 다발을 발사하는 관, 소다수를 마시는 빨대, 콩 식물을 받치는 지지대, 기관절개용 기도 등으로 사용될 수 있다. 그러므로 인간에 의해 제작된 인공물 같은 경직된 기계가 맡은 쓰임새의 역사는 설계보다 굴절적응이라는 생물학적 개념으로 더 잘 설명될 수 있다. 생물학에서 굴절적응이라는 현상은 어떤 특질이 원래 수행한 기능과 다른 기능을 맡게 될 때 나타난다. 예를 들면, 허파는 원래 호흡 기능을 수행한 것이 아니고, 오히려 다양한 유기체에서 공기가 가득 찬 부레 구실을 했다는 주장이 종종 제기된다. 마찬가지로, 흑색 화약의 쓰임새는 총과 대포를 발사하는 것에서 광산에서 암석을 발파하는 것으로 이행되었다. 우리는 기술의 역사를 다양한 기술의 잠재력이 탐색되고 이들 기술이 새로운 쓰임새로 쓰일 때 출현하는 문제들의 해결책이 모색되는 굴절적응의 역사로 여길 수 있다. 예를 들면, 채굴하는 데 흑색 화약이 사용됨으로써 화약을 장전한 광부들이 폭발 지역에서 벗어날 수 있을 만큼 충분한 지연 시간을 두고서 화약을 폭발시키는 방법과 관련된 문제가 생겨났다. 이 문제는 1831년에 윌리엄 빅포드가 안전 도화선을 발명하고 나서야 완전히 해결되었다. 굴절적응은 새로운 종류들의 존재자가 형성되게 하는 새로운 문제들을 생성한다.

기계는 목적이나 쓰임새를 갖추고 있는 것이 아니고, 오히려 다른 기계들과 구조적으로 접속할 때 어떤 목적이나 쓰임새를 맡게 된다. 구조적 접속이라는 개념은 생물학자이자 자기생산 이론가인 마투라나와 바렐라가 상호섭동함으로써 서로 연관되어 발달하는 존재자들의 상호작용적 관계를 나타내기 위해 도입한 것이다.[9] 구조적 접속의 관계는 일방적이거나 쌍방적일 수 있다. 구조적 접속이 일방적인 경우는, 한 존재자가 다른 한 존재자의 반응이나 활동을 촉발하고 그 반응이 연이어 첫 번째 존재자의 반응을 촉발하지는 않을 때 나타난다. 여기서 우리는 꽃나무와 태양 사이의 관계를 생각할 수 있을 것이다. 태양은 꽃나무가 관여하는 광합성의 속도에서 그 나무의 꽃과 잎이 향하는 방향에 이르기까지 꽃나무가 온갖 종류의 반응을 일으키도록 촉발하지만, 한편으로 그 꽃나무의 반응은 태양의 반응을 전혀 촉발하지 않는다. 요약하면, 존재자들 사이의 모든 상호작용이 호혜적인 것은 아니다. 나중에 우리는 왜 이러한지 알게 될 것이다. 이와는 대조적으로, 어떤 기계 A의 작용이 어떤 기계 B의 반응을 촉발하고 기계 B의 그 반응이 연이어 존재자 A의 반응을 촉발하는 경우에 구조적 접속은 쌍방적인 것이 될 것이다. 생물학적 진화는 이런 식으로 작동하는 것처럼 보인다. 돌연변이와 자연선택, 유전 가능성의 과정들을 거쳐서 어떤 종류의 존재자가 자신의 포식자를 피할 수 있게 하는 갑옷, 위장술, 혹은 빠르기를 발달시킨다. 포식자의 역능이 선택압력을 창출함으로써 그 종의 반응을 촉발했다. 그리하여 이 선택압력은 그 종이 어떤 특정 벡터를 따라 진화하거나 발달하도록 이끈다. 그런데 포식자에 대한 이런 진화적 적응 자체가 포식자에 가해지는 선택압력을 창출한다. 시각의 식별 능력이 더 우수하고, 약간 더 빠르게 움직이며, 먹이의 갑옷을 뚫을 수 있도록 발톱과 이빨이 더 예리한 포식자는 먹이를 사냥할 개연성이 더 높을 것이기에 더 오래 살 수 있을 것이고, 그리하여 자신의 유전자를 재생산하고 물려줄 개연성도 높아질 것이다. 그러므로 이런 종류의 쌍방적인 구조적 접속의 경우에는

---

9. H.R. Maturana and F.J. Varela, *The Tree of Knowledge* (Boston : Shambhala, 1998), 75~80 [움베르또 마뚜라나·프란시스코 바렐라, 『앎의 나무』, 최호영 옮김, 갈무리, 2007]을 보라.

포식자와 먹이가 각각의 되기에 서로 영향을 미치는 그런 방식으로 서로 얽혀 있기에 그 두 종 사이에 일종의 군비 경쟁이 벌어지게 된다.

기계의 다양성

앞서 우리는 경직된 기계가 유일한 종류의 기계가 아니라 오히려 다양한 종류의 기계가 있음을 알게 되었다. 이들 다양한 종류의 기계에 대하여 간략히 묘사하기 전에, 기계들이 흔히 다양한 방식으로 중첩될 수 있다 — 예를 들면, 유형 성분과 무형 성분을 동시에 갖는 기계들이 있을 수 있다 — 는 점과 이런 구분이 절대적인 것이 아니라 다양한 정도의 차이를 인정한다는 점을 인식해야 한다. 예를 들면, 바이러스는 전적으로 경직된, 생명 없는 유형 기계도 아니고, 가소성이 완전한, 생명 있는 유형 기계도 아니다. 우선, 기계들은 유형 기계와 무형 기계로 크게 나누어진다. 물질로 만들어지고, 이산적인 시간과 공간을 점유하며, 일정 기간 존속하는 기계는 무엇이든 유형 기계다. 아원자 입자와 바위, 풀, 인체, 시설, 냉장고는 모두 유형 기계다. 이와는 대조적으로, 무형 기계는 반복 가능성, 잠재적인 영원성, 그리고 자신의 동일성을 유지하면서 다양한 공간적 및 시간적 위치에 동시에 나타날 수 있는 능력으로 규정된다. 요리법, 악곡, 숫자, 방정식, 과학 및 철학 이론, 문화 정체성, 소설 등은 모두 무형 기계의 사례다.

무형 기계에 관해 논의할 때, 우리는 이들 존재자가 어떤 다른 영역에 관념적으로 존속하는 것으로 여기는 일종의 플라톤적 이원론에 빠지지 않도록 주의해야 한다. 모든 무형 기계는 세계 속에 현존하려면 유형 신체가 필요하다. 예를 들면, 숫자는 세계 속에 현존하려면 뇌 속에서 생겨나거나, 컴퓨터 데이터은행에 기입되거나, 연필 혹은 분필 등으로 쓰여야 한다. 이런 기계가 어떤 종류의 유형 신체를 언제나 필요로 한다면, 도대체 왜 그것을 무형 기계라고 일컫는가? 무형 기계의 무형성은 비물질적인 유령이라는 점에 있는 것이 아니고, 오히려 이런 기계가 자신의 동일성을 유지하면서 다중으로 예화되거나 반복되거나 복제될 수 있는 능력에 있다. 울프의 소설 『파도』는 여전히 바로 그 소설인 채로 있으면서 여러 권이 인쇄될 수 있다. 더욱이, 그 소설은 그것이 취하는 유형 신체에 상관없이 여전히 그 소설이다. 그 소설이 취하는 유형 신체는 칠판 위의 분필, 종이, 기억력이 뛰어난 사람의 뇌, 컴퓨터 데이터뱅크 등일 수가 있다. 그대로 유지되면서 생각될 수 있고 우주 속 다양한 장소에 기입될 수 있는 숫자 5 같은 무형 기계들도 마찬가지다. 다양한 사람에게 예화될 수 있는 문화 정체성도 마찬가지다.

무형 기계가 무형의 것인 이유는 그것이 비물질적이기 때문이 아니라 자신의 동일성을 유지하면서 반복 가능한 것이기 때문이다. 무형 기계에 잠재적인 영속성을 주입하는 것은 바로 이런 반복 가능성이다. 기입이 그대로 유지되거나 무형 기계가 복제되거나 반복되는 한, 그 기계는 존속한다. 이런 영속성이 현실적이라기보다는 그저 잠재적일 따름이라면, 그 이유는 반복 조작이 항상 중단될 수 있기에 무형 기계가 자신의 복제를 더는 할 수 없게 되기 때문이거나, 혹은 기입이 언제나 망실되거나 지워질 수 있기에 그 기계가 세계에서 사라지게 할 수 있기 때문이다. 어쨌든, 무형 기계가 그 시간성에서 유형 존재자와 확연히 다른 이유는, 단지 이 시간에, 이 장소에, 그것이 존속하는 기간에만 현존하는 내 후원의 나무와는 달리, 무형 존재자는 거듭해서 동일한 것으로 나타나기 때문이다. 나무는 죽고 부패하면 결코 다시는 존재하지 않을 것이지만, 숫자나 방정식은 동일한 존재자로 끝없이 반복될 수 있다.

무형 기계로 인해 인과성에 대한 우리의 이해는 상당히 곤란해진다. 바위처럼 생명 없는 유형 기계의 경우에, 결과는 항상 바로 직전의 사건에서 비롯된다. 여기서 선행 사건은 새로운 사건이 일어남에 따라 사라진다.

$$E_1 \rightarrow E_2 \rightarrow E_3 \rightarrow E_4 \cdots E_n$$

위에 나타낸 인과적 계열에서, E_2는 E_3의 원인이면서 E_3가 일어남에 따라 사라진다. 생명 없는 유형 기계의 경우에 원인은 바로 직전의 사건이다. 그러므로 우리는, 예를 들면, E_1이 E_4의 직접적인 원인이 되는 환경에 처할 수 없다. E_1은 시간의 안개 속으로 사라져 버렸다. 이와는 대조적으로, 무형 기계는 상황이 전적으로 다르다. 무형 기계는 어떤 매체에 기입되어 보존되기에 멀리 떨어진 과거가 직접적인 현재에 영향을 미칠 수 있다. 예를 들면, 그리스도교 성서는 현대 문화에 지대한 영향을 여전히 미친다. 어떤 사람은 고대 그리스 스토아철학자 에픽테토스의 가르침에 따라 자신의 윤리적 삶을 조직하기로 마음먹을 수 있다. 멀리 떨어진 과거에 발달한 DNA는 현재 유기체의 발달에 여전히 영향을 미친다.

더욱이, 우리는 잠자거나 휴면 중인 무형 기계에 관해서도 말할 수 있다. 여기서 나는 "휴면 객체"라는 그레이엄 하먼의 개념에 의존하는데, 비록 기계지향적인 틀 안에서 그 개념을 전개하지만 말이다.[10] 휴면 객체란 자신의 유형 신체를 통해서 존속하지만 더는 활동적이지 않

---

10. G. Harman, "Time, Space, Essence, and Eidos : A New Theory of Causation," *Cosmos and History*, vol. 6, no. 1 (2010) : 1~17.

거나, 혹은 지각이 있는 모든 기계가 더는 기억하지 않는 무형 기계다. 여기서 우리는, 『사해 문서』 혹은 루크레티우스의 『사물의 본성에 관하여』라는 책처럼, 결코 도착지에 닿지 못한 잊힌 텍스트나 편지에 관해 생각할 수 있을 것이다. 이런 무형 존재자는, 이를테면 들뢰즈와 가타리가 서술한 대로, 온혈의 존재자가 나타날 때까지 기다리고 있는 진드기처럼 동면 상태나 활동성이 일시 정지된 상태에 있으면서 자신이 현재를 전환할 수 있도록 회복되기를 기다리고 있다. 스티븐 그린블랫은 루크레티우스의 『사물의 본성에 관하여』가 재발견되는 사태로 그런 상황을 정확히 서술한다.[11] 『사물의 본성에 관하여』는 그 책을 파괴하려는 시도의 결과로 수 세기 동안 행방이 묻혀 있었다. 15세기에 그 책이 다시 발견되었을 때, 그것은 온갖 종류의 광범위하고 심대한 방식으로 유럽의 사유와 예술, 과학, 철학, 신학, 정치사상에 결정적인 영향을 빠르게 미쳤다. 여기서 우리는 무형 기계가 당대 현재의 역사적 결정을 교란함으로써 그 당시에 살아가는 사람들에게 새로운 사고방식과 생활방식을 개방할 수 있는 사태를 접하게 된다.

유형 기계와 무형 기계는 여러 가지 복잡한 방식으로 상호작용한다. 그러므로 우리는 유형 기계가 무형 기계에 영향을 미치지 않는다고 가정하지 않도록 주의해야 한다. 예를 들면, 월터 옹 같은 이론가들이 주장하는 대로, 소통 기술은 무형 기계의 가능한 종류들에 지대한 영향을 미친다.[12] 기하학, 미적분학, 그리고 다른 수학 분야들이 쓰기와 어떤 기호들을 활용하지 않은 채 구술로만 수행되는 상황을 상

11. S. Greenblat, *The Swerve* (New York : W.W. Norton, 2012). [스티븐 그린블랫, 『1417, 근대의 탄생』, 이혜원 옮김, 까치, 2013.]

12. W.J. Ong, *Orality and Literacy* (New York : Routledge, 2002). [월터 J. 옹, 『구술문화와 문자문화』, 임명진 옮김, 문예출판사, 2018.]

상하기는 어렵다. 그런데 글-기계는 무형 기계와 유형 기계의 결합체다. 사용 기호들과 그 구문론 또는 조합 규칙 등은 모두 무형 기계다. 하지만 종이와 연필, 잉크, 흑연으로 기입된 것들은 모두 자체적으로 유형 기계다. 인지과학자이자 철학자인 앤디 클락이 지적하는 대로, 이들 유형 기계는 나름대로 인지적으로 이바지하는 부분이 있다.[13] 단기 기억의 한계로 인해 기하학적 증명이나 미적분 문제의 모든 단계를 기억할 수 없기에 우리 마음은 일반적으로 길고 복잡한 일련의 추리를 수행할 수 없다. 클락이 주장하는 대로, 우리가 이런 문제를 극복할 수 있게 하는 것은 바로 종이와 흑연 자체다. 종이와 흑연이, 이를테면, 증명 단계들을 우리 대신에 기억하기에 우리는 이전 단계들을 무시하면서 현재 수행하고 있는 연산에 집중할 수 있을뿐더러, 나중에 우리가 참조해야 할 때는 여전히 이들 이전 단계에 돌아갈 수 있다. 종이가 우리 대신에 기억하고, 그 덕분에 우리는 말로는 결코 수행할 수 없을 수학적 연산에 관여할 수 있게 된다. 여기서 우리는 물질적 매체가 무형 기계에 영향을 미치는 사례를 살펴보았다.

반대 방향의 사태 역시 성립된다. 무형 기계는 유형 기계에 상당한 영향을 미칠 수 있다. 식생활 습관과 요리법, 교육과정, 양육 조언 등과 같은 것들은 모두 무형 기계다. 이들 무형 기계는 활성화되면 유형 신체의 발달에 작용한다. 1950년대 식단으로 양육된 사람의 몸은 현대 식단으로 양육된 사람의 몸과 다를 것이다. 신체의 발달 양상에 영향을 미치는 것은 식품 자체임이 확실하지만, 그런데도 이들 특정 식품을 선택하고 다른 식품들을 배제하는 것은 바로 무형 기계다. 마

---

13. A. Clark, *Natural-Born Cyborgs* (Oxford : Oxford University Press, 2003), 7. [앤디 클락, 『내추럴-본 사이보그』, 신상규 옮김, 아카넷, 2015.]

찬가지로, 어떤 특정 교육과정으로 교육받은 뇌는 그와 다른 교육과정으로 교육받은 뇌와 다를 것이다. 주디스 버틀러가 올바르게 주장하는 대로, 우리의 성 정체성조차도 부분적으로는 우리 몸에 작용하는 무형 기계의 행위주체성에서 생겨난다.[14] 우리의 성 정체성은 생물학적으로 주어지는 것이 아니고, 오히려 무형의 사회적 기계와 유형의 생물학적 기계의 상호작용으로 형성되는 것이다.

유형 기계와 마찬가지로, 무형 기계 역시 철저히 경직된 기계에서 가소성을 갖춘 기계에 이르기까지 매우 다양하다. 경직된 무형 기계는 변화할 수 없고 자신을 관통하는 흐름으로 수정될 수 없는 기계다. 수학 방정식이 이런 종류의 기계다. 함수 $f(x) = 2x + x^2$ 같은 경우에, 이 기계를 관류하는 입력물(우리가 선택하는 x의 값)은 그 함수의 기본 구조를 수정하지 않을 것이다. 유형 기계와 마찬가지로, 무형 기계 역시 그 경직성의 정도가 다양하다. 수학 방정식은 철저히 경직된 기계다. 관료제적 규정과 절차, 완고한 도덕 관습, 헌법 등은 경직된 기계임에도 수정될 수 있다. 한편으로, 소설, 음악, 문화 및 성 정체성, 이론 등과 같은 가소성이 매우 높은 무형 기계들이 있다. 이들 무형 존재자는 모두 시간이 흐름에 따라 다양한 변화와 수정을 겪는다.

유형 기계들은 생명 없는 기계와 생명 있는 기계, 인지적 기계라는 세 가지 종으로 크게 나누어진다. 생명 없는 기계란 단지 외부 원인이나 자기 안에서 전개되는 내부 과정을 통해서만 변화를 겪을 수 있는 기계다. 예를 들면, 바위는 온도 변화 같은 또 다른 기계를 맞닥뜨릴 때에만 변화를 겪는다. 항성은 자기 안에서 전개되는 핵반응 과

---

14. J. Butler, *Gender Trouble* (New York : Routledge, 2006). [주디스 버틀러, 『젠더 트러블』, 조현준 옮김, 문학동네, 2008.]

정들의 결과로 변화를 겪는다. 생명 없는 유형 기계는 자신의 조직을 유지하려고 시도하지 않을 뿐만 아니라 성장하지도 않는다. 생명 있는 기계와는 달리, 바위는 깨지더라도 자신의 상실한 부분을 치유하는 작용에 착수하지 않는다. 생명 없는 기계와는 달리, 생명 있는 기계는 자신의 조직을 보존하는 작용에 관여한다. 예를 들면, 고양이가 칼에 베이면 그 상처는 그 고양이의 신체가 이전에 가졌던 형태와 다소 같은 형태로 치유될 것이다. 마지막으로, 인지적 기계란 자기 자신의 행위를 조정할 수 있는 유형 기계다. 고양이는 불에서 떨어진 거리를 조정함으로써 자신의 온도를 조절할 수 있다. 새는 포식자의 주의를 자신의 새끼에서 돌리게 하는 활동에 관여할 수 있다. 개, 돌고래, 문어, 인간, 기관, 그리고 어떤 기술은 학습할 수 있다. 인지적 기계는 의도적으로 목표지향적이라는 점에서 단순한 생명 있는 기계와 다르다.

또다시, 이들 구분 종류는 겹칠 수 있고 이런 다양한 기계 종류 사이에는 갖가지의 정도 차이가 있다. 예를 들면, 돌고래는 인지적 기계이면서 생명 있는 기계다. 돌고래는 학습할 수 있고 목표에 바탕을 두고서 행동할 수 있으므로 인지적 기계다. 돌고래의 신체가 스스로 치유되기에 돌고래는 생명 있는 기계다. 정부 같은 다른 기계들은 무형 기계들과 생명 있는 기계들, 인지적 기계들의 결합체다. 법률과 훈령, 절차 같은 온갖 종류의 무형 기계가 내재하는 이들 기계는 목표지향적이고, 학습할 수 있으며, 그리고 사람들이 은퇴하면 충원한다. 하지만 어떤 특정 종류의 기계가 어디에 속하는지 결정하기 어려운 경우도 있다. 예를 들면, 바이러스는 자신을 재생산한다는 점에서 생명 있는 기계와 닮았지만, 스스로 치유되지 않고 오로지 원인에 대응하여 행동하는 것처럼 보이는 한에 있어서 생명 없는 기계와도 닮았다.

포스트휴먼 매체생태론

기계는 어떤 쓰임새나 목적을 갖추고 있는 것이 아니라, 또 다른 기계에 구조적으로 접속됨으로써 어떤 쓰임새나 목적을 맡을 뿐이다. 카피바라의 목적은 표범의 먹이 역할을 하는 것이 아니라, 오히려 카피바라는 표범과 관련하여 혹은 구조적으로 접속함으로써 이런 기능을 맡을 뿐이다. 표범과 분리되면, 카피바라는 그냥 그런 것이다. 펜의 목적은 글쓰기가 아니라, 오히려 펜은 사람이나 침팬지와 관련하여 이런 기능을 맡을 뿐이다. 펜 자체는 한낱 물질의 특정 구성체에 불과하다. 그러므로 우리는, 매클루언을 좇아서, 한 존재자가 다른 한 존재자에 구조적으로 접속되면 전자는 후자를 위한 매체로서 작용한다고 말할 것이다. 매클루언은, 모든 매체가 "사용자의 어떤 기관이나 능력을 확장하거나 증폭하"기에 매체는 인간의 확장이라고 주장한다.[15] 예를 들면, 글은 우리가 다른 사람이 더는 현존하지 않더라도 그 사람의 말을 '들을' 수 있게 함으로써 말하는 능력과 귀를 확장한다. 자동차는 발을 확장하는데, 요컨대 우리는 더 빨리 여행할 수 있게 된다. 카메라는 시각을 확장하는데, 이를테면 우리는 현존하지 않는 것을 볼 수 있게 된다. 어떤 기계가 다른 기계에 구조적으로 접속되면 전자는 후자를 위한 매체로서 작동하고, 그리하여 어떤 식으로 후자의 역능과 역량을 확장한다.

우리는 매클루언이 매체라는 개념을 얼마나 넓게 확대하는지 깨달을 수 있는데, 요컨대 그 개념이 품고 있다고 흔히 여겨지는 것보다

---

15. M. McLuhan and E. McLuhan, *Laws of Media* (Toronto : University of Toronto Press, 1998), viii.

훨씬 더 깊은 존재론적 의미를 그것에 부여한다. 우리가 매체에 관해 생각할 때에는 종종 신문, 텔레비전, 음악 등과 같은 것들을 즉시 떠올린다. 이것들이 매체의 사례임은 사실이지만, 매클루언은 그 개념이 포크에서 맹도견에 이르기까지 모든 것을 포함하도록 확대한다. 그러므로 매클루언은 매체라는 개념이 라틴어 낱말 메디우스medius가 나타내는 '중개자'라는 의미를 되찾게 한다. 매체란 이 사물을 저 사물에 관련시키는 중개자다. 그러므로, 매클루언의 경우에, 매체는 말, 기호 언어, 라디오, 텔레비전, 글, 혹은 연기 신호 — 비록 이것들은 모두 그의 매체 이론에 포함되어 있더라도 — 같은 특정 소통 매체를 가리키기보다는 오히려 매체의 물질성과 그 물질성의 특정 본성을 강조할뿐더러 이들 매체가 우리의 감각기관을 확장하고 증폭하는 방식도 강조한다.

각각의 매체는 어떤 것들을 촉진하고 완화할 독자적인 물질적 특질이 있다. 예를 들어, 사회의 법률에 대한 말과 글 사이의 차이를 살펴보자. 역사가이자 인류학자인 장 피에르 베르낭이 주장하는 대로, "〔글로 법률을〕 적어두는 것은 그 법률의 영속성과 안정성을 보장하는 것만이 아니다. 또한, 그것은 자신의 직무가 법을 '말하는' 것인 〔통치자〕의 사적 권위에서 그 법률을 떼어 놓는다."16 법률에서 말이나 글로 표현되는 명령 내용은 사실상 같을 것이지만, 그 두 매체의 물질성은 법률이 작용하는 방식에 큰 영향을 미친다. 말 또는 음파라는 물질적 매체로 표현되는 법률은 영속성의 계수가 매우 낮다. 말은 표명되자마자 거의 즉시 사라지는데, 요컨대 그 말을 들은 사람들의 기억에만 흔적을 남길 뿐이다. 이런 상황으로 인해 법률은 특히 그 법률을

16. J-P. Vernant, *The Origins of Greek Thought* (Ithaca : Cornell University Press, 1982), 52~3. [장 피에르 베르낭, 『그리스 사유의 기원』, 김재홍 옮김, 길, 2006.]

표명하는 통치자의 변덕에 노출되기에 십상이지만, 어떤 메시지가 사람에게서 사람으로 전해질 때 변형되는 전화 게임에서와 마찬가지로, 어떤 법률이 말을 통해 전달됨으로써 그 법률은 통치자의 공무원들뿐만 아니라 도시 주민들을 거치면서 고도의 변형을 겪을 수 있게 된다. 이렇게 연쇄적으로 멀리 전달된 법률은 통치자가 애초에 전하는 의미와는 매우 다른 의미를 품고서 전적으로 다른 방식으로 표명될 수 있게 된다.

이 상황은 법률이 글로 기입됨으로써 확연히 바뀐다. 첫째, 법률이 기입되거나 기록되는 한에 있어서 그 법률은 그것을 통치자의 변덕으로부터 지켜주는 객관적 가치를 띤다. 기입된 법률은 통치자의 명령이라기보다는 오히려 독자적인 사물 또는 기계가 된다. 기록된 법률이 통치자에게서 비롯된 것임은 확실하지만, 양피지나 사원의 벽 위에 기입됨으로써 그 법률은 이제 통치자 자신이 씨름해야 하는 이질적인 실존, 독립적인 실존을 띤다. 오늘 통치자는 다른 법률을 제정하고 싶어질지도 모르지만, 그의 '말'이 글로 쓰인 문서 형태로 남아 있기에 통치자는 작년에 자신이 말한 것과 오늘 포고하고 싶어 하는 것을 함께 엮어야 함을 깨닫게 된다. 사실상, 통치자는 자신이 작년에 말한 것과 씨름해야 할 뿐만 아니라, 이전 통치자들이 기입한 것과도 씨름해야 한다. 글은 알코올과 노인 건망증으로 무기력해지는 뇌의 퇴화를 더는 겪지 않는 물질화된 기억을 창출한다. 둘째, 기록됨으로써 표명되는 것은 공기를 통해 전파되는 말의 한계에서 벗어나게 되는데, 그리하여 기입된 것은 시간과 공간에 있어서 지리적으로 훨씬 더 확대된 영역으로 전파할 수 있게 된다. 이제 법률은 왕국의 먼 지역까지 전달될 수 있는데, 그리하여 결코 서로 만난 적도 없고 통치자의 칙령을 들은 적도 없는 사람들이 같은 법의 지배를 받고 있음을 알 수 있게 된다. 이 사람들은 언제나 그렇듯이 법률을 다르게 해석할 것임이 확실하지만, 같은 텍스트 신체를 공유하는 결과로 다양한 사람을 통합하는 글을 통해서 산출되는, 기입물의 최소 동일성은 여전히 존재할 것이다.

여기서 요점은, 매체의 물질성, 즉 매체의 물질적 특성과 역능이 매체의 내용을 능가하는 방식으로 인간 활동과 관계를 실질적으로 수정한다는 것이다. 법률에 영속성을 부여하고 결코 서로 만난 적이 없는 사람들이 공유할 수 있는 정체성을 만들어냄으로써 거대한 왕국과 도시가 유지될 수 있게 한 것은 법률의 내용이나 의미가 아니었고, 오히려 글이 품을 수 있는 어떤 의미와도 독립적인 글 자체의 물질적 특질이었다. 이 점이 바로 매클루언이 "매체가 메시지다"라고 말할 때 염두에 두는 것이다. 매클루언은 우리가 네온 빛으로 휘황찬란한 맥주 광고 같은 특정 매체에서 전해지는 메시지의 의미나 의의에 주목하도록 요청하기보다는(그것 역시 주목하더라도) 오히려 매체의 물질적 특성이 우리 활동과 관계 양식을 수정하는 방식에 주목하도록 요청한다. 이것이 바로 『미디어의 이해』라는 책의 서두에 제시된 전깃불의 사례에서 끌어내야 하는 교훈이다.[17] 이런 특정 사례에서 전깃불이 '메시지'라면, 그 이유는 전깃불이 특정한 명제적 내용이나 서사를 전달하기 때문이 아니고, 오히려 우리가 서로 관계를 맺는 방식과 우리 활동을 수정하기 때문이다. 전깃불은 이전에는 존재하지 않았던 야간의 사회적 관계들을 포함하는 전적으로 새로운 영역을 개방한다. 이전에는 위협적인 어둠과 어둠 속에 은폐되어 있는 것으로 인해 밤이 사람들이 실내에 머무른 공포의 시간이었지만, 이제는 밤이 센강

---

17. McLuhan, *Understanding Media*, 8~9. [매클루언, 『미디어의 이해』.]

을 따라 여유롭게 거니는 낭만적 산책, 야간 야구경기, 야밤의 독서, 그리고 당연히 온갖 종류의 야간 노동을 위한 영역이 되었다. 예를 들면, 생산성이 기하급수적으로 향상되도록 공장이 여러 교대로 가동되는 일은 훨씬 더 실행 가능한 것이 된다. 이 경우에, '메시지를 이해하는 것'은 이 매체가 좋든 나쁘든 간에 우리의 활동과 관계 양식을 수정한 방식에 주목하는 것이다.

그렇지만 매체에 관한 매클루언의 구상이 아무리 유망하더라도, 우리는 그 구상이 여전히 제한적이어서 두 가지 방식으로 수정되어야 한다고 믿는다. 첫째, 매클루언은 매체를 기관, 특히 감각기관의 증폭과 확장에 한정한다. 하지만 이런 매체가 다른 기계의 기관을 확장하는 기계의 사례임은 사실이지만, 매체라는 범주는 단순히 감각기관을 확장하거나 증폭하는 것보다 훨씬 더 넓은 것처럼 보인다. 한 기계가 다른 한 기계를 위한 매체로서 작동하는 것은, 전자가 후자의 감각기관을 증폭하거나 확장하는 경우에 그럴 뿐만 아니라 전자가 후자의 활동이나 되기를 수정하는 경우에도 그렇다. 비타민 B는 우리 기분을 바꿈으로써 우리 몸을 위한 매체로서 작용한다. 담배는 폐 세포가 유지되고 재생산되는 방식을 수정함으로써 폐 세포를 위한 매체로서 작용한다. 악어가 자신의 알을 낳는 둥지의 온도는, 그것이 발생하는 알의 성별을 결정하는 데 어떤 역할을 수행하는 한, 그 알을 위한 매체로서 작용한다. 스마트폰은 우리가 관여하는 다양한 종류의 활동을 수정하는 한에 있어서 인간을 위한 매체로서 작용한다. 이전에는 우리가 자신의 이메일과 페이스북을 작성하고 항상 확인하고 싶은 성향을 전혀 느끼지 않았지만, 이제는 자신이 이런 활동에 강박적으로 관여하고 있음을 깨닫는다. 병원균 이론의 결과로 손을 씻는 경우와 마찬가지로, 어떤 이론이 우리가 세계 안에서 행동하는 방식을 수정할 때 그 이론은 매체로서 작용한다. 매체에 관한 탐구는 기계가 감각기관을 증폭하고 확장하는 방식에 관한 것일 뿐만 아니라, 기계가 존재자의 활동과 되기를 수정하고 확장하는 방식에 관한 것이기도 하다.

둘째, 매클루언은 매체가 인간을 확장하는 것들로 이루어져 있다고 여기지만, 매체라는 개념을 인간에게만 한정할 이유가 전혀 없는 것처럼 보인다.[18] 다른 기계의 되기나 활동을 수정하거나, 혹은 다른 기계의 감각기관을 확장하는 기계라면 무엇이든 그 기계는 매체다. 이 규정은 인간에 못지않게 비인간의 경우에도 성립한다. 전깃불은 인간에 못지않게 비인간을 위한 매체이기도 하다. 내 테라스의 전깃불은 온갖 종류의 곤충을 끌어들인다. 나무로 만든 텍사스 주기州旗 아래서 살아가는 도마뱀은 이 전깃불을 곤충을 사냥하는 매체로 사용함으로써 살을 찌운다. 그러므로 이 매체는 곤충과 도마뱀의 사회적 관계를 변화시키고, 이를 통해 포식자-먹이 관계를 수정한다. 마찬가지로, 변호사가 법정에서 자신이 대변하는 사람의 말을 확장하는 경우처럼 인간은 다른 인간을 위한 매체의 역할을 수행할 수 있을 뿐만 아니라, 비인간을 위한 매체의 역할도 수행할 수 있다. 나는, 나를 자신의 발톱과 사냥 능력을 확장하는 데 활용하는 나의 소중한 고양이 타사를 위한 정말로 문자 그대로의 매체인데, 요컨대 타사는 나를 유혹함으로써 여유 있는 삶을 살 수 있다. 타사가 내 애완묘라기보다는 오히려 내가 타사의 충실한 노예다. 더 위협적인 예를 들면, 『아메리카』에서 카프카는, 자신이 관리하는 선박의 증기기관을 위한 매체로서의 인간에 관한 사례를 묘사하면서 그가 선박을 움직이는 기관에 삽으로 석탄

---

18. 매체를 인간을 비롯한 여느 다른 존재자의 감각기관을 확장하는 것 혹은 그 존재자의 활동과 되기를 수정하는 것으로 여기는 구상은 저자 나 자신이 이안 보고스트와 나눈 논의에서 생겨났다.

을 퍼 넣느라고 자신의 나날을 보내버린다고 책망한다.[19] 증기기관이 화부의 확장이 아니라, 증기기관이 계속해서 작동하도록 그 기관에 에너지의 흐름을 제공하는 화부가 오히려 증기기관의 확장이다.

이들 매체 관계에 인간이 반드시 포함될 필요는 전혀 없다. 상어는 그 상어를 활용하여 자신이 먹이를 얻을 기회를 확장하는 빨판상어를 위한 매체다. 달팽이의 버려진 껍질은 소라게를 위한 매체다. 지구의 용융 핵심이 만들어내는 전자기장은 새와 다양한 항해 생물을 위한 매체인데, 요컨대 전자기장 덕분에 이들 생물은 이곳에서 저곳으로 비행하거나 항해할 수 있게 된다. 부패하는 동물 주검은 그 속에서 성장하는 곰팡이와 박테리아, 식물을 위한 매체다. 모래와 꽃가루는 바람을 타고서 원래 위치에서 멀리 떨어진 곳으로 날아갈 수 있기에 바람은 모래와 꽃가루를 위한 매체다. 바다의 파도와 조류의 경우에도 마찬가지다.

이제 우리는 매클루언의 매체 이론이 왜 일반적인 존재론적 의미에서 중요한지 알 수 있는 상황에 이르렀다. 매클루언의 매체 관념은 인간의 소통과 의미 전달을 위한 특정 운반체에의 제약을 깨뜨림으로써 우리가 매체를 다른 기계의 되기, 움직임, 활동, 혹은 감각을 수정하는 기계의 구조적 접속으로 여길 수 있게 된다. 요약하면, 그런 매체 개념에 힘입어 우리는 기계들 사이의 관계와 상호작용에 관한 이론을 전개하기 시작할 수 있다. 매체를 연구한다는 것은 그저 기술과 도구, 인공물, 소통 형식을 탐구하는 것이 아니고, 오히려 인간이 포함되어 있는지에 상관없이 기계들이 서로 구조적으로 접속하여 상호 수정하

---

19. F. Kafka, *Amerika*, trans. W. Muir and E. Muir (New York : Schocken Books, 1974), 3~37. [프란츠 카프카, 『아메리카』, 곽복록 옮김, 신원문화사, 2006.]

는 방식을 탐구하는 것이다. 이런 점에서, 매체에 관한 탐구는 우리가 일반적으로 '매스 미디어'라고 일컫는 것에 관한 탐구보다 생태학에 더 가깝다. 더욱이, 기계가 인간의 포함 여부에 상관없이 매체로서 작용할 수 있는 한, 이런 매체 이론은 다양한 존재자가 인간을 위한 매체로서 작용하는 방식에 한정되어 있지 않다는 의미에서 포스트휴먼적이다. 비인간 기계가 다른 비인간 기계를 위한 매체로서 작용하는 방식과 인간이 제작한 인공물이나 기계가 비인간을 위한 매체로서 작용하는 방식에 주목하는 것에 덧붙여, 그 이론은 인간이 비인간을 위한 매체로서 작용하는 방식도 탐구한다. 그리하여 그 이론은 인간계와 비인간계 사이의 어떤 근본적인 구분도 생략하는 기계들 사이의 관계들에 대한 생태적 관점을 제시한다.

앞서 논의한 바를 바탕으로 이제 우리는 존재지도학에 관한 첫 번째 정의를 제시할 상황에 이르렀다. 우선, 존재지도학은 기계들 사이의 구조적 접속과 그 접속이 접속된 기계들의 되기, 활동, 움직임, 그리고 주변 세계와의 관계 양식을 수정하는 방식에 관한 탐구다. 존재지도학은 기계(온토)들 사이의 이런 접속들과 더불어 기계들의 되기와 움직임, 활동의 벡터들에 관한 지도학(카르토그라피)이다. 존재지도학에 관한 이런 정의는 후속 장들에서 수정되고 질적으로 향상될 것이지만, 존재지도학이라는 낯선 학문이 탐구하고자 하는 바에 대한 첫인상을 제공한다. 이어지는 글에서, 내가 다른 기계의 움직임이나 되기를 수정하는 기계를 언급할 때마다 다른 기계를 위한 매체로서 작용하는 기계를 언급하고 있다고 가정해야 한다. 이제 기계란 무엇인지 탐구하자.

기계란 무엇인가?

기계는 조작한다

기계는 윙윙 소리를 내고, 부산스럽고, 빙빙 돌며, 덜커덩거린다. 세계는 기계들의 직조물이다. 모든 기계가 경직된 기계인 것은 아니고, 게다가 설계도 목적도 쓰임새도 기계의 본질적 특질이 아니다. 석영 결정과 요리법, 소설, 동남아시아 너구리는 커피 메이커와 불도저에 못지않은 기계들이다. 그렇다면 기계란 무엇인가? '객체'라는 용어의 한 가지 단점은 우리가 그 용어를 듣게 되면 그 객체를 상정하거나 관찰하는 주체에 관해 생각하게 된다는 것임을 이미 살펴보았다. 우리는 객체를 주체에 대립하는 것으로 여기고, 그리하여 어떤 객체가 그 객체를 경험하는 주체에 반드시 결부되어 있다고 여긴다. 이런 연상은 기계라는 개념으로 차단될 수 있다. 우리는 어떤 기계가 그 기계를 경험하는 사람이 전혀 없더라도 세계 안에서 작동하는 상황을 쉽게 상상할 수 있다. 그러므로 기계라는 개념은 우리가 객체와 주체를 둘러싸고 엄청나게 누적된 철학적 전통을 벗어나는 데 도움이 된다.

그런데 객체라는 개념의 또 다른 단점은 그 용어가 우리에게 주어와 술어의 견지에서 생각하도록 부추긴다는 점이다. 우리는 객체를 술어적 서술의 주어, 즉 그 객체를 그런 주어로 만드는 일단의 성질 또는 특성을 소유하는 주어로 여긴다. 저쪽에 서 있는 나무가 객체로 여겨지면 그 나무는 술어적 서술의 주어인데, 요컨대 그 껍질과 잎의 색깔, 그 모양, 그 가지들의 배치, 그 질감, 그 내음 등을 소유한다. 그 나무가 무엇인지에 관한 물음을 받게 되면, 우리는 이들 특성 또는 성질을 나열한다. 그 나무를 바로 이 주어로 만드는 것은 이들 특성 또는 성질이다. 하지만 우리는, 이들 성질 중 일부가 변화하더라도 그 나무는 여전히 바로 그 나무 또는 주어임을 인식한다. 예를 들면, 가을에 나뭇잎은 색이 변하면서 나무에서 떨어진다. 그 나무는 어떻게 바로 그 나무이면서 동시에 변화할 수 있는가? 이제 우리는 그 나무의 본질을 구성하는 **불변적** 특성 또는 성질과 그 나무의 우유성을 구성하는 **가변적** 특성을 구분하기 시작한다. 그리하여 그 나무의 존재는 그 본질을 구성하는 그런 불변적 특성들로 이루어져 있다고 한다.

객체를 기계로 여기는 구상에 힘입어 우리는 존재자를 매우 다른 방식으로 생각할 수 있게 된다. 우리가 어떤 기계를 맞닥뜨릴 때 처음 떠올리는 생각은 그것의 특성이나 성질에 관한 것이라기보다는 오히려 그것의 조작이다. 기계는 조작하는 것이다. 이안 보고스트가 명백히 표명하는 대로, "조작은 한 가지 이상의 입력물을 취하여 그 입력물을 변환하는 작업을 수행하는 기본 과정이다."[1] 이에 덧붙여 나는, 기계는 입력물을 변환하는 작업을 수행하면서 출력물을 생산한다고 규정한다. 어떤 조작을 거쳐 변환되는 입력물은 기계의 외부에서 비롯되거나 기계의 내부에서 비롯될 수 있다. 그러므로 예를 들면, 한 특

---

1. I. Bogost, *Unit Operations* (Cambridge : MIT Press, 2006), 7.

정 세포가 다른 세포들에 영향을 미치는 화학물질을 분비하는 경우에 입력물은 내 몸의 내부에서 비롯된다. 이 세포는 그 화학물질을 생산하는 일단의 조작을 수행했고, 그다음에 출력물로 분비된 그 화학물질은 다른 세포들에 의해 흡수된 후에 이들 세포에서 새로운 조작들을 개시한다. 그리하여 그 다른 세포들은 각자 이 화학물질에 새로운 조작을 수행한다. 이와는 대조적으로, 토양에서 물을 끌어올리는 꽃나무의 경우처럼, 어떤 입력물이 어딘가 다른 곳에서 유래할 때에는 그 입력물은 기계의 외부에서 비롯된다. 기계란 입력물을 변환하는 작업을 수행함으로써 출력물을 생산하는 조작들의 체계다.

나무 사례로 돌아가면, 우리가 그 나무를 기계로 여기면 자신이 그것을 매우 다르게 여김을 알게 된다. 우리는 그 나무를 주어에 내재하는 성질들이나 특성들의 구조물로 여기기보다는 오히려 변환 작업을 수행하는 조작들의 체계로 여긴다. 이제 우리는 그 나무가 어떤 조작을 수행하는지 묻고, 그 나무가 이용하는 입력물과 그것이 수행하는 변환 작업, 그 작업이 조직되는 방식에 주목한다. 요약하면, 우리는 그 나무가 갖추고 있는 성질들에 주목하기보다는 오히려 그 나무가 행하는 바에 주목한다. 그러므로 우리는 그 나무를 통과하는 물과 토양 영양분, 빛, 이산화탄소의 흐름, 그 나무가 조작을 통해서 이 흐름을 변환하는 방식, 그리고 그 나무가 입력물을 변환하는 작업의 결과로 생산하는 출력물에 주목한다. 기계는 저기에 그냥 앉아 있는 정적인 덩어리이기는커녕 철저히 과정적이다.

기계 존재론의 틀 안에서 존재자는 기계로 이해된다. 존재는 철저히 기계들로 이루어져 있다. 기계에 관해 제기되어야 할 첫 번째 물음은 "그것의 특성은 무엇인가?"라는 물음이 아니고, 오히려 "그것은 무엇을 행하는가?", "이 기계는 어떤 조작을 수행하는가?"라는 물음이다. 요리법은 요리사에게 조작을 수행하는 기계인데, 요컨대 요리사는 요리법을 좇아서 다양한 조리 기구와 재료에 어떤 조작을 수행하게 된다. 들뢰즈와 가타리는 "책 자체가 하나의 작은 기계다"라고 언급한다.[2] 그들은 우리에게 책이 뜻하는 바가 무엇인지 묻지 말고 오히려 책이 작동하는 방식에 주목하도록 권유한다. 책은 언어에 어떤 조작을 수행하는가? 등장인물들은 서로에게 어떤 조작을 수행하고, 게다가 주변 세계에 거주하는 여타 기계에 어떤 조작을 수행하는가? 사건은 등장인물에게 어떤 조작을 수행하는가? 소설은 독자에게 어떤 조작을 수행하는가? 업튼 싱클레어의 소설 『정글』의 경우처럼 소설은 사회적 제도와 관행에 어떤 조작을 수행하는가?

과학 논문은 참 아니면 거짓으로 판정될 수 있는 일련의 진리함수적 명제라기보다는 오히려 어떤 조작들을 제시하는 하나의 기계다. 이런 점에서, 과학 논문은 "그 고양이는 매트 위에 있다"라는 명제처럼 철학자를 곤란한 상황에 처하게 하는 명제들보다 요리법에 더 가깝다. 과학 논문은 우선 관찰이라는 조작을 제시하는 기계인데, 요컨대 세계의 혼돈에서 관측 가능한 것의 흐름을 선택하여 "이것에 주목하라!"라고 명령한다. 과학 논문은 가이거Geiger 계수기, 정지궤도 망원경, 입자 충돌기 등과 같은 환상적인 감각기관의 구성을 제안하는 기계다. 하지만 무엇보다도 과학 논문은 이런저런 실험에 관여하고, 이런저런 기계에 이런저런 방식으로 작용하며, 상황이 이런 식으로 조작될 때 무슨 일이 일어나는지 살펴보도록 요청하는 기계다.

개구리는 파리와 곤충을 잡기 위해 온갖 종류의 조작에 관여하

2. G. Deleuze and F. Guattari, *A Thousand Plateaus*, trans. B. Massumi (Minneapolis : University of Minnesota Press, 1987), 6. [질 들뢰즈·펠릭스 가타리, 『천 개의 고원』, 김재인 옮김, 새물결, 2001.]

는 하나의 기계다. 그 신체는 강의 흐름과 와류를 능숙하게 건너가는 조작에 관여하는 기계다. 개구리는 공기라는 입력물을 짝을 유혹하는 기묘한 노래로 변환하거나 주위가 갑자기 조용해지면 포식자를 경고하는 노래로 변환하는 조작에 관여하는 기계다. 개구리는 이산화탄소와 여타 폐기물 같은 어떤 출력물을 생산하는 기계인데, 그다음에 그 출력물은 조류 식물과 수련의 잎, 부들 같은 기계의 다른 조작을 위한 입력물로 수용된다. 더욱이, 물론 개구리는 생식을 통한 출력물로서 자신의 복제본을 생산하는 기계이기도 하다.

기계는 표현적이지 않고, 표상적이지 않고, 오히려 생산적이다. 세계는 생산이 온갖 다양한 형태로 끊임없이 이루어지는 공장들로 철저히 구성되어 있다. 무의식에 관하여 들뢰즈와 가타리는 이렇게 적는다.

> 정신분석의 위대한 발견은 욕망의 생산, 무의식의 생산이라는 발견이었다. 하지만 오이디푸스가 일단 등장하자마자 이 발견은 신형新型 관념론 아래 묻혀버렸다. 그리하여 공장으로서의 무의식은 고대 극장으로 대체되었고, 무의식의 생산 단위체는 재현으로 대체되었으며, 그리고 생산적 무의식은 자신을 표현할 수 있을 따름 ─ 신화, 비극, 꿈에서 ─ 인 무의식으로 대체되었다.[3]

프로이트의 위대한 발견은 생산적 무의식 또는 공장으로서의 무의식이었다고 그들은 주장한다. 무의식은 욕망을 재현하지 않고, 오히려 욕

---

3. G. Deleuze and F. Guattari, *Anti-Oedipus*, trans. R. Hurley, M. Seem, and H.R. Lane (Minneapolis : University of Minnesota Press, 1983), 24. [질 들뢰즈·펠릭스 과타리, 『안티 오이디푸스』, 김재인 옮김, 민음사, 2014.]

망을 제조하거나 생산한다. 무의식의 구성체는 억압된 욕망의 재현물이 아니고, 오히려 새로운 욕망의 생산물이다. 이 모든 것은 프로이트가 오이디푸스 이론을 도입할 때 뒤집힌다고 그들은 주장한다. 이제 무의식은, 무의식의 모든 구성체가 오이디푸스 드라마와 관련이 있는 표현의 견지에서 이해되는 재현의 극장이 된다. 극장 대 공장. 표현 대 생산. 재현 대 조작. 여기서 무의식에 관하여 들뢰즈와 가타리가 말하는 바는 모든 기계에서도 마찬가지다. 기계는 표현하지 않고, 재현하지 않으며, 극장을 구성하지 않는다. 오히려, 모든 기계는 자신의 조작을 통해서 출력물을 생산하는 공장이다.

기계는 자신의 역능과 생산물이 분열되어 있다

어떤 기계의 존재는 그 성질들 또는 특성들로 규정되지 않고, 오히려 그것이 수행할 수 있는 조작들로 규정된다. 이런 사실은 기계가 자신의 조작과 그 조작의 출력물 또는 생산물로 분열된다는 점을 수반한다. 당연히 이런 분열은, 예를 들면, 오렌지를 반으로 잘랐을 때 얻게 되는 그런 종류의 분열이 아니다. 오히려, 조작과 생산물 사이의 분열은 모든 기계의 두 가지 차원을 가리킨다. 한편으로는 기계의 형상적 존재에서 이루어지는 순전한 조작이 있다. 다른 한편으로는 기계가 조작할 때 이 조작으로 생산된 결과물이 있다. 이런 구분이 중요한 이유는 기계가 어떤 조작을 갖추고 있으면서도 그 조작을 실제로 실행하지 않을 수 있기 때문이다.

나는 기계의 이 두 가지 절반 또는 차원을 각각 '잠재적 고유 존재'와 '국소적 표현'으로 부른다. 기계의 잠재적 고유 존재는 그 기계가 수행할 수 있는 조작들이다. 이들 조작이 기계의 '고유 존재'를 구성하는 것은, 기계는 곧 자신이 행할 수 있는 것이라는 점에서다. 그런 조작들이 '잠재적'인 것은, 기계가 이들 조작을 갖추고 있으면서도 실행하지 않을 수 있기 때문이라는 의미에서다. 철은 녹을 생산하는 조작에 관여할 수 있지만, 특정 조건에서만 이런 조작에 관여할 수 있을 뿐이다. 예를 들면, 우주 공간에서 철은 녹을 생산하지 않을 것인데, 그 이유는 산화 조작을 개시할 산소가 거기에 전혀 없기 때문이다. 마찬가지로, 잠자는 고양이가 시각 조작에 관여하지 않는 이유는 그 눈꺼풀이 닫혀 있기 때문이다.

우리는, 철학자 조지 몰나르를 좇아서, 모든 기계가 갖추고 있는 이런 조작들의 잠재적 체계를 '역능'으로 부를 수 있다. 몰나르는 역능에 다섯 가지 특질을 귀속시킨다.[4] 첫째, 그것이 실행되면 특정 결과물 또는 생산물을 생산한다는 점에서 역능은 정향성에 의해 특징지어진다. 예를 들면, 식물은 광합성이라는 조작을 거쳐서 이산화탄소로부터 산소를 생산한다. 이런 점에서, 역능은 수학 함수와 닮았다. 수학 함수 $f(x) = x^2 - 3$을 고려하면, 이 함수는 특정 입력물(x)에 조작을 수행할 때, 즉 변수 x에 대해 연산할 때 함숫값이라는 특정 생산물에 정향된다. 예를 들면, x = 2가 주어지면 1이라는 생산물을 얻게 된다. 어떤 조작 또는 역능이 정향되는 생산물은 그것의 '표현'으로 불리는 것이다. 어떤 조작의 역능은 때마침 조작이 수행될 때 생산되는 표현보다 언제나 그 범위가 더 넓다는 사실을 인식하는 것이 매우 중요하다. 이 사례에서, 그 함수의 역능은 x = 2일 때는 1을 생산하지만, x = 3이면 6을 그 역능의 표현으로 생산할 것이다. 이런 상황이 역능이 잠재성으로 특징지어지는 또 하나의 이유다. 역능은 그것이 모든 특정

---

4. G. Molnar, *Powers* (Oxford : Oxford University Press, 2006), 57~8.

시점에 생산하게 되는 것보다 더 많은 표현을 언제나 생산할 수 있다.

둘째, 역능은 자신의 표현과의 독립성으로 특징지어진다. 역능은 어떤 표현도 역능의 범위나 한계를 망라하지 못할 만큼 다양한 방식으로 현시될 수 있을 뿐만 아니라, 전적으로 현시되지 않을 수도 있다. 성냥은 연소시킬 역능이 있지만, 이 역능을 갖추기 위해서 그것을 현시할 필요는 없다. 스컹크는 자극성이 강한 냄새를 뿜어낼 역능이 있지만, 이 역능을 갖추기 위해서 그 냄새를 뿜어낼 필요는 없다. 그러므로 표현은 언제나 역능에 의존하지만, 역능은 표현에 의존하지 않는다. 기계는 휴면 상태에 있거나 억제되고 있을 때에도 자신의 역능을 갖추고 있다. 나는 실행되지 않은 역능을 '잠재적'이라고 표현한다. 그리하여 셋째, 역능은 현실성으로 특징지어진다. 여기서 '현실성'은 표현을 생산하는 역능의 실행을 가리키는 것이 아니고, 오히려 기계가 갖추고 있는 특질을 가리킨다. 역능은 그 역능의 실행 여부에 상관없이 기계의 실제적 또는 현실적 특질이다. 그 결과로 넷째, 역능은 그 역능을 갖추고 있는 기계의 고유한 것이다. 진공 속 성냥의 경우처럼 다른 기계들의 현존 혹은 부재로 인해 기계의 역능이 억제될 수 있음은 실제로 참이지만, 그런데도 화염을 만들어낼 수 있는 역능은 성냥의 고유한 특질이다. 그러므로 다섯째, 역능은 객관적이다. 기계가 갖추고 있는 역능은 누군가가 그 역능을 알고 있거나 관찰한 적이 있는지에 상관없이 그 기계의 특질이다. '역능'이라는 용어와 '조작'이라는 용어가 동의어일지라도, '조작'이라는 용어는 역능의 현실적 실행을 함축하는 의미를 불러일으킨다. 이런 이유로 인해, 나는 '역능'이라는 용어를 그 역능의 행사 여부에 상관없이 기계가 갖추고 있는 역량을 가리키기 위해 남겨 둘 것이다. 한편으로, '조작'이라는 용어는 표현을 생산하는 역능의 실행을 가리키기 위해 남겨 둔다.

앞서 논의된 바를 고려하면, 이제 우리는 역능과 표현의 관계를 더 분명히 할 상황에 있다. 어떤 표현은 어떤 역능이 어떤 특정한 입력물에 수행한 조작의 생산물이다. 또다시, 입력물은 기계의 내부 혹은 외부에서 비롯될 수 있다. 기계의 내부에서 생겨나서 조작을 개시하는 입력물에 대한 훌륭한 일례는 방사성 붕괴다. 방사성 붕괴의 경우에, 그 붕괴를 발생시키는 것은 원자의 외부에서 유입되는 입력물이 아니고, 오히려 원자 자체의 내부에서 수행되는 조작들이다. 이들 조작은 원자가 다른 기계와 접촉하게 되는지에 상관없이 수행될 것이다. 많은 사유의 경우도 마찬가지다. 후속 사유를 발생시키는 입력물은 우리의 감각기관을 통해서 수용된 경험이라기보다는 오히려 선행 사유일 수 있다. 반면에, 식물에서 수행되는 광합성 조작은 물과 햇빛, 다양한 토양 영양분과 같은, 기계의 외부에서 유입되는 입력물에 대응하여 수행되는 조작이다.

조작의 생산물은 표현이다. 표현은 누군가에게 혹은 누군가를 위해 나타나는 표현이 아니다. 표현은 그것을 지각하는 또 다른 존재자가 있는지에 상관없이 현시적일 것이다. 오히려, 표현은 조작의 생산물이나 출력물일 따름이다. 산화로 인해 생겨나는 철의 녹은 하나의 표현이고 누군가가 이 녹을 관찰하는지에 상관없이 현존한다. 표현, 생산물, 또는 출력물은 세 가지 형태 중 한 형태로 현시된다. 첫째, 어떤 조작의 출력물 또는 생산물은 질적 표현일 수 있다. 질적 표현이란 색깔, 모양, 질감 등과 같은 기계의 어떤 성질을 변환하는 표현이다. 해변에서 한가한 오후를 즐기는 동안 햇볕에 노출된 사람의 피부는 햇볕에 탄 색깔의 형태로 질적 표현을 드러낸다. 몹시 추운 공기에 노출될 때, 우리는 피부가 팽팽해지고 수축함으로써 모양의 변화를 겪는다. 마찬가지로, 열기에 노출되면 우리 피부는 팽창하고 홍조를 띠게 된다. 매우 차가운 강철은 취성을 갖게 되면서 쉽게 부러지게 된다. 그러므로 우리는, 어떤 기계의 성질이나 특성은 그 기계가 고유하게 보유하거나 갖추고 있는 것이라기보다는 오히려 그 기계의 내부에서 수행되는 조작에서 생겨나는 활동임을 알게 된다.

위대한 로마 시인이자 철학자인 루크레티우스는 자신의 걸작 『사물의 본성에 관하여』에서 이 점을 아름답게 보여준다. 그 책에서 루크레티우스는 이렇게 말한다.

> [원자들은] 어떠한 색깔의 본성도
> 주어져 있지 않은데, 여러 형태가 배정되어 있어서
> 거기서 온갖 종류의 색깔들을 낳고, 또 그것을 바꾼다면,
> ─ 거기서 다음과 같은 것, 즉 각 형태를 지닌 원자들이
> 어떤 것들과 어떤 배치로 연결되는지, 그리고 서로 간에
> 어떤 운동을 주고받는지가 매우 중요한데 ─ ,
> 그대는 즉시 매우 쉽게 설명을 제공할 수 있을 것이다.
> 왜 조금 전에 검은색이었던 것들이
> 갑자기 대리석 같은 백색을 띠게 될 수 있는지,
> 마치 바다가, 거센 바람이 평탄한 물을 뒤흔들 때,
> 빛나는 대리석의 흰 파도로 변하는 것처럼.
> 왜냐하면 그대는 말할 수 있을 테니까,
> 우리가 자주 검은색이라고 보는 것은,
> 그것의 질료가 뒤섞이고, 그것의 질서가 바뀌고,
> 무엇인가가 더해지고 빼지면,
> 곧장 빛나고 흰색으로 보이는 것이 된다고.
> 하지만 만약에 바다의 평탄한 물들이 파란 원자들로

되어 있다면, 어떤 조건에서도 흰색으로 변할 수 없으리라.[5]

나는 루크레티우스 특유의 원자론을 지지하지는 않지만, 여기서 우리는 기본적인 기계 사유가 그의 사유에서도 마찬가지로 작동함을 알게 된다. 색깔은 물이 갖추고 있는 특성이 아니라, 오히려 파도 활동과 바람을 통해서 물 안에서 수행되는 조작들의 결과다. 물의 색깔은 어떤 조작들의 결과로서 현시되는 표현이다. 그러므로 밤에 물이 검은색이라면, 그것은 실제로 검은색이다. 물은 실제로 파란색인데 빛이 없기에 우리가 이렇게 볼 수 없는 것이 아니라, 오히려 밤에는 파란색을 하나의 효과로서 산출하는 조작들이 수행되지 않고 있어서 그러한데, 그 이유는 파란색을 생산하는 파장의 빛이 물에서 반사되는 사태가 일어나지 않기 때문이다. 물이 검은색인지, 파란색인지, 녹색인지, 아니면 하얀색인지 — 물이 나타낼 수 있는 모든 표현 — 에 대한 논쟁을 벌이게 된다면, 우리는 물의 성질인 그 색깔이 조작이나 활동의 결과라는 기본적인 논점을 놓치게 될 것이다. 물의 성질들은 모두 물이 특정 입력물과 상호작용할 때 물 안에서 그 입력물에 수행되는 조작들에 따라 생겨난다.

둘째, 우리가 행위적 표현으로 부를 수 있는 것이 존재한다. 행위적 표현이란 기계의 내부 혹은 외부에서 비롯된 입력물이 특정 조작을 겪은 결과로 생겨난 기계의 활동 내지 행동의 변환이다. 우리 몸이 냉기에 대응하여 떨릴 때, 우리는 행위적 표현을 나타낸 것이다. 어떤 사람이 사랑에 빠졌을 때 겪는 행동과 선호의 변화는 행위적 표현의 일

---

5. Lucretius, *The Way Things Are*, trans. R. Humphries (Stanford : Stanford University Press, 1969), 73. [루크레티우스, 『사물의 본성에 관하여』, 강대진 옮김, 아카넷, 2012.]

레다. 브릭스-라우셔 반응 또는 화학적 시계 실험에서는 아이오딘산칼륨과 말론산, 과산화수소, 황산망간의 혼합물을 핫플레이트로 가열하면서 교반기로 잘 섞으면 파란색과 노란색이 주기적으로 진동하기 시작한다. 교반기에 의한 회전 운동과 열이라는 입력물이 없다면, 이 새로운 형태의 활동은 출현하지 않는다.

마지막으로 셋째, 물질적 표현이 존재한다. 물질적 표현이란 해당 기계에서 배출되는 출력물을 생성하는 조작으로 산출되는 표현이다. 학위를 취득한 학생은 고등학교나 대학 같은 교육 기계의 물질적 표현이다. 그 학생은 어떤 교육적 조작들을 겪는 입력물로 시작하여 그런 조작들의 출력물로서 학위를 취득한 학생이 된다. 나무가 광합성 과정을 거쳐 생산하는 산소는 나무-기계의 물질적 표현이다. 어떤 물음에 대응하는 발화 행위는 하나의 물질적 표현이다. 물질적 표현은 기계가 생산하는 생산물인데, 요컨대 그것은 해당 기계에서 벗어나 계속해서 세계 전역을 순환하게 된다.

기계의 표현이 국소적 표현인 이유는 기계가 특성과 활동, 물질적 출력물을 현시하는 방식이 그 표현을 현시하는 조작과 조건에 따라 가변적일 것이기 때문이다. 루크레티우스의 바다 사례에서 본 대로, 바다 색깔은 파도와 조명 조건에 따라 달라질 것이다. 나무는 강우량, 공기의 질, 일조량, 토양 조건, 그리고 그것을 서식지로 삼는 곤충에 따라 다르게 자랄 것이다. 포도 작황은 해마다 크게 다르기에 두드러지게 다른 포도주가 산출된다. 더욱이, 유전자 스톡이 동일한 포도가 세계의 다른 지역에서 자랄 때에는 매우 다른 포도주를 산출한다. 조작이 그것을 겪는 입력물에 완전히 복제 가능한 방식으로 형상을 부여하는 것은 결코 아니다. 오히려, 입력물의 역능이 기계의 존재와 그 기계가 생산하는 표현을 수정하는 독자적인 조작에 관여한다. 존재지도학의 주요 목표 중 하나는 서로 매체로서 작용하는 접속된 기계들의 장에 관한 지도와 이 장이 특정한 국소적 표현을 주재하는 방식에 관한 지도를 제작하는 것이다.

어떤 기계의 잠재적 고유 존재를 구성하는 역능들이 고정되어 있다고 믿는 것은 잘못일 것이다. 많은 기계가 시간을 가로질러 존속함으로써 꽤 규칙적인 국소적 표현을 현시하는 꽤 안정된 역능들의 체계를 갖추고 있음은 확실하다. 다이아몬드의 모양은 그것이 강한 열이나 압력을 받지 않는 한에 있어서 비교적 안정하게 유지된다. 다이아몬드의 색깔은 다양한 형태의 빛과 상호작용함에 따라 어른거리고 명멸하지만, 빛과의 이런 만남이 다이아몬드-기계의 역능을 수정하는 것처럼 보이지는 않는다. 그런데도 역능은 차오르고 수그러들 수 있고, 게다가 기계는 파괴되지 않는 한에 있어서 역능을 획득하고 상실할 수 있다. 우리는 모두 자기 몸의 역능이 차오르고 수그러드는 상황에 친숙하다. 우리가 굶주림이나 수면 부족에 시달릴 때, 우리의 행동 능력과 환경에의 대처 능력, 사고 능력이 저하된다. 생각하기와 행동하기, 경험하기의 역능은 여전하지만, 조작 역량이 저하된다.

그런데 기계의 역능이 그저 차오르고 수그러드는 사태만이 일어나는 것이 아니라, 기계는 자신의 내부에서 수행되는 조작뿐만 아니라 다른 기계와의 만남의 결과로 역능을 획득할 수도 있고 상실할 수도 있다. 카트린 말라부는 이런 노선을 따라 "피아니스트의 뇌는 수학자, 정비사, 혹은 그래픽 예술가의 뇌와 절대 동일하지 않다"라고 말한다.[6] 인간 같은 매우 복잡한 기계는 당연히 피아니스트, 수학자, 혹은

---

6. C. Malabou, *What Should We Do With Our Brain?*, trans. S. Rand (New York : Fordham University Press, 2008), 7.

그래픽 예술가로서 태어나는 것이 아니라, 오히려 이런 종류들의 기계가 된다. 이런 종류들의 기계 되기는 새로운 역능이나 조작 역량을 획득하는 사태를 반드시 수반한다. 인지과학자이자 철학자인 앤디 클락은, 마음은 우리의 양쪽 귀 사이에 존재하는 것이 아니라 뇌와 몸, 외부 세계의 존재자들 사이에 맺어진 일종의 관계라고 주장한다.[7] 클락은 이것을 '확장된 마음 가설'로 부르는데, 요컨대 마음이 문자 그대로 세계 속으로 확장되어 있다고 주장한다. 그러므로 예를 들면, 지팡이나 맹도견을 활용하는 맹인의 경우에 지팡이와 개는 문자 그대로 그 맹인의 마음의 일부다. 그 이유는 기계의 역능이 그것이 맺는 접속의 결과로 변화하기 때문이다. 홀로 있는 맹인의 마음은 맹도견과 함께 있는 맹인의 마음과 다르다. 마찬가지로, 애벌레에서 나비로 변태할 때에도 역능이 획득되는 동시에 상실된다. 마지막으로, 극히 낮은 온도에서 강철은 자신의 전성展性 역능을 상실하고 취성을 갖게 되어서 쉽게 파괴된다.

모든 기계는 다소간 가소성으로 특징지어진다. 이들 기계는 매우 경직된 기계가 아니기에 현실화될 수 있거나 아니면 현실화될 수 없는 다수의 잠재적 표현과 되기가 붙어 다닌다. 현재 전개되고 있는 조작과 자신이 처해 있는 조건의 안정성으로 인해 어떤 기계는 다른 기계보다 더 경직된 것임이 확실하지만, 그런데도 그 기계는 객관적인 고유한 가소성을 갖추고 있다. 여기서 기계는 무엇이든 될 수 있다는 의미에서 무한한 가소성을 갖추고 있다는 주장이 제시되고 있지는 않다. 명백히 바위는 나비가 될 수 없고, 나비는 자동차가 될 수 없다.

---

7. A. Clark, *Supersizing the Mind* (Oxford : Oxford University Press, 2011) [앤디 클라크, 『수퍼사이징 더 마인드』, 윤초희·정현천 옮김, 교육과학사, 2018]을 보라.

오히려, 각각의 기계는 그런 종류의 기계에 고유한 가소성을 갖추고 있다. 이런 가소성은 무엇보다도 기계가 조작을 통해서 생산할 수 있는 다양한 국소적 표현으로 입증되고, 게다가 기계가 존속하면서 겪는 되기로 입증되거나 새로운 역능의 산출로 입증된다. 그러므로 스피노자와 더불어, 우리는 어떤 기계가 무엇을 할 수 있는지 알 수 없다고 말할 수 있다.[8] 주어에 내재하는 술어들에 의거하여 존재자를 파악하는 존재론적 관점과는 대조적으로, 우리는 어떤 기계에 작용하여 그것이 다른 기계와 맺는 관계를 변화시킴으로써 어떤 국소적 표현과 되기가 결과적으로 생겨나는지 식별하는 행위를 통해서만 기계의 존재, 즉 그 역능들을 알아낼 수 있을 뿐이다.

기계는 이항 기계다 : 횡단-신체성

표현이 국소적 표현인 이유는 기계가 자신의 특성, 활동, 혹은 물질적 출력물을 현시하는 방식이 그 기계가 수행하는 조작뿐만 아니라 기계를 관류하는 입력물에 따라 달라지기 때문이다. 다른 입력물이 주어지면, 기계는 다른 국소적 표현을 생산할 것이다. 요약하면, 기계의 성질과 활동, 물질적 출력물은 그것이 묻어 들어가 있는 환경에 따라 달라질 것이다. 바로 이런 이유 때문에 모든 기계는 이항 기계다. 들뢰즈와 가타리가 진술하는 대로,

기계는 이항 법칙 또는 일단의 연합 규칙을 따르는 이항 기계인데, 요

---

8. B. Spinoza, *Ethics*, in *Spinoza : Complete Works*, ed. M.L. Morgan (Indianapolis : Hackett, 2002), 280~1. [베네딕트 데 스피노자, 『에티카』, 황태연 옮김, 비홍, 2014.]

컨대 한 기계는 언제나 다른 한 기계와 접속해 있다. 생산적 종합, 생산의 생산은 본질적으로 철저히 연접적인 것으로서 '그리고…' '그리고 그다음에…'라는 형식을 갖추고 있다. 그 이유는 흐름을 생산하는 한 기계가 언제나 존재하고, 그 기계에 연결되어 이 흐름의 일부를 교란하거나 빼내는 다른 한 기계가 존재하기 때문이다.[9]

한 기계는 다른 한 기계에 접속되어서 그 기계를 위한 흐름을 제공하고, 후자 기계는 그 흐름에 조작을 수행함으로써 성질, 활동, 혹은 물질적 생산물의 형태로 출력물을 산출한다. 앞서 살펴본 대로, 한 기계가 다른 한 기계를 위한 흐름을 제공할 때, 전자 기계는 후자 기계를 위한 하나의 매체로서 작용한다. 예를 들면, 나무는 태양, 토양, 강우, 다양한 미생물, 다른 식물, 이산화탄소를 생산하는 동물 등과 접속해 있는데, 이것들은 모두 나무의 세포 신진대사 작용에서 조작되는 흐름을 제공한다. 그러므로 어떤 기계가 조작하는 많은 입력물은 다른 기계들에서 비롯된다. 이들 기계는 어떤 기계를 위한 입력물을 제공함으로써 그 기계를 위한 매체로 기능한다.

그런데 들뢰즈와 가타리는 기계가 이항적이거나 다른 한 기계와 접속해 있는 방식을 강조하면서 기계의 한 가지 중요한 특질에 주목하게 하지만, 한 기계가 다른 한 기계와 언제나 접속해 있다는 그들의 논제는 몹시 문제가 있다고 여겨진다. 『안티 오이디푸스』에서 그들은 입-기계가 젖의 흐름을 제공하는 가슴-기계와 접속해 있는 사례를 제시한다. 지금까지는 괜찮다. 하지만 입-기계는 언제나 가슴-기계에 붙어 있다고 말하는 순간 문제가 돌출한다. 입-기계는 때로는 가슴-

9. Deleuze and Guattari, *Anti-Oedipus*, 5. [들뢰즈·과타리, 『안티 오이디푸스』.]

기계에 붙어 있고, 때로는 그렇지 않다. 정신분석학이 우리에게 가르쳐준 대로, 이런 있음과 없음, 이런 접속의 변이가 주체가 발달하는 데 중요한 역할을 수행한다. 더 물질적인 층위에서, 입-기계가 가슴-기계와 그 흐름에 결부되어 있지 않을 때 유아는 당연히 배를 곯는다. 마찬가지로, 새내기 부모가 흔히 알게 되듯이, 때때로 유아는 도대체 '젖을 물지' 못하는 것으로 판명된다. 입-기계는 때로는 젖병에 붙어 있고, 때로는 엄지손가락에 붙어 있다(여기에서 흐름은 무엇인가?).

　한 기계가 다른 한 기계와 언제나 접속해 있다는 주장과 관련된 문제는, 그 주장이 기계는 다른 기계와 접속할 수 있다는 논제에서 가장 중요한 것의 기반을 약화한다는 점이다. 한 기계의 다른 한 기계와의 접속이 중요한 이유는 이를 통해 접속이 한 기계의 국소적 표현과 되기를 수정하는 방식에 주목하게 하기 때문이다. 하지만 한 기계가 흐름을 제공하는 다른 한 기계와 언제나 접속해 있다면, 그 관계(접속)가 언제나 존재할 것이기에 그 기계는 변이를 겪지 않을 것이다. 단지 접속이 가변적인 상황, 접속이 때로는 존재하고 때로는 부재하는 상황, 접속이 때로는 이 기계와 때로는 저 기계와 이루어지는 상황에서만 접속의 논제가 유의미해진다. 그러므로 들뢰즈는 다음과 같이 진술할 때 더 옳은 것처럼 보인다. "관계는 객체의 특성이 아닌데, 관계는 언제나 그 항들의 바깥에 있다."[10] 여기서 그 항들은 당연히 기계들이고, 관계는 기계들 사이의 접속이다. 관계 또는 접속이 외재적이라는 사실을 강조하는 것은 접속이 단절될 수 있고 새로운 접속이 생산될 수 있는 방식을 강조하는 셈인데, 그 두 가지 사태는 모두 해당 존재

---

10. G. Deleuze, *Cinema 1*, trans. H. Tomlinson and B. Habberjam (Minneapolis : University of Minnesota Press, 1986), 10. [질 들뢰즈, 『시네마 1』, 유진상 옮김, 시각과언어, 2002.]

2장 기계란 무엇인가? **83**

자들에서 국소적 표현과 되기를 발생시킨다. 예를 들면, 가슴이나 젖병에서 떨어지게 된 유아는 비뚤어지게 된다. 더욱이, 흐름이 국소적 표현과 되기를 무조건 주재하는 것은 결코 아니고, 오히려 흐름의 특질이 어떤 역할을 한다. 신생아의 성별에 관한 최근 연구는 칼륨과 B_{12} 같은 비타민이 풍부한 고열량 식단이 남성 아이를 출산할 개연성이 상당히 높다고 시사한다.[11] 여기서 우리는, 발생하는 태아가 의존하는 어머니가 다른 기계들에서 빼낸 흐름이 성별과 관련된 잠재적 역능을 생산하는 사례를 고려했다. 하지만 이런 가변성은 기계들 사이의 접속과 흐름의 변이가 없다면 가능하지 않을 것이다.

일본 너구리나 아메리카 너구리의 호흡 사례에서 그런 것처럼 어떤 기계를 관류하는 입력물이 그 기계의 외부에서 비롯될 때, 그 기계는 스테이시 앨러이모가 '횡단-신체성'이라고 부른 것으로 특징지어진다. 앨러이모가 명확히 표명하는 대로,

> 인간이 언제나 인간 이상의 세계와 맞물려 있는 횡단-신체성으로서의 인간 신체성(그리고 나는 모든 신체성이 그렇다고 주장할 것이다)을 상상하는 것은 인간을 구성하는 물질이 궁극적으로 '환경'과 분리될 수 없음을 잘 보여준다. 그런 상상은 자연을… 인간의 착취를 위한 단순한 배경으로 취급하기 어렵게 만드는데, 그 이유는 '자연'이 언제나 우리 자신의 피부만큼이나 – 어쩌면 그보다 훨씬 더 – 가깝기 때문이다. 사실상, 몸들을 가로질러 사유하다 보면 비활성적이고 텅 빈 공간 혹은 인간이 사용할 자원으로 너무나 흔히 여겨지는 환경이 사실은 독자

---

11. *Science Daily*, "Mother's Diet Influences Infant Sex," April 23, 2008, 〈http://www.sciencedaily.com/releases/2008/04/080422194553.htm〉에서 입수할 수 있음.

적인 필요, 요구, 행위를 지닌 살된 존재자들fleshy beings의 세계임을 인식하게 된다. 횡단-신체성은 몸들을 가로지르는 운동을 강조함으로써 다양한 몸된 자연들bodily natures 사이의 상호교환과 상호연결을 드러낸다. 그뿐만 아니라, 횡단이라는 용어가 서로 다른 장소들을 가로지르는 운동을 가리킨다는 점을 부각함으로써 횡단-신체성은 인간 몸, 비인간 생명체, 생태계, 화학 물질, 그리고 여타 행위자의 흔히 예측 불가능하고 반갑지 않은 작용들을 인정하는 유동적인 공간을 열어 준다.[12]

구조적 접속과 이항 기계라는 개념과 유사한 횡단-신체성이라는 개념은 몸들이 서로 맞물리게 되면서 서로 영향을 주고받는 방식을 부각한다. 횡단-신체성은, 저쪽에 있어서 우리와 떨어져 있는 것처럼 보이는 사물들이 우리의 국소적 표현과 되기에 중대한 영향을 미치는 방식으로 우리와 맞물려 있는 세계에 관해 가르쳐 준다. 예를 들면, 우리는 쓰레기를 우리가 그것을 쓰레기장에 버릴 때 그냥 사라지는 것으로 여길 수 있다. 하지만 그 쓰레기장의 유출물이 상수원에 유입하여 야생 생물에 영향을 미치고, 게다가 우리가 그 야생 생물을 먹는다는 사실을 이해하면, 실제로 버려질 수 있는 것은 결코 아무것도 없을뿐더러 오히려 다른 간접적인 수단을 통해서 궁극적으로 우리에게 돌아오는 방식을 이해하게 된다. 이를테면, 몸은 세계 속에 들어 있다. 존재지도학의 주요 목표 중 하나는 기계들 사이의 횡단-신체적 관계들, 이들 상호작용이 서로 영향을 미치는 방식, 그리고 그것들이 어

---

12. S. Alaimo, *Bodily Natures* (Bloomington : Indiana University Press, 2010), 2. [스테이시 앨러이모, 『말, 살, 흙』, 윤준·김종갑 옮김, 그린비, 2018.]

떤 기계가 이 세계 속에서 할 수 있는 움직임과 되기를 조직하는 방식에 관한 지도를 제작하는 것이다.

조작과 입력물 또는 흐름에 관한 이전의 논의가 어쩌면 흐름은 어떤 기계의 조작들을 거쳐서 출력물로서 어떤 형상을 띠는 수동적인 질료라는 인상을 주었을 것이다. 이런 점에서, 기계를 관통하는 흐름은 쿠키를 찍는 양철 원판의 조형 활동을 감수하는 쿠키 반죽과 유사할 것이다. 하지만 기계를 관통하는 흐름은 기계와 다른 것이 아니라, 그것 자체가 독자적인 조작에 관여하는 독자적인 역량을 갖춘 기계라는 점을 기억해야 한다. 여기서, 물질을 신의 지성 같은 어떤 조형적 행위주체가 형상을 부여하기를 기다리고 있는, 형상이 없는 것으로 여기는 철학적 전통과는 대조적으로, 나는 구조가 없는 물질은 전혀 없다는 공리를 채택한다. 그레이엄 하먼이 가끔 서술하는 대로, '포맷되지 않은' 존재자 같은 것은 전혀 없다. 자신에 실행되는 조작을 통해서 새로운 구조를 띨 수 있다는 의미에서 많은 존재자가 조형 가능한 것임은 확실하지만, 순전한 무無형상성으로 특징지어지는 물질은 전혀 없을 뿐만 아니라 결코 존재한 적도 없다. 상당히 끈적끈적한 진흙과 물, 구름 같은 유동적인 기계도 독자적인 역능들과 조작들로 특징지어지는 분자 구조가 있다.

이런 이유로 인해, 어떤 기계가 흐름 또는 입력물에 조작을 수행할 때 그 기계는 이 흐름의 존재를 특징짓는 역능들과 씨름해야 할 것이다. 그리하여 기계는 자신을 관통하는 흐름의 주권자가 아니다. 오히려, 많은 경우에, 흐름 또는 입력물과 이 흐름에 조작을 수행하는 기계 사이에 일종의 호혜적 결정이 존재한다. 다시 말해서, 어떤 기계를 관통하는 흐름이 조작을 수행하는 그 기계를 수정하는 사례가 많이 있다. 우리는 태아의 성별이 그 어머니가 섭취하는 식단의 결과로 발생하는 사례를 이미 살펴보았다. 비슷한 취지로,『생동하는 물질』에서 제인 베넷은 무엇보다도 "오메가-3 지방산을 복용함으로써 죄수들이 폭력 행위를 덜 저지르는 경향이 나타나고, 주의가 산만한 초등학생들이 더 잘 집중하게 되고, 양극성 장애가 있는 사람들의 우울증이 약화되는" 방식을 탐구한다.[13] 여기서 몸은 오메가-3 지방산을 소화한 다음에, 자신의 국소적 표현은 그대로 유지한 채로, 그 지방산을 자신의 신진대사 조작을 거쳐 다양한 세포 물질로 단순히 변환하지는 않는다. 오히려, 지방산 역시 그 몸의 국소적 표현을 수정한다. 그러므로 오메가-3 지방산의 역능과 그것이 세포에 수행하는 조작 그리고 이 지방산을 대사하는 몸-기계의 세포와 그것이 지방산에 수행하는 조작 사이에 호혜적 결정 – 앨러이모의 횡단-신체성 개념의 바로 그 핵심 – 이 존재한다. 예술가들은 자신의 작업 매체에 대해서 겪는 유사한 경험을 이야기하곤 한다. 대리석으로 작업하는 조각가를 생각하자. 그 조각가는 대리석이 현시하기를 바라는 형상에 관한 모호한 관념을 품고서 작업에 착수할 것이고, 게다가 이런 국소적 표현을 만들어내기 위해 특정한 대리석을 선택할 것이지만, 그 대리석을 조각하기 시작하여 그 돌의 조직과 결을 맞닥뜨리게 되면서 그 대리석이 무언가 다른 것이 되기를 '바라는' 상황에 자신이 처하게 되는 경험에 관해 이야기하게 될 것이다. 마찬가지로, 자신의 등장인물이나 개념이 독자적인 생을 떠맡으면서 소설이나 논증을 처음 예상한 방향과는 매우 다른 방향으로 이끄는 것처럼 보이는 경험을 겪지 않은 소설가나 철학자가 도대체 있었을까?

그런데 철저히 경직된 기계에서 완전한 가소성을 갖춘 기계에 이

---

13. Bennett, *Vibrant Matter*, 41. [베넷,『생동하는 물질』.]

르기까지 다양한 정도의 가소성이 있음을 인식하는 것이 중요하다. 철저히 경직된 기계는 입력물이나 매체로서 작용하는 다른 기계의 조작에 아무 영향도 받지 않기에 자신은 이 매체에 의해 절대 수정되지 않으면서 이 매체에 조작을 수행할 뿐이다. 이것은, 자신을 관통하는 입력물에 조작을 수행할 때 그 입력물에 의해 절대 바뀌거나 수정되지 않는 수학 방정식과 같은 많은 무형 기계의 특질인 것처럼 보인다. 직각삼각형이 이런저런 크기인지, 이런저런 색깔인지, 혹은 이런저런 재료로 만들어졌는지에 상관없이 피타고라스 정리는 여전히 그대로다. 피타고라스 정리는 나무, 강철, 실, 연필심 등의 역능에 아무 영향도 받지 않는다. 반면에, 완전한 가소성을 갖춘 기계는 매우 유순하여 매체와 접촉하게 되면 철저히 달라진다. 완전한 가소성을 갖춘 기계가 있을 법하지 않은 이유는 포맷되지 않은 물질 같은 것은 존재하지 않기에 자신을 관통하는 기계에 조작을 수행하지 않는 기계 같은 것은 없기 때문이다. 그런데도 다른 입자를 맞닥뜨릴 때 전적으로 다른 것이 되거나 완전히 파괴되는 경향을 나타내는 한에 있어서 어떤 아원자 입자들은 완전한 가소성을 갖춘 기계에 가깝다.

철저히 경직된 기계와 완전한 가소성을 갖춘 기계 사이에는 정도 차이가 다양한 온갖 종류의 기계가 있다. 그러므로 산업 공장, 쿠키를 찍는 양철 원판, 관청, 독단적 신학과 정치 운동, 난로, 강박 신경증, 맹목적 숭배물 등과 같은 기계들은, 자신을 관류하는 흐름에 불가피하게 조작을 수행할 수밖에 없으면서도 그 흐름에 의해 조금만 변환될 뿐이라는 점에서 철저히 경직된 기계에 가깝다. 반면에, 유기체, 위대한 예술 작품, 무정부적 정치 운동, 아원자 입자, 뇌 등과 같은 기계들은 가소성이 높은 기계인 것처럼 보인다. 이것들은 자신을 관통하는 흐름의 결과로 자신의 국소적 표현 및 되기와 관련하여 전폭적으로 수정되는 기계다. 예를 들면, 유기체는 스스로 발달할 때 자신을 관통하는 공기의 질과 영양분, 자신이 접촉하는 빛의 종류에 강한 영향을 받을 뿐만 아니라, 자신이 처해 있는 문화적 환경과 유기적 생태계에도 강한 영향을 받을 것이다.

그런데 위대한 예술 작품은 왜 이런 가소성을 지닐 것인가? 조각품, 회화, 혹은 건축물처럼 자신의 존재를 보존하는 한에 있어서 이런 기계는 시간을 가로질러 자신의 동일성 또는 구조를 다소간 유지하거나, 아니면 노래와 소설, 시처럼 복제될 때 자신의 패턴을 유지한다는 사실을 참작하더라도 위대한 예술 작품은 가소성을 갖추고 있는가? 우리는 예술 작품이 기계임을 잊지 말아야 한다. 위대한 예술 작품에 고유한 것처럼 보이는 것은 그것이 특이하게도 자신이 처하는 세계에 붙들려 있지 않다는 점인데, 요컨대 수학 방정식 같은 경직된 기계의 경우처럼 언제나 변하지 않은 채로 일정한 일단의 조작에 관여한다는 의미에서 그런 것이 아니라, 오히려 역사적 및 문화적 맥락이 달라지면 자신을 관통하는 입력물이 매우 다른 특질의 효과를 산출할 수 있다는 의미에서 그렇다. 위대한 예술 작품은 공명한다. 공명이라는 개념을 진지하게 고려하면, 공명은 그런 작품을 맞닥뜨리는 여타 존재자의 결과로 참신한 국소적 표현을 생산할 수 있는 역능으로 이해된다. 예를 들면, 우리는 서로 공명하는 두 개의 바이올린 현을 생각할 수 있다.

이것이 위대한 예술 작품과 관련된 상황이다. 그런 작품은 자신이 처하게 되는 문화적 및 역사적 환경과 아무튼 공명하면서 그 결과로 새로운 것을 산출해낸다. 위대한 예술 작품은 수학 방정식처럼 모든 가능한 접속에서 같은 조작을 생산하는 것이 아니라, 오히려 다른 환경에서는 다른 조작을 생산할 수 있다. 그리하여 위대한 예술 작품은 무한히, 혹은 적어도 무한정적으로 생산적인 기계다. 카프카의 위대한 소설 두 편,『심판』과『성』을 고려하자. 정신분석학적 독법에 따르면, 이들 소설은 오이디푸스의 구조를 반영하고 있다고 읽을 수 있는 기계인데, 그리하여 우리는 주변 세계의 타자들에 대한 우리 자신의 리비도적 관계를 온갖 방식으로 조명할 수 있게 된다. 정치적 독법에 따르면, 그 소설들은 파시즘과 전체주의, 그리고 그것들의 작동 방식에 대한 비판으로 읽을 수 있다. 신학적 독법에 따르면, 그것들은 신의 불가사의를 논하고 있는 것으로 읽을 수 있다. 그것들은 관료제에 대한 비판으로 읽을 수 있다. 그것들은 정치권력의 힘에 저항하기 위한 안내서로 읽을 수 있다. 그것들은 현대 세계에서 겪는 타자로부터의 소외에 대한 분석으로 읽을 수 있다. 더욱이, 다른 가능한 독법도 셀 수 없이 많이 있을 법하다.

위대한 예술 작품은 다능적이라는 의미에서 가소성을 갖추고 있다. 그것은 자신이 마주하는 역사적 및 문화적 환경을 고려하여 다양한 방식으로 공명할 수 있는 기계다. 이런 작품을 특징짓는 어떤 모호함, 어떤 유동적인 특질이 있는 것처럼 보이는데, 그리하여 그것은 문화와 역사를 최대한 횡단할 수 있게 된다. 이와 같은 다능적 작품은 호혜적 결정을 나타낸다. 그런 작품은 자신의 역사적 및 문화적 환경에 작용하는 동시에 자신의 역사적 및 문화적 환경의 작용을 받는다. 환경은 작품을 특정 방식으로 현실화함으로써 그 작품이 어떤 식으로 해석되게 만든다. 하지만 작품 역시 역사적 및 문화적 환경을 특정 방식으로 조직함으로써 우리가 어떤 문화 현상들은 중요한 것으로 주목하게 하면서 다른 현상들은 무시하게 한다.

에일리언 현상학

기계는 구조적으로 열려 있고 조작적으로 닫혀 있다

기계는 입력물 또는 흐름을 끌어들여 그것에 조작을 수행하지만, 세계에서 입수할 수 있는 모든 입력물을 끌어들일 수 없을 뿐만 아니라, 흐름으로서 작용하는 기계가 자체적으로 존재하는 방식으로 그 입력물과 관계를 맺을 수도 없다. 여기서 첫 번째 논점에 대하여, 모든 기계는 자신이 열려 있는 흐름 또는 기계를 '특정한다'. 기계가 자기 너머의 세계에 '구조적으로 열려 있다'는 것은 바로 이런 점에서다.[1] 하지만 기계가 세계에서 입수할 수 있는 모든 흐름에 열려 있는 것은 아니다. 오히려, 기계는 현존하는 흐름들의 작은 부분집합에만 열려 있을 뿐이다. 이 부분집합은 기계마다 다를 것이다. 그러므로 모든 것이 다른 모든 것과 관계를 맺을 수 있는 것은 아니고, 게다가 모든 것이 다른 모든 것과 관계를 맺고 있는 것도 아니다. 바로 이런 단순한 이유로

---

1. Maturana and Varela, *The Tree of Knowledge*, 79 [마뚜라나·바렐라, 『앎의 나무』]를 보라.

인해 기계는 다른 기계들에서 비롯되는 모든 가능한 흐름에 구조적으로 열려 있는 것은 아니다.

바라건대, 몇 가지 사례가 이 논점을 예시하는 데 충분할 것이다. 갯가재는 인간보다 훨씬 더 고등한 시각을 갖추고 있다. 그 이유는 단순히 갯가재가 사물을 더 명료하게 혹은 더 먼 거리에서 볼 수 있기 때문이 아니다. 오히려, 갯가재는 인간이 절대 볼 수 없는 것을 볼 수 있다. 인간은 삼원색의 조합만 볼 수 있지만, 갯가재는 11개 내지 12개의 원색을 볼 수 있다.[2] 갯가재는 원편광 빛을 비롯하여 편광 빛을 볼 수 있지만, 인간은 편광 빛을 볼 수 없다. 마찬가지로, 갯가재는 자외선과 적외선을 볼 수 있지만, 인간은 볼 수 없다. 요약하면, 갯가재는 인간에게는 사실상 존재하지 않는 전자기파(빛)의 흐름에 열려 있다. 갯가재가 인간이 완전히 볼 수 없는 흐름에 구조적으로 열려 있는 이유는 갯가재의 눈과 신경계가 결합하여 있는 방식 때문이다. 그 결과, 갯가재는 인간과는 다른 방식으로 세계의 다른 기계들과 관계를 맺을 수 있다.

우리는 인간과 관료의 사례에서 선택적인 구조적 개방성의 유사 현상을 보게 된다. 어떤 정부 기관에서 일하는 사람과 관계를 맺을 때, 우리는 타인 ─ 그리고 우리는 어느 정도는 타인이다 ─ 과 관계를 맺고 있다고 생각하지만, 사실은 관료-기계와 관계를 맺고 있다. 여느 기계와 마찬가지로, 관료-기계 역시 어떤 종류들의 흐름에만 열려 있을 뿐이다. 가장 일반적으로, 관료-기계가 열려 있는 흐름은 양식이다. 관료와 소통하려면 서류 또는 양식을 채워서 기관에 제출해야 한다. 양

2. A. Minard, "Weird Beastie' Shrimp Have Super-Vision," *National Geographic News*, May 19, 2008, 〈http://news.nationalgeographic.com/news/2008/05/080519-shrimp-colors.html〉에서 입수할 수 있음.

식은 그 자체로 어떤 입력물 ― 가장 일반적으로, 세금, 의료 문제, 건축 허가, 면허 취득, 지원금, 전문가 평가 등을 둘러싸고 돌아가는 인간 생활의 환경 ― 에 조작을 수행하여 이 입력물을 어떤 조직적인 소통 매체로 변환하는 기계다. 다시 말해서, 양식은 우리와 관료 사이의 매개자-기계다. 양식은 인간의 소통을 일단의 특정 매개변수로 증류하는 기계다. 우리는 종종 양식이 자신이 관여하고 싶은 그런 종류의 소통과 관련된 매개변수를 전혀 포함하고 있지 않음을 알아챌 것이다. 우리는 양식에서 자신의 본질을 드러내기 위한 여지를 찾아내지 못한다. 그러므로 우리는, 양식이 사람을 특정 방식으로 생각함으로써 어떤 종류들의 존재자만이 현존한다고 인정할 뿐이라는 점도 인식할 수 있다. 예를 들면, 우리는 장애 보조를 구하고자 하는데, 결국 양식에는 자신이 겪는 장애의 종류가 명시되어 있지 않음을 깨달을 뿐이다. 인간은 볼 수 없지만 갯가재는 볼 수 있는 빛의 형태와 마찬가지로, 관료는 이들 종류의 존재자를 보지 못한다. 또한, 양식은 특히 환경의 특이성을 보지 못하는데, 요컨대 세부를 걸러내고서 환경을 일단의 유적 범주로 환원한다. 마지막으로, 양식의 언어는 우리의 모국어인 것처럼 보이지만, 사실상 낯선 형식의 모국어인 것처럼 보이는 경우가 흔하다. 그 이유는 양식의 언어가 실제로 낯선 언어이기 때문이다. 그것은 인간의 언어가 아니라 기관의 언어다. 우리는 납세 신고서와 계약서를 작성할 때 이런 상황을 예민하게 경험하는데, 이때 우리는 자신이 올바르게 대응하고 있는지 끊임없이 의아해한다. 그리하여 우리는 흔히 자신을 대리하여 양식을 작성할 번역자 ― 회계사와 변호사로 알려진 직업인 ― 와 상의해야 한다.

이런 상황으로 인해 우리는 관료-기계와 관련하여 몹시 고통스럽고 당황스러운 경험을 겪는 경우가 흔하다. 그 나라 말을 알지 못하는 낯선 외국에서 특정 시점에 특정 목적지에 필사적으로 도착해야 하는 상황에서 길을 잃어버린 경험과 마찬가지로, 담당 공무원과 소통하는 동안 우리는 자신이 낯선 타인에게 자신의 처지를 전하려고 이야기하고 있는 것처럼 느껴지는 이상한 경험을 겪게 된다. 결국에는 자신의 정체와 처지를 담당 공무원에게 제대로 전할 수 없음을 깨달을 뿐인데, 그 이유는 사전에 규정된 특정 기준에 따라 양식에 적시된 것만 전달할 수 있기 때문이다. 우리의 사람됨, 우리의 처지, 우리의 삶은 양식에 의해 사전에 규정된 범주에 따라 분쇄되고 걸러진다. 관료-기계가 구조적으로 열려 있는 것은 우리의 말이 아니라 바로 이것이다. 그밖에 모든 것은 한낱 잡음에 불과한 것으로 치부된다. 카프카가 『심판』과 『성』에서 대단히 탁월하게 극화한 것은 바로 이런 소통불능이었다.

그렇다면 기계는 다른 기계와 선택적으로 관계를 맺을 뿐이다. 이런 상황은 가장 소박한 입자에서 지각하고 인식할 수 있는 복잡한 존재자에 이르기까지 모든 것이 마찬가지다. 예를 들면, 매우 작은 중성미자는 우리의 일상생활에서 친숙한 대다수 물질과 상호작용할 수 없는데, 그 이유는 중성미자가 중성의 전하를 띠고 있기 때문이다. 중성미자는 어떤 물질이 마치 존재하지 않는 것처럼 그 물질을 관통한다. 그러므로 존재지도학적 분석의 주요 목표 중 하나는 특정 기계가 열려 있는 흐름과 그 기계가 이 흐름에 열려 있는 방식, 즉 그 기계가 이 흐름과 상호작용하는 방식을 밝혀내는 것이다.

구조적 개방성의 상보물은 조작적 폐쇄성이다. 구조적 개방성은 기계가 열려 있는 흐름을 가리키고, 조작적 폐쇄성은 기계가 자신을 관통하는 흐름에 작용하는 방식을 가리킨다. 조작적 폐쇄성은, 기계는 있는 그대로의 흐름과 관계를 맺는 것이 결코 아니라 오히려 언제나 기계 자체의 조작에 따라 흐름을 변환하고 기계 자체의 내부 구조에 의거하여 흐름을 '가공'함을 뜻한다. 이 논점을 이해하기 위해, 창이 없는 잠수함에서 평생을 보낸 사람의 사례를 상상해 보자. 잠수함이 구조적으로 열려 있는 흐름은 수중 음파 탐지기에서 발사되어 바닷속 다른 기계에서 반사된 다양한 발신음일 것이다. 그런데 명백히 이런 음파 탐지기 발신음은 해저 산맥, 청색 고래, 상어, 그리고 바다에 서식하는 여타 존재자와는 전혀 같지 않다. 이들 다른 기계는 모두 음파 탐지기 발신음에 나타나지 않는 내부 구조를 갖추고 있을 뿐만 아니라, 소리를 통해서 기입될 수 없는 온갖 종류의 성질도 지니고 있다. 우리가 음파 탐지기 발신음에서 얻게 되는 정보는 해당 존재자의 크기와 모양, 속도다. 그렇다면 첫 번째 요점은, 그 자체가 기계인 흐름은 그것이 비롯되는 사물과 다르다는 것이다.

그런데 이것이 전부가 아니다. 일단 음파 탐지기 발신음이 되돌아오면, 잠수함 안에서 그것은 그 소리가 반사되는 해당 기계에 대해서 갖는 것과는 다른 기능적 지위를 갖게 된다. 잠수함 안에서 음파 탐지기 발신음은 특정 의미를 띨 것인데, 이를테면 그 잠수함 거주자에게 장애물을 피하고자 좌회전하라, 우회전하라, 상승하라, 혹은 하강하라고 말한다. 반면에, 그 발신음이 반사되는 기계 — 상어, 청색 고래, 해저 산맥이나 계곡, 다른 잠수함 등 — 는 잠수함이 그것에 귀속시키는 의미를 염두에 두지 않는다. 예를 들면, 상어는 먹이를 찾아내기 위해 혹은 끊임없이 숨을 쉴 수 있게 물이 자신의 아가미 위를 계속해서 흐르도록 보장하기 위해 그냥 바다를 돌아다닐 뿐이다. 다시 말해서, 일단 흐름이 어떤 기계에 들어가면, 그 흐름은 그것이 비롯된 기계에 대해서 가졌던 것과는 다른 기능적 가치 — 인과적으로 혹은 의미와 관련하여 — 를 띤다.

이런 상황이 조작적 폐쇄성이 의미하는 바다. 우선 조작적 폐쇄성은, 한 기계가 다른 한 기계에서 비롯되는 흐름을 맞닥뜨릴 때, 그 기계는 그 흐름을 있는 그대로 맞닥뜨리는 것이 아니라, 오히려 자신의 조작이 그것을 변화하는 방식에 의거하여 맞닥뜨림을 뜻한다. 이런 것이 바로 다음과 같은 칸트의 주장이 뜻하는 바일 것이다.

> 이제까지 우리의 모든 인식은 객체를 따라야 한다고 가정되었다. 하지만 우리의 인식을 확장할 개념을 통해서 선험적으로 객체에 관한 무언가를 찾아내려는 모든 시도는 이 전제 아래서 아무 소용도 없다. 그래서 객체가 우리의 인식에 따라야 한다고 가정함으로써 우리가 형이상학의 과제와 관련하여 더 멀리 나아갈 수는 없는지 한 번 시도해 보자.[3]

칸트의 논제는, 마음은 세계의 거울이 아니라, 오히려 마음이 세계에 감응할 때, 마음은 이 흐름을 자신의 내부 구조에 의거하여 재구성함으로써 이 흐름에 형상을 부여한다는 것이다. 이 논제의 결과에 따르면, 우리는 마음이 세계를 있는 그대로 재현하는지 절대 알지 못하는데, 그 이유는 우리가 우리 자신의 조작이 흐름을 변환한 방식이 있는 그대로의 사물에 맞아떨어지는지 판정하기 위해 그 조작을 절대 벗어날 수 없기 때문이다. 우리가 관계를 맺는 것은 사물 자체가 아니라, 우리 마음의 조작이 가공한 대로의 사물이다. 여기서 칸트가 인지 기계에 관해서 말하는 바는 모든 기계에 대해서도 성립한다.[4] 바위와 중

---

3. I. Kant, *Critique of Pure Reason*, trans. P. Guyer and A.W. Wood (Cambridge : MIT Press, 1998), Bxvi. [임마누엘 칸트, 『순수이성비판 1·2』, 백종현 옮김, 아카넷, 2006.]
4. 이 논제에 대하여 나는 그레이엄 하먼에게 신세를 지고 있다. 내가 객체들의 존재에 관한 그의 모든 주장에 공감하는 것은 아니지만, 이 주장을 옹호하는 상세한 논증에 대해서는 G. Harman, *Tool-Being* (Chicago : Open Court, 2002)를 보라.

성미자, 보험회사, 카피바라도 우리 자신의 마음과 마찬가지로 사물을 있는 그대로 마주하지 않는데, 그 이유는 우리의 마음과 꼭 마찬가지로 세계의 여타 기계도 자신의 조작을 통해서 자신을 관통하는 영향이나 흐름을 가공하기 때문이다. 그리하여 모든 기계는 '방화벽' 뒤에서 서로 관계를 맺을 뿐이다.[5] 어떤 존재자도 서로 직접 마주치지 않으며 ─ 하먼과 대조적으로 나는 존재자들이 서로 직접 영향을 미칠 수는 있다고 주장하지만 말이다 ─ 그리고 이런 이유로 인해 모든 기계는 방화벽 뒤에서 서로 마주친다. 여기서 제시되는 기계지향적 틀 안에서 이런 방화벽은 각각의 기계가 수행하는 조작이다.

조작적 폐쇄성이라는 이 현상은 어디에서나 나타나기에 모든 기계의 일반적인 존재론적 특질로 여겨질 만하다. 한 원소의 원자가 다른 한 원소의 원자와 결합하여 하나의 분자를 형성할 때 그 두 원자가 서로 관계를 맺는 방식에서 그 현상이 나타난다. 바위가 가열될 때 반응하는 방식에서 그 현상이 나타난다. 동물이 주변 환경에서 비롯되는 다양한 자극에 반응하는 방식에서 그 현상이 나타난다. 그리고 무엇보다도 사람들이 대화를 나눌 때와 우리가 기관과 소통할 때 그 현상이 나타난다. 언제나 어떤 흐름을 변환하는 조작이 이루어지는데, 요컨대 그 흐름을 그 조작을 수행하는 기계에 알맞게 무언가 다른 것으로 만든다.

다른 한편으로 조작적 폐쇄성은, 일단 흐름이 기계에 들어오면 그 흐름은 다른 기능적 가치를 띠게 됨을 뜻한다. 이 점을 예시하기 위해 앞서 다룬 관료-기계의 일례로 민간 보험회사를 살펴보자. 보험회

---

5. 객체들이 방화벽 뒤에서 서로 관계를 맺는 방식에 관한 논의에 대해서는 G. Harman, *Guerrilla Metaphysics* (Chicago : Open Court, 2005)를 보라.

사 같은 기계에 어떤 양식을 제출하는 사람은 보험회사가 부담해 주기를 바라는 의료적 조치를 받고자 하는 목표나 목적을 위해 그렇게 한다. 반면에, 보험회사는 목표가 전연 다르다. 그 회사는 사기업이기에 그 목표는 혜택을 제공하는 것이 아니라 주주들과 기업 자체를 위해 수익을 극대화하는 것이다. 혜택을 제공하는 것은 이 목적을 달성하기 위한 수단일 따름이다. 그 사람이 작성하는 양식은 보험회사-기계에 들어가는 흐름이다. 일단 그 양식이 보험회사-기계에 들어가면, 조작적 폐쇄성의 결과로 그것은 그 흐름을 내보낸 사람에 대해서 가졌던 것과는 매우 다른 기능적 가치를 띨 것이다. 그 흐름을 내보낸 사람은 건강 관련 문제에 대한 지원을 추구할 것이지만, 보험회사-기계의 방화벽(조작)으로 인해 발생하는 범주적 환원은 이 상황에서 혜택을 제공하는 것이 수익을 극대화할 것인지에 의거하여 그 양식을 받아들일 것이다. 다시 말해서, 그 양식은 그것을 작성한 사람에 대해서 가졌던 의미와는 다른 의미를 띠게 된다. 몇몇 경우에, 그 양식은 '불필요한 조치'(사실상 보험회사의 입장에서 '수익성이 없는 조치')로 판단되어 받아들여지지 않을 것이다. 몇몇 경우에는 혜택이 제공될 것이지만 표준적인 종류에 대해서 그럴 것이다. 그런데 몇몇 경우에, 보험회사-기계는 그 조치에 대한 청구는 사실상 사기 청구라고 주장하거나, 혹은 환자가 건강염려증을 겪고 있어서 돌봄이 필요 없다고 주장할 것이다. 모든 경우에, 보험회사-기계의 관점에서 바라보면, 문제는 돌봄과 혜택을 제공하는 것이라 아니라 비용 절감을 통해서 수익을 극대화하는 것일 것이다. 요약하면, 일단 어떤 양식이 보험회사-기계에 들어가면, 그 양식은 그것을 제출한 사람에 대해서 가졌던 것과는 매우 다른 의의나 의미를 띠게 되는데, 요컨대 애초에 그 흐름을 제공한 사람이 의도한 것과는 매우 다른 결과를 낳는다.

구조적 개방성의 선택성뿐만 아니라 조작적 폐쇄성의 자기준거성으로 인해 각각의 기계는 세계의 대부분을 보지 못한다. 사회학자 니클라스 루만이 서술하는 대로, 기계는 "〔자신이〕 볼 수 없는 것은 볼 수 없다."6 갯가재의 시각계와 인간의 시각계가 차이가 나는 경우처럼 한 기계가 열려 있는 흐름이 다른 한 기계에는 보이지 않는다. 두 기계가 동종의 흐름에 열려 있을 때에도, 그 두 기계에서 조작적 폐쇄성의 조직이 다름으로 인해, 이 흐름은 각각의 기계에서 매우 다른 인과적 역할과 의미적 역할을 맡을 수 있다. 우리는 보험 양식이 그 양식을 제출하는 환자와 그것을 접수하는 보험회사-기계에 대해서 어떻게 의미가 다른지 살펴봄으로써 이런 상황을 알 수 있었다. 환자의 경우에, 그 양식은 자신의 건강과 더불어 자신에게 필요한 돌봄과 치료를 받을 수 있는 능력과 관련되어 있다. 보험회사-기계의 경우에, 그 양식은 수익 내지 손실의 가능성에 의거하여 평가될 경제적 신호다. 이런 점에서, "모든 소통은 왜곡된 소통이다"라는 라캉의 경구는 인간들 사이의 관계뿐만 아니라 모든 존재자 사이의 관계에도 성립한다는 매우 실제적인 의미가 있다. 사람에게 웃는 표정은 선의의 몸짓이지만, 침팬지는 웃는 표정을 이빨이 드러나기에 위험을 뜻하는 공격적 태도로 마주한다.

기계들 사이의 의미적 관계에 대해 성립하는 바는 인과적 관계에도 마찬가지다. 먼저 우리는, 모든 존재자가 인과적으로 상호작용할 수 있는 것은 아님을 이미 살펴보았다. 중성의 전하로 인해 중성미자는 대부분의 다른 물질과 상호작용할 수 없고, 한편으로 우리의 시각

---

6. N. Luhmann, "The Cognitive Program of Constructivism and the Reality that Remains Unknown," *Theories of Distinction*, ed. W. Rasch (Stanford : Stanford University Press, 2002), 129.

계는 자외선과 적외선을 기입할 수 없다. 이렇게 해서, 루만이 지적하는 대로, 어떤 기계의 환경은 그 환경에 대한 그 기계의 개방성보다 언제나 더 복잡하다.[7] 유기 기계와 인지 기계의 경우에 이 사실은, 개방성에는 언제나 위험이 따른다는 점을 수반한다.[8] 어떤 유기 기계나 인지 기계가 열려 있는 방식보다 더 복잡하고 영속적으로 변화하는 기계 환경에서는 그 기계가 보지 못함에도 그것을 파괴하는 사건이 언제나 일어날 수 있다. 유기 기계와 인지 기계의 경우에 구조적 개방성의 선택성은 언제나 도박이다. 다른 한편으로, 동일한 흐름이 그 흐름을 수용하는 기계들에 매우 다른 방식으로 영향을 미칠 수 있다. 예를 들면, 철의 경우에는 산소가 녹을 생산하지만, 동물의 경우에는 산소가 영양분을 작업이나 활동을 위한 에너지로 전환하는 데 어떤 역할을 담당한다. 이런 점들은 명백한 사실임에도, 모든 흐름에 열려 있는 기계는 전혀 없고 각종 기계는 그것들이 공유하는 흐름에 다른 조작을 수행한다는 사실은 강조할 만한 가치가 있다.

루만은 "실재는 누군가가 그것을 지각할 때 지각하지 않는 것이다"라고 진술한다.[9] 당연히 우리는 세계를 지각하는데, 그 이유는 우리의 지각이 우리가 감응하는 흐름에 의해 촉발되기 때문이다. 그런데도 우리가 세계를 지각하지 않는 이유는 우리가 경험하는 것 ─ 그리고 모든 지각 있는 존재자가 경험하는 것 ─ 이 조작을 통해서 변환된 흐름이기 때문이다. 주체의 관점에서 바라보면, 세계에 대한 자신의 체험은 세계

7. N. Luhmann, *Social Systems*, trans. J. Bednarz, Jr. and D. Baeker (Standford : Stanford University Press, 1995), 25. [니클라스 루만, 『사회체계이론 1·2』, 박여성 옮김, 한길사, 2007.]

8. 같은 책, 25. [같은 책.]

9. Luhmann, "The Cognitive Program of Constructivism and the Reality that Remains Unknown," *Theories of Distinction*, 145.

자체와 구별할 수 없는 것이다. 그 이유는 세계에서 비롯된 흐름을 맞닥뜨린 각각의 기계는 자신의 내부 세계에서 조작을 거쳐 변환된 흐름에만 접근할 수 있기 때문이다. 이렇게 해서 정치 집단과 조직이 흔히 시달리는 인식적 폐쇄성과 확증 편향의 위험이 초래된다. 예를 들면, 정치 집단은 자신의 이데올로기적 세계관을 반영하는 매체만을 소비할 뿐이기에 다양한 경제적 사건과 국내적 사건, 국제적 사건의 실제 원인을 보지 못하게 될 것이다. 그리하여 그 집단은 이들 사건에 대응할 수 없게 될 것이다. 그런 것이 인식적 폐쇄성의 특질이다. 인식적 폐쇄성을 겪는 기계는 세계에 관한 자신의 조작적 전제를 반영하는 정보 흐름에만 구조적으로 열려 있을 뿐인 기계다. 인식적 폐쇄성의 상보물은 확증 편향인데, 요컨대 기계는 자신의 조작적 가정을 강화하는 정보 흐름만을 선택할 뿐이다. 기계가 자신의 조작적 세계관에 들어맞지 않는 환경적 사건들에 대응할 수 없게 만드는 한에 있어서 이들 현상은 당연히 기계를 두드러진 위험에 처하게 한다. 이런 점에서 인식적 폐쇄성과 확증 편향은, 세계에 관한 자신의 조작적 이해와 배치되는 환경적 사건을 걸러지고, 폄하되고, 혹은 무시되어야 하는 한낱 잡음에 불과한 것이 아니라 오히려 자신이 체험한 세계가 세계 자체와 다르다는 징후로 파악하는 기계를 통해서 부분적으로 극복될 수 있다.

그런데 우리는 구조적 개방성과 조작적 폐쇄성이 모든 환경에서 지워지지 않게 고정되어 있다는 결론을 내리지 않도록 주의해야 한다. 유기 기계와 인지 기계 – 가소성을 갖춘 기계 – 는 주변의 기계 환경에 대한 자신의 구조적 개방성 또는 접촉점을 증식할 수 있고, 게다가 주변 환경에서 비롯되는 흐름에 대한 자신의 조작적 반응을 변환하여 새로운 조작을 도입할 수 있다. 유기 기계에서 이들 과정은 돌연변이와 자연선택, 유전 가능성의 진화 과정을 거쳐 일어난다. 진화는 종의 신체 형태나 모양의 진화일 뿐만 아니라, 흐름에 대한 다양한 형태의 구조적 개방성과 조작의 진화이기도 하다. 진화 과정을 통해서 어떤 기계 계보가 주변 환경에 대한 새로운 형태의 개방성과 자신을 관통하는 흐름에의 새로운 조작 방식을 발달시킬 수 있다. 돌고래와 문어, 개, 인간, 다양한 컴퓨터, 사회 기관 같은 인지 기계의 경우에는 학습을 통해서 새로운 형태의 구조적 개방성과 신규 조작이 발달할 수 있다. 일상적 경청과 대조를 이루는 정신분석학적 경청의 사례를 고려하자. 보통 사람은 실언을 듣거나 서투른 행동을 목격하면 그것을 단순한 실수로 치부한다. 반면에, 정신분석가는 이런 행위에 맞닥뜨리면 그것이 어떤 의의나 의미를 품고 있으면서 그 행위자의 무의식적인 욕망을 표현한다고 여긴다. 예를 들면, 자신이 애호하는 우산을 친구의 집에 놓고 오는 행위는 더는 무시당할 단순한 실수나 잡음으로 여겨지는 것이 아니라, 어쩌면 그 친구 집을 떠나고 싶지 않거나 그 집에 다시 가고 싶은 바람을 가리키는, 그 행위자의 욕망에 대한 표식으로 여겨진다. 정신분석학적으로 듣고 목격할 수 있게 되는 것은 세계에 대한 자신의 구조적 개방성을 확대하는 것에 있는데, 요컨대 자신이 마주치는 흐름에 대한 신규 조작들이 생산된다. 이전에는 실수 행위가 한낱 불행한 우발 사건에 불과한 것으로 여겨졌지만, 이제는 그것이 의미를 품고 있는 것으로 여겨진다. 이전에는 단순히 위로의 말 — "참 안됐군요!" — 을 건네곤 했지만, 이제는 해석적 조작에 관여함으로써 이런 실수 행위나 실언이 어떤 욕망을 나타내는지 판별하고자 노력한다.

에일리언 현상학, 이차 관찰, 그리고 포스트생기론적 동물행동학

모든 기계는 선택적인 구조적 개방성과 조작적 폐쇄성으로 특징지어지기 때문에 에일리언 현상학, 이차 관찰, 또는 동물행동학이 존재지도학의 프로젝트와 실천에 중요한 구성 요소다. '에일리언 현상학'이라는 용어는 비인간 존재자들이 주변 세계를 경험하는 방식을 검토하는 현상학의 일종을 가리키기 위해 이안 보고스트에 의해 도입되었다.[10] 내가 이해하는 바로는, 에일리언 현상학은 전통적 현상학을 포함하면서도 그것을 넘어선다. 전통적 현상학은 세계에 대한 우리의 체험을 탐구하지만, 에일리언 현상학은 모기, 나무, 바위, 컴퓨터 게임, 기관 등과 같은 여타 존재자가 주변 세계를 맞닥뜨리는 방식을 탐구하고자 한다. 이런 실천은 니클라스 루만이 어딘가 다른 곳에서 "이차 관찰"로 부른 것이다.[11] 이차 관찰에서 우리는 어떤 존재자가 우리에게 어떻게 현시되는지 관찰하고 있는 것이 아니라, 오히려 세계가 다른 한 존재자에 어떻게 현시되는지 관찰하려고 노력하고 있다. 예를 들면, 우리는 줄기 두꺼비가 우리에게 어떠한지 묻기보다는 오히려 세계가 줄기 두꺼비에 어떠한지 묻는다. 우리는 다른 한 존재자가 어떻게 관찰하는지를 관찰하고 있다. 어딘가 다른 곳에서, 생물학자 야콥 폰 윅스퀼은 그가 동물행동학으로 부르는 비슷한 종류의 관찰을 제시했는데, 동물행동학에서 우리는 세계가 다른 동물에 어떠한지 관찰하고자 한다.[12]

에일리언 현상학, 이차 관찰, 또는 동물행동학은 어떤 기계가 열려 있는 흐름을 규명할 뿐만 아니라, 그 기계가 자신을 관통하는 흐

10. Bogost, *Alien Phenomenology, or What It's Like to Be a Thing*.
11. N. Luhmann, "Deconstruction as Second-Order Observing," *Theories of Distinction*, ed. W. Rasch (Stanford : Stanford University Press, 2002), 94~112.
12. J. Uexküll, *A Foray Into the Worlds of Animals and Humans, with A Theory of Meaning*, trans. J.D. O'Neil (Minneapolis : University of Minnesota Press, 2010). [야콥 폰 윅스퀼, 『동물들의 세계와 인간의 세계』, 정지은 옮김, 도서출판 b, 2012.]

름에 조작을 수행하는 방식도 규명하고자 한다. 에일리언 현상학은 "그 기계가 어떤 흐름에 구조적으로 열려 있는가?", "그 기계는 그런 흐름을 어떻게 조직하는가?", "그 기계는 자신을 관통하는 이 흐름에 어떤 조작을 수행하는가?", "세계는 그 기계에 어떠한가?" 그리고 "그런 흐름이 관통할 때 그 기계에서는 어떤 국소적 표현이 생겨나는가?"라고 묻는다. 예를 들면, 박쥐를 탐구하는 에일리언 현상학자는 박쥐가 음파 흐름 ─ 대체로 박쥐가 음파를 통해서 주변 세계를 마주하는 한에 있어서 ─ 에 어떤 조작을 수행하는지 그리고 박쥐가 세계를 돌아다니면서 사냥할 때 이런 음파 흐름이 박쥐에 어떤 의미를 띠는지에 관심이 있을 것이다. 우리는 어쩌면 박쥐가 공중을 떠다니는 단순한 씨앗이나 꽃가루 조각과 곤충을 구분하기 위해 음파를 어떻게 사용하는지 물을 수 있을 것이다. 우리는 보험회사 기계의 사례에서 에일리언 현상학에 대한 매우 간단한 스케치를 살펴보았는데, 요컨대 보험회사의 구조적 개방성은 그 회사가 감응하는 흐름으로서의 양식을 둘러싸고 대체로 조직되고, 보험회사는 혜택을 승인하는 것이 경제적 수익을 수반하는지 아니면 손해를 수반하는지 판정하기 위해 그 양식에 조작을 수행함을 알게 되었다.

모든 경우에, 에일리언 현상학은 세계에 조작을 수행하고 세계를 마주하는 우리 자신의 인간적인 방식을 중지하려는 시도에 놓여 있다. 그런데 에일리언 현상학의 프로젝트가 제시될 때, 토머스 네이글의 근거와 유사한 것에 바탕을 두고서,[13] 타자의 경험은 관찰될 수 없고 우리는 이런 종류의 존재자가 아니라는 매우 단순한 이유로 인해 우리

---

13. T. Nagel, "What Is It Like to Be a Bat?" *Philosophical Review*, vol. 83, no. 4 (1974) : 435~50.

가 다른 한 기계의 경험을 탐구하는 작업은 불가능하다고 이의를 제기할 사람이 있을 법하다. 하지만 나는 박쥐나 컴퓨터 칩, 기업이 아니기에 내가 박쥐나 컴퓨터 칩, 기업의 세계를 경험할 수 없음은 전적으로 참인데도 불구하고, 나는 세계가 이들 다른 기계에 어떠한지에 관해 온갖 종류의 추론을 구상할 수 있다.『동물들의 세계와 인간의 세계』에서 폰 윅스퀼은 이런 일이 가능한 방식에 대한 여러 가지 사례를 제시하는 한편으로, 이런 탐구를 수행하기 위한 기법도 제공한다. 세계에 현존하는 온갖 흐름에 관한 우리의 지식 – 우리가 자외선과 방사선처럼 우리에게 보이지 않는 흐름을 탐지하기 위한 도구를 만들어냄에 따라 날마다 성장하는 지식 – 이 광학과 생리학 같은 것들에 관한 우리의 지식과 결합함으로써 우리는 어떤 기계가 구조적으로 열려 있는 흐름이 무엇인지에 관해 추론할 수 있게 된다. 예를 들면, 어떤 종류의 시각 세포가 어떤 형태의 빛에 감응하는지에 관한 지식 및 광학 지식과 결합한 다양한 형태의 전자기파에 관한 지식에 힘입어 우리는 갯가재가 인간보다 훨씬 더 넓은 범위의 전자기파에 구조적으로 열려 있다는 사실을 추론할 수 있게 된다. 유기 기계는 인식하도록 생겨났기보다는 오히려 먹고 생존하고 짝을 짓도록 생겨났음을 말해주는 생물학에 관한 지식과 더불어 갯가재가 열려 있는 흐름에 관한 이런 지식으로 무장함으로써 우리는 이들 전자기파 흐름이 존재할 때 갯가재가 어떻게 반응하는지 관찰할 수 있고, 그리하여 이들 흐름이 갯가재의 다양한 조작에서 어떤 기능적 가치를 갖는지 추론할 수 있다. 동물행동학자는, 예를 들면, 원편광 빛에 대한 갯가재의 개방성이 그들의 짝짓기 의례에서 어떤 역할을 수행하고, 게다가 자외선 전자기파 스펙트럼에 속하는 빛을 지각할 수 있는 능력 덕분에 갯가재는 우리가 볼 수 없는 포식자와 먹이를 탐지할 수 있다는 사실을 점점 더 확신하고 있다.

우리의 에일리언 현상학은 오류가 발생하기 쉽고 세계가 어떤 특정 기계에 어떠한지에 관한 일인칭 경험을 전달하지 못함이 확실하더라도, 우리는 다른 기계가 어떤 흐름과 인과적으로 그리고 유의미하게 상호작용할 수 있는지에 관한 다수의 추론뿐만 아니라 그 기계가 이 흐름에 대응하여 수행하는 온갖 조작에 관한 갖가지 추론도 구상할 수 있다. 우리의 에일리언 현상학은 언제나 불완전할 것이지만, 우리가 알게 되듯이, 그것이 아무리 불완전하더라도 우리에게 무엇인지에 의거하여 모든 존재자에 접근하는 휴먼주의의 인식적 폐쇄성보다는 더 바람직하다. 그 밖에도, 윅스퀼이 제안한 동물행동학과는 달리, 에일리언 현상학은 '포스트생기론'의 일종임을 인식하는 것이 중요하다. 포스트휴먼주의가 인간을 배제하지 않는 것과 꼭 마찬가지로, 포스트생기론적 동물행동학은 생물을 배제하는 동물행동학이 아니다. 오히려 에일리언 현상학은, 탄소 원자, 카메라, 컴퓨터, 바위 등과 같은 생명 없는 비인간 기계가 주변 세계에 구조적으로 열려 있고 조작적으로 닫혀 있는 방식에 대한 이차 관찰에도 우리가 관여할 수 있다고 주장한다. 『에일리언 현상학』에서 이안 보고스트는 카메라에 대하여 시도한 바로 그런 분석을 제시하는데, 이를테면 카메라가 인간과는 다른 방식으로 빛 또는 전자기파에 구조적으로 어떻게 열려 있는지 보여준다.[14] 여기서 적어도 내 방식으로 표명되는 에일리언 현상학은, 생명이 있는 존재자든 생명이 없는 존재자든 간에 모든 존재자가 의식과 인식, 지각, 인지를 갖추고 있다는 취지의 범심론적 주장을 제기하고 있는 것은 아니다. 오히려 모든 기계는, 그것이 살아 있는지에 상관없이, 각각의 종류에 고유한 방식으로 특정 흐름에 선택적으로

---

14. Bogost, *Alien Phenomenology, or What It's Like to Be a Thing*, 47~50.

열려 있고 이 흐름에 조작을 수행한다는 주장이 제기되고 있다.

우리가 에일리언 현상학을 실천하려면, 무엇보다도, 우리의 탐구 대상인 비인간 기계가 어쩌면 가질 수 있을 목표가 무엇인지 탐구하기 위해 우리 자신의 인간적 목표를 중지하거나 괄호에 넣어야 한다. 당연히 그런 방법론적 조치는 목표지향적인 비인간 기계를 탐구할 때에만 필요할 뿐이다. 이와 같은 인간의 목적이나 목표를 괄호에 넣기 또는 에포케epoché는 하나의 방법론적 조치로서 제안되는 것이지, 우리 자신의 목표나 목적을 부정하는 자학적인 태도를 취해야 한다고 주장하는 것은 아니다. 그 조치는 비인간 기계의 조작을 이해하기 위해 수행되는 '괄호에 넣기'다. 목적이 있는 비인간 기계가 왜 그런 식으로 조작을 수행하는지 이해하려면, 이런 목표지향적인 비인간 기계의 목적이나 목표를 식별하기 위해 우리 자신의 목적을 일시적으로 중지하거나 괄호에 넣어야 한다. 이런 조치가 필요한 이유는 에일리언 현상학이 그 기계가 우리에게 어떠한지에 대한 시각이 아니라 오히려 세계에 대한 비인간 기계의 관점이나 시각을 취하려고 시도하기 때문이다. 예를 들면, 우리는 "보험회사에 양식을 제출할 때 우리의 목적은 무엇인가?"라고 묻기보다는 오히려 "혜택에 대한 우리의 청구를 처리할 때 보험회사의 목적은 무엇인가?"라고 물어야 한다. 에일리언 현상학은 우리에게 우리 자신의 목표를 다른 존재자의 목표와 구분하도록 요구한다.

입수할 수 있는 이런 종류의 포스트휴먼 현상학은 이미 많이 있다. 『동물과의 대화』에서 템플 그랜딘은 동물과 더 동정적인 관계를 맺는 방식을 발달시키기 위해 다양한 동물의 시각을 취한다.[15] 그랜딘

---

15. T. Grandin and C. Johnson, *Animals in Translation* (New York : A Harvest Book,

은 소를 도살장으로 떼를 지어 이동시키는 관행을 개혁하기 위해 에일리언 현상학 같은 것을 사용한 사실로 특히 유명한데, 요컨대 도살당할 소가 정신적 충격을 더 적게 받으면서 통과하도록 도살장 문을 설계하였다. 우리는 어쩌면 소가 여전히 도살당하고 있다는 점에 심란할 것이지만, 그런데도 이것은 이차 관찰 같은 것의 쓰임새를 보여주는데, 결국에는 조금 더 동정적인 태도로 다른 동물을 대할 수 있게 된다. 소가 세계를 어떻게 경험하는지 그리고 소의 목적이나 욕구가 무엇인지에 주목함으로써 그랜딘은 우리가 더 동정적인 시각으로 소에 주목할 수 있게 하는 권고안을 제시할 수 있었다.

에일리언 현상학 같은 것의 더 급진적인 사례는 마이클 폴란의 『욕망하는 식물』에서 찾아볼 수 있다.[16] 사과와 감자, 튤립, 마리화나 같은 식물의 관점을 취함으로써 폴란은 이들 식물이 자신의 생존과 재생산 적합도를 극대화하기 위해 인간을 유혹할 전략을 어떻게 발달시켰는지 보여준다. 이 논제에 대한 우리의 최초 반응은 그것이 완전히 터무니없다는 것이다. 결국 이들 식물은 의식이 없는데, 그것들이 자신의 목표를 진전시키기 위해 인간을 이용하는 전략을 어떻게 발달시킬 수가 있었단 말인가? 더군다나 공모를 도모했을 리가 만무하다. 하지만 우리가 진화론의 기초를 기억한다면, 이 논제는 전적으로 일리가 있다. 데닛이 지적한 대로, 진화 언어는 종종 설계 관점과 지향적 관점의 언어를 채택한다.[17] 하지만 이런 언어는 직설적으로 간주해야 하는 것이 아니라, 우리가 특정 적응의 기능적 가치에 관해 생각하

2005). [템플 그랜딘·캐서린 존슨, 『(자폐를 극복한 동물학자, 템플 그랜딘의) 동물과의 대화』, 권도승 옮김, 샘터사, 2006.]

16. M. Pollan, *The Botany of Desire* (New York : Random House, 2002). [마이클 폴란, 『욕망하는 식물』, 이경식 옮김, 황소자리, 2007.]

17. Dennett, *Darwin's Dangerous Idea.*

는 데 도움이 되도록 활용하는 방법론적 장치다. 직설적 차원에서, 진화적 '설계'는 돌연변이와 자연선택, 유전 가능성의 맹목적인 과정들을 통해서 이루어진다. 어떤 돌연변이는 특정 유기체에 생존 우위 혹은 재생산 우위를 제공하기에 그 유기체는 재생산할 만큼 충분히 오래 생존하고, 이렇게 해서 그것의 변이는 그다음 세대에 전해진다. 다양한 식물이 우리를 유혹했다는 것은 바로 이런 의미에서다. 그 식물들이 우리를 유혹하려는 어떤 의식적인 계획을 세웠다는 것이 아니라, 오히려 사과의 달콤함, 마리화나의 유쾌한 영향, 혹은 감자의 영양가처럼 인간에게 유쾌하거나 가치 있는 것을 산출한 어떤 돌연변이를 겪었다는 것이다.

그리하여 인간은 이들 식물에 유리한 선택을 하게 되었는데, 요컨대 그 식물들을 재배하거나 그것들 주변에 사회를 조직하기로 결정했다. 인간은 이들 식물을 재배하기 위해 온갖 종류의 하부구조와 농경 관행을 발달시켜야 했다. 더욱이, 우리는 이들 식물을 재배하기 위해 많은 노력을 기울였다. 그러므로 예를 들면, 사람들은 미합중국이 벌이는 마약과의 전쟁에 대응하여 마리화나를 어쩌면 그들 자신의 생물학적 (재생산/생존) 이익에 반하는 방식으로 운반하기 위해 온갖 종류의 재배 관행과 배송 관행 등을 발달시켰다. 그들은 마리화나의 생존과 재생산 목표의 이른바 노예가 되어 버렸다. 19세기에 발생한 아일랜드 감자 대기근의 경우에 인간에게 자연선택을 실행하는 식물에 관한 더 강한 사례가 나타난다. 그 경우에는 사람들이 특정 종의 감자에 매우 의존하게 되어 버렸기에 마름병이 발생했을 때 그들은 기아에 직면하게 되었다. 열등한 가용 식량원으로 가까스로 생존했거나 이주한 사람들만이 생존할 수 있었다. 이렇게 해서 이 특정 종의 감자는 이 사람들에게 엄청난 선택압력을 행사함으로써 온갖 종류의 사회적 전환을 결과적으로 초래했다.

폴란의 식물-시각을 취하면, 우리의 사회적 세계는 전적으로 다른 방식으로 나타날 것이다. 예를 들면, 우리가 심미적으로 매력적인 잔디밭과 아이들이 놀 장소를 확보하기 위해 잔디를 재배했다고 가정함으로써 시작하자. 하지만 잔디의 시각을 취하면, 우리는 잔디가 우리의 사익과는 상반되는 방식으로 자신의 재생산 우위를 극대화하기 위해 미합중국 전역으로 퍼지도록 우리를 유혹했다는 결론에 이르게 될 것이다. 우리가 매우 정성 들여 가꾼 잔디밭은 다양한 방식으로 우리 자신의 사익을 거스른다. 한편으로, 당연히 우리는 잔디를 깎고 잔디에 물을 대면서 잔디를 재배하는 데 소중한 시간과 자원을 소비한다. 다른 한편으로, 이 공간은 어쩌면 과일과 약초, 야채를 재배함으로써 우리 자신의 식량 구매의 경제적 부담을 줄이는 데 활용하는 것이 더 나았을 것이다. 더욱이, 잔디 깎기는 잔디 깎는 기계의 배출물과 우리가 사용하는 비료, 쓰레기장에서 부패하는 잔디 찌꺼기에서 방출되는 가스로 인해 환경적으로 유해한 행위다. 우리는 잔디의 시각을 취함으로써 이 식물의 유혹에서 벗어나서 그 대신에 다른 기계를 심는 것이 형편이 더 나을 것이라는 결론을 내릴 수도 있다.

마찬가지로, 진화적 틀 안에서 소의 시각을 취하면, 우리는 인간과 소 사이의 관계에 대하여 매우 다른 관점을 얻게 된다. 진화적 시각에서 바라보면, 어떤 종의 성공은 개체가 생존하는지에 의해 판가름 나는 것이 아니라, 그 종의 구성원들이 자신의 유전자를 얼마나 성공적으로 전달할 수 있는지에 의해 판가름 난다. 이런 틀 안에서, 개체의 생존은 그 개체가 재생산할 만큼 충분히 오래 살 수 있게 되는 한에 있어서 중요할 뿐이다. 문어의 사례를 살펴보자. 암컷 문어는 일단 임신하면 동굴을 찾아내어 그 입구 근처에 수천 개의 알을 낳는다.

그다음 수 주 동안, 암컷 문어는 알을 깨끗이 씻어주고 알 위에 산소가 풍부한 물을 뿜는 일밖에 하지 않는다. 이 시기에 암컷 문어는 아무것도 먹지 않는다. 알이 부화할 무렵에, 암컷 문어는 영양 부족으로 매우 약해졌기에 위험을 무릅쓰고 바다로 다시 나가면 일반적으로 물고기, 게, 그리고 그 밖의 수생생물에 재빨리 잡아먹힌다. 문어가 자신의 새끼를 돌보기 위해 진화시킨 생존 전략은 문어 개체에 유리하지 않음이 확실한데, 비록 그 개체의 유전자가 수천 개의 알에 의해 전달될 가능성은 극대화되겠지만 말이다.

이런 렌즈를 통해서 바라보면, 소와 다른 가축에 대한 인간의 관계가 매우 다르게 보인다. 우리가 하는 식으로 소를 도살하는 것은 끔찍한 짓임이 확실하지만, 진화적 시각에서 바라보면 소는 자신의 살과 가죽으로 인간을 유혹함으로써 자신의 재생산 성공 가능성을 극대화할 수 있게 하는 전략을 고안해 내었다. 이들 소 행위주체는 나무뿐만 아니라 늑대 같은 포식자들과도 오랫동안 전쟁을 벌이면서 인간에게 숲을 벌채하여 방목지를 형성하고, 늑대 및 다른 포식자들을 살해하며, 자신들을 위해 목초지에 담장을 치도록 요청했다. 쇠고기에 지나치게 중독된 미합중국 같은 나라들에서는 이런 사태로 인해 인간의 식단이 단순화되었고 ─ 우리의 식단은 예전보다 그 다양성이 훨씬 더 줄어들었다 ─ 사회적 세계가 쇠고기와 관련된 다양한 방식으로 조직되었다. 우리는 특히 가축의 방목에 대비하여 토지를 따로 챙겨 두고, 근교 및 도심 지역에 쇠고기를 운송하는 기술을 개발하고, 쇠고기를 보존하는 기술을 개발하고, 기타 등등의 일을 한다. 더욱이, 미합중국의 식단처럼 쇠고기가 과중한 식단은 어김없이 인간의 발달에 영향을 미칠 수 있다. 우선 우리는 진화적으로 혹은 생물학적으로 기름진 고기를 가능한 한 많이 먹어야 하는데, 그 이유는 우리의 먼 조상은 그다음 식사를 언제 하게 될지 몰랐기에 가능할 때마다 칼로리와 지방을 축적해 두어야 했기 때문이다. 기름진 고기가 거리 모퉁이 어디에서나 아주 흔히 있는 사회에서는, 기름진 음식을 갈구하도록 배선된 호미니드의 본성과 결합함으로써, 비만과 심장 질환이 만연하는 최악의 상황이 나타나게 된다. 다른 한편으로, 그리고 더 두드러지게도, 인간이 소, 돼지, 양, 닭, 칠면조 등과 같은 다양한 형태의 가축과 가까이 거주함으로써, 제레드 다이아몬드가 지적하는 대로, 인간에게 세계역사적 영향과 생물학적 영향을 미쳤다.[18] 그것은 단순히 가축으로 인해 인간이 특정 방식으로 사회를 조직하고, 다양한 기술을 개발하고, 혹은 그 결과로 산출된 노동과 비료를 통해서 농업혁명과 공업혁명을 개시하게 되었음을 뜻하는 것만이 아니다. 오히려, 길들일 수 있는 동물이 더 많은 지리적 영역에서는 감염 질환이 유행한 우발 사건도 더 많이 발생했다. 그리하여 이들 지역에서는 면역성도 더 다양하게 구축되었다. 다이아몬드가 주장하는 대로, 부분적으로는 이런 상황에 힘입어 이들 지역의 사람들이 여타 지역의 사람들을 지배하고 파괴할 수 있게 되었다. 그들이 이들 다른 문명을 정복할 수 있었던 것은 그들의 문화가 우수했기 때문이 아니라, 오히려 그들이 이들 문명의 사람들을 대상으로 일종의 생물학적 전쟁을 무의식적으로 수행했기 때문이다.

이런 렌즈를 통해서 바라보면, 문명과 역사를 구축하는 것이 인간인지 아니면 가축인지 판별하기 어렵다. 인간이 소의 대리인이자 주인인가, 아니면 소와 가축이 인간의 대리자이자 소유자인가? 당연히 이것은 과장법이다. 앞서 논의한 호혜적 결정이라는 주제로 돌아가면,

---

18. J. Diamond, *Guns, Germs, and Steel* (New York : W.W. Norton, 2005). [제레드 다이아몬드, 『총, 균, 쇠』, 김진준 옮김, 문학사상사, 2013.]

요점은 자연 세계와 문화 세계가 매끈하게 분리될 수 없다는 것이다. 인간이 주변 세계의 존재자들을 형성하고 길들이는 것과 꼭 마찬가지로, 인간 역시 주변 세계에 의해 좌우되고 형성되는 동시에 비인간에 의해 길들여진다. 인간이 비인간과 맺는 관계에는 결코 일방적 결정이 존재하지 않는다.

『기술의 충격』에서 케빈 켈리는 기술에 대하여 비슷한 주장을 제기한다.[19] 켈리에 따르면, 기술은 인간이 그 기술을 개발하는 목적으로 환원될 수 없는 어떤 벡터 또는 경향에 따라 펼쳐진다. 사실상, 어떤 의미에서 기술은 무언가를 '원한다'. 또다시, 여기서 논제는 기술이 의지, 의식, 목적, 혹은 지향성을 갖추고 있다는 것이 아니다. 오히려, 켈리의 주장은 어떤 목적이나 설계자도 없이 설계를 얻게 되는 진화적 논리의 주장과 비슷하다. 그 착상은, 사용 재료의 특질, 경제적 타당성, 정치적 쟁점, 그리고 기술의 현재 상태에서 생겨나서 기술의 발달을 저 방향보다 이 방향으로 밀어붙이는 경향과 긴장이 기술의 내부에 존재한다는 것이다. 앞서 나는 증기기관에 대한 사르트르와 멈퍼드의 분석을 다루면서 이런 사례를 논의했다. 어쩌면 대형 증기기관을 제조할 성향이나 욕망을 지닌 사람이 아무도 없었을 것이지만, 노동집약적 조건 같은 기술의 어떤 요건이 소형 증기기관보다 대형 증기기관의 생산에 유리했고, 그리하여 대규모 공장 생산을 향한 길이 열렸다. 그 상황은 마치 증기기관 자체가 무언가를 원했고 사람들이 이런 특정 방식으로 그 목표를 실현하도록 강하게 부추긴 것처럼 보인다. 우리는 열차의 사례에서도 상황이 비슷함을 알게 되었는데, 이 경우에는 철로가

---

19. K. Kelly, *What Technology Wants* (New York : Penguin Books, 2011). [케빈 켈리, 『기술의 충격』, 이한음 옮김, 민음사, 2011.]

감당할 수 있는 무게로 인해 열차가 얼마나 무거울 수 있는지, 강철이 견딜 수 있는 열로 인해 기관이 얼마나 클 수 있는지, 그리고 어떤 종류들의 강철을 부러지기 쉽게 만드는 추위 같은 기후적 특징으로 인해 열차가 어느 곳에 갈 수 있는지를 결정하는 데 가용 강철의 종류가 어떤 역할을 수행한다. 어쩌면 현존하는 강철 기술의 특성이 초기 열차가 취한 형태를 결정하는 데 중요한 역할을 수행했었을 것이다. 이런 특성이 열차가 될 수 있는 것 혹은 열차가 구성될 수 있는 방식의 이른바 '가능성 공간'을 한정했다. 우리는 에일리언 현상학을 실천하고 기술의 인간 설계자와 사용자의 시각보다 기술 자체의 시각을 취함으로써 기술이 왜 그런 식으로 발달하는지에 대한 매우 다른 그림을 얻게 된다. 기술에 관한 온전한 비인간 역사가 작성되기를 기다리고 있다.

에일리언 현상학은 다양한 이유, 즉 분석적 이유, 윤리적 이유, 그리고 정치적 이유로 인해 존재지도학이라는 프로젝트에 중요하다. 첫째, 분석적 차원에서는 존재지도학이 기계들 사이의 관계 또는 상호작용에 관한 지도, 즉 기계들이 서로 영향을 미치는 방식, 기계들이 서로 수정하는 방식, 그리고 기계들이 세계에서 조직되는 방식에 관한 지도를 제작하는 것인 한에 있어서 무엇이 무엇과 상호작용할 수 있는지와 기계들이 자신을 관통하는 흐름에 어떻게 반응할 수 있는지를 식별해야 한다. 기계들이 열려 있는 흐름에 주목하지 않는다면, 우리는 세계 속 기계들 사이의 관계에 관한 정확한 지도를 제작할 수 없다. 어떤 기계가 자신을 관통하는 흐름에 조작을 수행하는 방식에 주목하지 않는다면, 우리는 이런 상호작용의 네트워크에서 그 기계가 그런 식으로 현시되는 이유를 판별할 수 없다. 그러므로 에일리언 현상학은 탄탄한 존재지도학을 구성하는 데 필요한 성분이다.

윤리적 차원에서, 에일리언 현상학은 인간 타자 및 비인간 타자와 더 동정적인 방식으로 관계를 맺는 길을 개방한다. 라캉의 상상계 개념에 기대면, 우리는 흔히 인간 타자와 비인간 타자를 우리 자신의 반영물로 여기고, 그리하여 우리 자신과 비슷하다고 여기면서 그들과 관계를 맺는다. 우리는 타자가 우리가 원하는 것과 같은 것을 원하고, 우리가 생각하는 것처럼 생각하고, 우리와 같은 동기를 품고 있다는 등 우리와 비슷하다고 여긴다. 비인간 기계에 대해서, 우리는 오로지 그 기계가 우리의 목표에 도움이 되는지에 의거하여 그것과 관계를 맺는 경향이 있다. 스피노자가 말하는 대로,

> 다른 관념들도 또한 상상이 다양한 방식으로 촉발되는 상상하기의 양식들에 지나지 않음에도 무지한 사람들은 그 관념들을 사물의 중요한 속성으로 여기는데, 그 이유는 그들이 … 모든 사물이 자신을 위해 만들어졌다고 믿으며, 어떤 사물이 자신에게 미치는 영향에 따라 그 사물의 본성을 선하다 혹은 악하다, 건강하다 혹은 퇴폐적이고 부도덕하다고 말하기 때문이다.[20]

우리는 이런 특성을 우리가 우리 자신의 몸과 목표에 의거하여 비인간 사물과 관계를 맺는 방식의 결과라기보다는 기계 자체의 특성으로 여긴다. 그리하여 우리는 타자, 인간 타자와 비인간 타자가 필요로 하는 것을 보지 못하고, 오히려 오로지 우리 자신의 목표에 의거하여 타자에 관해 생각하는 경향이 있다.

타자에 대한 이런 맹목성과 상상계의 자기도취적 으뜸성은 윤리적으로 그리고 정치적으로 해로운 영향을 크게 미친다. 반면에, 에일리언

---

20. Spinoza, *Ethics*, 242. [스피노자, 『에티카』.]

현상학은 타자와 더 동정적인 방식으로 관계를 맺을 가능성을 개방함으로써 우리가 타자의 필요에 더 주목하는 데 도움이 되고, 그리하여 더 좋은 방식으로 공생할 가능성을 창출한다. 〈도그 위스퍼러〉라는 텔레비전 쇼에 출연한 시저 밀란의 즐거운 사례를 살펴보자. 밀란은 문제견을 효과적으로 다르는 능력으로 유명한데, 요컨대 그는 문제견의 행태를 변화시켜서 과도하게 짖거나 집을 더럽히는 따위의 문제를 해결하는 방법을 권고한다. 밀란의 비결은 무엇인가? 밀란의 비결은 그가 모범적인 에일리언 현상학자라는 것이다. 밀란은 인간보다 개의 입장에서 생각하려고 시도한다. 밀란이 어떤 문제견에 접근할 때, 그는 그 개가 인간에 대해서 문제가 있다고 여기는 것이 아니라, 오히려 그 개의 환경과 소유주들이 그 개에 대해서 문제가 있다고 여긴다. 개 현상학, 즉 개로서 경험하는 것이 어떠한지와 개가 자신의 친구 패거리 ─ 개의 경우에 자신의 소유주들이 포함되는 패거리 ─ 뿐만 아니라 주변 환경과 어떻게 관계를 맺는지에 관한 지식에 바탕을 두고서 밀란은 패거리 관계를 비롯하여 이 환경이 그 개의 문제가 있는 행태를 초래하는 방식을 조사한다. 그다음에 밀란은, 문제가 있는 행태가 변화할, 개에 더 만족스러운 환경을 창출하도록 환경을 바꾸거나 패거리 관계를 재조직할 방법 ─ 즉, 인간 패거리의 행태를 변화시킬 방법 ─ 에 대해서 제안한다. 이렇게 해서 밀란은 그 개뿐만 아니라 친구 패거리와 인간 소유주들에게도 더 만족스러운 하나의 생태, 즉 일단의 사회적 관계를 산출할 수 있다. 반면에, 우리는 단지 인간의 관점만 취하는 개 조련사를 상상할 수 있는데, 요컨대 그 조련사는 그 개만 문제가 있을 뿐이라고 주장하면서 개를 때리거나 전기 목줄로 훈육하라고 권고함으로써 복종과 예속의 삶을 살아가는 의기소침하고 낙담한 개를 산출한다.

인간의 잔혹 행위 중 많은 것이 에일리언 현상학을 실천하지 못하는 데서 생겨난다. 이런 사태는, 식민지 침략자들이 자신들이 맞닥뜨리는 타자들의 문화를 상상할 수 없어서 침략자들 자신의 문화와 가치, 인간 개념으로 타자들을 판가름함으로써 열등하다고 여기는 타자들의 문화를 파괴하는 행위와 빈번히 저지르는 집단 학살 행위를 정당화하는 식민주의적 착취와 억압, 집단 학살의 사례들에서 볼 수 있다. 그런 사태는, 장애가 있는 사람들, 전쟁 외상을 겪는 사람들, 그리고 정신질환을 앓는 사람들이 그들 자신의 역량과 목표에 의거하여 평가되기보다는 오히려 인간은 어떠해야 하는지에 대한 우리의 믿음에서 비롯된 이상화된 개념으로 판별되는 방식에서 볼 수 있다. 그런 사태는 성차별주의 현상에서 나타나는데, 여기서 우리의 법체계는 남성을 인간임에 대한 기본적인 상징으로 여기는 암묵적인 가정에 기초를 두고서 구성되기에 여성임이 뜻하는 바의 특정성은 무시당하게 된다. 더욱이, 그런 사태는 우리가 동물과 관계를 맺는 방식에서 나타나는데, 요컨대 우리는 그랜딘이나 밀란처럼 동물의 세계에 들어가서 동물이 필요로 하는 바에 주의를 기울이려고 노력하기보다는 오히려 우리 자신의 쓰임새와 동물이 우리 목표를 진전시키거나 우리에게 문제를 제기하는 방식에만 의거하여 동물을 대한다. 여기서 요점은, 우리는 언제나 타자의 목표에 따르고 우리 자신의 목표를 부정하는 어떤 종류의 도덕적 자학주의를 채택해야 한다는 것이 아니다. 요점은, 에일리언 현상학의 실천을 통해서 우리는 관련된 모든 기계에 더 만족스러운 사회적 회집체를 발달시키는 동시에 타자에 더 동정적인 삶의 방식을 전개할 수 있을 것이라는 점이다.

마지막으로 정치적 차원에서, 에일리언 현상학은 우리의 정치적 개입책의 효험을 향상시킨다. 보험회사 같은 기관은 그곳에서 일하는 사람들 위에 있는 이질적인 정신이라는 전제, 즉 그런 기관은 세계에 대한 독자적인 구조적 개방성과 독자적인 조작적 폐쇄성을 갖추고 있으면서 독자적인 언어로 말한다는 전제를 승인한다면, 우리는 이런 존재자에 정치적으로 관여할 때 이 사실을 전략적으로 인식해야 한다. 너무나 흔히 우리는 기관 같은 대규모 기계와 최고경영자처럼 그곳에 근무하는 사람들을 혼동한다. 그리하여 우리는 이런 기계에서 변화를 산출하려면 이런 사람들을 설득하는 것으로 충분하다고 믿게 된다. 이런 형태의 정치적 개입이 손해를 입힐 수는 없음이 확실하지만, 이질적인 인지가 이런 대규모의 기계에 분산되어 있는 것이 사실이라면, 이런 기계에서 근무하는 사람들은 그 기계를 통제하고 관리하는 행위주체들이라기보다는 오히려 신경세포 내지 신경세포 군체에 더 가깝다. 그들이 이런 대규모 기계에 영향을 미치는 것은 확실하지만, 그 기계는 자체적으로 독자적인 행위주체다.

이런 기계를 변화시키고 그것에 영향을 미칠 수 있으려면, 우리는 그 기계가 반응하게 할 전략을 고안하기 위해 그것이 세계를 마주하는 방식에 따라 그것과 상호작용해야 한다. 이것은 우리가 에일리언 현상학을 실천함을 뜻한다. 이런 기계가 열려 있는 흐름, 그 기계가 이 흐름에 조작을 수행하는 방식, 그리고 어떤 목적이나 목표가 이런 기계를 활성화하는지를 판별해야 한다. 이런 지식을 통해서 우리는 더 다양한 개입 전략을 전개할 수 있다. 예를 들면, 기업이 어처구니없는 노동 관행과 정치적 관행, 환경적 관행을 어쩔 수 없이 포기할 수밖에 없게 하는 데에는 시위보다 불매 운동이 흔히 더 효과적인 이유는 불매 운동이 기업-기계를 활성화하는 흐름과 조작을 암묵적으로 인식하고 있기 때문이다. 불매 운동은 기업이 구조적으로 열려 있는 흐름이 수익과 손실의 흐름임을 인식하고 있다. 불매 운동은 기업의 수익을 가로막음으로써 기업이 조작적으로 민감한 어떤 정보 사건을 해당 기업에 제공하고, 따라서 그 기업은 어쩔 수 없이 반응하여 행태를 교정할 수밖에 없게 된다. 마찬가지 이유로 인해 지금까지 파업이 역사적으로 유효했다. 자신의 목표를 달성하려면 기업-기계는 잉여가치 또는 이윤을 창출하기 위해 판매할 상품을 생산하는 조작에 종사해야 한다. 파업은 이런 조작을 정지시킴으로써 기업-기계가 이윤을 창출하는 조작에 종사하지 못하게 막는다. 이렇게 해서 노동자들은 기업-기계가 자신들의 요구를 충족시키게 하는 지렛대를 만들어낼 수 있다.

우리는 이런 형태의 개입을 열역학 정치라고 부를 수 있다. 열역학 정치란 어떤 기계의 에너지원과 작업 역량을 겨냥하는 정치적 개입 형식이다. 다음 장에서 살펴보게 되듯이, 대다수 기계는 시간을 가로질러 존속하려면 일과 에너지가 필요하다. 기업-기계의 경우에 필요한 에너지는 그 기계가 자신의 상품을 생산하고 분배하기 위해 의존하는 자원 — 천연자원, 전기, 물, 화석연료, 생산에 투입될 자본 등 — 과 더불어 그 기계가 자신의 생산 조작과 분배 조작에 종사할 수 있게 하는 노동으로 구성된다. 이것들은 기업-기계가 구조적으로 열려 있는 흐름이다. 열역학 정치는 이런 에너지와 노동의 흐름을 겨냥하여 사실상 그 기계의 조작적 폐쇄성의 '언어'로 말함으로써 변화를 일으키는 데 도움이 되는 지렛대를 만들어낸다. 나는 열역학 정치가 실천될 수 있을 다른 방식들에 관해 생각하는 것을 독자의 상상력에 맡길 것이다.

열역학 정치라는 개념에 의거하여 우리는 항의 정치 또는 기호학 정치로 불릴 수 있는 것의 일반적인 단점을 이해할 수 있다. 기호학 정치는 기호의 쓰임새에 의존한다는 의미에서 기호학적인데, 요컨대 설득적 소통을 통해서 제도를 바꾸려고 시도하거나 아니면 이데올로기, 욕망, 권력 등에 대한 비판을 통해서 지금까지 우리가 공정하다고 믿은 것에서 지배와 억압의 관계들이 작동하고 있음을 보여주는 의심의 해석학의 경우처럼 비판 활동에 관여한다. 윤리적 설득을 통해서 변화를 산출하는 것에 전제를 두고 있고, 그리하여 기업, 정부, 공장 등과 같은 기관-기계들이 인간과 마찬가지로 동종의 소통적 흐름에 구조적으로 열려 있다고 가정한다는 점에서 기호학 정치는 혼동하고 있다. 기호학 정치는 우리가 이들 조직이 윤리적 이유로 자신의 조작을 바꾸도록 설득할 수 있다고 믿는다. 하지만 기껏해야 이들 존재자는 그런 주장에 무관심하고, 한편으로 최악의 경우에 기업 같은 기계들은 수익과 손실의 정보 사건들에만 구조적으로 열려 있을 뿐이기에 그런 호소가 제기되더라도 그 상황을 전혀 깨닫지 못한다. 윤리적 호소를 통해서 기업을 설득하는 것은 대략 미적분학을 고양이에 설명하려고 시도하는 것만큼 효과적이다.

이것은 기호학 정치가 전적으로 쓸모없다고 주장하는 것이 아니라, 기호학 정치가 자신이 행하는 바를 혼동하고 있을 뿐이라고 주장하는 것이다. 기계 시각에서 바라보면, 기호학 정치의 목표는 기관을 변화시키는 것이라기보다는 오히려 민간 기관과 정부 기관에 압력을 가하게 될 더 강력한 집단적 존재자를 창출하는 것이다. 기호학 정치가 작동할 때, 시위는 정부나 기업을 겨냥하기보다는 오히려 구경꾼이나 다른 사람들을 겨냥한다. 마찬가지로, 비판적 폭로는 억압과 착취의 이데올로기적 조작에 관여하는 사람들을 겨냥하기보다는 오히려 이런 권력의 메커니즘에 대하여 사람들의 의식을 고양하는 것을 목표로 삼는다. 그러므로 기호학 정치는 대규모의 기관-기계를 변화시키거나 이런 기계 중 일부를 철저히 폐기하는 일이 가능해지는 임계 규모에 도달할 집단적 기계를 생산하는 것을 목표로 삼는 일단의 조작이다. 하지만 그런 임계 규모에 도달하려면 기호학 정치에서 열역학 정치로 전환되어야 한다.

기계 회집체와 엔트로피

기계 회집체

　단순한 기계 같은 것은 존재하지 않는다. 오히려, 모든 기계는 독자적으로 하나의 단일체 또는 개별적 존재자인 동시에 다른 기계들의 복합체 또는 회집체다. 요약하면, 기계는 기계들로 구성되어 있다. 하면이 말하는 대로, "우주는 객체들이 들어 있는 객체들이 들어 있는 객체들이 들어 있는 객체들로 구성되어 있다."[1] 하면이 말하는 바는 기계에 대해서도 말할 수 있다. 여기서 우리는 라이프니츠의 『모나드론』에 실린 한 아름다운 구절을 어김없이 떠올리게 되는데, 그 구절은 다음과 같다. "물질의 각 조각은 식물이 가득 차 있는 정원으로 여길 수 있고, 물고기가 가득 차 있는 연못으로 여길 수 있다. 그런데 식물의 각 가지, 동물의 각 수족, 그 체액의 각 방울 역시 또 하나의 그런 정원이나 연못이다."[2] 물질은 기계들이 가득 차 있고 각각의 기계

---

1. Harman, *Guerrilla Metaphysics*, 85.
2. G.W. Leibniz, *The Principles of Philosophy, or, the Monadology (1714)*, in *Discourse on Metaphysics and Other Essays*, trans. D.G. and R. Ariew (Indianapolis: Hackett,

4장 기계 회집체와 엔트로피 **121**

자체는 다른 기계들이 가득 차 있다. 예를 들면, 내 몸은 독자적으로 하나의 기계인 동시에 다양한 장기로 이루어진 기계들의 회집체이기도 하다. 결국, 각각의 장기 역시 다른 기계들, 즉 세포들로 구성되어 있다. 더욱이, 각각의 세포 역시 다른 기계들로 구성되어 있다. 어떤 근본적이거나 기본적인 기계 – 우리가 그리스적 의미에서 '원자'라고 부르곤 하는 것 – 들이 존재하는지 아닌지는 내가 경험적으로 판별되도록 미루어두는 물음이다.

그리하여 하먼은 계속해서 이렇게 말한다. "모든 객체는 하나의 실체이자 관계들의 복합체."[3] 모든 기계는 독자적으로 하나의 단일체 또는 자율적인 존재인 동시에 그 부분들을 구성하는 기계들 사이에 맺어진 관계들의 복합체. 여기서 우리는 두 가지 다른 종류의 관계를 혼동하지 않도록 조심스럽게 나아가야 한다. 흔히 기계는 조작하거나 작동하려면 다른 기계와 접속해야 한다. 예를 들면, 텔레비전은 작동하려면 전기 소켓에 연결되어야 한다. 소켓 역시 전기 케이블, 퓨즈 박스, 그리고 댐이나 풍차, 태양전지판, 석탄 화력발전소 같은 다른 기계들에 접속된다. 마찬가지로, 어떤 개구리가 조작하려면 그 개구리는 산소의 흐름과 파리의 흐름 같은 다른 기계들에 연계되어야 한다. 하지만 기계를 관계들의 복합체로 여길 때 해당하는 것은 이런 종류의 관계가 아니다. 한 잔인한 과학자가 어떤 개구리를 진공 용기에 넣고서 산소와의 관계를 끊어 버리더라도 그 개구리는 여전히 관계들의 복합체 또는 기계들의 회집체다. 어떤 텔레비전이 더는 벽 소켓에 연결되지 않더라도 그 텔레비전은 여전히 관계들의 복합체 또는

1991), 78. [G. W. 라이프니츠, 『모나드론 외』, 배선복 옮김, 책세상, 2007.]
3. Harman, *Guerrilla Metaphysics*, 85.

기계들의 회집체다. 이런 종류의 관계는 외부관계인데, 말하자면, 그런 관계는 어떤 기계가 다른 별개의 독립적인 기계와 맺은 외재적 관계이기에 해당 기계가 여전히 그 기계인 채로 있으면서 단절될 수 있는 관계다. 텔레비전은 그것이 벽 소켓에 연결되지 않았을 때에도 여전히 텔레비전이다. 개구리는 그것이 산소로부터 단절되었을 때에도, 적어도 한동안은 여전히 개구리다.

그러므로 기계가 관계들의 복합체 또는 기계들의 회집체라는 주장은 기계가 자신의 내부관계들에 의해 구성된다는 주장이다. 내부관계란 어떤 새로운 기계를 구성하거나 생성하는 기계들 사이의 내재적 관계다. 그것은 어떤 기계의 부분들 — 이것들 자체가 기계들이다 — 과 그 창발적인 전체 사이의 관계인데, 그 전체는 자신의 부분들 위에 있는 별개의 기계다. 텔레비전은 그것을 구성하는 부분들 또는 다른 기계들이 없다면 그런 기계일 수가 없고, 카피바라 역시 그것을 구성하는 부분들 또는 다른 기계들이 없다면 그런 기계일 수가 없다. 물론, 기계의 부분 중 어떤 것은 그 기계에 필수적이지 않을 것이다. 예를 들면, 카피바라는 다리 하나를 잃더라도 여전히 카피바라일 수 있다. 마찬가지로, 텔레비전은 플라스틱 틀이 없더라도 여전히 텔레비전일 수 있다. 그러므로 우리는 본질적 부분과 비본질적 부분을 구분해야 한다. 중요한 점은, 기계는 그 기계의 존재를 구성하는 기계들 사이의 내부관계들로 이루어진 내부 조성을 갖추고 있다는 것이다. 이것은 기계가 다른 기계들에서 창발함을 뜻한다.

그런데 우리는 두 개의 기계를 직면하게 되는 기계들 사이의 외부관계와 하나의 새로운 기계가 형성되거나 창발하게 되는 내부관계를 어떻게 구분하는가? 2장에서 살펴본 대로, 기계는 그 성질들에 의해 개체화되는 것이 아니라 그 역능들에 의해 개체화된다. 더욱이, 거기서 우리는 기계가 자신의 역능을 실행하는지에 상관없이 그 역능을 갖추고 있음을 알게 되었다. 이런 점에서, 텔레비전은 그것이 전기 소 켓에 연결되었는지에 상관없이 영상과 소리를 생산할 역능, 즉 작동 능력을 갖추고 있다. 마찬가지로, 과일박쥐는 그것이 산소로부터 단절 되었는지에 상관없이 적어도 한동안은 자신의 역능들을 갖추고 있다. 이 두 사례에서 모두 이들 기계는 자신의 역능들을 발휘할 수 없음에 도 그 역능들은 여전히 해당 존재자가 갖추고 있는 역량으로 남아 있 음이 확실하다.

그러므로 이 가설을 승인하면, 우리는 기계들이 접속함으로써 접 속된 기계들에서는 찾아볼 수 없는 새로운 역능이 창발할 때마다 전 혀 별개의 새로운 기계를 직면하게 된다는 결론을 내릴 수 있다. 다시 말하면, 어떤 회집체가 그 부분들이 할 수 없는 방식으로 세계 속 다 른 존재자들에 작용할 수 있을 때 그 회집체는 하나의 새로운 기계 또는 단일체를 구성한다.[4] 이 점을 명확히 하기 위해 H_2O의 사례를 살펴보자. 문제를 단순화하면, H_2O 또는 물은 세 개의 다른 기계, 즉 두 개의 수소 원자와 한 개의 산소 원자로 이루어진 기계다. 나는 여 기서 내가 문제를 단순화하고 있음을 경고하는데, 그 이유는 이들 기 계 역시 다른 기계들로 이루어져 있기 때문이다. H_2O 분자 하나가 그 저 기계들의 집합체나 덩어리가 아니라 전혀 별개의 기계가 된다면, 그 이유는 더 작은 기계들 사이에 형성된 내부관계들이 그 부분들에 서는 찾아볼 수 없는 역능이나 역량을 생성하기 때문이다. 그러므로

---

4. 창발에 관한 이 논의는 데이비드 엘더-배스의 작업에서 영감을 받아 이루어진 것이 다. 이런 견지에서 전개된, 창발에 관한 더 상세한 논의에 대해서는 D. Elder-Vass, *The Causal Power of Social Structures* (Cambridge : Cambridge University Press, 2010), ch. 2를 보라.

물은 불을 끌 수 있는 역량이 있지만, 산소와 수소는 단독으로 있을 때 가연성이 대단히 높다. 물은 산소나 수소보다 밀도가 더 높다. 물은 산소나 수소와는 다른 온도에서 얼고, 게다가 산소나 수소와는 다른 온도에서 기체로 변한다. 그 목록은 계속 이어진다.

우리는 결정, 동물 신체, 사회적 기관, 정치적 집단, 혹은 다양한 기술을 논의할 때면 언제나 이들 기계가 자신의 부분들에는 존재하지 않는 역능이나 역량을 갖추고 있음을 깨닫게 될 것이다. 그리하여 이들 기계는 자신의 부분들이 단독으로 있을 때는 갖지 못하는 방식으로 세계에 작용하여 세계 속 다른 기계들에서 차이를 만들어낼 수 있다. 여기서 조심스럽게 나아가는 것이 중요한데, 그 이유는 창발이 전체는 그 부분들의 총합보다 더 크므로 전체는 그 부분들로 설명될 수 없음을 의미하는 것으로 종종 여겨지기 때문이다. 여기서 창발은 '환원주의'에 대한 보루로서 환기되는데, 요컨대 내부관계들이 형성됨으로써 아무튼 그 부분들과는 아무 관계도 없는 마법적 특성이 출현한다고 주장한다. 이 논제가 여기서 옹호되는 것은 아니다. H_2O는 그 부분들의 역능들에 힘입어 그런 일을 행할 수 있을 따름이고, 게다가 그런 역능들을 갖추고 있을 따름임이 확실하다. 요점은, 물의 역능들이 창발하려면 그 부분들이 그런 식으로 접속되어야 한다는 것이다. 그런 관계들이 없다면 이들 역능은 생겨나지 않는다. 그런데 여기서 물리학과 화학의 법칙들에 어긋나는 것은 전혀 없다. 물의 역능들을 이해하고 싶다면, 우리는 수소와 산소의 역능들을 이해할 뿐만 아니라 그것들이 결합할 때 무슨 일이 일어나는지도 이해해야 한다.

기계들이 새로운 기계를 형성하는 방식으로 접속된다면, 어떤 접속들은 가역적일 것이고 어떤 접속들은 비가역적일 것이다. 기계 생성이 가역적인 경우는 접속된 기계들로 이루어진 기계가 그 부분들이 자신의 기계 존재와 역능들을 유지하는 그런 식으로 해체될 수 있을 때이다. 예를 들면, 자동차를 비롯한 많은 기술 기계의 경우에 이러한데, H_2O 같은 존재자들도 마찬가지다. 우리는 자동차를 그 구성 기계들로 분해할 수 있고, 전기분해를 통해서 H_2O를 그 구성 원소들로 분해할 수 있다. 여기서 부분들과 그 역량들은 기계적 접속을 통해서 파괴되지 않는다. 반면에, 기계 생성이 비가역적인 경우는 접속된 기계들이 기계 생성의 과정에서 파괴되거나 무언가 다른 것으로 변환될 때이다. 예를 들면, 몸이 음식을 대사하는 방식의 경우에 이러하다. 우리 몸이 발달할 때, 우리가 먹는 음식은 우리 몸이 갖출 온갖 역량에 이바지하지만, 이 음식 자체는 신진대사 과정에서 변환되고 파괴된다. 우리는 몸을 그것이 섭취한 옥수수, 그것이 먹은 고기, 그것이 흡입한 액체 등으로 분해할 수 없다. 그 상황은 항성의 내부에서 일어나는 핵반응 과정들도 마찬가지다. 기계 생성이 가역적인지 아니면 불가역적인지는 단지 사례별로 판별될 수 있을 뿐인 경험적 문제다. 더욱이, 이런 문제들이 대체로 그렇듯이, 가역적인 것과 비가역적인 것 사이에는 종종 정도의 차이가 다양하다. 예를 들면, 교육을 받은 사람은 바뀌거나 변모되어서 새로운 역량이나 역능을 발달시키므로 교육 과정에는 얼마간의 비가역성이 존재한다. 하지만 그 사람은 교육 기관을 떠나서 새로운 모험을 즐길 수 있다는 점에서 파괴되지 않음이 확실하다.

기계는 자신의 역능들에 의해 개체화된다고 이해하는 기계에 관한 회집체 이론은 기계들이 매우 다양한 규모 수준에서 존재한다는 것을 뜻한다. 예를 들면, 어떤 정부 기관은 그것을 이루는 사람들, 이 사람들을 이루는 장기들, 그 장기들을 이루는 세포들, 그 세포들을 이루는 원자들, 그리고 그 원자들을 이루는 입자들에 못지않은 하나의 기계다. 이런 연쇄에서 모든 종류의 기계가 여타의 것만큼이나 실재적인 이유는 이들 기계 각각이 자신의 부분들에서는 찾아볼 수 없는 역능들을 갖추고 있기 때문이다. 예를 들면, 정부 기관은 그 기관에서 일하는 개인들이 갖추고 있지 않은 역능들을 갖추고 있다. 바로 이런 이유로 인해 우리는, 신자유주의자들이 행하고 싶은 대로, 사회적 기계를 개인들로 환원할 수 없다. 그러므로 기계 존재론은, 세계는 우리가 때때로 생각하는 것보다 훨씬 더 다양한 존재자로 이루어져 있다고 주장한다.

기계는 다른 기계들로 이루어져 있기에 모든 기계는 기계 문제에 시달린다. 하나의 기계를 이루는 기계들이 기계 생성의 과정에서 흔히 파괴되거나 변환됨에도, 그 기계들은 자신의 구조적 개방성과 조작적 폐쇄성을 잠깐이나마 유지한다. 그리하여 이들 부분은 흐름에 단지 선택적으로 열려 있고 나름의 방식으로 조작을 수행한다. 그러므로 기계의 부분들은 결코 완전히 조화를 이루지는 않는다. 각각의 기계는 하나의 단일체인 동시에 기계들의 무리 또는 군집이다. 다시 말해서, 어떤 기계도 자신의 부분들을 결코 전체화하거나 지배하지 못한다. 오히려, 부분들은 계속해서 독자적인 생을 살아간다. 라투르가 인상적으로 서술하는 대로, "하나의 동맹을 결성하는 데 동원된 행위소 중 어느 것도 독자적으로 작용하기를 그만두지 않는다 … 그것들은 각각 계속해서 독자적인 계획을 조장하고, 독자적인 집단을 형성하며, 다른 주인과 의지, 기능을 위해 일한다."[5] 정부 기관은 자신의 조작을 수행할 뿐만 아니라, 그 안에서 일하는 공무원들의 계획과 목

---

5. B. Latour, *Irreductions*, in *The Pasteurization of France*, trans. A. Sheridan and J. Law (Cambridge : Harvard Universirty Press, 1988), 197.

표와도 씨름해야 한다. 대학은 자신의 조작에 관여할 뿐만 아니라, 학생과 교원, 직원들이 나름의 목표를 추구할 때 발생하는 내부로부터의 갈등도 맞닥뜨린다. 우리 몸은 그 몸을 이루는 장기와 세포들의 활동과 끊임없이 투쟁하는데, 요컨대 노화 과정뿐만 아니라 암 같은 더 극적인 사례들에서도 볼 수 있듯이, 우리 세포들은 각각 나름의 생을 짊어지면서 그 몸의 목표에 이바지하기를 거부한다. 바위 같은 존재자들도 자신을 이루는 분자들이 다른 분자들과 접속할 때 그 분자들과 갈등을 겪게 된다.

기계 문제는 하나의 통합된 존재자 또는 기계를 형성하고자 하는 노력의 결과로서 기계의 내부에서 생겨나는 문제를 가리킨다. 어쨌든, 신흥 기계는 그 기계의 부분들로서 작용하는 여타 기계를 단일한 기계의 요소들로 통합하는 방법을 찾아내야 한다. 이들 부분은 나름대로 구조적으로 열려 있고 조작적으로 닫혀 있기에 그것들은 각자 자신의 길을 가고 '싶어 한다'. 부분들 또는 다른 기계들 사이에는 모든 기계를 해체되거나 붕괴할 위험에 영구적으로 처해 있는 한 편의 브리콜라주bricolage로 만드는 긴장과 마찰이 존재한다. 때때로 그 부분들은 깔끔하고 매끈한 방식으로 완전히 딱 들어맞지는 않는데, 그리하여 그 기계에 대한 체계적 문제가 생겨난다. 예를 들면, 생물학적 신체의 경우에 이러하다. 진화는 브리콜뢰르bricoleur인데, 요컨대 진화는 과거에 다른 기능에 이바지한 기존의 생물학적 구조에 언제나 바탕을 두고 진전하기에(굴절적응) 그 구조는 요청받은 새로운 기능에 완벽히 어울리지는 않는다. 그러므로 예를 들면, 호모 사피엔스 여성의 골반이 인간 아기를 출산하기에 충분할 만큼 크지 않은 이유는 그것이 원래는 머리가 더 작은 이전의 호미니드 종에 알맞게 진화했기 때문이다. 그리하여 출산하는 동안 유아는 자신과 산모에 대단히 위험하계도 몸을 비틀어서 골반을 지나가야 한다(유아는 엉덩이가 먼저 나오거나 탯줄에 목이 감길 수 있다). 마찬가지로, 우리 몸이 가능한 한 지방을 많이 섭취하고자 하는 이유는 이전에 우리 종이 출현한 무렵에는 우리가 언제 다음 식사를 하게 될지 결코 알지 못했기 때문이다. 하지만 우리는 농경 기법과 노동 분업, 운송과 저장을 통한 식량 배급 기법을 활용하여 식량의 희소성을 극복할 수 있는 역량이 발달하였다. 우리의 모든 기술적 발전과 문화적 발전, 지적 발전에도 불구하고 우리의 호미니드 조상은 우리에게서 떠나지 않았고, 그리하여 지금도 우리는 가능한 한 기름진 음식을 계속해서 많이 섭취함으로써 자신의 건강을 해치거나 파괴하는 처지에 놓여 있다. 더욱이, 맹장처럼 우리 조상에게는 쓰임새가 있었지만 이제는 아무 기능에도 이바지하지 않으면서 우리를 죽일 수 있는 신체 부위도 있다. 모든 기계는 자연과 문화의 이름 없는 맥가이버들이 얼기설기 제작한 것이다.

기계들이 하나의 새로운 기계를 형성하는 통일체에 매끄럽게 어울리지 않음으로써 기계 문제가 발생하게 된다. 기계는 자신의 부분들을 통일하기 위한 조작에 끊임없이 관여함으로써 자신의 본질적 부분들이 계속해서 하나의 통일체로 확고히 유지하게 해야 한다. 매 순간에 모든 유형 기계는 해체될 우려가 있다. 또한, 바로 이런 이유로 인해 어떤 기계도 자신의 이러함에 대해 결코 전적으로 책임이 있는 것은 아니다. 부분들 자체가 나름의 국소적 표현이나 차이를 나타내는 한, 기계가 무엇이 되는지는 전적으로 자신의 조작의 결과인 것은 아니다. 모든 장군이 이런 사정을 알고 있다. 장군이 명령을 내리면, 이 명령은 그의 부관과 부대, 지원군, 군사 기술, 날씨, 주변 지리에 의해 거의 무한한 뜻밖의 방식으로 번역되거나 해석된다. 그리하여 모든 명령의 결과는 그 명령의 애초 의도와는 결코 전적으로 같지는 않다.

우리는 장군이 자신의 명령이 실현된 결과에 어김없이 놀란다고 추측할 수 있다. "그것이 내가 의도한 것이란 말인가?"

이런 이유로 인해 지배는 결코 전적으로 완전하지는 않다. 기계는 자신의 부분들을 파괴할 수 있지만, 그 부분들은 독자적인 어떤 기계 본질을 유지하는 한에 있어서 독자적인 은근한 역능을 언제나 유지하는데, 그리하여 그것들은 사람들이 자신에게 지시하는 사회적 조작을 떨쳐버리는 혁명의 경우처럼 어느 때나 분출될 우려가 있거나, 혹은 그것들이 일부를 이루는 더 큰 규모의 기계에 약간의 혼돈을 가져다줄 우려가 있다. 많은 기계 ─ 특히 사회적 기계와 유기 기계 ─ 가 자신의 기계 부분들을 유순한 신체들로 변환하려고 애쓸 것이지만, 이것은 실제로는 절대 실현되지 않는 하나의 이상으로 영원히 남게 된다. 부분들 사이에는 은밀한 음모와 기계적 간계, 작은 반역 행위, 엉큼한 불복종 행위가 언제나 존재한다. 이와 같은 완벽한 배치의 실패는 결코 근절되어야 하는 것이 아니라 오히려 기계의 본질적인 창조성의 일부다.

회집체와 개체

기계가 기계들의 회집체이고 자신의 성질들에 의해 개체화되기보다는 자신의 역능들에 의해 개체화된다는 논제는 우리가 존재자를 개체화하는 바로 그 방식에 관한 수많은 물음을 제기한다. 『천 개의 고원』에서 들뢰즈와 가타리는 이렇게 서술한다.

스피노자가 묻는다. 신체는 무엇을 할 수 있는가? 역능의 어느 특정 정도에서, 아니 차라리 그 정도의 한계 안에서 행할 수 있는 정동을 신체의 위도라고 한다. 위도는 어떤 역량 아래 속하는 내포적 부분들로 이루어져 있고, 경도는 어떤 관계 아래 속하는 외연적 부분들로 이루어져 있다. 우리가 신체를 그 장기와 기능으로 규정하기를 삼간 것과 마찬가지 방식으로, 우리는 그것을 종 특질이나 유 특질로 규정하는 것도 삼갈 것이고, 오히려 그것의 정동을 고려하고자 할 것이다. 이런 종류의 연구는 동물행동학이고, 바로 이런 의미에서 스피노자는 진정한 윤리학을 저술했다. 경주마와 짐말의 차이는 짐말과 소의 차이보다 더 크다.6

들뢰즈와 가타리의 어휘에서, '정동'은 기계의 역능이나 역량을 가리킨다. 두 가지 종류의 정동, 즉 수동적 정동과 능동적 정동이 존재한다. 수동적 정동은 기계가 세계에 대해 인과적으로 그리고 선택적으로 열려 있는 방식을 가리키는데, 예를 들면, 전자기파를 통해서 세계를 감지할 수 있는 상어의 능력이나 음파를 통해서 세계를 감지할 수 있는 박쥐의 능력이 있다. 능동적 정동은 특정 종류의 조작이나 행위에 관여할 수 있는 기계의 역량을 가리키는데, 예를 들면, 깡통을 열 수 있는 깡통 따개의 능력, 벨 수 있는 칼의 능력, 혹은 등 뒤의 구멍에서 독액을 발사할 수 있는 줄기 두꺼비의 능력이 있다.

들뢰즈와 가타리의 논제 ─ 내가 공유하는 논제 ─ 는, 기계들은 유와 종으로 분류되기보다는 오히려 역능이나 역량, 정동에 바탕을 두고서 분류되어야 한다는 것이다. 들뢰즈와 가타리가 유와 종에 바탕을 둔 분류를 거부할 때, 그들은 질적 유사성에 바탕을 둔 분류를 거부하고 있는 셈이다. 유/종 모형 아래에서는 짐말과 경주마가 같은 종 또는 범주에 속한다고 여겨지는데, 그 이유는 그것들이 서로 닮았기 때

---

6. Deleuze and Guattari, *A Thousand Plateaus*, 256~7. [들뢰즈·가타리, 『천 개의 고원』.]

문이다. 그것들은 해부학, 모양 등의 견지에서 서로 닮았다. 이와는 대조적으로 들뢰즈와 가타리는, 존재자들을 분류하는 것은 유사성이 아니라 오히려 정동이나 역량이라고 주장한다. 우리는 존재자들을 서로 닮은 방식에 바탕을 두고서 분류하기보다는 오히려 능동적 정동과 수동적 정동 — 무엇을 할 수 있는지와 세계의 인과적 영향을 어떻게 수용할 수 있는지(감성) — 에 바탕을 두고서 분류해야 한다. 짐말이 경주마보다 소와 함께 집단을 이룬다면, 그 이유는 짐말이 수동적 정동과 능동적 정동 또는 역능을 경주마보다 소와 더 많이 공유하고 있기 때문이다.

이런 국면은 우리가 기계들을 분류하는 방식에 영향을 미칠 뿐만 아니라, 우리가 어떤 별개의 존재자 또는 기계에 직면한다고 말하는 바로 그 시점에도 광범위한 영향을 미친다. 나중에, 『천 개의 고원』에서, 들뢰즈와 가타리는 이렇게 주장한다.

청동기 시대에 창과 칼이 생겨난 것은 오로지 인간-말 회집체 덕분인데, 이 회집체로 인해 단검과 꼬챙이의 길이가 늘어나고, 최초의 보병 무기였던 망치와 전투도끼가 쓸모없게 되었다. 등자 역시 인간-말 회집체의 새로운 형상을 야기했는데, 그리하여 새로운 종류의 창과 새로운 무기가 수반되었다.[7]

이 구절에서 가장 중요한 언급 사항은 소박한 **등자**다. 등자와 더불어 인간-말 회집체는 이전과는 전적으로 다른 것이 된다. 등자가 등장하기 전에는 인간-말 회집체가 **빠른** 이동을 위한 기계, 활을 쏘기 위한

---

7. 같은 책, 399. [같은 책.]

플랫폼 등으로 이용될 수 있었을 것이지만, 아직은 어쩌면 존재론적 전환 또는 새로운 기계의 형성이 이루어지지 않았었을 것이다. 등자가 모든 것을 바꾼다. 등자가 등장하기 이전에는 말을 탄 인간이 말에서 쉽게 떨어질 수 있었기에 자신의 무기를 통해서 큰 힘을 발휘할 수 없었다. 알다시피, 모든 작용에 대해서는 크기가 같고 방향이 정반대인 반작용이 있다. 등자가 없었더라면, 빠르게 질주하면서 적에게 칼을 휘두르는 병사는 다분히 자신의 말에서 떨어져 버렸을 것이다. 반면에, 등자가 발명됨으로써 이제 인간-말 회집체는 말의 힘을 강화하고 유지할 수 있게 된다. 등자 덕분에 밀착된 인간-말 회집체는 다른 한 신체를 맞닥뜨릴 때 말의 힘을 전력으로 전달할 수 있다. 그리하여 향후 여러 세기 동안 전투에서 결정적인 우위를 누릴 창이 발명된다. 여기서 일어난 사태는 새로운 역능의 창발이다.

여기서 제시된 틀 안에서, 존재자는 자신의 성질들에 의해 개체화되기보다는 오히려 자신의 역능들에 의해 개체화된다. 그 결과, 새로운 역능이 창발할 때 새로운 존재자 또는 기계 역시 창발한다. 병사, 말, 등자, 그리고 창은 모두 별개의 기계라는 이의가 제기될 것이다. 기계가 다른 기계들로 이루어져 있는 한에 있어서 이 주장은 참이다. 이들 기계는 모두 독립적인 현존을 누릴 수 있다. 하지만 이들 기계가 함께 회집하면 새로운 정동이나 역능이 창발하게 되고, 그리하여 새로운 기계가 생겨난다. 이 기계가 다른 기계들의 집합체라는 사실과 이들 기계가 서로 분리될 수 있다는 사실이 하나의 개별 기계로서의 그 본질을 훼손하지는 않는다. 다시 말해서, '단순한'이라는 낱말은 '실체'와 동의어가 아니다. 제트 비행기는 다른 기계들로 구성되어 있고 분해될 수 있지만, 이런 이유로 인해 제트 비행기가 덜 뚜렷한 기계인 것은 아니다. 장기는 몸에서 제거되고 또 다른 몸에 이식될 수 있지만, 이런 이유로 인해 몸이 덜 뚜렷한 존재자인 것은 아니다. H_2O 분자는 전기분해를 거쳐 분해될 수 있지만, 이런 이유로 인해 물 분자가 덜 뚜렷한 분자인 것은 아니다. 제트 비행기와 인간의 몸, H_2O 분자가 모두 다른 존재자들로 구성되어 있음에도 불구하고 각기 별개의 존재자임을 인정한다면, 인간-말-등자-창 회집체가 하나의 개별 존재자라는 결론을 내리지 말아야 하는 이유는 무엇인가?

이 가설의 기묘한 결과는, 말을 타고 달리는 인간과 인간-말-등자-창 회집체가 두 개의 각기 다른 개체라는 점이다. 그것은 인간이 말을 타고 달린다기보다는 오히려 인간-말-등자-창 회집체가 달린다는 것이다. 반인반마의 켄타우로스는 실제로 현존하지만, 우리가 생각한 방식으로 현존하는 것은 결코 아니다. 그러므로 한편으로, 우주에는 우리 언어가 인식하는 것보다 더 많은 존재자가 있음이 판명된다. 다른 한편으로, 존재자들은 불연속적일 수 있다는 기묘한 결과를 얻게 되는데, 요컨대 때로는 다수의 이산적 유기체로서 현존하고 때로는 통일된 집단적 유기체로서 현존하는 점균류처럼 존재자들은 명멸한다. 전쟁이 끝나면, 인간은 말에서 내리고 말과 인간은 각기 별개의 기계로서 각자의 길을 간다. 전쟁 상황이 재개되면, 인간은 말에 올라타고 인간-말-등자-창 기계가 다시 생겨난다.

우리의 깊은 직관은, 어떤 기계가 시간이 흐름에 따라 연속적으로 존속할 때에만 하나의 기계, 하나의 뚜렷한 개체 또는 이산적 존재자로 여겨진다고 생각한다는 것이다. 우리는, 인간이 뚜렷한 개체이고 말이 뚜렷한 개체인 것은 각자가 시간이 흐름에 따라 자신의 정체성을 유지하기 때문이라고 말하는 경향이 있다. 반면에, 우리는 인간-말-등자-창 회집체가 하나의 뚜렷한 개체라는 가정을 거부하고 오히려 다수의 개체로 여기는 경향이 있는데, 그 이유는 그 회집체가 순간적으로 생겨난 다음에 사라지기 때문이다. 하지만 존재자가 존재자들의 회집체이고, 게다가 회집체가 흔히 해체될 수 있을 뿐만 아니라 재회집하면 같은 역능들을 생성하는 그런 방식으로 재회집할 수 있다면, 시간적 연속성 논제를 수용할 이유가 전혀 없다. 예를 들면, 한 대학 강좌가 월요일과 수요일, 금요일에만 있을 수 있더라도, 그 강좌는 이들 각각의 날에 같은 강좌다.

확장된 마음과 몸

인지과학자이자 심리철학자인 앤디 클락은 이 가설을 인간 마음에 대하여 비견할 데 없이 명료하게 전개한다.[8] "확장된 마음 가설"이라는 제목 아래, 클락은 마음이 주로 표상적이고 뇌 속에서만 일어나는 일단의 기능이라는 가설에 이의를 제기한다. 표상적 마음 이론은, 인지는 뇌 속에서 일어나는 생각의 상징 조작이나 표상 조작으로 구성된다는 전제로 시작한다.

인간이란 실시간으로 반응해야 하는 물리적 환경 안에 현존하는 생물학적 존재자라고 상정하는 자연주의적 시각으로 시작함으로써 클락은 표상적 마음 모형이 환경의 요건에 실시간으로 반응하기에는 적합하지 않다고 주장한다.[9] 예를 들어, 표상적 마음이 건설 현장에서 떨어지는 합판을 어떻게 피해야 할지 인지한다고 상상하자. 그런 마음은 먼저 자신의 몸을 향해 날아오는 합판이나 나무 조각을 분류

---

8. A. Clark and D. Chalmers, "The Extended Mind," *Supersizing the Mind* (Oxford: Oxford University Press, 2011), 220~32. [앤디 클라크·데이비드 차머스, 「확장된 마음」, 『수퍼사이징 더 마인드』, 윤초희·정현천 옮김, 교육과학사, 2018.]

9. A. Clark, *Being-There* (Cambridge: MIT Press, 1998), 21~3.

하기 위한 온갖 종류의 상징 조작이나 표상 조작에 관여해야 할 것이다. 이런 표상적 인지의 어려움이 증대될 이유는 그 합판이 공간을 가로질러 이동함으로써 다양한 시각에서 그 노동자에게 현시될 것이기 때문이다. 그러므로 그 마음은 이들 시각을 통합할 방법을 찾아내어서 '합판'이라는 범주에 속하는 동형 존재자의 단계들로 판별해야 한다. 공간을 가로질러 낙하하면서 그 외양이 끊임없이 변화하는 이 존재자를 성공적으로 식별한 다음에, 표상적 마음은 그 합판을 피하려고 몸을 움직일 방법을 결정하기 위한 일련의 상징 조작에 관여해야 할 것이다. 이들 상징 조작은 시간이 걸리고, 그리하여 마음이란 세계 속 표상들의 중앙집권적 조작자라는 가정에 바탕을 두고서 지금까지 제작된 인공지능 역시 주변 환경을 헤쳐나가는 성능이 매우 빈약했다. 클락이 설명하는 대로, 이들 인공지능은 다양한 시각에서 존재자를 식별하는 데 서툴고, 맥락을 인식하고 변화하는 맥락에 적절히 반응하는 데 서툴며, 그리고 실시간으로 반응하는 데 서툴다. 이들 존재자는 우리 자신의 환경처럼 끊임없이 변화하여 매우 빨리 반응해야 하는 환경에서 매우 오래 존속할 수 없음이 확실하다. 이런 소견으로 인해 클락은, 마음이 주로 표상들을 조작하는 중앙집권적 행위주체라는 관념을 거부하고, 오히려 수많은 무의식적 조작이 의식적으로 표상을 조작하지 않은 채 환경의 사건들에 반응한다는, 마음에 관한 분산된 구상을 채택하게 된다. 집중화된 상징 조작이 일어나는 사례들도 있음이 확실하지만, 이 사태는 규칙이라기보다는 오히려 예외다.

그런데 클락의 진정한 독창성이 드러나는 논점은 따로 있다. 실시간 반응의 문제를 인식한 클락은 인간 같은 기계가 이 문제를 어떻게 해결하는지 궁금해한다. 우리가 그렇게 반응하려면 뇌가 필요하다는 사실은 확실하지만, 뇌만으로는 그 일을 행하지 못할 이유는 표상들을 적시에 조작하는 비용이 소요되기 때문이다. 그러므로 클락은, 마음은 단지 뇌일 따름인 것이 아니라, 오히려 마음은 뇌와 몸과 물리적 세계 사이의 관계라고 제안한다. 요약하면, 클락이 이의를 제기하는 바는 마음이 철저히 뇌 속에 있는 것이라는 논제다. 오히려, 클락에 따르면, 마음은 수많은 인지적 문제를 환경에 떠넘기는데, 그리하여 세계가 마음을 대신하여 그 작업을 할 수 있게 함으로써 마음은 실시간으로 더 빨리 반응할 수 있게 된다. 다시 말해서, 클락은 마음에 관한 생태적 매체 이론을 전개한다. 그 이론이 마음에 관한 매체 이론인 이유는, 클락에 따르면, 우리가 사용하는 기술 같은 비非심적인 비인간 매체가 우리가 인지하는 데 핵심적인 역할을 수행하기 때문이다. 그 이론이 생태적 이론인 이유는 그것이 우리는 단지 마음을 주변 환경의 다양한 존재자와 관련하여 이해할 수 있을 따름이라고 주장하기 때문이다. 바로 이런 의미에서 우리 마음은 '확장된 마음'이다. 우리 마음은 우리 귀 사이에, 즉 표상들을 조작하는 중앙집권적 통제자로서의 우리 뇌 속에 결코 있는 것이 아니라, 오히려 마음은 세계의 물리적 매체로 확장되어 있다. 이 논점은 무엇을 의미하는가?

첫째, 클락이 세계 속 물리적 존재자들과 마음이 맺는 관계에 관한 관념론적 논제를 옹호하고 있지 않음을 인식하는 것이 중요하다. 우리 마음이 인지적 조작을 떠넘기는 존재자들은 마음에 의해 구성되는 것도 아니고 변장한 관념들도 아니다. 이들 존재자는 인지에 실제로 이바지하는 실재적인 물리적 존재자들이다. 수학적 인지가 클락이 의미하고 있는 바에 대한 좋은 사례를 제공한다. 우리 대부분은 기하학이나 미적분학에서 제시되는 문제처럼 복잡한 수학적 문제를 순전히 표상주의적이고 내부주의적인 수단을 통해서 푸는 데 큰 어려움을 겪는다. 우리의 단기 기억이 갖는 특질로 인해 우리는 증명이나 해답의 모든 단계를 암기하는 데 어려움을 겪는다. 그리하여 우리가 순전히 자신의 머릿속에서 증명 문제를 풀려고 하면 오류를 범할 확률이 두드러지게 증가하고, 게다가 정리를 증명하거나 방정식을 풀려면 종종 이전의 단계들로 되돌아가야 하기에 우리의 문제 해결 능력이 빠르게 저하한다. 그러므로 자신의 머릿속에서 문제를 풀 때, 우리는 시간이 상당히 더 걸리는 동시에 더 많은 칼로리를 섭취하게 되는(여타의 것과 마찬가지로 인지 역시 에너지가 필요하다) 방식으로 머릿속에서 그 단계들을 끊임없이 재연하게 된다.

클락은, 우리가 문제의 요소들을 주변 세계의 **물리적 매체**에 떠넘겨서 그 매체가 우리를 대신하여 작업을 할 수 있게 함으로써 이런 기억의 한계와 시간의 제약에 대응한다고 주장한다. 다음과 같은 간단한 산술 문제를 살펴보자.

$$7^1,4^132$$
$$+ \quad 674$$
$$= \quad 8,106$$

우리는 7,432와 674라는 두 수를 전적으로 암산하기보다는 오히려 종이가 연산을 수행하게 한다. 우리는 먼저 2과 4를 더하여 6을 얻은 다음에 3과 7을 더하고, 그 합 10의 1을 4에 넘겨서 1과 4와 6을 더하고, 그 합 11의 1을 다시 앞으로 넘긴 다음에 1과 7을 더하여 8,106이라는 합을 얻게 된다. 종이 위에서 그 문제를 풀 때의 이점은 우리가 여타 숫자는 무시한 채로 한 번에 두 숫자에 집중할 수 있다는 것이다. 그 결과는 우리가 암산할 때보다 훨씬 더 빨리 그리고 훨씬 더 정확하게 그 문제를 풀 수 있다는 것이다. 이런 일은 두 가지 사태로 인해 가능해진다. 첫째, 우리가 기입함으로써 종이는 우리를 대신하여 기억한다.

일단 내가 2와 4의 합을 계산하면, 종이가 나를 대신하여 6을 기억하기에 나는 그것을 무시한 다음에 이어서 3과 7의 합을 찾아낼 수 있다. 이렇게 해서 나의 인지적 부담이 경감된다. 내가 덜 기억해도 되기에 내 뇌의 부담은 훨씬 줄어들게 되고, 그리하여 내 마음은 다른 일을 자유롭게 수행할 수 있게 된다. 둘째, 그런 일은 우리가 사용하는 기호들의 형식 덕분에 가능해진다. 물질적 기호는 차이를 만들어낸다. 우리가 이들 숫자를 나타내기 위해 로마 숫자나 점을 사용했더라면, 연산은 전혀 불가능하지는 않더라도 훨씬 더 어려웠을 것이다. 아라비아 숫자가 발명됨으로써 온갖 종류의 수학적 가능성이 개방된 이유는 그 덕분에 우리가 매우 복잡한 생각(예를 들어, 점으로 표상되는 7,432라는 수)을 매우 단순한 기호에 떠넘길 수 있게 되었기 때문이다. 이 논제는 '반反표상주의'적인데, 그것이 마음은 표상을 사용하고 조작한다는 사실 – 더하기 문제를 푸는 데 온갖 종류의 조작이 동원됨은 확실하다 – 을 부정한다는 의미에서 그런 것이 아니라, 인지는 오로지 표상을 조작하는 데 있다는 논제를 거부한다는 의미에서 그렇다. 물리적 매체 자체가 인지 활동에 이바지한다.

클락의 논제는, 종이와 연필 같은 물리적 매체와 우리가 사용하는 기호는 우리에게 없어도 되는 편리한 보철물이 결코 아니라 우리 인지에 실제로 참여한다는 것이다. 연필과 종이, 아라비아 숫자로 이루어지는 인지는 순전히 머릿속에서 이루어지는 인지와 다르다. 더 극적으로 서술하면, 클락에게 이것들은 두 가지 다른 종류의 마음이다. 수학 방정식을 푸는 경우에 성립한 바는 우리가 맞닥뜨리는 다양한 문제의 경우에도 마찬가지다. 걷기 사례를 살펴보자. 걷기에 관한 순전히 표상주의적인 설명은 거의 극복할 수 없는 문제를 발생시킬 것인데, 그 이유는 마음이 환경, 자신의 몸, 자신의 움직임, 그리고 지점 A에서 지점 B에 이르는 경로에 관한 지도를 그리는 매우 많은 조작에 관여해야 할 것이기에 여타의 일을 할 여지가 전혀 없을 것이기 때문이다. 운이 좋게도, 걷기의 문제 중 많은 것은 우리 몸의 순전한 물리, 즉 우리 뼈와 근육, 신경이 결합하여서 인지적 소모가 거의 필요하지 않은 채로 변화하는 환경 조건에 대응할 수 있는 방법에 의해 해결된다. 뼈, 근육, 신경, 그리고 그것들이 조직된 방식이 그 작업을 수행함으로써 뇌의 인지적 부담이 저하한다. 이런 사실은, 우주인이 달 표면을 걸을 때처럼, 우리 몸이 자신의 타고난 환경에서 벗어날 때 가장 극명하게 알 수 있다. 우리 생리는 지구 중력에 최대로 대응하도록 조정되어 있다. 달에 도착한 우주인은 걷기가 상당히 어려운 상황을 맞닥뜨리는데, 흔히 달 중력이 지구 중력과 달라서 넘어지거나 통제할 수 없게 회전하게 된다.

클락은 확장된 마음 가설을 훨씬 더 광범위한 방식으로 전개함으로써 수학 방정식을 풀 때 인지 과정이 종이 같은 물리적 매체로 확장되는 방식을 다룰 뿐만 아니라, 믿음에 관한 참신한 이론도 개발한다. 데이비드 차머스와 공저한 「확장된 마음」이라는 최첨단의 획기적인 에세이에서 클락은 믿음도 세계로 확장될 수 있다고 주장한다.[10] 다시 말해서, 클락은 믿음과 기억이 우리 뇌의 바깥에, 즉 공책, 컴퓨터 데이터은행 등과 같은 물리적 매체에 존재할 수 있다고 주장한다. 이 논제를 예시하기 위해 클락과 차머스는 정상적으로 작동하는 뇌를 갖춘 잉가Inga의 가상적 마음와 알츠하이머 질환을 앓는 오토Otto의 가상적 마음을 비교한다. 잉가는 정상적으로 작동하는 뇌를 갖추고 있기에 자신의 머릿속에만 있는 특정 미술 전시회의 참관 계획과 그 전시

---

10. Clark and Chalmers, "The Extended Mind," *Supersizing the Mind*, 226~30.

관의 주소 같은 믿음을 떠올릴 수 있다. 반면에, 오토는 중요한 정보를 저장하고 있는 공책을 부지런히 챙기는데, 그 이유는 그가 자신의 불행한 조건으로 인해 초래되는 망각을 자각하고 있기 때문이다. 클락과 차머스는, 잉가와 오토의 믿음이 다른 장소에 보관되어 있는데도 공책과 뇌 기억은 기능적으로 동일하다고 주장한다. 오토는 잊어버리기에 자신의 믿음을 자신의 뇌에 저장할 수 없더라도 그 공책의 종이 위에 기입된 믿음은 여전히 그의 믿음이고, 그리하여 그 공책은 잉가의 머릿속에 저장된 믿음과 기능적으로 동일한 역할을 수행한다.

요약하면, 확장된 마음 가설은 우리가 자신이 자각하지 못하면서 자신의 머리 바깥에 존재하는 믿음을 지닐 수 있음을 의미한다. 우리는 믿음의 본성에 관한 이 논제를 성찰함으로써 이런 종류의 확장된 믿음 또는 외부화된 믿음이 공책을 챙기는 알츠하이머 환자의 환경 같은 특별한 환경에 한정되지 않음을 깨닫게 될 것이다. 예를 들면, 스마트폰이 등장함으로써 전화번호를 굳이 기억하려는 사람은 더는 없고, 오히려 자신의 스마트폰이 대신 기억하게 한다. 관련된 취지에서, 대다수 사람은 자신의 기억과 중요한 정보, 약속을 보존하기 위해 가공의 오토와 비슷한 방식으로 일기와 일일 계획표, 메모를 작성한다. 마찬가지로, 당연히 대다수 사람은 현존하는 다양한 원소가 원소의 주기율표에 나열된 다양한 특성을 갖추고 있다고 믿지만, 자신이 화학자이거나 물리학자가 아닌 한, 그 주기율표에 나열된 모든 수치적 특성을 외운 사람은 거의 없다. 오히려, 예를 들어, 우리에게 철 원자의 특성을 떠올리도록 요구하는 상황이 발생할 때, 우리는 인터넷이나 화학 교과서를 뒤져 원소의 주기율표를 참조한다. 이런 경우에는 인터넷과 화학 교과서가 우리를 대신하여 그 믿음을 저장한다. 우리는 자신의 믿음이 무엇인지 알지 못하고 그것을 자신의 마음에 저장하지도 않지만, 우리는 자신이 이 믿음을 지니고 있고 환경이 요구한다면 이 믿음을 회복하기 위해 가야 할 곳을 알고 있다는 바로 그 점을 알고 있다. 저술가로서 나는 내가 저술한 글의 대부분을 잊어버린다. 그런데도 내가 출판한 텍스트가 나를 대신하여 기억한다. 내가 잊어버린 텍스트를 마주쳤을 때, 그 텍스트를 저술했었는지 결코 기억해내지 못하거나 그것의 일반적인 논증 노선을 떠올리지 못할지라도, 나는 독백한다. "아, 나는 그렇다고 믿고 있어." 도중에 내가 자신의 믿음을 바꾸어서 과거에 내가 제기한 주장을 더는 옹호하지 않을 수도 있음이 확실하지만, 이런 상황이 머릿속에서 믿음이 바뀌는 상황과 도대체 다른 이유를 알기가 어렵다.

클락 자신은 이런 주장을 하지 않더라도, 이 논제가 (우리가 느끼는 방식이나 정서적 반응이라는 의미에서의) 정동에까지 확장될 수 있는 방식을 이해하기는 어렵지 않다. 『이데올로기의 숭고한 대상』에서 지젝은 외부화되고 확장된 정동에 관한 멋진 일례를 제공한다. 거기서 지젝은 텔레비전 쇼에서 나타나는 녹음된 환호성의 현상을 논의한다. 지젝은, 녹음된 환호성이 우리가 거의 웃지 않는다는 사실에 바탕을 두고서 이런 환호성이 일어날 때 우리에게 웃으라고 알려주는 신호라는 가설을 거부하고, 오히려 녹음된 환호성이 우리에게서 웃어야 할 의무를 면해 준다고 주장한다. 지젝이 진술하는 대로, "긴 하루의 지긋지긋한 작업으로 피곤한 우리는 매일 저녁에 꾸벅꾸벅 졸면서 텔레비전 화면을 응시할 수밖에 없더라도, 나중에 객관적으로, 타자의 매개를 통해서, 정말로 즐거운 시간이었다고 말할 수 있다."[11] 여기

---

11. S. Žižek, *The Sublime Object of Ideology* (New York : Verso Books, 1989), 33. [슬라보예 지젝, 『이데올로기의 숭고한 대상』, 이수련 옮김, 새물결, 2013.]

서, 기묘하게도, 우리는 그 정동을 직접 느끼지 않았더라도 재미있고 즐겁다는 느낌은 우리 것이었다. 이 경우에는 정동이 우리 내부에 있기보다는 오히려 세계의 저쪽에, 텔레비전 쇼에 있는 사태가 정말 일어난다.

클락의 확장된 마음 가설은 수많은 윤리적 문제와 정치적 문제를 제기한다. 믿음이 물리적 매체에 확장되고 외부화되어서 우리가 그 믿음을 알지 못한 채로 지닐 수 있게 된다면, 어떤 믿음이 자신의 것이고 어떤 믿음이 자신의 것이 아닌지 정말 어떻게 판별할 것인가? 우리가 자신이 전적으로 깨닫지 못하는 믿음을 신봉하는 것이 가능한 일인가? 물론, 우리는 정신분석학과 인지과학으로부터 자신이 깨닫지 못하는 믿음을 지니고 있다는 관념에 친숙하다. 하지만 외부화되고 확장된 믿음은 매우 다른 것이다. 무의식적인 믿음은 우리 뇌 속에 자리 잡고 있다고 추정되는 반면에, 외부화되고 확장된 믿음은 우리의 바깥에 존재하는데, 이를테면 종이 위에, 타인(우리가 말한 것을 기억하는 사람)의 뇌 속에, 컴퓨터 데이터뱅크 등에 기입되어 세계의 저쪽에 존재한다. 우리가 공책에 기입했거나 컴퓨터 혹은 스마트폰에 저장했지만 잊어버린 것을 어떻게 믿을 수 있는지 이해하기 쉬운 것과 꼭 마찬가지로, 우리가 원소의 주기율표에 무엇이 포함되어 있는지 알지 못하는 동시에 그 주기율표에 대한 믿음을 어떻게 지닐 수 있는지도 이해하기 쉽다.

그런데 확장된 믿음의 더 색다른 사례들은 어떠한가? 한 특정인이 어떤 교회에 다니지만, 소속 교파의 신학에 관해서는 거의 알지 못하고 심지어 자각하지 못한 채, 다른 신학을 옹호한다고 가정하자. 이 상황은 이례적인 일이 아닐 법하다. 사람들이 자신이 믿는 종교의 신학과 교리에 광범위하게 친숙한 상황이 어쩌면 이례적인 일일 것이다.

예를 들면, 자신이 믿는 종교의 교리 문답서와 교파가 공인한 신학을 실제로 굳이 읽는 가톨릭교도가 얼마나 많이 있겠는가? 어떤 사람이 교회에 다니면서도 매우 다른 종교적 믿음과 형이상학적 믿음을 옹호하는 상황은 많이 있지 않겠는가? 예를 들면, 지금까지 나는, 그리스도교 근본주의자 학생 중에서 그 특정 교파의 교리가 공식적으로 거부한다는 사실에도 불구하고 윤회와 진화, 기후변화 같은 관점들을 믿고 있는 학생을 많이 만났다.

여기서 두 가지 문제가 발생한다. 첫째, 정말 어떤 믿음이 자신의 믿음인가? 우리는 어떤 사람이 의식적으로 옹호하는 것이라면 무엇이든 그 사람의 믿음이라고 말하고 싶을 것이다. 그 결과, 진화론을 믿으면서도 침례교 교회에 다니는 침례교 근본주의적 그리스도교도를 만나면, 우리는 이 사람이 자신의 교파가 옹호하는 창조론 교리가 아니라 진화를 실제로 믿고 있다는 결론을 내릴 것이다. 하지만 기부, 예배, 교회 행사에의 관여를 통해서 교회에 참가하고 있는 이 사람은, 자신의 마음속으로 그 교파의 교리를 승인하는 것에 상관없이, 그 교리를 암묵적으로 지지하고 있는 것이 아닌가? 우리는 믿음이란 자신의 마음속에 있는 것이라고 말하고 싶어 하지만, 지젝에 따르면, 믿음은 우리가 자신이 행하는 것을 자신의 마음속에 이론화하거나 개념화하는 방식에 놓여 있는 것이라기보다는 오히려 자신이 행하는 것에 놓여 있는 것처럼 보인다.[12] 우리 믿음은 여기 내부에, 우리 마음속에 있는 것이 아니라, 오히려 저기 외부에, 우리가 관여하는 행위, 우리가 뒷받침하고 관여하는 기관, 우리가 인정하는 당국 등에 있다. 나는 진화론을 지지하고 내 교회의 관점을 공유하지 않는다고 자신에게 말

---

12. 같은 글, 31~3. [같은 글.]

하고 싶어 할 것이지만, 교회에 이바지하고 그 행사에 참석하고 있는 등의 행위를 수행한다면, 내가 세계에서 개진하는 것은 진화론적 관점이 아니라 사실상 창조론적 관점이다. 클락의 확장된 마음 가설에 힘입어 우리는 우리의 많은 믿음이 세계 저쪽에 있는 당국, 기관, 종이와 책 등에 외부화되는 방식을 강조함으로써 상황이 어떻게 그러한지 이해할 수 있게 된다.

이것은 사소한 문제가 아닌데, 그 이유는 일반적으로 우리는 자신의 믿음에 대한 윤리적 책임을 스스로 져야 한다고 여기기 때문이다. 이런 모형 아래서, 만약 내가 동성애 혐오증과 여성에 대한 경멸적인 태도 같은 언어도단의 관점들을 장려하는 교회 같은 집단에 참여한다면, 내 마음속으로는 이들 믿음을 고수하지 않더라도 그것들에 대한 책임은 내게 있다. 자신의 노동뿐만 아니라 구매를 통해서 기업에 관여하는 경우에도 마찬가지다. 믿음의 지위에 대한 확장된 마음 관점은, 내가 특정 기업들의 상품을 구매하거나 다양한 기업에서 일하면, 이들 기업의 사회정책과 노동정책, 환경정책에 대한 약간의 책임이 내게 있음을 뜻하는 것처럼 보일 것이다. 이들 정책을 내 마음속으로는 승인하지 않더라도, 나는 내 작업과 구매를 통해서 이들 관점을 세계에 증진하고 있다.

여기서 유책성의 정도가 다양할 것이다. 일반적으로 우리는 믿음에 대한 자신의 유책성을 이 믿음에 대해 자신이 갖는 자유도와 관련시킨다. 예를 들면, 심각한 편집증적 정신병의 경우에는 망상 형성에 대한 책임을 그 정신병자에게 지우기가 곤란하다. 반면에, 우리가 자신의 인종주의적 믿음에 대해 스스로 책임을 지는 이유는 그 믿음을 바꿀 자유가 우리에게 충분히 주어져 있기 때문이다. 그리하여 확장된 믿음에 대한 어떤 사람의 책임을 평가하는 것은 그 사람이 이 믿음에 대하여 얼마나 많은 자유를 지니고 있는지에 달려 있다. 온갖 종류의 인권침해 행위를 저지르는 억압적이고 전체주의적인 정부 치하에서 살아가는 사람의 사례를 살펴보자. 이 사람이 자신의 세금을 납부하고, 정부가 제공하는 사회간접자본 등을 이용한다는 이유로 그 사람이 그 정부를 승인한다고 주장하기는 어렵다. 그 사람은 그저 달리 선택할 여지가 없을 따름이다. 마찬가지로, 어떤 사람이 상품을 구매할 매장이 단 하나뿐이고 일을 할 다른 직장도 전혀 없는 변두리 소도시에서 살아간다면, 어떤 기업에 관여하는 행위에 대한 책임을 그에게 지우기가 어렵다.

여기서 요점은, 믿음에 대한 윤리적 유책성과 정치적 유책성을 평가할 때, 우리의 양쪽 귀 사이에, 우리의 마음속에, 혹은 우리의 뇌 속에 있는 것에 초점을 맞추면 충분하지 않다는 것이다. 믿음에 대한 확장된 마음 접근법은, 우리는 자신의 머릿속에서 신봉하는 것들을 살펴보기보다는 오히려, 더 근본적인 층위에서, 자신이 관여하는 기관과 조직체뿐만 아니라 자신의 관여 행위가 특정 믿음을 증진하는 방식도 살펴야 한다고 제안한다. 우리의 수많은 믿음은 우리가 자각하지 못하는 방식으로 세계의 저쪽에 존재하고, 우리가 대체로 다루어야 하는 것은 바로 이들 믿음이다.

관련된 취지에서, 확장된 마음 가설은 휴먼주의적 정치 이론의 가정에 두드러지게 이의를 제기한다. 미합중국의 맥락에서 살펴보면, 이런 정치 이론은 모든 인간이 다소 동등한 재능과 역량, 추리 능력을 갖추고 있다는 이상적인 인간관에 바탕을 두고서 전개되기 시작한다. 이런 이론에 따르면, 모든 사람이 타인을 해치지 않는 한에 있어서 자신의 자유를 발휘할 수 있도록 인권을 보호하게 되면 우리의 정치적 작업은 그것으로 끝난다는 결론이 도출된다. 하지만 마음이 머릿속에 있는 것이 결코 아니라 뇌와 몸과 세계 속 존재자들 사이에 맺어진 관계라면, '휴먼(인간)'이라는 용어의 일의성과 더불어 모든 인간이 평등하다는 주장에 대하여 두드러진 의문이 제기된다. 총과 강철을 갖춘 몸-마음 회집체는 칼과 창을 갖춘 몸-마음 회집체와는 다른 역능을 지닌다. 인터넷에 접속할 수 있는 회집체는 고용과 정보에 대하여 도서관과 신문의 구인 광고에만 접근할 수 있는 회집체와는 다른 역능을 지닌다. 복잡한 계산기를 휴대하는 기술자는 계산자를 휴대하는 기술자가 행할 수 없는 작업을 행할 수 있다.

휴먼주의적인 정치적 신조와 관련된 문제는, 그런 신조가 실제로는 차이가 나고 유사하지 않은 것을 평등하고 동일한 것으로 여기는 경향이 있다는 점이다. 마음이 우리의 양쪽 귀 사이에 절대 있지 않고, 우리가 사용하는 매체가 자신이 그런 **종류**의 존재임에 이바지한다는 것이 사실이라면, 다양한 인간 신체에 접속된 기술 및 매체와 관련하여 인간 집단에는 우리가 일반적으로 인식하는 것보다 더 많은 존재자가 내재한다는 결론이 당연히 도출된다. 정치적 휴먼주의는 실제로는 불평등한 회집체들을 평등하다고 여길 위험이 있는데, 그리하여 일부 회집체는 누리고 여타 회집체는 누리지 못하는 매체 접근권을 통해서 강화되는 사회적 부정의와 불평등을 무시하게 된다. 반면에, 도나 해러웨이의 용어를 사용하면,[13] 사이보그 기반 정치 이론은 사회의 최소 단위체가 인간이 아니라 역능들에 의해 개체화된 회집체라는 전제에 바탕을 두고서 전개되기 시작한다. 이런 전제에서 시작함으로써 우리의 사회적 세계에 거주하는 다양한 이질적인 기계 회집체에 주목

---

13. D.J. Haraway, "A Cyborg Manifesto," *Simians, Cyborgs, and Women* (New York : Routledge, 1991). [도나 해러웨이, 『유인원, 사이보그, 그리고 여자』, 민경숙 옮김, 동문선, 2002.]

하게 될 뿐만 아니라, 다른 매체에의 접근권과 매체와의 접속에서 비롯되는 역능의 결과로서 이들 회집체 사이에서 출현하는 불평등에도 주목하게 될 것이다. 그리하여 사이보그 정치는 불평등한 상황들을 인식하고 그 상황들을 극복하기 위한 전략을 고안할 채비를 더 잘 갖추고 있을 것이다.

엔트로피

모든 유형 기계와 많은 무형 기계는 엔트로피 문제에 시달린다. 여기서 조심스럽게 나아가는 것이 중요한데, 그 이유는 '엔트로피'라는 용어가 이론적 맥락에 따라 다른 것을 의미하기 때문이다. '엔트로피' 용어를 들었을 때 대다수 사람이 가장 먼저 떠올리게 되는 것은 열역학과 열사heat death다. 이런 맥락에서 엔트로피는 닫힌 체계가 일을 하는 데 이용할 수 있는 에너지를 잃는 방식을 가리킨다. 예를 들면, 증기기관이 생산한 에너지 중 일부가 환경으로 흩어지는 한, 증기기관이 생산한 모든 에너지가 일에 활용되는 것은 아니다. 새로운 연료를 추가함으로써 새로운 에너지가 생산되지 않는다면, 에너지는 결국 완전히 흩어질 것이므로 일을 하는 데 이용할 수 있는 추가 에너지가 전혀 없을 것이다. 우주 자체가 하나의 닫힌 체계로 여겨진다면, 그것은 열사를 겪을 것이고, 그리하여 결국에는 모든 에너지가 흩어져서 어떤 새로운 인과적 사건도 일어날 수 없을 것이라는 주장이 종종 제기된다. 이 주장이 참이라면, 생명은 소멸할 것이고, 항성은 스러질 것이고, 원자와 입자는 해체될 것이고, 중력 같은 힘은 사라질 것인데, 이것들은 모두 에너지가 필요하기 때문이다. 우주는 부동의 차가운 허공이 될 것이다.

그런데 여기서 논의되는 엔트로피 개념은 앞서 언급된 개념과 관련성은 있지만, 그 의미가 다르다. 정보 이론과 생물학에서 엔트로피는 무언가 다른 것을 의미한다.[14] 그런 맥락에서 엔트로피는 닫힌 체계가 에너지를 잃거나 일을 할 수 있는 역량을 잃는 경향을 가리키는 것이 아니라, 어떤 체계 속 요소들 사이의 확률 척도를 가리킨다. 어떤 체계의 한 요소가 그 체계의 어디에서나 나타날 확률이 동등하다면 그 체계는 엔트로피가 높은 체계다. 루만이 서술하는 대로, "한 요소에 관한 정보가 여타 요소에 관한 추론을 허용하지 않는다면 그 체계는 엔트로피가 높다."[15] 그런 체계에서는 여타 요소에 관한 추론이 이루어질 수 없는 이유는 그 요소들이 그 체계의 어디에서나 나타날 확률이 동등하기 때문이다. 어떤 체계의 한 요소가 그 체계 속 특정 장소에 나타날 확률이 매우 낮다면 그 체계는 엔트로피가 낮은 체계다. 다시 말해서, 엔트로피가 낮은 체계는 한 요소에 관한 정보가 여타 요소에 관한 추론을 가능하게 하는 체계다. 그런 체계는 조직되거나 구축된다. 마지막으로, 어떤 체계가 시간을 가로질러 엔트로피가 낮은 상태를 유지하기 위한 능동적인 조작에 관여한다면 그 체계는 음陰엔트로피적 체계다.[16]

---

14. J.R. Peirce, *An Introduction to Information Theory* (New York : Dover, 1980), 78~106을 보라.

15. Luhmann, *Social Systems*, 49. [루만, 『사회체계이론 1·2』.]

16. [옮긴이] 여기서 논의된 확률론적 견지에서 엔트로피는 무질서의 정도, 즉 '무질서도'를 나타내는데, 요컨대 어떤 체계의 엔트로피는 그 체계를 구성하는 요소들의 '가능한 배열 또는 배치 방식의 수'와 관련되어 있다. 그 결과, '엔트로피가 높은' 체계는 '무질서한' 체계 또는 특정 패턴의 구조를 갖추지 않은 '균일한' 체계인데, 예를 들면, 기체 상태의 체계가 전형적으로 엔트로피가 높은 체계다. 한편으로, '엔트로피가 낮은' 체계는 '질서 정연한' 체계 또는 특정 패턴의 구조를 갖춘 '조직적인' 체계인데, 예를 들면, 결정성 고체나 유기체 같은 체계가 전형적으로 엔트로피가 낮은 체계다. 마지막으로, '음엔트로피적' 체계는 음수 값의 엔트로피를 갖는 체계가 아니라(엔트로피의 값은 0보다 크거

이런 직관적인 규정은 매우 추상적이고, 따라서 나는 몇 가지 예시를 제시할 것이다. 플라스틱 용기에 갇힌 기체가 엔트로피가 높은 체계의 일례다. 그 이유는 그 기체의 모든 특정 원자가 그 용기의 어디에서나 나타날 확률이 동등하기 때문이다. 뉴욕의 타임스 스퀘어에서 무작정 돌아다니는 사람들도 마찬가지다. 이 체계의 엔트로피가 높은 이유는 어떤 사람이 그 체계의 어디에서나 출현할 개연성이 높기 때문이다. 이와는 대조적으로, 사회라는 체계는 엔트로피가 낮은 체계인데, 그 이유는 사회가 다양한 계급·정체성·기능·역할 등으로 계층화되어 있기 때문이다. 사회가 계층화되어 있다거나 분화되어 있다고 주장하는 것은 그 사회적 체계의 어디에서나 사람들이 무차별적으로 나타날 확률이 낮다고 주장하는 것과 같다. 그렇고 그런 계급의 사람들은 결집하는 경향이 있을 것이고, 그렇고 그런 사회적 기능을 실행하는 사람들 – 이를테면, 정부 관리들 – 은 여기에 집중하기보다는 오히려 저기에 집중할 것이다. 기타 등등. 다시 말해서, 엔트로피가 낮은 체계는 고도로 조직화되고 분화된 체계다. 그것은 구축된 것이다. 마찬가지로, 생물체는 엔트로피가 낮은 체계다. 유기체의 세포들은 다양한 종류로 분화되어 있고 그 신체의 다양한 부분에 집중하여 있다. 어떤 종류의 분자들이 어디에서나 나타날 확률이 동등한 기체 구름 속 입자들의 분포와 달리, 유기체 속 세포들의 이런 분화와 분포는 비개연적이다. 마지막으로, 송신자에서 수신자로 전송된 메시지는 흔히 엔트로피가 낮은 체계인데, 이는 그 데이터, 비트, 혹은 단위체가 배열되거나 조직되는 방식이 매우 낮은 정도의 개연성을 갖고 있다는 사실

나 같다), 엔트로피가 증가하는 경향, 즉 조직이 해체되는 경향에 맞서 자신의 조직을 애써 유지하는 체계를 가리킨다.

에서 기인한다. 예를 들면, 한 문장에서 낱말의 문자들이 서로 이어지는 방식과 더불어 낱말들이 서로 이어지는 방식은 확률이 동등한 양태를 나타내는 것이 아니라, 보기 드문 양태 또는 확률이 낮은 양태를 나타낸다. 단일한 낱말, 한 문장, 한 문단, 그리고 텍스트 전체처럼 우리가 지닌 메시지의 표본 크기가 크면 클수록, 그 메시지의 무작위성은 더욱더 감소하기에 우리가 어떤 질서 또는 조직을 마주하게 될 것이라고 더욱더 짐작한다. 다시 말해서, 질서, 조직은 '동등 확률'에 대립적이다. 이런 낮은 확률 덕분에 암호해독자는 메시지와 잡음을 구분하기 시작할 수 있게 되는데, 그리하여 혼돈이라기보다는 오히려 조직적인 것, 즉 메시지가 존재함을 판별할 수 있게 된다. 구성 요소들이 이런 식으로 순차적으로 조직될 확률이 낮다는 이유로 질서가 존재함을 인식하는 것은 그 메시지의 의미를 우리에게 말해주는 것이 아니라, 적어도 우리가 잡음보다 오히려 메시지를 마주하고 있다고 말해준다.

음엔트로피적 체계는 엔트로피가 낮은 체계에서 엔트로피가 높은 체계로의 이행을 방지하는 조작에 관여하는 체계다. 플라스틱 용기속 기체의 사례를 다시 살펴보자. 기체가 용기에 주입될 때, 그 기체는 엔트로피가 낮은 상태에서 출발한다. 처음에, 용기에 주입되는 기체는 그 용기의 입구 근처 꼭대기에 집중한다. 용기의 공간 내부에서 이런 배치는 기체의 비개연적인 국소화다. 이것은 기체의 분자들이 용기 속 어디에서나 나타날 확률이 낮은 상태다. 이 체계가 진전함에 따라, 그것은 기체 분자들이 용기의 특정 지역에 집중하여 있는, 엔트로피가 낮은 상태(T_1)에서 기체 분자가 용기 속 어디에서나 나타날 확률이 동등한, 엔트로피가 높은 상태(T_2)로 이행한다. T_1에서 T_2로 이행할 때, 그 체계의 초기 상태에 형성된, 기체 분자들의 비개연적인 조직을 유지하는 조작은 전혀 없다.

이 사례에 힘입어 우리는 음엔트로피적 체계와 단지 엔트로피가 낮은 체계의 차이를 판별할 수 있게 된다. 엔트로피가 낮은 체계는 어느 특정 조직을 어느 특정 순간에만 유지할 뿐인 체계다. 그런 체계의 운명은 종종 엔트로피가 높은 체계로 진화하는 것이다. 반면에, 음엔트로피적 체계는 엔트로피가 높은 상태로의 이행을, 적어도 잠시나마, 저지하는 조작에 관여하는 체계다. 음엔트로피적 체계는 잡음을 줄이거나 배제하는 조작에 관여함으로써 그 조직의 비개연성을 유지한다. 예를 들면, 신체의 세포는 끊임없이 죽지만, 그 신체는 특정 방식으로 관련된 다양한 종류의 세포를 끊임없이 재생산함으로써 그 신체의 조직을 유지한다. 정치 집단과 기관, 조직체도 마찬가지다. 이 모든 사례에서 우리는 자신의 조직을 유지하려고 애쓰면서 잡음이나 고도의 무질서를 저지하는 조작에 관여하는 존재자를 맞닥뜨리게 된다.

'비개연성'과 '엔트로피가 낮은 상태'는 서로 동의어다. 마찬가지로, '기계'와 '비개연성'도 서로 동의어다. 기계가 비개연적인 것은 그것이 조직적인 체계이거나 엔트로피가 낮은 체계라는 의미에서다. 그런 체계에서는 한 요소에서 다른 한 요소로의 추론이 이루어질 수 있는데, 말하자면, 구성 요소들이 그 기계 속 어디에서나 나타날 확률이 동등하지 않다는 것이다. 그런데 많은 무형 기계와 모든 유형 기계는 엔트로피 또는 해체의 위협에 끊임없이 시달린다. 루만이 진술하는 대로,

재생산은 복잡성이 시간상으로 한정된 체계가 끊임없이 시달리는 문제다. 이 이론은, 고전적 평형 이론처럼, 교란을 흡수한 후에 안정된 정지 상태로 되돌아가는 현상에 관한 것이 아니라, 체계 요소들의 끊

임없는 갱신을 확보하는 현상에 관한 것인데, 또는 더 간단히 서술하면, 정적 안정성이 아니라 동적 안정성에 관한 것이다. 모든 요소는 사라진다. 그것들은 시간이 흐름에 따라 요소로서 존속할 수 없기에 어쨌든 어느 주어진 순간에 실현된 요소들의 배치에 바탕을 두고서 끊임없이 생산되어야 한다. … 우리는 사건 같은 요소들의 재생산을 조작이라고 부를 것이다.[17]

나는 2부에서 시간에 관해 더 언급할 것이지만, 당분간 시간은, 부분적으로, 기계가 자신을 구성하는 요소들을 생산하는 데 필요한 지속이라고 말할 수 있다. 그 결과, 모든 기계가 공유하는 공통의 순간 척도로 규정되는 단 하나의 균일한 시간 환경은 존재하지 않고 오히려 시간은 복수의 다양한 것인데, 요컨대 기계마다 다르다. 존재는 다양한 지속 리듬으로 구성되어 있는데, 일부는 서로 포개어져 있고 다양한 속도로 펼쳐진다. 기계가 지속들로 이루어져 있는 한, 기계는 과정이라고도 할 수 있다.

수많은 무형 기계와 모든 유형 기계에서 구성 요소들은, 그것들이 서로 관계를 맺고 있는 방식과 더불어, 부단한 해체 상태에 처해 있다. 구성 요소들은 생겨나고 사라진다. 더욱이, 기계는 다른 존재자들과 상호작용하면서 엔트로피가 더 높은 상태로 이행할 위험이 있는데, 사실상 해체를 겪을 수도 있다. 기계는 두 가지 중 하나의 방식으로 엔트로피에 저항하는데, 이 양극 사이에 다양한 정도 차이가 있을 법하지만 말이다. 한편으로, 대다수 무기적 유형 기계는 힘을 매개로 하여 엔트로피에 저항할 수 있다. 바위를 구성하는 분자들은 물리학과

---

17. Luhmann, *Social Systems*, 49. [루만, 『사회체계이론 1·2』.]

화학에서 연구된 힘들을 통해서 결합하거나 해체에 저항한다. 이 논점의 요지는, 유기적 유형 기계와 사회적 유형 기계와 달리, 무기적 유형 기계는 시간 내지 지속을 가로질러 자신의 조직을 유지하기 위한 후속 조작에 관여하지 않는다는 것이다. 예를 들면, 어떤 바위가 다른 바위에 부딪혀 깨진다면, 그것은 자신이 상실한 조각을 재생할 수 없다. 마찬가지로, 예를 들면, 바위는 주변 환경의 온도 변동에 대응하여 일정한 온도를 유지하기 위한 조작에도 관여하지 않는다. 대다수 무기적 유형 기계는 시간이 흐름에 따라 자신의 조직을 유지하지만, 그 형태를 유지하려고 애쓰는 능동적 조작을 수행하지는 않는다. 그것들의 형태나 엔트로피가 낮은 상태는 그 내부에서 작용하는 힘들을 통해서 지속한다.

이와는 대조적으로, 유기 기계와 인지 기계, 사회적 기계는 자신의 부분들을 재생산할 뿐만 아니라 자신의 조직도 유지하기 위한 조작에 끊임없이 관여한다. 유기체의 세포들은 끊임없이 죽는다. 유기체는 이런 죽음을 통해서 상실하는 자신의 세포들을 재생산하기 위한 조작에 관여한다. 유기체는 자신을 관통하는 입력물(영양분)을 새로운 뼈와 간, 혈액, 근육, 신경 세포들로 변환함으로써 재생산 조작을 수행한다. 하지만 유기체는 이들 세포를 재생산할 뿐만 아니라, 시간을 가로질러 자신의 조직을 유지하는 방식으로 세포들 사이의 관계들도 재생산한다. 어떤 개가 베이면 그 상처는 치유되는데, 그것도 상처를 입기에 앞서 그 신체가 갖추고 있던 형태나 조직과 대체로 동일하게 치유된다. 유기체가 자신의 세포들을 (발달기에) 생산하고, 그 세포들을 재생산하며, 그 세포들 사이의 관계들을 재생산하는 활동은 그 유기체가 엔트로피에 저항하는 조작이다. 기계가 이런 식으로 조작을 수행할 때, 그 기계는 음엔트로피적이다.

사회적 체계의 경우에도 마찬가지다. 도시를 살펴보자. 도시는 저쪽에 그저 자리 잡고 있는 엄청난 것이 아니라, 끊임없는 해체 상태에 처해 있는 동시에 자신의 지속에 걸쳐 그 조직을 끊임없이 유지하고 있는 음엔트로피적 과정이다. 무엇보다도 도시는 엔트로피가 낮은 체계인데, 즉 그것은 특별한 조직체다. 도로, 건물, 거리 표지판, 신호등, 배관, 전기 케이블 등으로 구성된 도시의 무기적 차원이 당연히 존재한다. 이런 하부구조는 끊임없는 해체 상태에 처해 있기에 시간에 걸쳐 존속하기 위해서는 다양한 조작이 수행되어야 한다.

마찬가지로, 사람들의 층위에서, 도시는 다양한 직업, 민족 집단, 종교 집단, 정부 역할, 경제 계급 등으로 구성되어 있다. 뉴욕 같은 도시에서는 경제 계급이 같거나 민족이 같거나 직업이 같은 사람들이 도시의 한 지역에 집중하는 경향이 있다. 예를 들면, 월스트리트에는 증권 중개인과 은행가들이 집중하고, 시카고의 사우스사이드에는 가난한 사람들이 대부분 살고 있다. 이것들은 모두 비개연적인 것이다. 생물학적으로 다소 동일한 존재자들이 이런 비개연적인 방식으로 분화되는 이유는 무엇인가? 그 도시의 어느 한 사람으로부터 그 사람이 다른 사람 및 지역과 맺은 관계에 대해 추론을 할 수 없도록 그들이 일종의 브라운 운동처럼 무작정 돌아다니지 않는 이유는 무엇인가? 시간을 가로질러 이런 분화를 유지하기 위한 온갖 종류의 조작이 수행되고 있음이 틀림없다. 이런 분화가 일어나려면 사람들과 사회적 관계들이 어떤 특정 방식으로 형성되어야 한다. 이 국면에는 인간의 몸과 마음, 정동에 작용하여 사람들을 상이한 집단들로 분류하면서 다양한 종류의 사회적 집단을 형성하는 다양한 무형 기계와 유형 기계의 행위주체성이 수반된다. 성장하는 나무가 주변의 어떤 영양분을 흡수하여 다양한 종류의 세포로 변환하는 것과 꼭 마찬가지로, 이들 무형 기계와 유형 기계는 인간들을 일종의 영양분으로 흡수한 다음에 사회적 기관들로 변환한다. 이것이 어김없이 계속 진행하는 과정인 이유는, 은퇴하고 죽는 사람들이 있는 한편으로, 그 도시에서 자신의 자리를 찾아야 하는 새로운 사람들이 태어나기 때문이다. 도시가 시간을 가로질러 존속할 수 있으려면, 그것은 시간 내지 지속을 가로질러 자신의 조직 패턴을 유지하기 위한 끊임없는 조작이나 과정에 관여해야 한다. 알튀세르가 진술하는 대로, "모든 사회적 구성체는 현존하려면 생산물을 생산하는 동시에 그 생산을 가능하게 하는 자신의 생산 조건을 재생산해야 한다."[18] 도시가 시간을 가로질러 끊임없이 존속하기 위해 엔트로피로 인한 해체에 빠져드는 것에 저항하려면, 인간관계와 더불어 인간의 몸과 마음, 정동이 다양한 방식으로 형성되거나 재생산되어야 한다.

이런 조직화 조작을 수행하는 무형 기계와 유형 기계는 꽤 다양하다. 무형 기계의 층위에는 사람들을 시민이자 다양한 직업 집단으로 변환하는 교육 기법들이 있다. 이들 교육적 무형 기계는 발달하는 신체들에 도시의 규범을 가르침으로써 그들이 도시에서 기능하는 데 필요한 기본적인 지식 토대를 제공하는 역할을 수행하고, 게다가 점진적으로 사람들을 다양한 직업 집단으로 분화시키는 역할을 수행한다. 이렇게 해서 어떤 사회적 분화가 구축되고, 사람들은 그 도시가 해체되지 않도록 그들이 그 하부구조를 유지할 수 있게 하는 방식으로 인지적으로 그리고 물리적으로 형성된다. 건설 작업, 도로 작업, 쓰

---

18. L. Althusser, "Ideology and Ideological State Apparatus (Notes Towards an Investigation)," *Lenin and Philosophy and Other Essays*, trans. B. Brewster (New York : Monthly Review Press, 2001), 86. [루이 알뛰세, 「이데올로기와 이데올로기적 국가 기구」, 『레닌과 철학』, 이진수 옮김, 백의, 1997.] 강조가 첨가됨.

레기 수집 등과 같은 다양한 직업을 위한 다양한 교육 체제 역시 인간을 형성하는 무형 기계의 일종이다. 그 신학적 내용이 무엇이든 간에 상관없이, 교회 역시 사람들에게 어떤 규범을 주입하여 특정한 사회적 집단을 형성하는 무형 기계다. 다양한 계급과 민족 집단, 종교 집단에서는 각각의 공동체에 고유한 언어 체계, 규범, 혹은 인간관계를 맺는 방식과 더불어 그 공동체 구성원의 경우에 삶이 어떠해야 하는지(젠더 역할, 재생산 관계, 의무, 책임 등)에 대한 기대에 따라 사람들을 형성하는 더 분산된 무형 기계들이 존재한다. 마찬가지로, 텔레비전과 라디오, 신문 같은 다양한 매체 체계도 마음과 정동을 형성함으로써 사람들이 어떤 쟁점들에 관여해야 하는지, 옷을 어떻게 입어야 하는지, 어떤 규범을 따라야 하는지 등을 지시한다. 이들 매체 체계는 공동의 여론과 규범을 형성하는 데 어떤 역할을 수행함으로써 다양한 다수에서 하나의 통일체 같은 것이 형성될 수 있게 한다. 인간 및 사회적 관계들을 형성하는 무형 기계들의 목록은 무한정 확대될 수 있다. 이들 무형 기계는 인간을 재료로 삼아서 다양한 방식으로 형성하는 문자 그대로의 요리법과 유사하다.

무형 기계는 사람들과 사회적 인간관계를 특정 방식으로 형성하는 조작을 수행함으로써 사회적 분화를 재생산할 뿐만 아니라 규제적 기능도 실행한다. 인간은 그 몸과 마음, 정동, 인간관계를 형성하려고 애쓰는 무형 기계들에 의해 결코 완벽하게 혹은 견고하게 형성되지 않는다. 전체주의 체제처럼 가장 경직되고 계층화된 사회적 회집체의 경우에도 마찬가지다. 언제나 약간의 저항 행위와 불복종 행위, 일탈 행위, 참신한 행위가 있다. 무형 기계는 이들 일탈 행위를 제거할 방식으로 신체를 형성하려고 애쓰는 기계인 동시에 사회적 회집체가 자신의 조직과 분화에 따라 끊임없이 작동함을 보장하도록 이들 일탈 사례에 대응하는 기계다. 법률과 정신의료제도의 사례에서 무형 기계의 이런 규제적 차원이 가장 두드러지게 드러난다. 우선 법률은 일탈한 사람에 대해 제재를 가함으로써 처벌하는데, 그 목표는 행태와 사회적 관계를 사회적 기계들에 의해 설정된 패턴으로 되돌리는 것이다. 정신의료제도의 경우에, 사회적 기계들에 의해 처방되고 용인되는 방식으로 형성될 수 없다고 판명되는 사람들은 도시를 교란하지 않도록 정신병원에 갇혀서 집중적인 약제 처치를 받게 된다.

그런데 이런 규제적 메커니즘 또는 되먹임 메커니즘은 법률 외에도 다양한 방식으로 기능한다. 예를 들면, 공동체나 지역의 암묵적인 규범 역시 이런 종류의 규제적 메커니즘으로 기능한다. 이런 규범은 사람들이 특정 방식으로 생각하고, 행동하고, 느끼며, 반응하는 성향들을 창출할 뿐만 아니라, 이들 성향에서 일탈한 사람들에게 되먹임 조작도 수행하는데, 그리하여 그들을 용인된 행동 노선으로 되돌리게 하려고 시도한다. 이런 상황에 관한 일례는 스파이크 리 감독의 1999년 영화 〈썸머 오브 샘〉에서 찾아볼 수 있다. 1977년 여름에 데이비드 버코비츠가 저지른 연쇄 살인 사건을 배경으로 하는 〈썸머 오브 샘〉은 브롱크스의 이탈리아인 지역이 이 사건으로 유발된 두려움에 반응하는 방식을 탐구한다. 여기서 특히 흥미로운 것은 아드리엔 브로디가 연기한 리치Ritchie라는 등장인물이다. 브로디의 배역은 얼마간 보이지 않다가 '펑크족'이 되어 그 지역에 돌아온다. 그의 옷차림은 변해 버렸고, 그는 이제 영국인 말투를 사용했으며, 그 지역을 조직하는 규범을 무시한다. 처음에 그의 친구들은 그를 놀리면서 왜 이제 이런 식으로 말하고 옷을 입는지 묻는다. 그들은 그의 남성성을 의문시하고, 그가 사탄을 숭배하는지 궁금해하며, 그리고 그의 오랜 친구 중 한 사람은 그가 자신의 누이와 데이트를 하는 것에 실망을 나타낸다.

살인 횟수가 늘어남에 따라, 그들은 그가 살인자가 아닐까 의심하기 시작하면서 살인 행각을 끝내기 위해 그를 추적하기 시작한다.

이런 반응들은 모두 그 인물을 그 공동체를 조직하는 규범으로 복귀시키려고 시도하는 되먹임 메커니즘이다. 리치의 남성성에 대한 조소와 이의 제기는 그를 그 지역을 조직하는 언어와 의상, 행동의 규범으로 밀어 넣는 것을 목표로 삼는 정상화 조작이다. 이들 규제적 반응이 실패할 때, 리치의 현실적 삶은 위험에 처하게 된다. 리치가 그 지역의 규범을 따르지 않는다면, 그에게는 추방 아니면 죽음이라는 선택지가 있게 된다. 이들 메커니즘을 통해서 그 지역은 자신의 정체성, 행동, 옷차림, 화법 등의 체계를 유지한다. 다시 말해서, 리치의 기질은 그 지역의 조직에 대한 엔트로피적 위협으로 여겨지고, 이들 반응은 엔트로피의 증가를 방지하는 것을 목표로 삼는 일련의 음엔트로피적 조작이다.

그런데 도시 같은 사회적 회집체들은 오로지 무형 기계들만으로 유지될 수 있는 것이 아니라, 다양한 유형 기계에 의해서도 유지된다. 건물은 사람들이 살고 일하며 쉬는 데 필요하다. 도구와 기술은 그 도시를 생산하고 유지하는 데 필요하다. 나는 2부에서 이것에 관해 더 언급할 것이지만, 교통 노선과 운송 수단, 소통을 중개하는 매체(전화기, 광섬유 케이블, 우편 체계 등)가 도시의 구조에 특히 중요하다. 도로, 버스 노선, 열차 노선이 배치되는 방식은 연결 기능만큼이나 분리 기능도 실행한다. 연결하는 이런 실 가닥들은 모두 공간과 관련된 만큼이나 시간과도 관련되어 있다. 예를 들면, 도로 배치는 도시의 한 지역에서 다른 한 지역으로 얼마나 쉽게 그리고 얼마나 빨리 갈 수 있는지 결정할 것이고, 그리하여 어떤 집단들이 상호작용하게 되는지에 영향을 미칠 수 있다. 다양한 민족 공동체와 종교 공동체, 계급 공동체 – 이것들은 모두 겹칠 수 있다 – 의 규범을 조직하는 무형 기계들이 인간의 몸과 마음, 감성 형식을 형성하는 데 엄청난 역할을 수행하는 한편으로, 도로 노선 같은 배치뿐만 아니라 운송 수단과 소통 매체도 집단을 분화하고 사회적 관계를 조직하는 데 마찬가지로 두드러진 역할을 수행한다. 도시의 한 지역에서 다른 한 지역으로 직접 가는 경로가 없거나, 혹은 한 지점에서 다른 한 지점으로의 교통이 거리나 교통 혼잡으로 인해 시간이 걸리면 주민들은 지리적 분리와 같은 것을 겪게 된다. 이런 고립 집단은 그 집단을 다른 집단들과 분별하게 하는 규범적 무형 기계들을 형성함으로써 하위문화를 생성하게 된다. 여기서 중요한 점은, 도로 같은 기계들이 기표적 기계들의 특정 장이 발달하는 방식에 핵심적인 역할을 수행하는 비기표적 매체라는 것이다. 다양한 공동체에 특이한 이들 기표적 무형 기계를 생산하는 것은 도로가 어떤 의미를 나타내는 방식이 아니라, 오히려 도로 체계가 어떤 사람들을 사실상 고립된 집단으로 결집하는 방식이다. 그 결과, 도로 배치는 어떤 지역에 사람들이 밀집하여 서로 소통하면서 정체성과 규범을 형성하게 되는 집단이 생겨나게 함으로써 다양한 공동체의 조직을 유지하는 데 음엔트로피적 역할을 수행한다. 운송 수단과 소통 매체(도보, 말, 자동차, 광섬유 케이블, 인공위성 등)에 관해서도 비슷한 주장이 제기될 수 있다.

무엇보다도, 도시는 자신의 조직을 유지하고 엔트로피에 저항하기 위해 에너지와 물질의 흐름이 필요하다. 물론, 도시는 그 하부구조를 건설하고 유지하기 위해 돌, 벽돌, 나무, 플라스틱, 금속, 그리고 그 밖의 다양한 재료가 필요하다. 그런데 도시가 시간을 가로질러 존속하기 위해서는 에너지의 흐름도 필요하다. 도시는 집을 난방하고 교통을 관리하며 다양한 기술을 지속시키기 위해 나무, 석탄, 석유, 전기, 수력과 풍력이 필요하다. 더욱이, 도시는 칼로리 에너지도 필요하다. 사람들은 먹어야 한다. 이 사실은, 일용할 양식이 도시로 유입되고 소비할 수 있게 적절히 조리되며 도시 전역의 사람들에게 유통되어야 함을 뜻한다. 그리하여 식품을 수송하고 유통하고 조리하기 위한 온갖 종류의 유형 기계와 무형 기계가 발달해야 한다. 예를 들면, 지역 시장이 식품을 유통하는 방법으로서 생겨나는 한편으로, 식품을 도시로 운반하기 위한 다양한 배송 수단이 개발된다.

도시가 시간을 가로질러 존속하기 위해서는 에너지와 물질이 필요하다는 사실에는 두 가지 사태가 수반된다. 첫째, 에너지가 소비되는 모든 곳에서는 출력물로서의 쓰레기도 생산된다. 도시의 조직을 유지하는 작업을 수행하기 위해 에너지가 사용되는 방식의 부산물과 하수, 가스는 모두 도시와 그 시민들, 사회적 관계들을 생산하는 다양한 과정의 출력물이다. 다양한 식품을 튀기는 데 사용된 기름은 변질하기에 어떻게든 처리되어야 한다. 자동차는 화석연료를 연소함으로써 다양한 가스와 석유 부산물을 배출한다. 그리고 물론, 인간은 칼로리를 소비함으로써 온갖 종류의 쓰레기를 만들어낸다. 체세포와 인간 노동, 다양한 기술 활동을 생성하는 데 필요한 조작을 수행하기 위해 에너지를 사용하는 것과 더불어 쓰레기가 도시의 문제가 된다. 도시에서 매일 생산되는 이 모든 하수, 소비의 부산물, 가스, 버려진 소지품, 생산의 부산물 등을 어떻게 처리해야 하는가? 다양한 형태의 쓰레기 문제에 대응하여, 관련 직업, 쓰레기 처리 방법을 규정하는 무형 기계, 쓰레기 처리 기술과 경로(예를 들면, 하수관과 터널), 쓰레기 운송 수단 등이 생겨난다. 쓰레기가 제대로 처리되지 않고 도시에 남게 됨으로써 도시-기계의 엔트로피가 증가할 수 있는데, 이를테면 티푸스와 콜레라 같은 전염병이 도시에 유행하는 사태를 통하거나 온갖 종류의 호흡기 질환을 유발하는 스모그 같은 현상을 통해서 말이다. 에너지를 생산하고 소비하며, 그리고 에너지를 일과 물질적 신체로 변환하는 활동들은 잔류물, 즉 일종의 라캉적 오브제 아$_{objet\,a}$ 또는 도시를 불안정하게 하는 잉여를 어김없이 남기게 된다.

둘째, 우리는 도시가, 자신을 유지하는 데 필요한 에너지와 물질의 흐름이 비롯되는 외부에 어김없이 선택적으로 열려 있다는 사실도 알고 있다. 도시가 자신을 생산하고 지속시키기 위해 의존하는 에너지원과 재료는 대부분 자체적으로 조달되지 않는다. 오히려, 도시는 자신의 조작을 끊임없이 수행하기 위해 어딘가 다른 곳에서 조달되는 재료와 에너지 자원에 의존해야 한다. 도시는 자신의 에너지를 교외 농장, 도시 외곽의 식품 생산 시설, 화력 발전소와 원자력 발전소, 석탄 광산, 중동의 유전, 정유 공장 등에서 조달하는데, 요컨대 그 도시의 외부에서 모두 조달한다. 도시가 자신을 생산하는 데 의존하는 물질의 경우에도 마찬가지다. 돌, 나무, 금속, 플라스틱, 그리고 그 밖의 더 진귀한 재료는 전 세계적으로 그 도시의 외부 지역에서 조달된다. 그리고 마지막으로, 도시는 그 도시에서 노동하고, 그것을 유지하며, 그것을 관리하는 등의 실천을 수행할 사람들의 흐름이 당연히 필요하다. 그리하여 자신을 존속시키고 자신의 조작을 계속해서 수행하려면, 도시는 세계의 다른 지역들과의 관계, 선박 항로, 재료의 운송 수단, 먼 지역에서 수입되는 식품의 보존 방법 등을 발달시켜야 한다. 도시는 자신을 지속시키는 그 조작 속에서 그리고 그 조작을 통해서 현존할 따름이다. 이런 점에서, 그리고 모든 기계의 경우와 마찬가지로, 도시는 명사라기보다는 오히려 동사다. 도시는 자신의 조작을 계속해서 수행할 수 있는 한에서만 존속한다. 이런 조작이 멈추게 되거나 그 조작의 대상인 흐름이 끊기게 되면, 도시는 엔트로피적 해체 국면에 빠르게 빠져들게 된다.

이런 국면은 2005년에 뉴올리언스라는 도시가 허리케인 카트리나 Katrina로 인해 맞닥뜨린 상황에서 놀라울 정도로 명료하게 나타났다. 허리케인으로 인해 에너지의 흐름이 차단되고 통신이 두절됨으로써 그 도시의 엔트로피가 빠르게 증가했다. 사람들은 이전에는 맺지 않았을 방식으로 서로 관계를 맺게 되었다. 친숙한 기능과 조작은 사라져 버렸다. 그리고 일시적으로, 그 도시는 시간 또는 자신의 지속에 걸쳐 뉴올리언스로서의 자신을 재생산할 수 없었다. 그 도시는 기능적으로 분화된 인간 집단에서 브라운 운동을 하는 가스 구름처럼 되어 버린 인간 집단으로 이행했다. 한 요소에서 여타 요소로의 추론은 더는 이루어질 수 없게 되었는데, 그 이유는 그 도시의 조직, 분화된 음엔트로피적 구조가 해체되었기 때문이다. 이런 일단의 음엔트로피적 조작이 엉망이 되어 버린 이유는 사람들이 이전에 그들을 조직한 무형 기계들, 즉 규범과 법률, 정체성에 대한 믿음을 상실했기 때문이 아니라, 이전에 그 도시를 관류하여 그 조작들이 계속 수행될 수 있게 한 에너지와 물질의 흐름이 더는 유입되지 않았기 때문이다. 이들 흐름에서 단절됨으로써 뉴올리언스의 복잡한 조작이 빠르게 증발해 버렸다. 사람들이 자신의 현존을 조직하기 위해 이전에 의존했었던 유형 기계와 무형 기계가 사라졌기에 그들은 새로운 관계와 기계들을 구축해야만 했다.

앞서 논의한 바로 미루어, 엔트로피는 규범적 범주로 여겨질 수 없음이 분명하기를 바란다. 낮은 엔트로피는 '좋은' 것이지만 높은 엔트로피는 '재앙'이거나 '나쁜' 것이라고 말할 수는 없다. 엔트로피, 낮은 엔트로피, 그리고 음엔트로피는 도덕적 선호 사항이 아니라 존재의 현상이다. 절대적 엔트로피 또는 무질서로 규정되는 세계는 인간과 여타 존재자가 견딜 수 없는 상황임이 확실할 것이다. 질서, 조직, 그리고 한 요소나 사건에서 또 다른 것을 추론할 수 있는 능력의 완전한 부재 상황은 다르게 될 여지가 거의 없이 죽음이 초래될 개연성이 매우 높을 비참한 존재 조건일 것이다. 한편으로, 우리가 다른 과업을 할 수 있게 되는 것은 인간 및 다른 유기체들과 기관들이 우리 환경에서 어떤 규칙성이나 엔트로피가 낮은 상태를 기대할 수 있기 때문이다. 그런 상황이 꽤 안정적인 현상이기에 우리는 이것에 관해 많이 생각할 필요가 없고, 따라서 다른 일에 종사할 수 있게 된다. 다른 한편으로, 음엔트로피적 메커니즘은 대단히 억압적일 수 있다. 이것은 앞서 〈썸머 오브 샘〉의 리치라는 배역의 사례에서 드러났는데, 요컨대 리치가 언어적 폭력을 겪을 뿐만 아니라 나중에는 사망에 이를 수 있을 정도로 물리적 폭력도 겪게 되는 이유는 그가 자신의 공동체에서 정체성과 행태, 사회적 관계를 조직하는 규범을 거부했기 때문이다. 우리가 보기에는, 푸코와 알튀세르 같은 사상가들이 권력과 이데올로기적 국가 장치에 관해 언급할 때, 그들이 정말로 언급하고 있는 것은 이런 종류의 음엔트로피적 조작이다. 그들은 인간 신체를 규율하고 정상화하는 조작적 되먹임 메커니즘을 언급하고 있는데, 그렇지 않으면 그 신체는 처벌받게 된다. 엔트로피가 낮은 음엔트로피적 체계는 여러모로 보나 절대적 엔트로피로 특징지어지는 체계처럼 비참하고 억압적일 수 있다. 이런 점에서, 우리의 정치적 투쟁은 종종 어떤 체계에 더 많은 엔트로피를 도입할 방법에 관한 문제, 즉 새롭고 다른 형식들의 삶과 현존에 이르는 길을 개방할 수 있도록 지나치게 경직된 기계들 혹은 굳어진 것들을 느슨하게 할 수 있는 방법에 관한 문제다.

또한 마지막으로, 너무 낮은 엔트로피로 특징지어지는 체계, 너무나 음엔트로피적인 체계나 기계는 주변 환경을 헤쳐나가는 데 매우 서툴다. 기계는 주변 환경에 대해 선택적 관계를 맺을 뿐이고, 이런 선택적 관계는 언제나 위험을 수반한다는 것을 떠올리자. 환경에 대한 구조적 개방성이 위험을 수반한다면, 그 이유는 기계의 환경(다른 기계들과 그것들에서 비롯되는 흐름)이 기계보다 언제나 더 복잡하기 때문이다. 그리하여 기계가 주변 환경에 대한 개방성을 형성할 때 내리는 선택은 언제나 위험을 수반하게 된다. 왜냐하면 자신의 조작적 폐쇄성과 주변 환경에 대한 선택적 개방성으로 인해 기계는 자신을 파괴할 수 있을 다른 기계들로부터의 흐름을 보지 못하거나, 혹은 마찬가지로 자기 죽음을 초래할 주변 환경의 변화에 적응하지 못할 가능성에 언제나 직면하게 되기 때문이다. 우리는, 예를 들면, 사회적 기계와 기후변화 사이에 이루어진 관계의 사례에서 이런 상황을 보게 되는데, 여기서 다양한 사회적 기계는 기후가 과거에 언제나 그랬던 대로 지속할 것이라는 전제에 바탕을 두고서 작동한다. 이들 기계가 기후변화를 기입할 수 없는 이유는 기후변화가 매우 거대한 규모로 그리고 매우 광범위하게 일어나기 때문인데, 그리하여 도시 같은 사회적 기계들은 자신이 앉아 있는 가지를 잘라내어서 스스로 파괴될 위험이 있다.

기계 내부의 엔트로피의 정도는 가소성에 해당한다. 경직된 기계는, 그 엔트로피가 매우 낮아서 주변 환경에 대한 선택적 개방성이 다소 고정된 것 – 역시 다양한 정도의 경직성이 있다 – 인 동시에 단지 고정되고 기계적인 방식으로 입력물에 조작을 수행할 수밖에 없는 기계다. 그 결과, 그런 기계는 주변 환경에 대한 새로운 형태의 개방성을 발달시킬 수 없고 새로운 뜻밖의 사태에 반응하기 위한 새로운 조작을 창출할 수 없다. 가소성을 갖춘 기계는 엔트로피의 저장소가 들어 있는 기계이거나 견고하게 조직되어 있지 않은 기계다. 이런 이유로 인해, 그런 기계는 주변 환경에 대한 새로운 형태의 개방성뿐만 아니라 자신을 관류하는 입력물에 조작을 수행하는 새로운 방식도 발달시킬 수 있게 하는 자유도가 있다. 현재 이런 종류의 가소성은 유기 기계와 인지 기계, 사회적 기계에 고유한 것처럼 보인다. 그런데 인공지능 같은 무기 기계 역시 이런 종류의 가소성을 점점 더 발달시키고 있는 것처럼 보인다.

또 다른 한편으로, 엔트로피는 정치 이론과 실천에도 중요하다. 가장 추상적인 층위에서 모든 정치적 문제와 투쟁은 엔트로피와 음엔트로피를 둘러싸고 전개된다. 사회적 체계는 인간의 정체성, 삶, 인지, 정서, 그리고 서로 관계를 맺는 방식을 조직하는 음엔트로피적 기계다. 사회적 기계는 혼돈 ─ 아나키즘과 혼동하지 말아야 한다 ─ 이라는 극단과 조작 구조에서의 일탈을 최소화하는 것을 목표로 삼는 방식으로 작동하는 전체주의라는 극단 사이에서 작동한다. 첫째, 해방적 정치 투쟁은 엔트로피를 사회적 기계에 도입하려는 시도인데, 요컨대 다른 형태의 삶과 연합, 관계, 정서를 방지하는 음엔트로피적 메커니즘을 제거하는 것이다. 성공적인 정치 투쟁은, 부분적으로, 사회적 체계에 엔트로피를 도입하는 투쟁이다. 둘째, 그런 정치 투쟁은 사회적 체계에 새로운 형태의 구조적 개방성뿐만 아니라 새로운 조작도 도입한다. 예를 들면, 1960년대의 시민권 운동은 사회적 회집체 내부의 침묵하고 보이지 않는 소수자들을 인정하고 포괄함으로써 미합중국의 사회적 체계 속에 새로운 형태의 구조적 개방성을 발생시켰고, 무정부주의적인 사회적 체계는 공동체가 국가라는 기계의 매개를 거치지 않는 내재적 통치 기구를 구성하게 함으로써 새로운 종류의 조작을 도입한다.

기계와 엔트로피는 존재지도학의 두 가지 주요 개념이다. 기계라는 첫 번째 개념은 우리에게 사물, 객체, 존재자, 또는 실체가, 입력물에 작용하여 성질과 행위, 생산물의 형태로 출력물을 생산하는 조작들로 구성된 과정임을 상기시켜준다. 더욱이, 우리는 잠재적 고유 존재와 국소적 표현을 구분함으로써 기계가 시간과 공간의 특정 지점에서 우연히 현시되는 모든 성질과 행위, 생산물을 넘어서는 잠재적 성질과 행위, 생산물의 가상적 저장소를 언제나 품고 있음을 떠올리게 된다. 이렇게 해서 우리는 어떤 기계가 자신에 입력물을 제공하는 다른 기계와 주고받는 상호작용에 주의를 기울이도록 요청받는데, 요컨대 다른 기계와 맺은 관계가 그 기계의 표현을 변화시키는 방식에 주목하게 된다.

한편으로, 엔트로피라는 개념은 우리에게 기계가 시간에 걸쳐 존속할 수 있으려면 일이 필요함을 상기시켜준다. 수학 방정식처럼 경직된 무형 기계를 제외하고, 대다수 무형 기계와 유형 기계는 엔트로피의 위협에 끊임없이 시달린다. 여기서 도시에 관해 언급한 바는 모든 기계의 경우에도 대체로 마찬가지인데, 그 기계가 유성 같은 무기 기계든, 장수풍뎅이 같은 유기적 유형 기계든, 담론 같은 무형 기계든 말이다. 예를 들면, 대화 같은 무형 기계는 더는 어떤 통일성이나 조직도 갖지 못하게 중단되거나 산만해질 우려가 있다. 대화는, 두 사람이 '부탁합니다'라는 말과 '감사합니다'라는 말을 계속해서 발설하는 경우처럼, 그 엔트로피가 너무 낮으면 중단될 것이다. 대화 도중에 참신함을 도입하는 화법이 전혀 없다면, 그 대화는 반응을 요청하는 새로운 정보나 관심거리가 없기에 마치 아침 안개처럼 빠르게 흩어진다. 반면에, 화자들의 말이 완전히 무작위적으로 발설되는 대화는 화자들 사이에 통일체를 형성할 수 없음이 판명되고, 그리하여 어떤 대화 기계가 화자들 위에 창발하지 못하게 한다. 여기서 얻게 되는 것은 두 명 이상의 사람이 시공간적으로 서로 인접하여 말하고 있지만, 서로에게 그리고 서로 함께 말하지 않는 상황이다. 각 화자의 발언은 상대방이 없더라도 마찬가지로 쉽게 이루어질 수 있을 것이다.

알튀세르가 사회는 존속하기 위해 자신의 생산 조건을 재생산해야 한다고 주장하는 것과 꼭 마찬가지로, 온갖 기계는 시간을 가로질러 자신의 조직 패턴을 재생산할 수 있게 하는 조작에 관여해야 한다. 여기서 '재생산'은, 새끼를 낳는 한 쌍의 카피바라 혹은 둘로 나뉘는 아메바의 경우처럼 자신의 복제물을 생산하는 것으로 여겨지는 것이 아니라, 오히려 시간을 가로질러 엔트로피가 낮은 조직이나 음엔트로피적 조직을 존속시키는 것으로 여겨져야 한다. 매 순간에, 이들 기계는 복수의 기계로 해체됨으로써 자신의 조직을 상실할 우려가 있다.

이렇게 시간을 가로질러 조직을 재생산하는 데에는 일이 필요한데, 여기서 일은 자연과학적 의미에서의 일뿐만 아니라 사회과학적 의미에서의 노동도 포함한다. 철학사에서 일과 에너지라는 개념들이 거의 전적으로 나타나지 않았다는 것은 흥미로운 사실이다. 쇼펜하우어의 의지와 니체의 권력에의 의지 같은 개념들에서 일 개념이 언뜻언뜻 반짝이지만, 이들 개념은 일에 관한 관념을 정말로 포착하기에는 여전히 너무나 생기론적이고 낭만적이다. 우리는 생산을 강조하는 맑스에게서 일에 관한 더 정교한 개념을 마주치게 되지만, 맑스의 일 개념은 대체로 인간의 경제적 생산 권역에 한정되어 있고, 게다가 일에 대한 맑스 사상의 세심한 견지는 생산에 집중하기보다 담론적이고 이데올로기적인 층위에서 나타나는 무형 기계들에 더 집중하게 된 프랑크푸르트학파에 의해 빠르게 무색해졌다. 그리고 또 권력에 관한 푸코와 부르디외의 개념들에서 일 개념이 나타나지만, 또다시 권력(역능)은 무기 기계에서 기술 기계에 이르기까지 현존하는 기계들을 비롯하여 엔트로피가 낮은 체계 및 음엔트로피적 체계와 관련된 일반 개념으로서 전개되기보다는 오히려 사회와 사회적 구성체의 영역에 한정된다.

　엔트로피라는 개념은 우리에게 엔트로피가 낮은 존재자로서의 기계가 비개연적이라는 사실과 기계가 존속하기 위해서는 에너지와 일이 필요하다는 사실을 일깨워 준다. 대다수 기계는 끊임없는 해체 상태에 처해 있고, 게다가 외부로부터 파괴를 당할 우려가 있다. 기계는 저쪽에 그냥 자리 잡고 있는 정적인 덩어리이기는커녕, 오히려 매 순간 존속하기 위한 조작을 끊임없이 수행해야 한다. 그런 조작이 사라지면 기계도 사라진다. 그러므로 존재지도학의 주요 과업 중 하나는 기계가 엔트로피를 저지하고 해체를 미연에 방지하는 조작들에 관한 탐구다. 때때로 이 탐구는 기계를 개선하는 데 이바지할 것이다. 예를 들면, 혁명적 정치 운동 같은 기계는 운동을 구성하는 사람들이 그 정치적 기획에서 이탈하는 개체가 됨으로써 초래되는 파괴를 미연에 방지하도록 자신을 끊임없이 존속시킬 수 있는 조작들에 특히 관심이 있을 것이다. 그런 기계의 음엔트로피적 조작들에 관한 탐구를 통해서 통일성과 목적을 유지하는 더 효과적인 기법이 고안될 수 있을 것이다. 『존재와 사건』에서 바디우가 전개한, 사건과 진리 절차에의 충실성에 관한 분석이 그런 기획에 바쳐진 것처럼 보인다.[19] 건강해지도록 최적의 식단을 판별하고 양생법을 활용시키고자 하는 신체에 관한 의학적 탐구의 경우에도 마찬가지다. 우리는 음엔트로피적 조작과 그것이 입력물에 작용하는 방식에 관해 이해함으로써 더 오래가는 기

---

19. A. Badiou, *Being and Event*, trans. O. Feltham (New York : Continuum, 2005), part v. [알랭 바디우, 『존재와 사건』, 조형준 옮김, 새물결, 2013.]

계를 고안할 수 있게 된다.

다른 한편으로, 우리는 어떤 기계의 음엔트로피적 조작에 관해 이해함으로써 그 기계를 파괴할 전략을 고안할 수 있게 된다. 이 점은 다양한 정치 투쟁에서 대단히 중요하다. 혁명 기계는 새로운 사회적 기계를 창조하려고 애쓸 뿐만 아니라, 국가, 백인 남성의 특권, 가부장제, 자본주의 등과 같은 현존하는 다양한 억압적인 사회적 기계를 파괴하려는 노력도 기울인다. 이들 목표를 달성하려면, 혁명 기계는 이들 반동 기계가 시간을 가로질러 존속하면서 사람들의 삶, 인지, 인간관계 등을 조직할 수 있게 하는 음엔트로피적 조작들에 관한 지식을 진전시켜야 한다. 푸코, 버틀러, 맑스, 라투르, 해러웨이, 아도르노, 알튀세르, 들뢰즈와 가타리 등과 같은 이론가들의 작업은, 우리가 이들 반동 기계에 전략적으로 개입하여 그것들을 파괴할 수 있게 할 역능의 지도를 생산하도록 고안된, 음엔트로피적 조작들에 관한 다양한 탐구로 여겨질 수 있다.

2부 세계들

5장

세계의 구조

세계의 생태

존재지도학의 중심 프로젝트는 세계들을 분석하거나 세계들의 지도를 제작하는 데 있다. 여기서 우리는 조심해야 하는데, 그 이유는 지리학이 지도학의 모범 사례를 제공하지만 모든 지도학이 지리적인 것은 아니기 때문이다. 예를 들면, 해부학자는 신체의 지도학자인데, 요컨대 뼈와 근육, 신경, 장기 사이의 관계들에 관한 지도를 제작한다. 데란다가 주장하는 대로, 복잡성 이론가는 복잡한 체계의 잠재적인 분기점들과 더불어 체계를 관장하는 끌개attractor들에 관한 지도학을 진전시킨다.[1] 들뢰즈가 로트망을 좇아서 주장하는 대로,[2] 수학자는 '문제 공간'의 지도학자다.[3] 언어학자는 음소들과 여타 언어적 존재

1. M. DeLanda, *Intensive Science and Virtual Philosophy* (New York : Continuum, 2005), ch. 1. [마누엘 데란다, 『강도의 과학과 잠재성의 철학』, 김영범·이정우 옮김, 그린비, 2009.]

2. A. Lautman, *Mathematics, Ideas, and the Physical Real*, trans. S.B. Duffy (New York : Continuum, 2011).

3. G. Deleuze, *Difference and Repetition*, trans. P. Patton (New York : Columbia Uni-

자의 지도학자이고, 역사 연구에 있어서 맑스는 다양한 생산 체계 아래서 형성되는 사회적 관계들의 지도학자였다. 그 목록은 무한정 확대될 수 있을 것이다. 푸코는 지식의 지도학[4]과 권력이 사회적 관계들을 조직하는 방식의 지도학[5]을 제시한다. 지도학은 지리학의 중심 프로젝트이지만, 모든 지도학 혹은 심지어 대다수 지도학이 지리적인 것은 아니다. 지도가 있는 영역 – 우리가 그것을 지도라고 부르지 않는 영역도 포함하여 – 이라면 어디든지 지도학이 존재한다. 지도를 제작하는 것은 지도학을 산출하는 것이다. 존재지도학은 지리학에서 진전한 대로의 지도학과 겹치고, 게다가, 우리가 이해하게 되듯이, 존재지도학은 지리학의 경우와 마찬가지로 시간과 공간의 쟁점들과 반드시 씨름하지만, 존재지도학의 목적은 지리적이고 시공간적인 관계들의 지도를 제작하는 것과는 다른 것이다. 존재지도학이 제작하는 지도는 세계를 구성하는 기계들 또는 기계들의 네트워크들 사이의 관계들에 관한 지도다.

그런데 존재지도학이라는 프로젝트를 부각하기 위해서는 먼저 '세계'라는 개념을 분명히 해야 한다. 세계는 태양에 종속된 지구 같은 행성이 아니다. 행성은 세계 속 기계이고 세계의 구성 요소이지만, 그 자체가 세계인 것은 아니다. 마찬가지로, 하이데거의 경우처럼,[6] 세계는 서로 지시하는 기호들의 네트워크나 체계가 아니다. 하이데거는 현

versity Press, 1995), ch. 4. [질 들뢰즈, 『차이와 반복』, 김상환 옮김, 민음사, 2004.]

4. M. Foucault, *The Order of Things* (New York : Vintage, 1994). [미셸 푸코, 『말과 사물』, 이규현 옮김, 민음사, 2012.]

5. M. Foucault, *Discipline and Punish* (New York : Vintage, 1995). [미셸 푸코, 『감시와 처벌』, 오생근 옮김, 나남출판, 2016.]

6. M. Heidegger, *Being and Time*, trans. J. Macquarrie and E. Robinson (San Francisco : Harper Collins, 1962), 91~148. [마르틴 하이데거, 『존재와 시간』, 이기상 옮김, 까치, 1998.]

존재Dasein라는 특정 기계가 세계에 구조적으로 열려 있는 방식을 서술하지만, 세계에 관한 설명을 제시하지는 않는다. 하이데거는 세계에의 개방성 내지 접근을 세계 자체와 혼동한다. 확실히 현존재는 자신이 구조적으로 열려 있는 흐름에 하이데거가 구상한 대로의 의미 그물을 던지지만, 이 의미 체계, 즉 서로 지시하는 기호들의 체계는 세계가 아니다. 세계 속 우리의 피투성과 우리가 내던져진 세계의 사실성은 매우 근본적이어서, 세계는 우리가 세계에 접근하는 방식 혹은 우리가 세계를 표상하거나 지향하는 방식으로 아무튼 환원될 수 없다. 이런 점에서, 데카르트가 하이데거보다 세계의 진정한 본질[7]에 더 가까이 다가갔다. 그 존재론적 본질에 있어서 세계는 '일상성' 내지 친숙함으로 특징지어지는 것이기는커녕 어떤 접근 양식도 조직하거나 지배하지 못하는 것이다. 세계는 우리가 그것에 던진 의미의 네트워크를 침범하는 것인데, 이를테면 라캉이 실재계라고 부르는 것이다. 실재계는 상상계와 상징계의 종합으로서 생산되는 의미의 네트워크가 아니다. 이렇게 해서 세계는 주관화할 수 없는 것이면서 우리 자신이나 돌고래 같은 존재자들이 그것에 던질 모든 의미 체계의 근거 없는 근거다. 어쩌면 우리는 더는 현존하지 않을 것이고 우리와 더불어 모든 의미도 더는 현존하지 않을 것임에도, 세계는 여전히 남아 있을 것이다. 사르트르가 존재-자체에 관한 논의에서 가르쳐주는 대로,[8] 세계는 우리 실존에 개의치 않는다. 의미 내지 감각을 생산하는 무형 기계는 세계의 근거가 아니라, 세계 속 기계 중 한 기계다. 그 결과, 그 존재론적 본질에 있어서 세계는 후설이 코기토cogito가 갖는 '체험의 지평'

---

7. 같은 책, 114~22. [같은 책.]
8. J-P. Sartre, *Being and Nothing*, trans. H.E. Barnes (New York : Philosophical Library, 1956), 617~24. [장 폴 사르트르, 『존재와 무』, 정소성 옮김, 동서문화사, 2009.]

으로 부르는 것이 아니다. 신경철학자 토마스 메칭거가 주장하는 대로, 우리 자신 같은 존재자들의 모든 경험은 전경과 배경 사이의 게슈탈트gestalt를 둘러싸고 조직됨이 확실한데, 요컨대 우리에게 전경은 우리가 현재 갖는 경험의 지평으로서 작용하는 배경을 언제나 가리키는 식으로 말이다.[9] 하지만 세계 자체는 우리가 세계를 의식적으로 경험하는 방식과 융합되지 말아야 하고, 우리 지향성의 구조와도 융합되지 말아야 한다. 또다시, 그런 시도는 코기토라는 특정 존재자가 세계에 구조적으로 열려 있는 방식을 세계 자체와 융합하는 것이다. 이야기가 나온 김에 말하자면, 이런 이유로 인해 우리는, 하이데거의 알레테이아aletheia, 있음과 없음, 혹은 드러냄과 숨김에 관한 분석이 현존재의 체험이나 현상학의 관점에서 이루어지는 한에 있어서 존재자의 물러서 있음을 옹호하는 그레이엄 하먼의 주장을 좇을 수 없다. 현상학적 분석이 존재자 또는 기계의 본질에 관해 말해줄 수 있다고 생각할 이유가 전혀 없는데, 그 이유는 현상학적 분석이 존재자 자체가 어떠한지 말해주는 것이 아니라, 단지 우리가 존재자를 어떻게 맞닥뜨리는지 말해줄 뿐이기 때문이다. 우리가 기계는 조작적으로 닫혀 있거나 물러서 있음을 입증하려면 체험에 관한 상세한 분석이 제공하는 그런 종류의 논증과는 다른 종류의 논증이 필요하다.

비슷한 취지에서, 세계는 들뢰즈가 주장하는 대로의 양립할 수 있는 '의미'의 체계가 아니다.[10] 의미나 무형 기계는 다양한 세계의 구성요소이지만, 이들 세계에 대한 조건은 아니다. 또다시, 세계를 양립할

9. T. Metzinger, *The Ego Tunnel* (New York : Basic Books, 2009), ch. 2.
10. G. Deleuze, *The Logic of Sense*, trans. M. Lester and C. Stivale (New York : Columbia University Press, 1990), chs. 16~7. [질 들뢰즈, 『의미의 논리』, 이정우 옮김, 한길사, 1999.]

수 있는 의미의 체계와 동일시하는 것은, 아무리 그 체계가 반反휴먼주의적이고 익명으로 구상되었더라도, 특정 기계 ─ 이 경우에는 언어·사회적 기계 ─ 가 세계를 맞닥뜨리는 방식을 세계 자체의 무엇임과 혼동하는 것이다. 마찬가지 이유로, 바디우의 경우처럼,[11] 세계는 다양체들을 동일성의 체계에 연동시키는 '초험적인' 것과 동일시될 수 없다. 그 '초험적인' 것은 어쩌면 사회적 체계, 혹은 바디우가 자신의 초기 저작에서 부르는 대로, '백과사전'이 자신을 재생산하면서 환경에서 비롯된 입력물을 코드화하고 조직하는 방식을 적절히 서술할 것이지만, 이런 초험적인 것은 결코 세계와 동일시될 수 없다. 오히려, 초험적인 것은 사회적 기계가 세계를 맞닥뜨릴 때 거치는 일련의 조작이나 하나의 체다.

지금까지 우리는, 자체적으로 있는 그대로의 세계를, 특정 기계 ─ 현존재, 체험된 신체, 코기토, 언어, 사회적 체계 ─ 가 자신의 구조적 개방성과 조작을 통해서 맞닥뜨리는 대로의 세계와 융합하는 오류가 거듭해서 저질러짐을 살펴보았다. 여기서 우리는, 각각의 기계가, 그리고 특히 유기 기계와 인지 기계가 나름의 특정 방식으로 세계를 맞닥뜨린다는 사실을 의심하지 않더라도, 어떤 세계도 그 세계에 대한 접근이나 상관관계의 양식과 동일시되거나 그 양식으로 환원될 수 없다고 주장한다. 이것은 세계의 무엇임을 특정 기계가 세계에 접근하는 방식과 융합하기 때문이다. 이 모든 다양한 분석의 진실성과 중요성을 부인하지 않은 채, 세계는 세계에 대한 특정 기계의 개방성이 아니고, 그 기계가 세계 속 다른 존재자들에서 비롯되는 입력물을 조직하고 그

---

11. A. Badiou, *Logics of Worlds*, trans. A. Toscano (New York : Continuum, 2009), 101~2.

입력물에 조작을 수행하는 방식도 아니다.

그렇지 않다. 세계는 어떤 생태에서 다른 기계들의 매개를 통해서 상호작용하는 기계들이 서로 느슨하게 접속하여 구성한 회집체다. 어떤 세계에 참여하는 모든 기계가 그 세계에 대한 나름의 접근 양식과 더불어 그 세계에 내재하는 다른 기계들에서 비롯되는 입력물에 대한 나름의 구조적 개방성과 그 입력물에 조작을 수행하는 나름의 방식을 갖추고 있는 한, 이 세계에 현존하는 모든 여타 기계를 전체화하거나 이들 여타 기계에 대한 조건으로서 작용할 수 있는 기계는 전혀 없다. 이런 점에서, 세계는 주관화할 수 없는 것이고, 사회구성주의에 기반을 둔 모든 총체성을 빠져나간다. 주체, 체험된 신체, 현존재, 코기토, 그리고 사회적 체계는 모두 세계를 구성하는 여타 기계를 나름의 방식으로 파악함이 확실하지만, 그중 어느 것도 세계의 조건이나 근거가 결코 아니다. 세계는 지배, 근거 지음, 혹은 중심화의 가능성을 전부 빠져나간다. 세계 속에 있다는 것은 탈중심화되는 것이고, 모든 지배권이 없는 것이며, 사회와 문화, 자기 자신을 넘어서는 회집체나 네트워크, 구성체에 참여하는 것이다. 에일리언 현상학, 포스트휴먼주의적 현상학, 또는 이차 관찰에 관여하지 못하게 되면, 세계의 본질을 놓치게 된다. 세계에 관한 이른바 '존재자적' 이해 ─ 그리고 여기서 세계는 하이데거가 주장한 것처럼 '현상'이 아님을 덧붙여야 한다 ─ 를 시도한 데카르트가 현상학자보다 세계의 무엇임에 관한 진실에 더 가까이 다가선다. 이런 점에서, 우리는 세계에 직접 접근할 수 없다. 우리는 세계를 직접 경험하지 못하기에 세계의 본질과 조직을 추론할 수밖에 없다. 사실상, '일상성', '체험', 그리고 우리가 세계에 접근할 수 있는 방식들의 기호학적 구조화에 기반을 둔 분석들은 세계를 놓칠 수밖에 없는데, 그 이유는 우리가 세계를 경험하는 방식을 세계의 무엇임과 융합하기 때문이다. 소여에 관한 분석에 기반을 두고서 나아가는 것은 세계의 본질을 철저히 놓치게 되는 확실한 방식이다. 세계는 내재하는 기계 중 어느 것도 세계를 전체화하지 않은 채로 기계들에 의해 연계된 기계들이 느슨하게 접속하여 이룬 생태다.

그리하여 세계는 용기容器가 아니다. 콜럼버스가 말한 바에도 불구하고, 모든 세계는 평평하다. 이 세계 속에 하나의 사물, 하나의 세계가 들어가고, 그다음에 또 하나의 사물이 들어가고, 그리하여 기계들이 들어가 있는 것이 아니다. 생태로서의 세계는 그 세계를 구성하는 기계들에 지나지 않는다. 루크레티우스가 주장하는 대로, 빈곳void이 존재함은 확실하다.

> 모든 물체가 밀집되어 있는 것은 아니다.
> 자연적으로 사물들 안에는 빈곳이 있기 때문이다.
> …
> 빈곳은 점유되지 않고 텅 비어 있는 공간,
> 접촉할 수 없는 것이다. 왜냐하면 그것이 없다면,
> 사물들은 움직일 수 없었을 테니 말이다. 물질의 특성,
> 가장 두드러진 특질은 방해하고 맞서는 것이기에,
> 모든 것은 언제나 움직일 수 없을 것이다. 왜냐하면
> 물질이 결코 비켜주지 않기 때문이다.
> 하지만 지금 바다와 땅과 하늘을 가로질러
> 많은 사물이 각자 놀라운 방식으로, 놀라운 방법으로
> 움직이고 있음을 우리는 우리 눈으로 보고 있다.
> 만일 빈곳이 없었다면, 그것들은
> 쉼 없는 움직임을 빼앗겨 잃는 정도가 아니라,

어떤 식으로도 결코 생겨나지 못했을 것이다. 왜냐하면
도처에 물체들이 밀집되어 정지해 있었을 것이기 때문이다.[12]

빈곳이 없었다면, 어떤 움직임도 어떤 변화도 있을 수 없었을 것이다. 그런데 빈곳은 문자 그대로 무無다. 모든 기계가 복합체인 한, 빈곳은 모든 기계의 내부에 들어 있는 텅 빈 공간인 동시에 그 안에 기계들이 체류하는 것이다. 이에 반해, 세계는 기계들에 의해 초래되는 기계들 사이의 접속들에 지나지 않는다.

이런 이유로 인해, 세계들은 기하학적으로 평평한 것이 아니라 존재론적으로 평평하다. 세계들이 존재론적으로 평평하다는 것은, 기계들 자체 위에서 기계들을 전체화하는 추가적 차원이 전혀 없다는 의미에서 그렇다. 존재의 위계로서 작용하면서 모든 여타 존재자를 규정하는, 유일신, 권력, 힘, 플라톤적 형상, 좋음, 코기토, 초험적 주체성, 언어, 기호, 생명 등과 같은 그 어떤 주권적 존재자도 존재하지 않는다. 이안 보고스트가 서술하는 대로, "모든 사물은 존재한다는 점에서 동등하지만, 모든 사물이 동등하게 존재하는 것은 아니다."[13] 다시 말해서, "존재의 위계는 전혀 없다."[14] 기계들은 자기들끼리 온갖 종류의 방식으로 불평등함이 틀림없다. 일부 기계는 다른 기계들보다 더 큰 힘을 발휘하고 기계들 사이의 관계들을 조직하는 데 더 두드러진 역할을 수행하지만, 러브조이가 구상한 대로의 존재론적인 "존재자들의 대연쇄"는 전혀 없다.[15] 위계적 또는 수직적 존재론에서는 유일신이

---

12. Lucretius, *The Way Things Are*, 29~30. [루크레티우스, 『사물의 본성에 관하여』.]

13. Bogost, *Alien Phenomenology, or What It's Like to Be a Thing*, 11.

14. 같은 책, 22.

15. A.O. Lovejoy, *Great Chain of Being* (Cambridge : Harvard University Press, 1936).

나 플라톤적 형상 같은 몇몇 존재자가 자신은 아무 영향도 받지 않으면서 모든 여타 존재자에 영향을 미친다. 반면에, 평평한 존재론에서는 다른 기계들의 영향을 받지 않는 기계는 전혀 없다. 우리 일상생활의 얼개를 구성하는 대다수 물질이 중성미자에 감응할 수 없는 경우처럼 기계들은 단지 주변 환경에 선택적으로 열려 있기에 모든 여타 존재자로부터 영향을 받을 수는 없더라도, 모든 기계는 어떤 다른 존재자들의 영향에 열려 있다. 그 결과, 만약 유일신이 존재한다면, 그는 모든 가능한 세계 중 최선의 세계로서 이 세계를 고안하고 만들어낸 라이프니츠의 거대한 건축가 같은 주권자가 아니라, 오히려 다른 기계들의 요건과 씨름해야 하는 여타의 우리와 같은 어설픈 제작자다. 그런 신은 다른 기계들의 영향을 받을 수 있을 뿐만 아니라, 그의 의도를 박탈하는 기계들 나름의 저항 방식과 경향, 역능과 씨름해야 할 것이다. 그러므로 평평한 존재론은 무정부적인 존재론이다. 세계 안에는 기계들에 대한 궁극적인 근거가 전혀 없다. 세계 안에는 이들 기계의 모든 상호작용을 조직하는 추가적 차원 없이 서로 영향을 주고받는 기계들의 내재적 평면이 있을 따름이다. 생태는 단일한 통치 원리가 없는 기계들의 네트워크다. 그러므로 모든 생태는 무정부적이다.

지금까지 나는 세계를 언급할 때 부정관사와 복수형을 사용했다. 그 이유는 무엇인가? 들뢰즈[16] 및 바디우[17]와 더불어, 존재지도학은 단일한 세계가 존재하는 것이 아니라 오히려 복수의 세계가 존재한다고 전제함으로써 시작한다. 다시 말해서, 기계들은 합쳐서 단일한 우주, 즉 유니버스universe를 형성하는 하나의 전체가 되지 않는다. 복수

[아서 O. 러브죠이, 『존재의 대연쇄』, 차하순 옮김, 탐구당, 1984.]

16. Deleuze, *The Logic of Sense*, chs. 15~7. [들뢰즈, 『의미의 논리』.]

17. Badiou, *Logics of Worlds*.

의 우주, 즉 플루리버스pluriverse가 있을 뿐이다. 이에 대한 이유는 두 가지가 있다. 첫째, 우리가 이해한 대로, 기계는 자신이 맺은 관계들의 바깥에 있다. 그리하여 기계는 모든 여타 기계와 관계를 맺는 것이 아니라, 오히려 각각의 기계는 다른 기계들과 선택적으로 관계를 맺을 뿐이다. 사실상, 우리가 이해하게 되듯이, 심지어 다른 기계들과 관계를 전혀 맺지 않은 기계도 존재할 수 있다. 나는 이런 기계를 '어두운 객체'라고 지칭한다. 세계는 자신을 구성하는 기계들일 따름이고, 게다가 기계들은 모든 여타 기계와 관계를 맺어서 하나의 유기적 전체를 구성하지 않기에 복수의 세계가 존재할 수 있다는 결론이 당연히 도출된다. 여기서 한 세계는 여타 기계 회집체와 단절된, 느슨하게 접속된 기계들의 회집체다.

둘째, 복수의 세계가 존재할 수 있다면, 그 이유는 원격작용이 없기 때문이다. 기계들이 관계를 맺거나 상호작용하려면 그것들은 어떤 식으로 접촉할 수 있어야 한다. 이것은 고양이가 소파에 자신의 발톱을 가는 경우처럼 직접적인 접촉의 형태를 취할 수 있거나, 아니면 다른 한 기계의 매개를 통해서 간접적으로 일어날 수 있다. 직접적인 상호작용과 간접적인 상호작용의 구분은 국소성에 전제를 두고 있다. 두 존재자는 동일한 지점을 점유할 때 직접적으로 상호작용할 수 있다. 고양이가 소파를 직접적으로 긁고 있는 사태가 가능한 이유는 지리적으로 그 고양이와 그 소파가 같은 지점에 있기 때문이다. 반면에, 태양과 지구는 서로 직접 접촉할 수 없는데, 그 이유는 그것들이 서로 엄청난 거리를 두고 떨어져 있기 때문이다. 오히려, 태양은 다른 한 항, 즉 태양이 방출하는 빛의 광자를 통해서만 지구에 영향을 미친다. 지구에 직접적으로 영향을 미치는 것은 태양 자체가 아니라 빛의 광자다. 태양은 무엇보다도 빛의 광자라는 기계의 매개를 통해서 지구 및 여타 행성과 상호작용한다. 소파를 긁는 고양이와 달리, 태양은 지구와 직접적으로 상호작용하는 것이 아니라 오히려 어떤 기계 매개자 또는 매체를 통해서 지구와 관계를 맺는다. 두 사람이 서로 대화를 나눌 때, 그들의 상호작용은 공기를 통해 전파하는 음파, 텍스트 메시지, 전화, 인터넷 대화방, 편지 등과 같은 기계에 의해 매개된다. 요약하면, 서로 떨어진 이 기계와 저 기계의 사이의 관계는 이항二項 관계가 아니라, 오히려 삼항三項 관계, 즉 p → q → r인데, 여기서 기계 p는 기계 q의 매개를 통해서 기계 r과 관계를 맺는다.

두 기계 p와 r 사이에서 기계 q에 의해 맺어진 관계는 흔히 추가 매체에 의존한다. 그러므로, 예를 들면, 음파(q)는 공기라는 추가 매체가 없다면 두 사람(p, r)을 관련시킬 수 없다. 말과 새소리는 우주 공간 같은 진공에서는 가능하지 않다. 마찬가지로, 텍스트 메시지를 통한 두 사람 사이의 관계는 텍스트 메시지에만 의존하는 것이 아니라, 스마트폰처럼 그 메시지를 전송하는 기기, 그 텍스트 메시지가 작성되고 전송될 수 있게 하는 소프트웨어, 그 메시지를 중계하는 인공위성 및 기지국과 더불어 이들 다양한 기계의 조작을 지속시키는 데 필요한 에너지도 요구된다. 이런 상황은 기술적 관계에만 한정되지 않는다. 기술 기계든, 문화적 기계든, 자연적 기계든 간에, 기계는 다른 기계들을 위한 매체로서 작용한다. 우주인이 장시간 우주 공간에서 지내면 뼈와 근육의 퇴화를 겪는다는 사실은 잘 알려져 있다. 이런 현상은 우주 공간 속 돼지 신체의 경우에도 인체에 못지않게 마찬가지일 것으로 추정된다. 이렇게 해서 지구가 유기체를 위한 매체임을 알게 된다. 이것은 단순히 유기체가 자신의 신체를 관통하는 음식에 작용하여 단백질을 생산하는 유전자 알고리즘을 통해서 자신을 생산한다고 말하는 것이 아니다. 오히려, 지구 같은 매체와의 관계가 그 근육과 뼈가 어떻게 발달하는지에 대한 원인으로 작용한다고 말하는 것이다. 지구 중력이 없을 때, 이런 매체가 없을 때, 뼈와 근육은 제대로 발달하지 않는다.

이런 점에서, 기계들 사이의 간접적인 관계는 맑스가 서술한 상품 물신숭배와 유사한 구조를 갖는다. 맑스가 설명하는 대로, 상품 물신숭배는 "사람들 사이의 특정한 사회적 관계가…사물들 사이의 관계라는 환상적인 형태로 나타나는" 현상이다.[18] 맑스의 논점은, 우리가 상품을 다룰 때 자신이 오로지 사물, 상품 자체와 관계를 맺고 있다고 여긴다는 것이다. 우리는 잡화점에 가서 구운 닭을 사면서, 그 구매 행위가 우리와 그 닭 사이의 관계일 뿐인 한, 이 관계와 관련하여 사회적인 것은 아무것도 없다고 믿는다. 하지만 특정 법체계, 특정 유통망 등의 어떤 조건 아래서 사람들이 '구운 닭'이라는 상품을 생산하는 한, 그 상품은 그 닭의 매체인 일단의 사회적 관계 전체를 체화한다. 들뢰즈와 가타리가 진술하는 대로, "우리는 밀의 맛에서 누가 그것을 재배했는지 판별할 수 없는데, 생산물은 생산 체계와 생산 관계에 대해 아무것도 말해주지 않는다."[19] 구운 닭과 밀의 '매체권'mediasphere은 사물 속에 은폐되어 있어 보이지 않게 된다.

인식론적 관점에서 바라보면, 기계들 사이의 모든 매개된 관계의 경우에도 마찬가지다. 우리는 기계의 국소적 표현을 좌우하는 세계, 즉 매개의 네트워크를 빠뜨리는 경향이 있다. 그러므로 우리는 텍스트를 서로 주고받을 때 텍스트 메시지에만 주의를 기울이는데, 요컨대 그 메시지가 오로지 상대방에게서 생겨난 것으로 여기면서 두 사

---

18. Marx, *Capital : Volume I*, p. 165. [마르크스, 『자본론 I-상·하』.]

19. Deleuze and Guattari, *Anti-Oedipus*, 24. [들뢰즈·과타리, 『안티 오이디푸스』.]

람 사이에 이런 간접적인 관계가 맺어질 수 있게 하는 일련의 기계 매개를 무시한다. 마찬가지로, 어떤 나무의 국소적 표현을 조사할 때, 우리는 그 잎과 껍질의 성질, 그 나무가 튼튼히 자란 정도와 모양 등에 주목하면서 이런 국소적 표현이 오로지 그 나무의 유전학이나 그 나무에 내재하는 어떤 종류의 생기적 원리에서 생겨나는 것으로 여기는 경향이 있는데, 그리하여 그 나무가 이런 국소적 표현을 생성하면서 겪은 바람, 비, 공기, 토양, 영양분, 햇빛, 다른 식물과 동물 등과 같은 기계들과의 만남을 무시하게 된다. 이 사례에서 나타나는 것은 그 나무의 국소적 표현이 세계의 산물임을 무시하고 그 나무 개체에 집중하는 일종의 존재론적 물신숭배다. 존재지도학은, 부분적으로, 세계가 기계의 국소적 표현을 주재하는 방식에 관한 탐구를 통해서 이런 존재론적 물신숭배를 극복하고자 한다.

원격작용은 없다는 주장은 어떤 두 존재자도 자신들을 연계하는 어떤 종류의 물질적 매체가 없다면 서로 영향을 미칠 수 없다는 주장이다. 수학 방정식, 이데올로기, 텍스트 등과 같은 무형 존재자들의 경우에도 마찬가지다. 인간 같은 다른 기계들에 영향을 미치려면, 이들 무형 기계는 사람에게서 사람으로 전해지는 글, 음파, 연기 신호, 혹은 디지털 전기 펄스 같은 유형 신체로 체화되어야 한다. 그것 자체가 기계의 일종인 물질적 매개자가 없다면, 어떤 기계도 다른 기계에 영향을 미칠 수 없다. 구름 같은 기계를 볼 수 있는 우리의 능력도 물질적으로 매개되어야 한다. 내가 보는 것은 구름 자체가 아니라, 구름에서 반사되어 나에게 도달한 빛의 광자들이다.

이런 사태는 존재자들 사이의 물질적 관계가 필연적으로 시간 및 공간과 밀접하게 얽혀 있음을 뜻한다. 원격작용이 없다면, 그 이유는 서로 떨어진 기계들 사이에 순간적인 상호작용이 존재하지 않기 때문이다. 기계들 사이에서 물질적 매체 또는 매개자로 작용하는 기계는 다른 기계에 영향을 미치기 위해 공간을 가로질러 나아가야 한다. 이런 움직임은 시간이 걸린다. 그 결과, 밤하늘의 별을 올려다보거나 탁자 저쪽에 앉아 있는 사람을 바라볼 때, 우리는 지금 있는 그대로의 별과 사람을 보는 것이 아니라 다소 떨어진 과거의 모습을 보고 있다. 물론, 빛의 속도는 서로 떨어진 두 기계가 상호작용할 수 있는 속도의 상한선일 뿐이다. 상호작용의 속도는 물질, 에너지, 혹은 정보의 흐름을 전달하는 매체에 따라 달라질 것이다. 바람, 비행기, 해류, 편지, 채색 텍스트, 마차, 자동차, 광섬유 케이블, 줄로 연결된 깡통 등으로 전송된 흐름은 모두 속도와 범위, 변동률이 다르다.

존재지도학이 모든 기계를 포함하는 단일한 통일된 유니버스가 존재하기보다는 오히려 복수의 세계가 존재한다고 전제함으로써 시작하는 두 번째 이유는 바로 기계 매개자의 이런 물질적 차원 때문이다. 한편으로, 기계는 다른 기계들에서 비롯되는 흐름에 단지 선택적으로 열려 있을 뿐이다. 또다시, 중성미자는 물질적 존재자이면서도 우리 일상생활의 친숙한 얼개를 구성하는 대부분 물질과 상호작용할 수 없다. 두 존재자가 상호작용할 수 없는 경우에 우리는 그것들이 두 가지 다른 세계에 속한다는 결론을 내려야 한다. 다른 한편으로, 흐름이 이 기계에서 저 기계로 나아가는 데 시간이 걸리는 한, 모든 의도와 목적에도 불구하고 서로 마주칠 수 없는 기계뿐만 아니라 절대 상호작용하지 않는 기계도 많이 있다. 예를 들면, 바로 이 순간에 수백만 광년 떨어진 거대한 항성이 초신성으로 폭발하고 있을 개연성이 대단히 높다. 하지만 이 초신성에서 방출된 빛이 우리에게 도달하는 데에는 수백만 년이 걸릴 것이라는 사실을 참작하면, 우리와 초신성이 같은 세계에 속한다고 주장하는 것은 아무 의미가 없다. 우리와 이 초신성 사이에 물질적 상호작용의 가능성이 결코 없는 이유는 그 빛이 여기에 도달하기 훨씬 전에 우리가 죽을 것이기 때문이다.

그러므로 물질적 매개자가 나아가는 속도는 기계들이 상호작용할 수 있는 방식뿐만 아니라 세계의 규모도 상당히 제약한다. 『국가』의 4권에서 플라톤은 이 쟁점을 도시의 규모와 관련하여 인식했다.[20] 도시가 너무 작다면, 그 도시를 유지하고 방어할 노동력이 부족하다. 도시가 너무 크다면, 그 도시에 거주하는 사람들이 더는 자신들끼리 통일체를 형성할 수 없고 오히려 한낱 다양체가 될 뿐이다. 다시 말해서, 규모가 너무 큰 도시는 엔트로피가 대단히 높은 상태에 있기 십상이다. 여기서 플라톤의 논점 중 일부는 도시에서 시민들의 상호작용을 매개하는 물질적 매체와 관련이 있다. 규모가 너무 큰 도시에서는 사람들이 서로 관계를 맺게 하는 물질적 소통 매체가 공간적으로 혹은 시간상으로 알맞은 방식으로 모든 사람을 적절히 연계시킬 수 없는데, 그리하여 시민들 사이에 공동의 정체성과 목적, 연대가 생겨날 수 없게 된다. 그 결과, 그런 도시는 결국 서로 분화된 각기 다른 집단들을 형성하게 되기에 그 도시에 대한 공동의 소속감이 더는 존재할 수 없게 된다. 그 집단들은 결국 문자 그대로 각기 다른 세계에 속하게 된다.

이런 상황은 사람들 사이에 전해지는 메시지의 의미나 그런 메시지가 전달하는 내용에서 생겨나는 것이 아니라, 이 메시지를 전송하는 매체의 물질성에서 생겨난다. 정체성을 형성하는 소통을 사람들 사이에 연계하는 매체가 오로지 음파로 이루어져 있다면, 그 도시는 어

---

20. Plato, *Republic*, in *Plato : Collected Dialogues*, ed. E. Hamilton and H. Cairns (Princeton : Princeton University Press, 1989), 423a~d. [플라톤, 『국가』, 박종현 역주, 서광사, 2005.]

떤 특정 크기에 이를 수 있게 될 뿐이다. 그 이유는 두 가지다. 한편으로, 음파는 가청 범위 내의 어떤 거리까지 전파될 수 있을 뿐인데, 왜냐하면 음파가 가청 범위를 넘어서면 흩어져서 들리지 않게 되기 때문이다. 그런 도시는 문자 그대로 가청 범위에 의해 한정된다. 물론, 메시지는 인편으로 전해질 수 있다. 하지만 다른 한편으로, 어떤 메시지가 반복될 때 그것은 아이들의 전화 게임처럼 고도의 엔트로피적 변동을 겪게 되는데, 이를테면 그 게임이 개시될 때의 메시지와 십여 명의 사람을 거친 후의 메시지는 그 내용이 상당히 다르다. 다시 말해서, 말을 통해서 전달되는 메시지는 내구성이 모자란다. 이런 이유로 인해 말을 통한 소통에 기반을 둔 도시는 그 규모가 어떤 크기에 이르게 되면 시민 형성 조작을 수행하는 데 어려움을 겪게 될 것인데, 그 이유는 그 도시가 시간과 공간의 넓은 범위에 걸쳐서 그 메시지의 내구성을 유지할 수 없기 때문이다. 그러므로 말이 전달되는 데 걸리는 시간과 도중에 겪는 변화로 인해 그 도시는 시민의 행위를 조정하는 데 어려움을 겪을 것이다.

이 논의의 결론은, 도시의 이상적 규모 — 만약 그런 것이 실제로 존재한다면 — 는 고정된 목표가 아니라 오히려 사회가 기반을 두고 있는 매체의 종류에 따라 달라진다는 것이다. 말, 글, 텔레비전, 스마트폰, 인터넷 등에 기반을 둔 사회들은 모두 자신의 구성원들에게 메시지를 전송하는 기계 매체의 결과로서 각기 다른 조직 구조와 형태를 나타내게 될 것이다. 예를 들면, 중세의 채색 텍스트에 기반을 둔 사회와 인쇄술에 기반을 둔 사회의 차이는 단지 정도가 다른 차이가 아니라 종류가 다른 차이다. 전자의 경우에는 손으로 쓴 텍스트의 복제본을 생산하는 데 많은 시간이 걸린다는 사실로부터 이 텍스트는 문화 전체에 걸쳐 매우 느리게 전파할 것이고, 수도사와 성직자, 명망 있는 학자처럼 도서관을 이용할 수 있는 사람들이나 부유한 사람들만 입수할 수 있을 것이라는 점을 확실히 알 수 있다. 그 결과, 이 텍스트는 사회적 발생의 조작에 관여할 수 있는 역량이 제한적일 것이다. 반면에, 후자의 경우에는 텍스트가 인쇄기를 통해 생산될 수 있는 속도에 힘입어 훨씬 더 광범위하게 유통될 수 있을 것인데, 그 이유는 텍스트를 생산하는 데 필요한 노동이 줄어들고, 생산비가 하락하며, 다수의 복제본이 쉽게 제작되고 유포될 수 있기 때문이다. 그러므로 인쇄기가 발명됨으로써 사회적 발생의 조작이 심화하고, 그리하여 공간적으로 더 넓고 더 멀리 떨어진 사회적 관계의 가능성이 개방된다.

그러므로 사회적 관계의 규모는 사회가 의존하는 매체의 종류와 깊이 관련되어 있다. 이 현상은 2010년 아랍의 봄과 월스트리트를 점거하라 운동의 사례에서 볼 수 있었다. 흔히 강조된 대로, 페이스북과 트위터 같은 사회적 매체가 스마트폰 같은 소통 기술과 더불어 이들 정치 운동에서 핵심적인 역할을 수행했다. 이것은 이들 매체와 기술이 이들 운동을 단독으로 촉발했다고 말하는 것이 아니라, 오히려 그것들이 이전 세계에서는 존재하지 않았던 새로운 형태의 연합과 조직, 전략화에의 방법을 개척했다고 말하는 것이다. 가장 중요한 점은 이들 매체 덕분에 집단들이 민영 및 국영 매체 기계들을 우회할 수 있게 되었다는 것인데, 그리하여 이들 집단이 메시지에 대한 통제권을 확대할 수 있었을뿐더러 결코 만난 적이 없는 집단들 사이에서 일체감이 형성되고 행위가 조정될 수 있게 되었다. 그런데 이들 정치 운동은, 피해야 할 필요가 있었던 경찰 대응뿐만 아니라 사람들이 나타날 필요가 있었던 곳도 알려주는 정보를 보도함으로써, '실세계'에서 전개되는 사건에 더 민감해질 수 있었을 것이다. 메시지는 무정부적으로 작성될 수 있었을 것인데, 요컨대 지구 전체를 포괄하는 공동의 일체

감과 참여를 가능하게 함으로써 결국 정부와 기업에 압력을 가할 수 있었을 것이다. 마지막으로, 이들 소통 매체와 기술에 힘입어 정치 운동은 정당 체계에 훨씬 덜 의존하게 되었다. 이전의 세계에서는 정당이 소통의 확산과 조직을 위한 매체로서 요구되었는데, 그 이유는 지리적으로 분리된 집단들이 서로 소통하기가 어려웠기 때문이다. 이들 새로운 기술이 발흥함으로써 집단들이 정당의 매개를 거치지 않고서도 훨씬 더 쉽게 소통할 수 있게 되었고, 그리하여 무엇을 해야 하는가에 대한 독자적인 전망, 독자적인 목표와 가치, 독자적인 전략을 발달시킬 수 있게 되었다. 매클루언이 주장한 대로, 매체가 메시지다.

그 밖에도, 여기서 우리는 새로운 물질적 매개자가 출현함으로써 세계에 엔트로피가 도입됨을 인식해야 한다. 글과 인쇄기, 스마트폰 같은 매개자들이 등장하면서 예전 세계는 더는 과거에 그랬던 대로 음엔트로피적 조작을 수행할 수 없게 된다. 기계들 사이에 새로운 연계가 이루어지는데, 요컨대 예전 관계 및 조작의 강도가 약화한다. 여기서 엔트로피는 부정적인 것이기는커녕 새로운 세계와 사회적 관계를 형성하는 데 이바지한다. 그 덕분에 세계의 내부에서 창조성이 생겨날 수 있게 된다.

세계 속 기계들 사이에서 물질적 매개자가 수행하는 역할에 관한 성찰에 힘입어 존재지도학은 사회가 오로지 소통으로 구성된다는 루만의 논제를 거부하게 된다.[21] 이것은 루만이 사회적 회집체에 대한 소통의 중요성을 잘못 인식했다고 말하는 것이 아니라, 사회적 관계가 취하는 형태를 정하는 데 물질적 매개자가 마찬가지로 중요한 역할을 수행하지는 않는다는 그의 주장이 잘못되었다고 말하는 것이다. 기술

---

21. Luhmann, "What is Communication?", *Theories of Distinction*, 155~68.

매체, 도로와 강, 전력선의 배치, 토네이도와 허리케인, 자원 등은 모두 사회적 회집체가 취하는 형태를 정하는 데 소통만큼 중요한 역할을 수행한다. 소통은 사회적 회집체를 구성하는 여러 요소 중 한 원소일 뿐이다.

우리는 세계를 고정된 구조나 정적 구조로 여기지 않도록 조심해야 한다. 마찬가지로, 세계를 열거 가능 집합으로 여기지 않도록 주의해야 한다. 세계는, 송신탑의 강철 지지대처럼 고정된 기하학적 격자보다 브라운 운동 상태에 있는 기체 구름 혹은 서로 명멸하는 반딧불들에 더 가깝다. 티모시 모턴이 주장하는 대로, 세계는 그물이지만,[22] 이 그물은 그 세계를 구성하는 기계들 사이의 상호작용으로 인해 항상 역동적으로 변화한다. 세계는 고정되거나 분명히 규정된 경계와 구성 요소들이 없기에 흐릿하다. 이것은 세계가 절대적 무질서로 특징지어진다고 말하는 것이 아니라, 단지 세계가 고정되어 있지 않다고 말하는 것일 뿐이다. 세계를 실체화할 때마다, 즉 세계를 흐릿한 과정이라기보다는 사물로 여길 때마다, 우리는 세계의 본질을 놓치게 된다. 모든 세계는 나름의 규칙성과 경향 또는 벡터를 갖추고 있지만, 어떤 세계도 단박에 규정될 수 없다. 세계를 구성하는 기계들 사이의 상호작용이 변할 때마다 기계들의 배치도 바뀐다. 일부 기계가 어떤 세계를 떠나거나 파괴됨으로써 그 세계에서 이탈하는 한편으로, 다양한 기계 사이의 관계들을 재배치하는 인공위성 기술처럼 새로운 기계들이 출현한다. 때때로 사건이 세계를 덮치는데, 이를테면 혁명, 허리케인 카트리나, 그리고 1929년 주식시장 붕괴의 경우처럼 모든 기계

---

22. T. Morton, *The Ecological Thought* (Cambridge : Harvard University Press, 2010), 28~38.

에 걸쳐 여파가 미치게 된다. 세계의 내부에서 일부 기계는, 행성 지구 혹은 대학 같은 어떤 사회 제도처럼, 다른 기계들보다 더 오래 존속하고, 일부 기계는 생겨나자마자 빠르게 사라진다.

이들 소견에 힘입어 우리는 세계와 기계를 구분할 수 있게 된다. 세계는 거대 기계가 아니다. 우리가 하나의 기계를 맞닥뜨리는 경우는, 어떤 기계를 구성하는 요소들 가운데 일정 수의 요소들 – 이것들 자체가 기계들이다 – 이 서로 분리되면 그것 자체가 파괴되는 그런 식으로 그 구성 요소들이 구조적으로 접속되어 있는 경우일 뿐이다. 세계는 사실상 기계의 회집체이지만, 세계를 구성하는 기계들이 분리될 수 있다는 점에서 세계는 기계와 다르다. 나무는 이 세계에서 저 세계로 이식될 수 있다. 사람은 멀리 떨어진 행성으로 여행할 수 있다. 화성 표면에 있는 바위는 운석과 충돌함으로써 화성을 벗어나 지구에 떨어질 수 있다. 이들 각각의 경우에, 이 세계에서 저 세계로 이동한 기계는 새로운 매체 생태에 떨어진 결과로 다른 국소적 표현을 현시할 것인데, 한편으로 그 기계가 빠져나간 세계는 계속 존속할 것이다. 물론, 세계 역시 파괴될 수 있지만, 세계를 구성하는 요소들 사이의 관계들이 외부적이거나 분리 가능한 관계들인 한에 있어서 세계는 기계와 다르다. 이런 이유로 인해 혁명과 기후변화 같은 현상이 나타날 수 있다. 정치 혁명은 어떤 세계를 조직하는 사회적 관계들의 전면적인 전환이다. 세계 속 기계들 사이의 관계들이 단절되고 재편될 수 없다면, 그런 혁명은 일어날 수 없을 것이다. 마찬가지로, 기후변화 같은 현상이 나타날 수 있다면, 그 이유는 꿀벌이 사라지는 경우처럼 어떤 생태 안에서 다른 기계들이 작동하는 데 필요한 기계들이 파괴될 수 있기 때문이거나, 혹은 이산화탄소 배출처럼 새로운 유독한 기계들이 어떤 생태계에 도입되어서 그 세계에 내재하는 기계들에 적대적인 생태를 창출하기 때문이다. 두 경우 모두에서 관계들이 기계들의 바깥에 있기에 이런 일이 일어날 수 있을 따름이다.

가장 기본적으로 표현하면, 존재의 지도는 세계 속 기계들의 생태에 관한 지도다. 그런데 기계는 역동적인 회집체이기에 이런 지도는 유기체의 해부도처럼 고정된 존재자들과 그 관계들에 관한 지도가 아니라, 오히려 세계가 진전하고 있는 노선을 가리키는 벡터들에 관한 지도다. 세계의 이런 토폴로지 안에서 일부 기계는 다른 기계들보다 더 안정하고 더 오래 존속할 것이고, 한편으로 세계의 내부에서는 발달의 궤적들 역시 펼쳐지고 있을 것이다. 마찬가지로, 일부 기계는 다른 기계들보다 더 지배적이거나 더 영향력이 있을 것이다. 존재의 지도가 그리고자 하는 것은 바로 국소적 표현을 주재하는 역동적 구조다. 하지만 세계가 어리둥절할 정도의 복잡성으로 특징지어지는 흐릿한 생태인 한에 있어서 우리는, 베이트슨이 주장한 대로, "지도는 영토가 아니다"라는 점을 언제나 기억해야 한다.[23] 영토는 세계 자체다. 존재의 지도 자체는 자신이 그리는 세계 안에 있는 무형 기계다. 모든 기계와 마찬가지로, 지도는 자신이 그리는 주변 환경이나 기계들의 생태에 대해서 선택적 관계를 맺고 있을 뿐이다. 지도는 자신이 그리는 생태 안에 있는 어떤 벡터들을 문자 그대로 선택하면서 여타의 것은 무시한다. 우리가 그리고 있는 기계들의 생태 안에서 중요한 행위소들이 간과되고 있을 것이라는 점을 망각하지 않도록 지도와 영토 사이의 이런 차이는 언제나 염두에 두어야 한다. 더욱이, 지도 자체가 자신이 그리는 세계 안에 있는 기계인 한에 있어서 우리는 이 지도 역시 다른

23. G. Bateson, *Steps to an Ecology of Mind* (Chicago : University of Chicago Press, 2000), 455. [그레고리 베이트슨, 『마음의 생태학』, 박대식 옮김, 책세상, 2006.]

기계들에 영향을 미칠 수 있는 역량을 갖추고 있음을 기억해야 한다. 사실상, 푸코와 버틀러, 맑스 같은 지도 제작자의 사례에서 나타나는 대로, 지도 제작의 주요 목표 중 하나는 지도가 그리는 세계에 영향을 미치거나 변화시키는 것이다. 이런 점에서, 우리는 우리 지도가 세계에 작용하고 세계 전역에서 유통하는 방식들에 주의를 기울일 뿐만 아니라, 우리 지도가 우리가 목표로 삼는 그런 종류의 변화를 산출하는 데 도움이 되는 방식으로 구성되어 있는지 여부에도 주의를 기울여야 한다.

내용과 표현

많은 세계의 생태는 사회적 회집체와 정치적 회집체를 탐구하는 데 특히 흥미로운 내용 및 표현의 요소들을 포함한다. 『카프카 : 소수적인 문학을 위하여』에서 처음 제시된 대로의 내용과 표현이라는 개념들[24]은 루이 엘름슬레우의 기호 개념[25]을 근본적으로 재해석하는데, 요컨대 내용과 표현을 기호적인 것들의 영역에의 배타적 구속에서 해방함으로써 비非기호 기계들의 광범위한 영역에 적용한다. 들뢰즈와 가타리는 주의 깊게도 "내용은 기의가 아니고 표현은 기표가 아니라"[26] 오히려 "그 두 형식은 본성이 다르기에 상호 독립적이고 이질적

24. G. Deleuze and F. Guattari, *Kafka*, trans. D. Polan (Minneapolis : University of Minnesota Press, 1986), 3~8. [질 들뢰즈·펠릭스 가타리, 『카프카』, 이진경 옮김, 동문선, 2001.]
25. L. Hjelmslev, *Prolegomena to a Theory of Language*, trans. F.J. Whitfield (Madison : University of Wisconsin Press, 1962), 41~60. [루이 옐름슬레우, 『랑가쥬 이론 서설』, 김용숙·김혜련 옮김, 동문선, 2000.]
26. Deleuze and Guattari, *A Thousand Plateaus*, 91. [들뢰즈·가타리, 『천 개의 고원』.]

	형식	실질	질료
표현의 측면	표현의 형식	표현의 실질	표현의 질료
내용의 측면	내용의 형식	내용의 실질	내용의 질료

〈표 5.1〉 표현과 내용의 구조

이다"[27]라고 지적한다. 내용의 측면과 표현의 측면은 각기 다르고 자율적인 영역 — 병행론 없는 스피노자의 속성과 다르지 않다 — 이며, 그 두 측면 모두 독자적인 조직과 본질, 과정을 갖추고 있다. 그 두 측면은 온갖 종류의 방식으로 서로 섞이고 상호작용할 수 있지만, 한 측면이 다른 한 측면으로 환원될 수 없을 뿐만 아니라, 한 측면이 다른 한 측면을 지배하거나 초코드화할 수도 없다.

들뢰즈와 가타리는 "옐름슬레우는 질료, 내용과 표현, 형식과 실질이라는 관념들로부터 하나의 그물을 엮을 수 있었다 … 이 그물은 형식-내용 이원성을 깨뜨리는 이점이 있었는데, 그 이유는 표현의 형식에 못지않게 내용의 형식도 존재했기 때문이다"라고 진술한다.[28] 이들 관계는 도식적으로 〈표 5.1〉에서 제시한 대로 나타낼 수 있다.

내용의 측면은 유형 기계, 즉 "능동적 작용과 수동적 작용, 서로 반응하는 신체들의 혼합물"[29]을 가리키는 한편으로, 표현의 측면은 무형 기계, 즉 "행위와 진술, … 신체에 귀속되는 비물질적 변환"[30]을 가리킨다. 어딘가 다른 곳에서 들뢰즈는 내용과 표현의 차이를 예시하는 멋진 사례를 제시한다. 『푸코』에서 들뢰즈가 말하는 대로,

27. 같은 책, 86. [같은 책.]
28. 같은 책, 43. [같은 책.]
29. 같은 책, 88. [같은 책.]
30. 같은 곳. [같은 곳.]

내용은 형식뿐만 아니라 실질도 갖추고 있는데, 예를 들면, 형식은 감옥이고 실질은 수감된 자들, 죄수들이다 … 표현 역시 형식과 실질을 갖추고 있는데, 예를 들면, 형식은 형법이고 실질은 진술 대상인 한에 있어서의 '비행'이다.31

이 사례에서는 전적으로 구분되는 두 가지 영역이 다루어지고 있음을 알 수 있다. 내용의 측면에서, 감옥과 수감자들은 각기 다른 나름의 조직, 역능, 상호작용 등을 갖추고 있는 유형 기계들이다. 그것은 물질적 존재자들 사이에 맺어진 관계들의 생태다. 그 형식은 감옥이 구축되거나 조직되는 방식이고, 그 실질은 감옥에 갇혀 있는 수감자들이다. 반면에, 감옥의 관리 규정, 그 법률, 수감자가 규정을 위반할 때 그에게 내려지는 평결, 수감자에게 주어지는 역할(세탁, 식당 업무 등), 기타 등등은 무형 기계의 영역에 속한다. 이 규정이 비물질적 기호의 영역을 구성하는 한에 있어서 그 규정은 감옥에 대한 표현의 형식이고, 한편으로 이 경우에 표현의 실질은 '비행'이라는 추상적인 '기호 객체'다. 비행은 어떤 특정인이나 특정 인간 집단이 아니라, 오히려 역사상 특정 시점의 사회적 체계가 어떤 유형 신체들 또는 사람들을 무리 짓기 위해 동원하는 하나의 범주다.

내용의 측면과 표현의 측면은 각각 독자적인 형식이나 조직뿐만 아니라 독자적인 객체들도 갖추고 있다. 이런 자율성과 차이에 대한 증명은 각각의 측면이 나머지 한 측면은 그대로 유지되면서 변화할 수 있다는 사실에서 찾아낼 수 있다. 감옥의 관리 규정(표현)은 그대

---

31. G. Deleuze, *Foucault*, trans. S. Hand (Minneapolis : University of Minnesota Press, 1988), 47. [질 들뢰즈, 『푸코』, 허경 옮김, 그린비, 2019.]

로 유지되는 한편으로, 감옥은 철거된 후에 바로 그 자리에 건축 양식과 건축 자재가 매우 다른 감옥(내용)이 건립될 수 있다. 마찬가지로, 감옥의 건축 양식과 자재는 그대로 유지되는 한편으로, 감옥의 관리 규정은 수정된 후에 새로운 규정이 대신 적용될 수 있다. 이런 점에서, 표현은 내용을 표상한다 — 내용은 표상의 기의다 — 고 할 수 없고, 라캉이 "우주는 수사법의 꽃이다"라고 주장할 때 시사하는 대로, 내용은 표현의 결과라고도 할 수 없다.[32] 우주가 수사법의 꽃이라는 관념은 우주 — 물질적 존재자 — 가, '실재'계의 미분화된 물질로 충만한 공간을 기표가 분할하는 방식의 결과로서, 언어로부터 아무튼 생겨난다고 주장하는 것처럼 보인다. 하지만 들뢰즈와 가타리의 도식에서, 언어와 기호(표현)의 영역과 물질적 신체(내용)의 영역은 이질적이고 상이하고 독립적이면서 각자 나름의 조직 원리를 갖추고 있다.

그런데 내용의 측면은 서로 영향을 주고받는 신체들 또는 유형 기계들 — 가능한 가장 넓은 의미에서 기표가 언명될 때의 그 물질성도 포함하여 — 로 온전히 이루어져 있다. 대다수 세계가 지능을 갖춘 유기 생명체를 포함하고 있지 않는 한에 있어서 내용의 측면은 플루리버스 전역에 걸쳐 훨씬 더 확산되어 있다. 다시 말해서, 대다수 세계는 오로지 내용만으로 구성되어 있다. 예를 들면, 해왕성에는 단지 내용, 즉 서로 영향을 주고받는 유형 기계들 또는 신체들밖에 존재하지 않는다. 그 행성에는 이들 유형 신체를 비물질적으로 변환하는 표현이나 기호 기계는 전혀 존재하지 않는다. 들뢰즈와 가타리는 내용의 영역 안에서 유형 기계들이 상호작용하는 방식에 관한 멋진 사례를 제시하는 글을 적는다.

---

32. J. Lacan, *Encore*, trans. B. Fink (New York : W.W. Norton, 1998), 56.

대장장이의 몸이 어떤 유기적 조직체가 되는 것은 그 몸에 성층작용을 수행하는 기계 내지 기계 회집체 덕분이다. "망치와 모루의 충격으로 인해 그의 팔과 다리가 팔꿈치와 무릎에서 부러졌는데, 그전까지는 그에게 팔꿈치와 무릎이 없었다. 이렇게 해서 그는 지구 전역에 퍼지게 될 새로운 인간 형태, 노동을 전담하는 형태에 특정한 관절을 부여받게 되었다. … 그의 팔은 노동을 하기 위해 접히게 되었다."33

들뢰즈와 가타리의 논점은, 대장장이가 망치, 모루, 작업용 금속, 가열로의 열 등과 같은 다른 유형 신체들 또는 기계들과 상호작용한 결과로서 그의 몸이 새로운 형태와 새로운 일단의 성향을 띠게 된다는 것이다. 대장장이가 온종일 모루에 망치질을 하는 노동의 결과로서 그의 근육은 보디빌더와는 다른 특정 방식으로 형성된다. 망치와 모루와 관련된 이런 움직임을 반복적으로 수행함으로써 어떤 근육의 성향, 어떤 조작 역량이 창출되거나 어떤 역능이 생겨난다. 이런 끊임없는 움직임의 결과로서 그의 뼈는 손상을 입게 되면서 끊임없이 치유되고 또다시 발생하는 미세 골절을 초래할 것이다(미래에 그는 관절염을 앓을까?). 마찬가지로, 그가 매일 모루를 대하는 자세로 인해 어떤 특정 방식으로 서 있는 경향, 즉 자세의 성향이 생겨날 법하다. 이런 사태는 나의 조부처럼 바지선과 예인선에서 해상 생활을 영위하는 사람들의 사례에서 찾아볼 수 있다. 그들의 움직임과 자신을 지탱하는 방식은 굉장히 독특하다. 그들은 약간 게걸음을 하는데, 그들의 다리는 벌어져 있고 어깨는 약간 구부려져 있으며 팔은 옆구리에 닿아 있다. 그들은 파도의 움직임을 접어서 자신의 몸에 넣었는데, 그리

---

33. Deleuze and Guattari, *A Thousand Plateaus*, 41. [들뢰즈·가타리, 『천 개의 고원』.]

하여 그들이 바다에 떨어지거나 넘어지지 않은 채 갑판을 횡단할 수 있게 하는 형태의 걷기 및 서 있기 자세가 생겨났다. 그들의 근육 조직에 이런 파도의 움직임이 새겨짐으로써 결국 그들은 뭍에서도 그 밖의 방식으로는 걷거나 서 있을 수 없게 된다. 선원의 몸은 문자 그대로 체화된 파도가 된다. 여기서 요점은 이런 신체 **형태**, 이런 내용의 형식은 기표, 언어, 혹은 기호와 아무 관계도 없다는 것이다. 선원과 대장장이가 표현 성분을 포함한 훈련을 받았음은 틀림없고, 그들은 표현 성분을 포함하는 규정과 표준을 따라야 하지만, 이와 같은 그들의 신체 성향과 역능, 기질의 변화는 기호 기계의 결과가 아니라 유형 기계들 사이의 물리적이고 정동적인 만남의 결과다. 이런 변화는 서로 영향을 주고받는 유형 기계들의 결과인데, 요컨대 이들 기계가 서로 마주침으로써 각자의 조작과 역능이 바뀌게 된다.

이와는 대조적으로, 표현의 측면에서는 매우 다른 사태, 즉 기호 기계와 비물질적 변환과 관련된 사태가 전개된다. 기호 기계란 기호와 기호 체계를 통해서 입력물을 변환하는 기계다. 여기서 우리는 들뢰즈와 가타리를 좇아서 언어와 기호, 표현에 관해 전적으로 논증하지는 않지만, 그들은 비물질적 변환을 신체들 사이에 개입하는 언어적 사건이나 기호적 사건으로 규정하는데, 그리하여 신체는 어떤 기호 체계 속 자신의 지위와 역능을 변환하게 된다. 대장장이와 모루, 망치 사이의 관계와 달리, 비물질적 변환은 그것이 작용하는 유형 기계의 물질적인 것은 전혀 변화시키지 않는다. 유형 기계는 여전히 유형 기계로서 이전에 그랬던 바로 그대로 남아 있게 된다. 더욱이, 기호적인 비물질적 변환에 해당하는 성질을 유형 기계에서 찾는 것은 헛된 일일 것이다. 예를 들면, 신임 대통령임에 해당하는 물질적 성질은 전혀 없다. 우리가 거리에서 그런 사람을 마주치더라도 그 나라의 정부

에 관해서 아무것도 모
른다면, 이 사람을 대통
령으로 특징짓는 그 어
떤 질적 특성도 알아내
지 못할 것이다. 비물질
적 변환으로 바뀌어버린
것은 어떤 존재자의 물
질적 역능과 성질이 아니

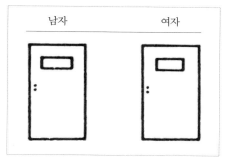

〈그림 5.1〉 라캉의 두 개의 문

라 그것의 사회적 본질이다. 라캉은 세계와 무의식에서 발휘되는 기표
의 행위주체성을 논의하면서 이 사태에 관한 멋진 사례를 제시하는
데,[34] 요컨대 〈그림 5.1〉을 보라.

여기서 라캉의 논점은 이들 두 개의 문 사이에 물질적 차이나 신체
적 차이는 전혀 없다는 것이다. 여자의 방과 남자의 방 사이에 극적인
차이를 만들어내는 것은 문들의 역능이 아닌데, 즉 이들 두 개의 문
사이의 차이는 이들 두 개의 문이 남자의 몸과 여자의 몸에 물질적으
로 영향을 미치는 방식에서 생겨나지 않는다. 오히려, 이들 두 개의 문
을 분별하는 것은 기표, 즉 표현의 측면에서 비롯된 행위주체성일 뿐
이다. 일단 '남자'와 '여자'라는 기표들, 기호들이 그 문들에 내걸리게 되
면, 그것들은 매우 다른 사회적 기능을 띠게 된다. 그 문들은 이전에
언제나 그랬던 대로 남아 있게 되는데, 이를테면 철저히 성공적인 역
병 같은 대참사의 결과로 모든 표상 기계가 사라지더라도 그 문들은
그대로 남아 있을 것이다. 남아 있지 않을 것은 표상 작용을 통한 비

34. J. Lacan, *Écrits*, trans. B. Fink (New York : W.W. Norton, 2006), 416~7. [자크 라캉,
『에크리』, 홍준기·이종영·조형준·김대진 옮김, 새물결, 2019.]

물질적 변환이 인간의 몸들을 분류하여 남자 몸은 왼쪽 문을 통과하고 여자 몸은 오른쪽 문을 통과하도록 할당하는 방식이다. 여기서 그런 차이를 도입하는 것은 그 문들 자체가 아니라 기표, 즉 특정한 무형 기계다. 비물질적 변환은 해당 사물 자체를 변화하는 것이 아니라, 오히려 다른 기계들이 해당 기계 또는 사물과 관계를 맺는 방식을 변환한다. 요약하면, 무형 기계 ─ 인지 기계, 사회적 기계, 기호 기계, 언어 기계 ─ 는 한 기계를 다른 한 기계와 관련시키는 방식에 관계한다. 무형 기계는 유형 기계 자체의 역능을 변화시키는 것이 아니라, 오히려 한 유형 기계를 다른 한 유형 기계와 관련시키는 방식을 규정한다. 기호 기계의 결과로 이제 나는 단지 '남자'라고 명명된 문을 통과할 수 있을 뿐이고, 내가 다른 문을 통과한다면 제재를 받게 될 것이다.

『사물의 체계』[35]와 『기호의 정치경제학 비판』[36] 같은 저작에서 보드리야르는 이런 용어를 사용하지 않고서도 표현 기계와 비물질적 변환에 관해 비슷한 논점을 제기한다. 보드리야르가 소비 분석의 맥락에서 진술하는 대로, "사물에 관한 정확한 이론은 필요와 그 충족에 관한 이론 위에 정립되는 것이 아니라, 사회적 급부와 의미화에 관한 이론 위에 정립될 것이다." 그는 계속 말한다. "'소비'에 관한 사회학적 분석을 위한 근본적인 개념적 가정은 사용가치, 즉 필요와의 관계가 아니라, 상징적 교환가치, 즉 사회적 급부의 가치, 경쟁의 가치, 그리고 궁극적으로는 계급 판별의 가치다."[37] 보드리야르는 맞기도 하고

35. J. Baudrillard, *System of Objects*, trans. J. Benedict (New York : Verso, 2006). [장 보드리야르, 『사물의 체계』, 배영달 옮김, 지만지, 2011.]

36. J. Baudrillard, *For a Critique of the Political Economy of the Sign*, trans. C. Levin (New York : Telos Press, 1981). [장 보드리야르, 『기호의 정치경제학 비판』, 이규현 옮김, 문학과지성사, 1998.]

37. 같은 책, 30~1. [같은 책.]

틀리기도 하다. 필요, 사용가치, 혹은 상징적 교환가치에 관한 이론이 사물 또는 기계에 관한 이론이라고 주장하는 점에서 보드리야르는 틀렸다. 유형 기계는 우리가 그것을 사용하거나 필요로 하거나 상징화하는 방식에 상관없이 그런 것이다. 여기서 보드리야르는 사물의 본질에 관한 논의를 우리가 사물을 표상하거나 사용하거나 소비하는 방식과 융합한다. 보드리야르가 실제로 분석하는 것은 한 종류의 기계가 다른 한 종류의 기계와 관계를 맺는 방식이다. 필요와 사용의 견지에서 사물을 분석하는 경우에 우리는 인간 같은 유형 기계가 식품, 스크루드라이버, 자동차, 물 등과 같은 다른 유형 기계와 관계를 맺는 방식에 관해 말하고 있다. 상징적 교환가치의 견지에서 사물을 분석하는 경우에 우리는 비물질적 표현 기계, 기호 기계가 다른 기계에 지위 및 계급과 관련된 의미를 주입하는 방식에 관해 말하고 있다. 예를 들면, 메르세데스 자동차는 A 지점에서 B 지점으로 이동하는 데 사용하는 교통수단일 뿐만 아니라 특권과 부유함의 표지이기도 하다. 그 자동차가 이런 비물질적 변환을 겪을 때 그것 자체는 전혀 변하지 않고, 오히려 변화하는 것은 우리가 그 사물 및 그것을 운전하는 사람과 관계를 맺는 방식이다.

『자본론』에서 맑스는 가치 현상에 대하여 바로 이런 주장을 제기한다. 맑스가 진술하는 대로, "지금까지 어떤 화학자도 진주나 다이아몬드에서 교환가치를 찾아낸 적이 결코 없다."[38] 맑스가 상품 물신숭배에 관한 분석을 통해서 객체 또는 기계의 독립성을 부인했다는 주장이 가끔 제기된다. 여기서 어쩌면 상품 물신숭배는 "사람들 사이의 특정한 사회적 관계가 … 사물들 사이의 관계라는 환상적인 형태로

---

38. Marx, *Capital: Volume I*, 177. [마르크스, 『자본론 I-상·하』.]

나타날" 때 생겨난다는 맑스의 논제가 언급될 수 있을 것이다.[39] 우리는 자신이 단지 어떤 자동차, 어떤 사물을 구매하고 있을 뿐이라고 생각하는데, 그리하여 이 자동차를 생산하게 하고 그 가치를 띠게 하는 인간들의 사회적 관계의 얼개를 무시하게 된다. 이런 상황에서, 성급한 독자라면, 사물은 사실상 환영이고 정말로 실재적인 것은 사회적 관계라는 결론을 순식간에 내릴 것이다. 하지만 맑스는 사물, 객체, 신체, 또는 기계의 독립적인 현존을 부인하지 않는다. 나중에 맑스가 진술하는 대로, "사물은 그 자체로 인간의 바깥에 존재하고, 그래서 양도될 수 있다."[40] 그런데 노동자가 생산 과정에서 자기 노동의 생산물로부터 소외되는 것과 꼭 마찬가지로, 사물은 상품이 되고 가치를 띠게 되면서 자신으로부터 소외된다. 사물, 기계, 또는 객체는 비실재적이고 사회적 관계가 정말로 실재적이라는 것은 사실이 아니다. 유형 기계는 전적으로 실재적이고 나름 독립적으로 현존한다. 오히려, 사물 또는 유형 기계는 또 다른 기계, 즉 비물질적이고 표현적이며 사회적인 생산 기계의 조작으로 상품이 되고 가치를 띠게 되면서 소외를 당하게 된다. 유형 기계는 이런 무형 기계에 대한 입력물이 되어 그 기계의 조작을 통해서 변환됨으로써 그 사물 자체의 특성과 역능에서 전혀 찾아낼 수 없는 지위를 띠게 된다.

일단 주위를 살펴보면, 이들 무형 기계와 표현의 측면과 관련된 변환들이 도처에서 나타남을 알게 된다. 두 사람이 결혼을 하게 될 때, 우리는 비물질적 변환을 마주하게 된다. 이 경우에 두 배우자의 몸, 그들의 육체적 존재에서는 물질적 변화가 전혀 일어나지 않지만, 그들

---

39. 같은 책, 165. [같은 책.]
40. 같은 책, 182. [같은 책.]

이 서로 관계를 맺는 방식, 타인들이 그들과 관계를 맺는 방식, 그들의 법적 지위는 모두 두드러지게 바뀐다. "당신을 사랑합니다" 같은 언표의 경우에도 마찬가지다. 물질적으로 그 두 연인은 여전히 그대로지만, 그들이 서로 관계를 맺는 방식과 그들이 상대방에게서 기대할 수 있는 것은 철저히 바뀐다. 어떤 사람이 학위나 시민권을 취득하거나 승진하게 되면, 그는 비물질적 변환을 겪게 된다. 인종주의에서 인종 구분은 비물질적 변환이다. 전쟁 선언과 위기 선언은 비물질적 변환이다. 법정에서 선고되는 판결과 유무죄의 평결은 비물질적 변환이다. 소쉬르가 지적한 대로, 버스 일정조차도 기호 기계의 결과다. 어떤 버스를 오전 8시 버스로 만드는 것은 그 버스의 물질적 본질과 아무 관계도 없다. 나날이, 각기 다른 유형 기계, 각기 다른 신체로서의 두 버스는 모두 오전 8시 버스가 될 수 있다. 오히려, 어떤 버스가 오전 8시 버스인지 아닌지 결정하는 것은 어떤 비물질적 표현 체계다. 이 논점에 대한 증명은, 그 버스가 물질적으로 다른 버스이거나 그 버스가 6분 늦게 출발할 때에도 그 버스는 여전히 오전 8시 버스라는 사실에 있다. 종류, 양식, 지위 등의 분류 역시 비물질적 변환이다.

모든 비물질적 변환은 역사적으로 특징지어진 '문법'과 범주화 체계가 있다. '문법'은 비물질적 변환을 주재하는 조작의 구조 내지 형식을 가리킨다. 예를 들면, 15세기 법체계의 문법은 21세기 법체계의 문법과 다르다. 이를테면, 유무죄를 결정하기 위한 절차가 다를 뿐만 아니라 범죄의 분류도 다르다. 마찬가지로, 의료 진단 체계, 사회적 신분 체계, 직책과 직업의 체계, 통치 체계 등도 변화한다. 표현 체계의 문법은 이 모든 분류와 조작이 서로 관계를 맺는 방식을 가리키고, 표현 기계의 실질은 그것이 인식하는 다른 추상적 객체들을 가리킨다. 예를 들면, 앞서 인용된 들뢰즈의 예시에서, '비행'은 형법 체계를 표현하는 체계의 실질로서 인용되었다. '비행'은 어떤 특정인이나 일단의 신체를 가리키는 것이 아니라, 오히려 다양한 물질적 신체에 비물질적 변환을 수행할 수 있는 추상적 범주를 가리킨다. 표현의 실질은 표현 기계가 세계 안에서 분할하는 추상적 종류들을 가리키고, 표현의 형식은 이들 실질이 조직되는 방식, 그것들이 서로 맺는 관계의 문법, 그리고 그 생태 속 표현 체계의 조직을 가리킨다.

요점은 표현의 측면과 내용의 측면이 그것들이 나타나는 세계의 단일한 내재적 평면에 존재한다는 것이다. 그 두 측면은 상호작용하고 서로 영향을 주고받지만, 한 측면이 다른 한 측면을 결정하거나 초코드화하지는 않는다. 어떤 특정 세계에서 내용의 측면이 표현의 측면을 결정하지도 않고, 표현의 측면이 내용의 측면을 결정하지도 않는다. 이런 점에서, 내용의 측면은 하부구조이고 표현의 측면은 상부구조라고 할 수 없다.[41] 때때로, 계몽주의 시대의 부르주아 혁명의 경우처럼, 표현의 측면이 내용의 측면을 앞지르면서 기호 혁명, 즉 사상과 사회적 관계의 혁명이 초래될 것이다. 부르주아 혁명의 경우에, 사회적 관계들을 조직하는 규범적 방식, 인간성의 본질(표현의 실질)에서는 혁명이 일어났지만, 내용의 측면은 아직 바뀌지 않았다. 도시 구조, 노동 구조, 생산양식, 생산 기법, 기술 등은 표현의 층위에서 일어난 비물질적 변환에 적합한 유형 기계들의 회집체를 아직 창출하지 못했다. 사람들은 수 세기 동안 존속한, 계층화되고 농촌사회적인 그 생태에서 계속 살았다. 그 혁명은 루소와 볼테르 같은 사람들에게만 한정되었다. 그런데도 표현의 층위에서 일어난 이들 비물질적 변환은 내용의 층위에서 일어날 물질적 변환을 위한 추진력을 제공했다. 표현의 꿈에

---

41. Deleuze and Guattari, *A Thousand Plateaus*, 89. [들뢰즈·가타리, 『천 개의 고원』.]

힘입어 유형 기계들 사이에 새로운 관계를 형성하는 실험이 생겨났다.

내용의 측면의 경우에도 마찬가지다. 정치 혹은 사회조직의 층위에 기입되지 않은 새로운 분배 기술의 사례에서 나타나는 대로, 물질적 변환과 기술적 변환이 표현적 변환을 앞지를 수 있다. 이를테면, 남성과 여성을 함께 소집하고, 다른 민족 출신의 사람들과 다른 농촌 지역 출신의 사람들을 함께 소집하는 공장의 사례에서 나타나는 대로, 물질적 신체들의 배치는 철저히 변환되는 한편으로 표현의 체계는 이 변환을 아직 기록하지 못할 수 있다. 이런 상황은 2차 세계대전 시기에 여성과 관련된 사례에서 나타났을 법하다. 남자들이 전쟁터로 떠나갔을 때, 여자들은 공장을 떠맡았고, 전통적으로 남성이 차지했었을 직무를 떠맡았고, 가계 재정을 관리했고, 아이들을 훈육하고 양육했으며, 무엇을 구매할지 결정하는 등의 일을 처리했다. 물질적 신체들 사이의 관계, 즉 내용의 차원 전체가 바뀌었다. 하지만 표현의 측면은 그 후 수십 년 동안 바뀌지 않았다. 그 이유는 무엇인가? 전쟁이 끝나자 남자들은 집으로 돌아와서 여자들에게 가사를 다시 할당하고 그들의 직무를 떠맡았다. 상상컨대, 이들 배우자의 아이들은, 어머니는 자유를 잃어버린 상황에 불만을 품게 되었고, 아버지는 '외상 후 스트레스 장애', 알코올 중독, 그리고 전쟁 이전의 시기부터 신봉한, 남성과 여성의 사회적 역할과 관련된 일련의 표현적 규범에서 비롯된 전쟁 후유증으로 황폐해져 버린 현실을 목격했을 것이다. 그 국면은 마치 전쟁이 끝나고 돌아온 남자들이 사회적 역사의 다른 시대에서 전송된 사람들인 것과 같은 상황인데, 요컨대 그들은 자신들이 부재한 상황에서 발달한 새로운 사회적 관계들과 결이 어긋나는 일단의 규범을 갖추고 있었다. 그들은 기묘하게도 자신들에게 여전히 현재인 다른 시대에 살고 있었다. 이런 불만, 이런 부부 사이의 갈등을 목격한 아이들은 어쩌면 표현의 층위에서 다른 젠더 관계의 가능성을 구상하기 시작했었을 것이다. 여성은 왜 일을 할 수 없게 되어 있는가? 여성은 왜 은행 계좌를 개설하는 데 남편이 있어야 하는가? 부부간의 관계는 왜 불평등해야 하는가? 도대체 결혼은 왜 해야 하는가? 2차 세계대전의 시기에 공장을 통해서 초래된 변환과 경구 피임약의 발명 사이에 처한 이 후속 세대는 내용의 측면의 층위에서 이미 일어났거나 가능한 것으로 기입된 변환에 부합되는 표현의 측면의 층위에서 혁명을 일으켰다. 그 두 측면은 서로 독립적으로 발달하였음에도 서로 영향을 주고받는다.

표현의 측면이 정말 얼마나 확장되는지 알아내기는 어렵다. 우리는 표현의 측면과 내용의 측면 둘 다를 포함하는 세계가 규칙이라기보다는 오히려 예외임을 이해했다. 그런데 표현의 측면이 인간들로 이루어진 세계에 한정되어 존재하는지는 확실하지 않다. 두족류 동물이 자신의 색깔을 바꿈으로써 신호를 보내는 방식, 꿀벌이 꽃의 꿀이 어디에 있는지 동료 꿀벌에게 알려주기 위해 춤을 추는 방식, 고래의 노래, 새소리, 비인간 영장류 공동체 내의 소통 방식, 한 무리에 속한 늑대들 사이의 소통 방식 등에서 나타나는 대로, 표현의 측면은 동물계 전체에 걸쳐 발견될 수 있을 법하다. 이것들은 각기 다른 역능과 역량을 갖춘 다른 종류의 표현 기계임이 확실하기에 표현의 측면이 인간 세계에 한정된 것처럼 보이지는 않는다.

컴퓨터 기술이 더 지능화되면서 그 기술 역시 표현 기계를 발달시키고 있는 것처럼 보인다. 내가 온라인으로 아마존에서 책을 구매할 때 그 회사는 내가 관심을 가질 다른 책들을 놀랍도록 매우 정확하게 추천한다. 이런 기호와 관심의 분류를 수행한 것은 인간 사회적 기계가 아니라, 오히려 독자들의 구매 습관을 서로 비교하여 점검함으로써 다른 독자들이 유사한 책에 관심을 가질 개연성을 알아내는 컴퓨터 프로그램이다. 여기서 컴퓨터들이 서로 표현적으로 소통하는 사태가 드러난다. 사람들이 이들 표현적 컴퓨터 기계에 입력물을 제공하는 한에 있어서 인간은 그 사태의 일부이지만, 이들 조작을 수행하는 것은 컴퓨터들이다. 여기서 한 걸음 더 나아가서 컴퓨터들이 구매 기록에 바탕을 두고서 특정 서적에 대한 수요 자료를 수집하여 이 정보를 다른 한 컴퓨터에 입력물로 전달하고, 그다음에 그 컴퓨터가 특정 서적의 복제본을 추가로 인쇄하는 한편으로 다른 서적의 인쇄 수량을 줄이라는 명령을 내리는 상황을 상상할 수 있다. 로렌스 라스커 감독의 1983년 영화 〈위험한 게임〉에서 연출된 대로, 여기서 사람들은 생산에 대한 의사결정 과정에서 완전히 배제되었을 것이다. 이와 같은 상황이 구글 같은 검색엔진에서 진행하고 있는 것처럼 보인다. 우리는 온라인 검색을 실행하면서 자신이 브라우저상에 나타난 링크 중 어떤 링크에 접속할지 선택하고 있다는 인상을 품게 된다. 그리고 사실상 부분적으로는 우리가 선택하고 있다. 그런데 우리가 선택하지 않은 것은 주어진 선택지들 자체다. 오히려, 제시되는 링크들과 그 우선순위는 온라인으로 다양한 사이트에 방문한 빈도에 바탕을 둔 컴퓨터 알고리즘에서 비롯된다. 이런 식으로 순위를 매겨 링크를 제시함으로써 구글 같은 검색엔진은 어떤 정보 순응성을 산출하는데, 그리하여 다른 개미들이 남겨놓은 페로몬의 흔적을 쫓는 개미들처럼 다른 사람들이 같은 링크에 접속할 것이라는 점을 보증한다. 여기서 우리는 사람들이 정보와 맺는 관계를 조직하는 기술적 표현 기계를 살펴보았다.

기술적 표현 기계의 가능성은 꽤 으스스하고 전체주의적인 느낌을 주는데, 사실상 현재 사회적 통제에 악용될 소지가 많다. 그런데 또한, '빅데이터' 기술이 유토피아적인 해방의 잠재력도 갖추고 있음을 인식하는 것이 중요하다. 사회주의적 계획 경제에 반대하는 표준적인 주장은, 그런 경제는 생산과 분배, 소비의 필요에 대응하지 못하기에 딱하게도 소비용 재화를 제대로 생산해 내지 못한다는 것이다. 소비 욕구는 정말 너무나 복잡하고 우발적이어서 미리 계획할 수 없다. 그러므로 자본주의가 선호되어야 하는 이유는 자본주의가 자체의 자기조직화 역량을 통해서 생산을 수요에 맞춰 조정할 수 있기 때문이라고 계속해서 주장한다. 그런데 엄청나게 복잡하고 변동을 거듭하는 수요 패턴을 추적할 수 있는 능력을 갖추고 있는 빅데이터 기술에 힘입어 분배와 생산의 문제에 대응할 가능성이 제시된다. 이렇게 해서 빅데이터 기술에 힘입어 자본주의적 중간 상인과 투기꾼을 배제할 가능성이 제시된다.[42] 여기서 우리는, 여느 기계와 마찬가지로, 기술 역시 다양한 방식으로 전유될 수 있다는 점에서 다능적임을 떠올려야 한다. 기계의 억압적 전유는 전유되는 기계의 내재적 특징이 아니라, 오히려 그 기계를 전유하는 기계의 기능이다. 모든 기계가 자신의 관계에서 분리될 수 있는 한에 있어서 모든 기계는 다른 목적을 위해 사용될 수 있다.

내용의 측면과 표현의 측면은 공시적 차원뿐만 아니라 통시적 차원도 있다. 내용과 표현의 공시적 차원은, 이들 측면이 어떤 주어진 시점과 지점에서 조직되는 방식, 표현 기계와 내용 기계가 서로 관계를 맺는 방식, 그리고 그 두 측면이 서로 섞이고 영향을 주고받는 방식을 가리킨다. 반면에, 통시적 차원은 기계들이 서로 조작을 수행하여 다

---

42. 나의 이 통찰은 닉 서르닉의 강연에서 비롯되었다. N. Srnicek, "Navigating Neoliberalism," The Matter of Contradiction Conference, Limousin, France, September 8, 2012를 보라(⟨http://vimeo.com/52434614⟩에서 입수할 수 있음).

른 기계를 생산하고 회집하는 방식을 가리킨다. 들뢰즈와 가타리가 주장하는 대로,

> 이중 분절은 너무나 다양해서 우리는 일반 모형으로 시작할 수 없으며, 단지 비교적 단순한 사례로 시작할 수 있을 뿐이다. 첫 번째 분절은 불안정한 입자 흐름에서 준안정한 분자적 혹은 준분자적 단위체들(실질)을 골라내거나 뽑아내어 그것들에 연결과 계승의 통계적 질서(형식)를 부과한다. 두 번째 분절은 기능적이고 긴밀하며 안정한 구조들(형식)을 확립하는 동시에 이들 구조가 실현되는 물질적 화합물들(실질)을 구성한다. 예를 들면, 지층에서 첫 번째 분절은 '퇴적'의 과정인데, 이 과정을 통해 사암과 편암이 연이어 쌓이게 된다. 두 번째 분절은 안정한 기능적 구조를 구축하고 퇴적물을 퇴적암으로 이행시키는 '습곡작용'이다.[43]

첫 번째 분절은 조작을 수행하기 위한 입력물을 선택하는 기계다. 여기서 우리는 내용 아니면 표현 기계의 실질을 맞닥뜨린다. 두 번째 분절은 조작의 조직화 또는 형식의 생산을 가리킨다. 이들 조작을 수행하기 위해 선택되는 요소들은 질료로 일컬어진다.『천 개의 고원』에서 들뢰즈와 가타리는 조형된 실질이 되도록 선택된 질료 자체는 형식이 없다고 주장하면서 다음과 같이 진술한다. "질료는⋯ 형식을 부여받지 않았고, 조직화되지 않았으며, 계층화되지 않았거나 탈계층화된 신체일 뿐만 아니라, 그것의 모든 흐름, 즉 분자나 원자보다 작은 입자들과 순전히 세기만 있는 것들, 생명과 신체를 갖추기 이전의 특이한 것

---

43. Deleuze and Guattari, *A Thousand Plateaus*, 40~1. [들뢰즈·가타리,『천 개의 고원』.]

들이기도 하다."⁴⁴ 그런데 형식을 부여받지 않은 기계가 없는 한에 있어서, 우리가 보기에, 이런 구분은 순전히 상대적이다. 기계는 조형적이어서 다른 기계가 될 수 있는데, 언제나 형식을 갖추고 있다. 질료는 그것 자체로 조형된 실질인데, 또 다른 기계를 거치는 결과로서 새로운 형식을 띠게 된다.

이 논점은 퇴적암의 형성에 관한 들뢰즈와 가타리의 사례에서 예시될 수 있다. 한편으로, 내용의 층위에서 조형된 실질이 될 질료를 선택하는 기계가 있다. 예를 들면, 선택하는 기계는 어쩌면 강물이 일정한 속도로 흐르는 강일 것이다. 그 강은 특정 속도로 흐르기에 특정 크기의 모래와 자갈을 골라낸 다음에 강이 구부러지고 느려질 하류에 그것들을 쌓는다. 그리하여 그 강은 실질이 될 어떤 질료를 선택한 기계다(첫 번째 분절). 시간이 흐름에 따라 모래와 자갈이 축적되어서 더욱더 큰 압력을 가하게 된다. 이 국면에서 모래와 자갈의 단순한 축적에서 새로운 기계, 즉 퇴적암에의 이행이 이루어진다(두 번째 분절). 퇴적암은 새로운 기계이지만, 상호작용하는 다른 기계들에서 형성된 구성체다.

들뢰즈와 가타리가 지적하는 대로, 그 두 분절의 공시적 과정들은 엄청나게 다양하다. 그 두 분절은 공동의 특질을 공유하지만, 매우 다른 조직과 과정을 수반한다. 예를 들면, 초등학교 같은 교육 기계는 첫 번째 분절과 두 번째 분절을 모두 갖추고 있으면서 어떤 인지적 특질과 정동적 특질, 규범적 특질, 계급적 특질, 국민적 특질을 갖춘 학생의 형태로 새로운 기계를 생산할 것이지만, 이 교육 기계는 강보다 훨씬 더 복잡하여 표현 및 내용의 층위에서 다양한 기계가 연동

---

44. 같은 책, 43. [같은 책.]

되어 있을 것이다. 예를 들면, 표현의 층위에서는 초등학교에 들어가서 분절 과정을 시작할 수 있는 어린이들(질료)을 선택하는 법적 기계 내지 규범적 기계가 있을 것이다. 이런 표현 기계는 단지 특정 연령의 학생들만 선택할 것이고, 예를 들면, 어떤 장애가 있는 어린이들은 배제할 수도 있을 것이다. 초등학교의 경우에, 그 표현 기계는 어쩌면 특별한 재능, 종교적 신앙, 경제적 지위 등에 근거하여 어린이들을 선택할 것이다. 이 과정은 교육 기계 안에서 실질이 될 학생들을 선택하는 첫 번째 분절일 것이다. 어린이들이 교육 기계에 들어가서 형성 과정(두 번째 분절)을 시작함에 따라, 그들에게 동원되는 온갖 종류의 표현 기계가 당연히 존재할 것이다. 이들 표현 기계에는 교육과정과 교수법, 행태를 관장하는 규정이 포함될 것이다. 그런데 또한, 내용 또는 물질성의 층위에서 학생들에게 작용하는 온갖 종류의 기계도 존재할 것인데, 이를테면 책상들의 배치, 육체 활동, 학교급식 식단 등이 있다. 이들 내용 기계와 표현 기계는 교육 기계마다 다를 것이다. 학생들은 이들 기계를 거침에 따라 육체적으로 그리고 인지적으로 서서히 조직되거나 형성된다. 푸코는『감시와 처벌』같은 저작에서 이런 종류의 복잡한 기계를 능수능란하게 분석했다.

통시적 시각에서 바라보면 기계는 역사가 있다는 사실을 절대 잊지 말아야 한다. 이것은 문화뿐만 아니라 자연도 마찬가지다. 노라 에프론의 감독의 1996년 영화 〈마이클〉에서 대천사 미카엘은 줄서기의 발명을 자신이 문화에 이바지한 주요한 공헌 중 하나로 여긴다. 줄서기는 우리에게 자명한 것처럼 보임에도 불구하고 발명되어야 했던 표현 기계다. 그런데 자연적 기계의 경우에도 마찬가지다. 다윈은 종이 생겨나면서 거치는 기계 조작과 과정들에 관한 탐구에의 길을 가리켰다. 지질학자는 어떤 종류의 바위와 산, 대륙이 생겨나면서 거치는 기계 과정들을 탐구한다. 현대 천체물리학자는 다양한 원소의 원자가 항성이라는 화로에서 어떻게 만들어지는지 설명한다. 기계가 생성의 결과라는 사실을 인식하는 것은 그레이엄 하먼이 객체를 "아래로 환원하기"라고 부른 것을 결코 수반하지 않는다.[45] 하먼의 경우에, 우리가 어떤 객체의 독립적이고 자율적인 실재를 부정하면서 그것을 더 기본적인 실재로 환원할 때마다 그 객체는 아래로 환원된다. 그러므로, 예를 들면, 우리가 철 원자는 정말로 실재적인 것이 아니고, 오히려 정말로 실재적인 것은 그 원자를 구성하는 아원자 입자들이나 어쩌면 끈들이라고 주장하면, 철 원자의 존재를 아래로 환원하고 있는 셈일 것이다. 철 원자가 아원자 입자의 층위에서는 존재하지 않는 역능을 갖추고 있는 한에 있어서 철 원자 및 아원자 입자는 모두 정말로 실재적이다. 철 원자가 거대한 항성의 지옥에서 일어나는 생성의 결과라고 지적하는 것은 일단 철 원자가 만들어지고 난 후에 그것이 갖는 나름의 독립적인 실재를 아래로 환원하는 것이 아니다.

1부에서 시도된 엔트로피에 관한 논의로부터 우리는 엔트로피가 낮은 존재자와 음엔트로피적 존재자가 비개연적임을 떠올리게 될 것이다. 이것은 대다수 기계가 시간을 가로질러 존속하려면 끊임없이 조작에 관여해야 한다는 점을 뜻할 뿐만 아니라, 기계는 자연사와 문화사에서 창세기를 갖거나 생성된다는 점도 의미한다. 기계의 비개연성을 강조하는 것은 우리에게 기계를 영원하고 불변하는 하나의 주어진 것으로 여기지 않고서 기계의 생성 방식에 관한 역사에 주목하도록 일깨운다. 기계의 비개연성에 대한 인식은, 예를 들면, 사회가 역사의

---

45. G. Harman, *The Quadruple Object* (Winchester : Zero Books, 2011), 8~10. [그레이엄 하먼, 『쿼드러플 오브젝트』, 주대중 옮김, 현실문화, 2019.]

특정 시점에 계급으로 계층화되는 방식을 그냥 받아들이기보다는 오히려 이 특정한 음엔트로피적 배치가 역사적으로 산출되면서 거치는 기계 및 과정과 더불어 그 배치가 현재 존속하기 위해 거치는 기계 조작도 탐구하도록 권고한다. 자연적 기계와 문화적 기계의 통시적 차원을 인식하는 것이 특히 중요하다면, 그 이유는 그 인식이 우리에게 상황이 달리 될 수 있음을 가르쳐 주기 때문이다. 예를 들면, 어떤 사회적 기계는 어떤 역사의 결과이고 과거에는 상황이 달랐다는 인식에 힘입어 우리는 현존하는 사회적 기계들을 비판할 뿐만 아니라 다른 사회적 기계들의 가능성도 상상할 수 있게 된다.

존재지도학은 사회적 차원과 정치적 차원에서의 표현과 내용을 공시적 측면과 더불어 통시적 측면에서 탐구하려고 한다. 인간과 관련된 사회적 세계는 내용 및 표현의 요소들로 이루어져 있음을 기억하는 것이 매우 중요하다. 프랑크푸르트학파와 구조주의와 포스트구조주의에 걸쳐 대륙적 전통의 사회사상과 정치사상은 내용의 측면에 피해를 줄 정도로 표현의 측면에 압도적으로 집중했다. 물론, 이런 경향적 지배에 대한 두드러진 예외 사례들이 있는데, 이를테면 브뤼노 라투르와 행위자-네트워크 이론가들의 작업, 이사벨 스탕게스와 도나 해러웨이, 미셸 세르의 작업, 제인 베넷과 스테이시 엘러이모, 캐런 배러드 같은 신유물론적 페미니즘 사상가들에게서 예시되는 작업, 그리고 더 최근에 사변적 실재론자들의 작업이 있다. 그런데도 지금까지 문화연구에서 지배적인 작업은 표현의 측면에 집중하였다. 물론, 이들 탐구가 표현의 측면에 자연스럽게 집중하는 인문학 내에서 수행된다는 점을 참작하면, 이런 상황이 전혀 놀랍지 않다. 마찬가지로, 대륙적 전통의 사회사상과 정치사상에서 이루어지는 대다수 이론적 작업은 2차 세계대전 시기에 나치 체제가 인민을 통제하기 위해 선전술을 사용한 사실로 인한 트라우마로 깊이 특징지어질 뿐만 아니라, 사회적 관계에 전례 없는 영향을 미친 라디오, 텔레비전, 그리고 더 최근의 인터넷 같은 신규 형태의 표현 매체의 발흥으로도 특징지어진다. 우리의 역사적 국면을 참작하면, 사회 이론가와 정치 이론가들이 기호 기계들이 조직되는 방식, 그 기계들이 사회적 관계의 조직에 이바지하는 것, 그것들이 작동하는 방식, 그리고 그것들이 우리를 인지적으로 그리고 정서적으로 형성하는 방식에 특히 집중하곤 하는 사태는 놀랍지 않다. 그런데도 존재지도학은, 우리가 사회적 회집체와 정치적 회집체를 이해하고 그것들을 변화시키기 위한 효과적인 전략을 개발하고 싶다면, 내용과 표현의 상호관계와 더불어 이들 관계가 사회적 관계를 좌우하는 방식을 탐구해야 한다고 권고한다.

공간과 시간의 토폴로지

공간

존재지도학이 세계에서 다른 기계의 매체로서 작용하는 기계들 사이의 관계와 상호작용의 지도를 제작하는 한, 시간과 공간의 본성에 관한 물음은 반드시 제기된다. 이 물음은 그것만으로 몇 권의 연구서를 쉽게 차지할 수 있을 만큼 거대하고, 미묘하며, 믿기 어려울 정도로 복잡한 주제이고, 따라서 그 물음이 완전히 제대로 다루어질 방법은 전혀 없다. 그러므로 여기서 나는 존재지도학의 실제와 가장 관련이 있는 시간과 공간의 특질에 한정하여 논의를 전개할 것이다. 이어지는 글에서 나는 현상학적 전통 안에서 전개된 시간성과 공간성에 관한 분석은 논의에서 제외했다. 이런 분석은 어딘가 다른 곳에서 대단히 잘 이루어졌을 뿐만 아니라, 존재지도학이 탐구하는 실재의 층위와는 다른 층위에서 작동한다. 공간 체험을 현상학적으로 탁월하게 분석한 책에 대해서 나는 에드워드 케이시의 『장소로 돌아가기』[1]

---

1. E.S. Casey, *Getting Back into Place, Second Edition* (Bloomington : Indiana Univer-

를 독자에게 권한다. 또한, 케이시는 『장소의 운명』에서 공간과 장소가 역사 전체에 걸쳐 구상된 방식에 대한 귀중한 설명을 제시한다.[2] 인간의 관점에서 경험하는 시간성이 대륙적 전통에서 구상된 다양한 방식을 탁월하게 조사한 책에 대해서 나는 데이비드 호이의 『우리 삶의 시간』[3]을 독자에게 권한다.

나는 공간성과 시간성에 관한 현상학적 분석이 잘못되었다고 말하는 것은 아니다. 사실상 지금까지 그런 분석은 우리가 인간이 시간과 공간을 경험하는 방식을 이해하는 데 두드러지게 이바지했다. 오히려, 나는 이런 분석이 인간이라는 일종의 기계가 자신을 관통하는 입력물에 시공간적으로 조작을 수행하는 방식에 집중한다고 말하는 것이다. 여기서 나는 그런 분석이 이런 종류의 기계가 수행하는 조작에 대한 전적으로 타당한 설명이라고 여긴다. 하지만 존재지도학이 에일리언 현상학에 전제를 둔 포스트휴먼주의 시각에서 시작하는 한, 그것은 공간과 시간에 관한 논의를 한 종류의 기계가 시간적 및 공간적으로 조작하는 방식에 한정할 수 없다. 오히려, 존재지도학은 다양한 종류의 기계에 대한 시공간성을 분석할 만큼 충분히 넓은 이론적 틀이 필요하다. 또한, 존재지도학은 특정 기계들 ― 일반적으로 살아 있는 기계와 인간 기계, 사회적 기계 ― 이 세계를 시간적 및 공간적으로 경험하는 방식에만 오로지 집중하는 틀이 필요하기보다는 오히려 세계 속 기계들 사이에서 맺어지는 시공간적 관계를 주제로 삼을 수 있는 틀이 필요하다. 다시 말해서, 존재지도학은 하이데거가 경멸조로 '존재

sity Press, 2009).

2. E.S. Casey, *The Fate of Place* (Berkeley : University of California Press, 1999). [에드워드 S. 케이시, 『장소의 운명』, 박성관 옮김, 에코리브르, 2016.]

3. D.C. Hoy, *The Time of Our Lives* (Cambridge : MIT Press, 2009).

자적'이라고 일컬은 바로 그런 분석 양식이 필요하다.

논의를 더 전개하기 전에 한 가지 추가 단서가 언급되어야 한다. 이어지는 두 절에서 공간과 시간이 따로 논의되지만, 그 둘은 실제로 분리된 것이 아니라 별도로 생각될 뿐이다. 후속 분석이 명백히 밝히는 대로, 실제로는 단지 시공간성만 있을 따름이다. 시간적 차원과 함의를 갖추고 있지 않은 공간도 없고, 공간적 차원과 함의를 갖추고 있지 않은 시간도 없다. 공간과 시간은 동전의 양면처럼, 혹은 차라리 뫼비우스 띠처럼 존재론적으로 반드시 서로 밀접하게 얽혀 있다. 베르그송이 매우 공공연히 비난한 시간의 영구적인 공간화를 설명하는 것은 바로 이와 같은 공간과 시간의 불가분성이다.[4] 공간의 시간화와 꼭 마찬가지로 시간의 공간화도 오류가 아니라 존재론적 특질이다. 우리가 시간을 공간화하는 이유는 베르그송이 주장하는 대로 우리가 그 작용에 적합하도록 맞춰져 있기 때문이 아니라, 오히려 시간과 공간이 이미 일의적 현상으로서 서로 떼어놓을 수 없게 얽혀 있기 때문이다. 요약하면, 우리가 공간적 비유를 사용하여 시간을 서술하는 경향은 실수가 아니라 시공간성 자체의 특질이다. 그리하여 우리가 할 수 있는 최선의 것은 이런 일의적 현상의 공간적 경향과 시간적 경향을 서술하는 것인데, 그 두 경향이 언제나 상관되어 있음을 염두에 두면서 말이다.

시간과 공간에 관한 물음은 사실상 안정성, 불안정성, 엔트로피, 움직임, 그리고 되기에 관한 물음이다. 공간은 용기가 아니라 오히려 안정성의 환경이다. 루크레티우스가 가르쳐준 대로, 모든 존재자는 움직이고 있다. 존재자들은 빈곳을 거쳐 낙하할 뿐만 아니라, 가만

---

4. H. Bergson, "Introduction to Metaphysics," *The Creative Mind* (New York : Dover Publications, 2010), 133~69 [앙리 베르그송, 「형이상학 입문」, 『사유와 운동』, 이광래 옮김, 문예출판사, 1993]를 보라.

히 자리 잡고 있을 때도 운동 상태에 있다. 루크레티우스가 말하는
대로,

> 다음과 같은 사태는 놀랄 게 아니다. 즉,
> 원자들은 끊임없이 움직이고 있는데,
> 그 전체는, 여기저기의 개별적 움직임을 제외하면,
> 극도의 고요 속에 있는 것처럼 보이는 것은.
> 왜냐하면 원자들의 본성은 우리 감각 범위를
> 한참 넘어서 있기 때문이다. 이제 당신은 사물들 자체를
> 볼 수 없기에, 그것들이 운동을 우리 모르게 숨기는 것은 당연하다.
> 특히, 우리가 분간할 수 있는 사물들이라 해도 저 멀리
> 떨어져 있는 경우에는 자주 그 운동을 숨기니 말이다.
> 왜냐하면 양털 지닌 가축들은 언덕에서
> 행복한 양식을 뜯으며, 새 이슬 보석으로 반짝이는
> 풀들이 불러 초대하는 대로 움직여가고,
> 새끼 양들은 만족하여 뛰놀며 애교 있게 까부는데.
> 이들 모두는 멀리서 우리에게 뒤섞여 보이며,
> 마치 푸른 언덕에 흰빛이 놓인 듯하니까.[5]

저 멀리 떨어진 언덕 위에서 양들이 움직이고 있는데도 우리에게서 떨
어진 거리로 인해 가만히 있는 것처럼 보이는 사태와 마찬가지로, 내
가 그 위에서 글을 쓰고 있는 탁자를 구성하는 원소들이 움직이고
있는데도 이 운동이 보이지 않는 이유는 그 운동이 매우 작은 규모

---

5. Lucretius, *The Way Things Are*, 60~1. [루크레티우스, 『사물의 본성에 관하여』.]

에서 벌어지기 때문이다. 세르가 어딘가에서 말하는 대로, "소용돌이는…다름 아닌 사물들, 자연 일반의 원초적인 구성 형식이다."[6] 소용돌이는 한 축을 중심으로 회전하는 물질의 흐름이다. 소용돌이는 패턴이 있고 조직이 있지만, 끊임없는 운동 상태에 놓여 있다. 나중에 세르는 어린이의 팽이에 의거하여 이 상황을 서술할 것이다.

> 이 팽이를 던지고…무슨 일이 일어나는지 묘사하라. 팽이가 움직이고 있음은 확실하지만, 그것은 안정하다. 심지어 팽이의 뾰족한 끝이나 축이 가만히 있는데, 팽이의 움직임이 빠를수록 더욱더 그렇다. 모든 어린이는 이 현상을 알고 있다. 하지만 그런 정지 상황은 여전히 더 역설적이다. 팽이는 자신의 안정성을 잃지 않은 채 이리저리 이동하기도 한다.[7]

이 서술은 모든 기계 또는 객체의 상황과 관련되어 있다. 그것들의 안정성은 자신의 운동 이외의 어떤 것이 아니라, 오히려 자신의 운동에서 생겨난다. 그것들은 모두 다 소용돌이다.

그런데 모든 기계가 빈곳을 거쳐 낙하하면서 움직이는 동시에 자신의 내부에서 역동적 안정성을 유지하면서 움직이고 있는 것이 참이라면, 모든 존재자가 절대적 무질서로 퇴화하지 않는 이유는 무엇인가? 불가사의한 것은, 운동이 우주에 어떻게 도입되는지 설명하기 위해 아리스토텔레스의 부동의 원동자 같은 신성한 존재자에 의거할 필요가 있는 운동과 변화가 아니다. 오히려, 설명해야 하는 것은 안정

---

6. M. Serres, *The Birth of Physics*, trans. J. Hawkes (Manchester : Clinamen Press, 2000), 6.
7. 같은 책, 28.

6장 공간과 시간의 토폴로지 **219**

성과 지속성이다. 존재론적으로 원초적인 것은 운동과 변화다. 놀라운 것은 안정성과 지속성의 현존, 즉 객체, 사물, 또는 기계의 현존이다. 비개연적인 것은 안정성과 지속성이다. 왜 모든 것이 아침 안개처럼 증발하지 않는가? 공간이 이런 물음에 대한 답변의 일부일 것인데, 그 이유는 공간이 절대적으로 열린 움직임의 환경이기는커녕 제약의 공간이기 때문이다. 세르가 주장하는 대로, "흐름은 경로를 따라 순환한다."[8] 흐름과 물질, 기계는 경로를 따라 움직인다. 그런데 이들 경로를 만들어내는 것은 무엇인가? 기계는 왜 온 사방을 향해 무작위적으로 뻗어 나가지 않는가? 물질의 내부에서 통계적 개연성, 패턴, 조직, 지속성이 출현하는 이유는 무엇인가?

모든 움직임은 … 안정성과 관련되어 있는데, 안정성은 다소 쉽게 생겨난다. 최초의 물리적 모형에서 이것은 한 원소가 다른 한 원자 내지 다른 원자들과 마주치는 상황을 나타내는데, 이들 원자가 정지 상태로 나아가는 원소를 방해한다. 충돌은 근거지를 향한 황급한 질주에 대한 방해물, 제동장치, 시련일 뿐이다. 오로지 움직임이 극대화하도록 이런 제약이 필요하다. 대체로, 공간의 한 지역에서 얽혀 있는 것이자 복합적인 것으로서의 객체는 어디까지나 일시적인 장애물, 두꺼운 방패에 지나지 않는데, 다소 견고하고 자신의 구성 요소들이 각각 평형을 향해 흩어지는 일반적인 경향에 다소 저항적이다. 객체들은 충격, 마찰, 혹은 점성으로 서로 방해한다.[9]

---

8. 같은 책, 51.
9. 같은 책, 47.

공간은 텅 빈 장이 아니라, 오히려 온갖 종류의 기계가 거주하는 장이다. 이들 기계가 서로 마주칠 때, 그것들은 저항, 뒤틀림, 밀도 등을 맞닥뜨린다. 기계는 일반적으로 최소 저항의 경로를 따를 것인데, 그 이유는 정지 상태에 이르기 전에 그 기계의 움직임이 또 다른 기계에 의해 방해를 받기 때문이다. 공간은 흐름과 경로들로 구성되어 있다. 경로는 그것을 따라 흐르는 기계 이외의 어떤 것이 아니라, 오히려 다른 기계들에 의해 생산되는 밀도와 유체 벡터 자체다. 이런 경로는 기계들이 따라 움직이는 궤적 또는 벡터를 규정할 뿐만 아니라, 소용돌이 또는 기계를 형성하는 데 이바지하는 격렬한 동요를 생성한다. 그리하여 영구적인 운동 상태에 있는 세계에서 안정성과 지속성이 존재한다면, 그 이유는 그 세계를 조직하는 경로들이 어떤 요동치는 소용돌이들이 어떤 특정 방식으로 존속할 수 있게 하는 상대적 안정성을 갖추고 있기 때문이다.

앞서 논의한 바에 바탕을 두고서 우리는 공간에 관한 존재지도학적 개념을 전개하기 시작할 수 있다. 공간에 관한 이런 설명에 중요한 점은 뉴턴 공간과 토폴로지 공간을 구분하는 것이다. 뉴턴 공간은 모든 존재자가 그 안에 담기는 균일한 용기로 여겨진다. 이런 구상에 따르면, 공간이 먼저 존재한 다음에 모든 존재자가 그 공간 안에 담기게 된다. 여기서 존재자들 사이의 공간적 관계는 변화하지만, 공간 자체는 언제나 단일한 구조를 갖추고 있고 이 공간을 관장하는 불변의 척도가 존재한다. 예를 들면, 공간에 관한 이런 구상에 따르면, 나에게 텍사스주 오스틴이라는 도시가 이집트의 카이로보다 반드시 더 가까운 이유는 공간 전체를 격자망으로 만드는 일정한 척도가 있기 때문이다. 뉴턴 공간에서는 존재자들이 온 사방으로 자유롭게 움직일 수 있다. 다시 말해서, 공간은 그 정도가 변화하는 밀도와 유동성으로 특징지어지지 않는다.

공간에 관한 토폴로지적 구상에서는 상황이 매우 다르다. 공간에 관한 뉴턴적 구상은 공간을 기계들이 그 안에 수용되는 기존의 용기로 여기는 반면에, 공간에 관한 토폴로지적 구상은 공간을 기계들에서 생겨나는 것으로 여긴다. 토폴로지적 구상에 따르면, 공간은 기계들이 생산하는, 기계들 또는 노드들을 잇는 경로들의 네트워크로 여겨진다. 여기서 인식해야 할 첫 번째 요점은, 공간에 관한 토폴로지적 구상에 따르면, 모든 기계를 포함하는 단일한 포괄적 공간은 존재하지 않을 것이라는 점이다. 공간이 경로들로 구성되어 있는 한, 기계들을 잇는 경로들의 구조에 따라 다양한 공간이 존재할 것이다. 둘째, 공간에 관한 토폴로지적 구상에 따르면, 근접성과 거리에 관한 관념이 달라진다. 〈그림 6.1〉에 나타낸 토폴로지 공간 또는 네트워크 공간의 다이어그램을 살펴보자.

〈그림 6.1〉은 서로 다른 세계를 가상적으로 조직하는 세 가지 다른 공간 장을 보여준다. 이들 세계에서는 각기 근접한 관계와 멀리 떨어진 관계가 뉴턴 공간에서 판별하는 것과는 전적으로 다르다. 중앙 집중형 토폴로지에서, 중앙 노드 또는 기계는 여타 노드에 동등하게 근접하는 한편으로, 여타 노드는 서로 동등하게 근접하거나 멀리 떨어져 있다. 뉴턴 공간에서는 노드 6과 3이 노드 2와 3보다 더 멀리 떨어져 있는 반면에, 이런 토폴로지 공간에서는 세 가지 노드가 모두 서로 도달하려면 같은 수의 노드를 통과해야 한다는 점에서 동등하게 가깝다. 이와는 대조적으로, 탈중앙집권화된 토폴로지에서는 다른 종류의 거리를 얻게 된다. 뉴턴 공간에서는 노드 9와 30이 척도적으로 서로 가깝고 노드 4는 노드 9에서 꽤 멀리 떨어져 있는 한편으로, 토폴로지 공간에서는 그 노드들이 서로 꽤 멀리 떨어져 있으며 노드

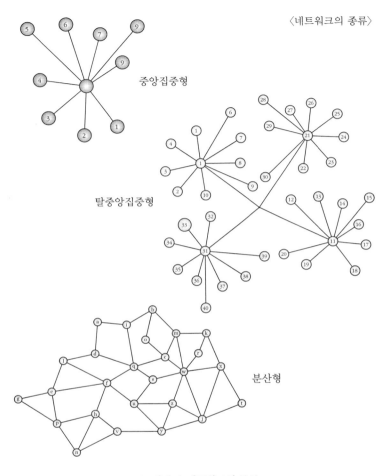

중앙집중형

탈중앙집중형

분산형

〈그림 6.1〉 네트워크의 종류

9가 노드 30보다 노드 4와 더 가깝다. 그 이유는, 노드 9가 노드 4에 도달하기 위해서는 한 개의 노드만 통과하면 되지만 노드 30에 도달하기 위해서는 세 개의 노드를 통과해야 하기 때문이다. 다시 말해서, 노드 9와 30 사이에는 **직접적인 경로가 없기**에 그 노드들이 토폴로지적으로 서로 멀리 떨어지게 된다.

여기서 "공간은 단지 관계의 현장이 아니라, 오히려 관계 및 비관계의 현장"이라는 그레이엄 하먼의 논제를 이해할 한 가지 방법이 제시된다.[10] 토폴로지 공간은 연결하는 만큼 분리한다. 그 이유는, 하먼의 표현을 사용하면, 기계들이 결코 직접 관계를 맺지 못하게 서로 물러서 있거나 조작적으로 닫혀 있기 때문만이 아니라, 기계들 사이의 관계가 경로나 다른 기계들에 의해 매개되기 때문이다. 세계들 또는 공간들 사이의 불연속성은 두 기계 사이의 가능한 관계 내지 상호작용의 부재 상황에 있다.

우리는 '경로'라는 용어를 너무 직설적으로 여기지 않도록, 즉 경로를 공간의 표면 위에 있는 통로로 여기지 않도록 주의해야 한다. 도로와 산길, 복도, 해류 같은 기계들은 모두 경로이지만, 다른 기계(예컨대, 행성)의 표면 위에 절대 존재하지 않는 경로와 노드가 있다. 여기서 음악과 라디오가 귀중한 사례다. 여느 기계와 마찬가지로, 노래는 사람 같은 다른 기계들과 상호작용하려면 토폴로지적으로 조직된 경로를 따라 전파해야 한다. 현대 세계에서 이 경로는 일반적으로 전파라는 매체를 거친다. 그런데 전파 또는 전자기파로 전송되는 사태는 노래가 어떤 특정 토폴로지 공간에 속하기 위한 필요조건이지만 충분조건은 아니다. 지금 당장 온갖 종류의 전파가 나를 관통하고 있지만, 그 전파들이 내게 영향을 미칠 수 없기에 나는 그것들과 직접적인 관계를 공유하지 않는다. 전파로 전송되는 노래가 어떤 공간적 회집체에서 다른 기계들에 영향을 미치기 위해서는 그 노래가 어떤 노드들을 통과해야 한다. 우선, 그 노래는 송신탑의 노드를 거쳐 송신되어야 한다. 그다음에, 그 노래는 라디오의 노드를 거쳐 수신되어야 한다. 라디오

---

10. Harman, *The Quadruple Object*, 100. [하먼, 『쿼드러플 오브젝트』.]

의 노드가 수신하기 위해서는 당연히 그 라디오가 적절한 채널에 맞추어져야 한다. 마지막으로, 그 노래는 사람 같은 또 다른 기계에 의해 수신되어야 한다. 그 사람이 귀가 먹었거나 라디오 볼륨이 너무 낮다면, 그 노래는 수신자와 상호작용할 수 없을 것이다. 이렇게 해서 우리는, 토폴로지 공간은 전파나 지표면이나 해양처럼 기계들을 관련시키는 매체가 필요할 뿐만 아니라, 이들 경로를 따라 나아가는 기계들에 다른 기계들이 구조적으로 열려 있을 가능성도 필요함을 알게 된다.

도린 매시가 공간을 서사, 스토리, 혹은 표현의 측면과 너무 밀접하게 관련시킨다고 믿어지지만, 포스트휴먼주의적인 기계지향적 틀 안에 적절히 놓고서 검토하면 매시는 존재지도학이 구상하는 대로의 공간을 멋지게 요약한다. 『공간을 위하여』라는 뛰어난 저작에서 매시가 서술하는 대로,

첫째,… 우리는 공간을 상호관계들의 산물로 인식하는데, 즉 지구적인 것들의 방대한 상호작용에서 친숙한 것들의 사소한 상호작용에 이르기까지 온갖 상호작용들을 통해서 구축되는 것으로 인식한다. … 둘째, … 우리는 공간을 동시적인 복수의 것들이라는 의미에서의 다양체가 현존할 수 있는 권역으로 이해하는데, 그리하여 이질적인 것들이 공존하는 권역으로 이해한다. 공간이 없다면 다양체도 없고, 다양체가 없다면 공간도 없다. … 셋째, … 우리는 공간을 언제나 구축 중이라고 인식한다. 이 독법에 따르면 공간은 사이-관계들, 즉 수행되어야 하는 내재적인 물질적 실천임이 틀림없는 관계들이라는 바로 그 이유로 인해 언제나 구축 과정에 놓여 있게 된다. 공간은 절대 완결되지 않고, 결코 닫혀 있지 않다.[11]

루크레티우스가 빈곳이라는 이름으로 언급한 일종의 '원原공간'이 존재하더라도, 이 원공간은 균일한 용기가 아니라 오히려 관계를 맺지 않은 기계들 사이에 맺어질 관계의 잠재태다. 진정한 의미로서의 공간은 기계들 사이의 상호작용들을 통해서 생산된 불연속적인 토폴로지 장들로 구성되어 있다. 그러므로 공간 장은 뉴턴 공간처럼 정적이고 고정된 것이 아니라, 공간 장 내부에서 이루어지는 상호작용들의 결과로서 끊임없는 변화와 생산, 되기의 상태에 처해 있음을 인식하는 것이 중요하다. 조금 전에는 한 기계에 대해 조밀하고 통과 불가능한 것이 얼마 후에는 그것에 작용하는 기계들의 조작을 통해서 경로가 될 수 있다. 전에는 관계를 맺지 않은 노드들 또는 기계들이 공간 장에 내재하는 다른 기계들의 매개를 통해서 관계를 맺을 수 있게 되는데, 마치 서로 결코 마주친 적이 없을 사람들을 결집시키는 인터넷 블로그의 경우에 그런 것처럼 말이다. 토폴로지 장 내부에서 새로운 기계들이 출현할 수 있는데, 그리하여 공간 네트워크 내부의 기존 관계들을 재배치할 수 있다. 우리는 앞서 인쇄기의 발명과 관련하여 이런 사태를 살펴보았다. 이 기술을 통해서 책과 같은 표현 기계들이 훨씬 더 광범위하게 배포되어서 더 많은 사람에게 보급될 수 있었던 이유는 그 기술 덕분에 복제본을 쉽게 제작할 수 있게 됨으로써 책 가격이 훨씬 더 저렴해졌기 때문이다. 더욱이, 토폴로지 장에서 기계는 또 다른 기계에 간접적으로 영향을 미칠 수 있다. 귀가 먹은 사람은 노래를 직접 들을 수는 없을 것이지만, 그 노래가 그것을 들은 다른 사람에게 영향을 미치는 방식을 통해서 그 노래의 영향을 간접적으로 받을 수

---

11. D. Massey, *For Space* (Los Angeles : Sage, 2005), 9. [도린 매시, 『공간을 위하여』, 박경환·이영민·이용균 옮김, 심산, 2016.]

는 있다. 다시 말해서, 두 존재자 사이의 직접적인 관계가 같은 공간 장에 속하기 위한 조건인 것은 아니다. 단지 해당 토폴로지 장 내부의 기계들이 서로 간접적으로 영향을 미칠 수 있기만 하면 된다.

무엇보다도, 토폴로지 장 또는 공간 장은 되기와 움직임의 환경이다. 한편으로, 경로는 어떤 기계의 움직임의 가능성을 결정한다. 통계적으로, 어떤 기계의 움직임은 그 기계에 개방된 경로에 따라 달라질 것이다. 어떤 두 지점이 뉴턴 공간에서는 거리상으로 서로 매우 근접하여 있더라도, 어떤 네트워크의 토폴로지 장을 조직하는 경로들은 그 내부의 한 지점에서 다른 한 지점으로 움직이는 것이 매우 어렵거나 불가능하도록 배치될 수 있을 것이다. 매우 직설적인 사례를 거론하면, 누군가가 어떤 특정 음식점에 자주 가지 않을 이유는, 거리상으로는 가깝더라도 집과 이 음식점 사이의 도로들로 구축된 경로들이 그 음식점을 '길에서 멀리 떨어지게' 만들기 때문이다.

더 중요한 사례는 뉴저지주 애틀랜틱시티의 계급 분포일 것이다. 애틀랜틱시티에서 도박이 합법화된 근거는, 카지노 사업이 이미 그 도시에 거주하는 주민들을 위한 일자리를 창출할 뿐만 아니라 빈곤한 도시 경제를 자극할 반대급부를 가져다줄 것이라는 전제였다. 다시 말해서, 그 전제에 따르면, 카지노 기업은 그 도시의 주민을 고용할 것이고 카지노 고객들은 그들의 돈을 그 도시의 다른 업종에 소요함으로써 더 많은 일자리 수요를 창출할 것이었다.

궁극적으로 이런 논증은, 거리상 근접성이 기계들 사이의 관계를 확립하는 데 충분하다고 여기는 공간에 관한 뉴턴적 구상에 근거를 두고 있다. 실제로는 전적으로 다른 사태가 발생했다. 카지노 기업이 들어왔지만, '지역민'은 거의 고용되지 않았고 돈은 그 지역의 다른 업종에 '흘러내리지' 못했다. 그 이유는, 카지노 사업이 방문객들 — 일반적으로 타지 출신의 사람들 – 이 카지노장을 전혀 떠나지 않고 그냥 남아 있을 수 있는 방식으로 구축되었기 때문이다. 애틀랜틱시티를 방문할 때, 여러분은 자신이 선택한 카지노 업소에 직접 자동차를 몰고 가서 그 업소의 주차장에 세워 둔 후에 그 카지노장 안에서 여러분의 시간을 전부 소비한다. 또 다른 카지노장에 가고 싶다면, 카지노 업소들을 연결하는 다리 – 경로 – 들이 세워져 있다. 더욱이, 카지노 업소들은 독자적인 상점을 갖추고서 여러분이 필요로 하는 모든 것을 제공한다. 그 결과, 카지노 고객들은 재화를 구매하기 위해 도심으로 거의 진출하지 않는다. 오히려 카지노 경제는 카지노 체계 안에 그대로 머무르게 된다.

여기서 우리는 차이나 미에빌의 소설 『이중 도시』[12]에서 서술된 것과 같은 도시를 정말로 문자 그대로 맞닥뜨린다. 그 소설에서 미에빌은 각기 다른 두 도시가 단일한 지리적 공간을 차지하고 있으면서도 여전히 두 개의 도시인 기묘한 세계를 묘사한다. 이렇게 해서 그 두 도시를 분리된 별개의 것으로 유지하는 데에는 온갖 종류의 표현 기계나 기호 기계가 필요하다. 같은 지리적 공간 안에 있는 미에빌의 두 도시는 한낱 과학소설의 제재에 불과한 것이 아니라 오히려 세계 전역의 현실이다. 애틀랜틱시티 같은 상황에 관해 언급하든, 도시 내부의 계급 차이에 관해 언급하든, 어떤 형태의 분리정책을 시행하는 도시에 관해 언급하든 간에, 두 집단이 뉴턴 공간에서는 거리상으로 서로 근접하더라도 그런 토폴로지 공간에서는 경로들이 조직된 방식으로 인해 그 두 집단이 달만큼 멀리 떨어져 있게 되는 그런 종류들

---

12. C. Miéville, *The City & The City* (New York : Del Ray, 2010). [차이나 미에빌, 『이중 도시』, 김창규 옮김, 아작, 2015.]

의 분포가 나타난다. 문화적, 경제적, 그리고 기호적 행위주체성의 결과로서 카지노 업소의 바깥에 사는 사람들은 거리상으로 카지노 업소에 근접함에도 다른 행성에 살고 있을 것인데, 그 이유는 그들이 카지노 업소에 도달할 수 있는 경로들이 간접적이면서 길기 때문이다.

앞서 논의한 바로부터, 토폴로지 공간에서 움직임을 조직하는 경로들은 자연적 성분과 기술적 성분, 표현적 성분이 있음이 확실하다. 다른 기계들이 그에 따라 움직이는 경로들을 조직하는 것은 유형 기계들뿐만 아니라 무형 기계들도 있다. 라캉의 두 개의 문 사례로 돌아가면, '남자'와 '여자'라는 기표들이 인간 몸이 그에 따라 움직이는 경로들을 조직한다. 이제 남성과 여성은 두 개의 다른 공간으로 분리된다. 여권은 여권 소지자에게 이 나라에서 저 나라로의 온갖 종류의 움직임을 개방하는 기호 기계인 한편으로, 관련 서류의 소지 여부가 이민자가 외국에서 일을 할 수 있고 편의를 제공받을 수 있는지를 결정한다. 정신질환 진단 및 통계 편람DSM-IV은 다양한 종류의 정신질환을 명명하고 범주화함으로써 치료의 경로들을 생성하는 기호 기계이지만, 어떤 사람이 자신과 타인에게 위험하다고 여겨지는 경우와 더불어 제도화된 경우에 그런 것처럼 경로들을 차단할 수도 있다. 국경 자체는 어쩌면 서로 매우 가까이 살아갈 것이지만 서로 관계를 맺을 수 있게 할 적절한 서류를 갖추고 있지 않은 사람들을 조직하는 표현 기계 또는 기호 기계다. 이 모든 기계와 그 밖의 많은 기계는 나름의 특정 방식으로 공간과 움직임을 조직한다. 또한, 공간의 표현적 조직화는 인간에게만 한정되지 않는다. 예를 들면, 동물이 영역을 표시하는 방식 역시 다른 동물에 대한 경로 형성이다.

그런데 토폴로지 장 또는 공간은 움직임의 환경일 뿐만 아니라 되기의 환경이기도 하다. 1부에서 이해한 대로, 어떤 기계가 현시하는 국소적 표현과 그것이 겪는 되기 과정은 그것이 다른 기계들로부터의 입력물로 수용하는 흐름에 따라 종종 달라진다. 국소적 표현은 기계가 입력물에 조작을 수행하여 어떤 성질, 활동, 혹은 물질적 생산물을 산출하는 방식의 결과다. 예를 들면, 머그잔은 자신과 상호작용하는 빛의 파장에 따라 어느 때는 파란색의 이런 색조를, 어느 때는 파란색의 저런 색조를 띨 것이다. 여기서 어떤 존재자가 현시하는 국소적 표현의 근거가 되는 역능의 가상적 구조가 그대로 남아 있는 한, 그 존재자는 달리 되지 않는다. 반면에, 어떤 기계를 관통하는 입력물 ─ 그 기계의 외부에서 비롯되든 내부에서 비롯되든 간에 ─ 이 그 기계의 조작을 관장하는 역능의 구조를 변환할 때, 그 기계는 되기 과정을 겪는다. 어떤 기계가 역능을 획득하거나 상실하여 새로운 조작을 수행할 수 있게 될 때, 그 기계는 되기 과정을 겪는다. 기계가 겪는 되기 과정은 그것이 전개되는 토폴로지 장에 따라 종종 달라질 것이다. 다시 말해서, 기계의 되기는 자신의 근처에 열려 있는 입력물과 경로에 따라 달라질 것이다. 그러므로 예를 들면, 동일 인물일지라도 그 사람이 어떤 토폴로지 장 안의 이 장소 또는 노드에서 성장했는지 아니면 그 공간 장 안의 저 노드에서 성장했는지에 따라 달라질 것이다. 이런 사태에 대한 이유는, 그 토폴로지 장 안에서 자신이 처해 있는 입지에 따라 그 사람은 주변 기계들에서 비롯되는, 표현의 층위와 내용의 층위 둘 다에 있어서 다른 입력물이나 흐름을 맞닥뜨릴 것이기 때문이다. 그 사람은 다른 영양분, 내용의 층위에 있어서 다른 유형 기계들, 교육의 층위에 있어서 다른 기호 기계들, 대중 매체, 규범적 관행 등을 맞닥뜨릴 것이다. 이들 만남이 그 사람이 어떤 역능 내지 역량을 발달시키는데 핵심적인 역할을 수행할 것이다.

『붉은 화성』이라는 연작소설에서 킴 스탠리 로빈슨은 내용의 측면의 차원에서 이 상황을 아름답게 묘사한다.[13] 로빈슨은 화성을 식민지화하는 지구 출신 사람들의 자손을 논의하면서 이들 진정한 화성인이 얼마나 호리호리하고 키가 큰지 주장한다. 이들 화성인은 왜 지구인 부모들에 비해 키가 크고 호리호리한가? 화성의 질량은 지구 질량의 대략 절반이다. 그 결과, 화성은 매우 다른 중력 구조를 갖추고 있다. 그런 장에서 태어나서 발달한 인체는 키가 더 크게 성장할 법한데, 그 이유는 발달하는 인체가 이런 차별적 중력장과 상호작용하는 방식 때문이다. 이런 환경은 사람이 자랄 수 있는 키의 길이에 영향을 미칠 뿐만 아니라 근육과 뼈가 발달하는 방식에도 영향을 미친다. 사실상, 그 연작의 뒷부분에서 지구로 귀환한 이들 진정한 화성인이 죽을 위기에 처하게 되는 이유는 그들 신체의 잠재적 고유 존재가 우리가 아는 더 짙은 대기와 더 큰 중력에 대처할 그런 식으로 되거나 발달하지 않았기 때문이다. 이런 역능이나 역량은 화성에서 발달한 인체에 고유한 것이 아니라, 이 인체가 그 안에서 발달하는 공간적 환경의 결과였다. 이것은 화성인이 자신의 부모와 다른 유전자를 지니고 있었다고 말하는 것이 아니라, 화성인이 노출된 기계 입력물들의 생태가 달랐기에 다른 식으로 발달했다고 말하는 것이다. 화성인이 다른 공간적 환경에서 발달했더라면 그 역능은 달라졌었을 것이다.

토폴로지 장과 기계의 역능 사이의 관계에 대한 이런 소견은 우리에게 역능은 기계에 내재하는 고정된 본질이 아님을 일깨워 준다. 발달 체계 이론가들이 가르쳐주는 대로, 어떤 기계의 존재와 잠재력을 이해하려면 그 기계를 따로 떼어 탐구하는 것만으로는 충분하지 않는데, 요컨대 어떤 기계가 왜 그런 역능을 갖추고 있는지 그리고 왜

---

13. K.S. Robinson, *Red Mars (Mars Trilogy)* (New York : Spectra Books, 1993).

그런 모습으로 발달하였는지 이해하기 위해서는 그 기계와 주변 환경으로 이루어진 전체 체계 또는 그것들 사이의 관계를 탐구해야 한다.[14] 하먼이 종종 서술하는 대로, 기계는 화산처럼 폭발하기를 기다리고 있는 숨은 역능을 품고 있다. 기계는 새로운 토폴로지 장에 처하게 되면 놀라운 국소적 표현을 현시할 수 있는 한편으로, 완전히 다른 식으로 되어서 이전에는 없던 다른 역량을 발달시킬 수도 있다. 이 점이 다양한 생물학적 인종주의와 성차별주의와 관련된 문제인데, 이들 이데올로기는 사회학적 현상을 생물학적 현상과 혼동함으로써 다양한 사람의 기질을 그 신체의 내재적 본질로 여긴다. 그것들은 생물학을 잘못 생각함으로써 유전체를 다른 환경 조건에서는 다른 방식으로 활성화될 수 있는 일단의 잠재력으로 여기기보다는 오히려 마스터플랜처럼 불가피하게 전개되는 고정된 지도나 청사진으로 여길 뿐만 아니라, 기계가 자신이 얽매여 있는 토폴로지 장과 관계를 맺는 방식도 잘못 이해하고 있다. 오래전에 매리 울스턴크래프트가 지적한 대로, 그 세대의 여성이 나타낸 감정적이고, 추론 능력이 부족하며, 로맨스에 강박적인 경향이 자연적으로 있었던 것이 아니라, 오히려 그들은 가정을 꾸려나가는 데 필요한 기본적인 읽기와 수학 기술을 넘어서는 교육을 받지 못하고 가사와 아이 양육이라는 지루한 고역을 떠맡음으로써 나름의 지적 역능을 발달시킬 수 있었을 되기의 경로를 차단당했다.[15] 그 당시 여성은 자신의 움직임과 더불어 자신의 되기를 조직한 표현 경로와 물질적 경로의 장에 포획되었는데, 그 장은 오늘날

14. S. Oyama, "Terms in Tension," *Cycles of Contingency*, eds. S. Oyama, P.E. Griffiths, and R.D. Gray (Cambridge : MIT Press, 2001)을 보라.

15. M. Wollstonecraft, *A Vindication of the Rights of Women and a Vindication of the Rights of Men* (Oxford : Oxford University Press, 2009). [메리 울스턴크래프트, 『여성의 권리 옹호』, 문수현 옮김, 책세상, 2018.]

에도 다양한 방식으로 존속하는 토폴로지 장이다. 그런 토폴로지 장을 변화시키면 사물들에 열려 있는 되기의 경로들도 바꿀 수 있다.

매시가 주장하는 대로, 토폴로지 장은 끊임없는 구축 상태에 처해 있다. 1부에서 우리는 대다수 기계가 엔트로피의 문제에 직면함을 이해했다. 그것들은 존속하기 위해 끊임없는 조작에 관여해야 한다. 기계 자체와 관련된 이런 상황은 기계들의 생태를 이루는 세계와 토폴로지 장의 경우에도 마찬가지다. 도로는 관리되어야 하고, 인공위성은 유지되어야 하고, 국가는 자신의 국경을 항구적으로 경계해야 하고, 사람들은 계속해서 소통해야 하며, 모든 세대는 '호명'받아서 기존 계급과 민족, 직업 구조 안에서 자신의 자리를 차지해야 한다. 기타 등등. 토폴로지 장은 끊임없는 해체 및 구축 상태에 처해 있다. 조직 존속의 관점에서 바라보면 기계 자체가 비개연적인 것과 꼭 마찬가지로, 공간 장도 비개연적인 조직이다.

이 사태는 절망의 원인이 아니라 희망의 원인이다. 토폴로지 장이 엔트로피와 끊임없이 씨름해야 한다는 사실은 그 장이 바뀔 수 있다는 사실도 수반한다. 너무 견고하고 너무 항구적이어서 달리 될 수 없는 토폴로지 장, 즉 기계들의 생태는 전혀 없다. 가장 견고한 전체주의 체제도 붕괴하게 할 수 있다. 사실상 역설적이게도, 이와 같은 체제들은 더 느슨하게 조직된 생태보다 이상하게 더 취약하다.

한편으로, 전체주의 생태나 권위주의 생태는 엔트로피를 영으로 줄이려고 시도하는 시공간 장으로 규정될 수 있다. 그것은 잡음에도 질서의 일탈에도 절대 시달리지 않을 생태의 꿈이다. 모든 형태의 조직을 유지하는 데에는 에너지가 필요하다. 비개연성이나 조직은 공짜로 얻어지는 것이 아니라 끊임없는 조작 작업이 필요하고, 게다가 그 작업을 계속해서 수행하는 데에는 어떤 에너지의 흐름이 필요하다.

권위주의 조직이나 전체주의 조직은 서로 다른 사람들과 기관들 사이에 형성된 경로들에 대한 엄격한 규제를 항구적으로 유지할 뿐만 아니라, 그 세계의 인간 및 비인간 기계들의 정체성을 조직하는 표현 범주들을 끊임없이 유지해야 하는 조직이다. 이런 조직은, 운동을 면밀히 조절하고 점검할 뿐만 아니라 민중의 인지와 정동도 세심하게 형성하는 표현 기계와 물질적 기계들이 필요하다. 에너지 관점에서 바라보면, 다른 조작에 관여할 소지를 거의 남겨두지 않는 그런 통제는 비용이 많이 든다. 더욱이, 이런 종류의 매우 꽉 짜인 체계는 그 체계에 종속된 사람들이 앙심을 품게 하는 경향이 있는데, 결국에는 그 앙심이 끓어 넘쳐 저항과 전복의 미시행위와 거시행위로 변한다. 너무나 엄격한 양육이 반항적인 아이를 낳는 경향이 있다는 오랜 격언이 가정뿐만 아니라 그 이상의 사회적 체계에도 적용된다. 다른 한편으로, 엔트로피를 영으로 줄이려고 시도하는 경직된 사회적 체계는 변화하는 환경에서 일어나는 사건에 대응할 때 종종 유연성이 없는 것으로 밝혀진다. 범주화와 의미의 체계로서 세계 위로 던져진 표현 그물이 인식론적 층위에서 있는 것과 없는 것, 일어날 수 있는 것과 일어날 수 없는 것을 사전에 엄격히 서술하기에 그런 체계는 참신한 것과 뜻밖의 것에 대응하는 데 매우 큰 어려움을 겪는다. 경직된 사회적 생태의 취약성을 구성하는 것은 바로 이들 두 요소다.

모든 조직적인 토폴로지 장을 맞닥뜨리면, 그런 비개연적인 조직이 어떻게 현존하는지 그리고 그것이 어떻게 존속할 수 있는지 설명해야 한다. 사람들이 기체 구름 속 입자들처럼 그저 이리저리 돌아다니면서 직업과 경제적 지위, 민족, 종교, 젠더, 성적 지향을 뒤섞는 것이 아니라, 오히려 계층화된 사회적 관계들로 조직되는 이유는 무엇인가? 한 경제 계급의 사람들은 도시의 이 지역에 정착하고 다른 한 경제 계급의 사람들은 도시의 저 지역에 정착하는 경향이 있는 이유는 무엇인가? 미합중국의 복음주의 기독교 신자들이 그 나라 전역에 골고루 분포하기보다는 오히려 남부 지역에 더 많이 거주하는 이유는 무엇인가? 숲이, 다양한 나무의 완전히 무작위적인 혼합물이라기보다는 어떤 특정 종류의 나무가 어떤 지역에서 성장하는 경향이 있는 이유는 무엇인가? 어떤 특정 생태계에서 어떤 종이 지배적인 종이 되는 이유는 무엇인가? 이들 비개연적인 것을 생산하고 유지하는 과정들은 무엇인가?

때때로 이런 분포는 토폴로지 장 안에 있는 기계들 자체의 본성에서 생겨날 것이다. 알래스카에서 야자수를 찾아볼 수 없는 이유는 그곳에서 성장할 수 있게 할 그런 종류의 잠재적 고유 존재가 야자수에 없기 때문이다. 그런데 공간이 취하는 대다수 형태는 기계들의 상호작용들에서 생겨난다. 이들 상호작용은 구조적 접속과 되먹임이라는 개념들에 의거하여 고찰될 수 있다. 우리가 앞서 이해한 대로, 구조적 접속은 두 존재자 중 한 존재자 혹은 두 존재자 모두가 자신의 조작과 되기 과정에 관여하기 위해 상대편에서 비롯되는 자극이나 흐름에 의존하는 관계다. 이런 조작은 쌍방적일 수 있거나 일방적일 수 있다. 구조적 접속이 쌍방적인 것은 그 관계에 관여하는 두 존재자가 모두 그런 모습으로 현존하기 위해 상대편에서 비롯되는 흐름이 필요한 경우에 그러하다. 그런 쌍방적인 구조적 접속의 일례는 인체와 그 위장의 미소 동물상 사이의 관계일 것이다. 인체는 소화 작용을 위해 이들 기생체가 필요하고, 그 기생체들은 자신이 소비하는 음식물을 공급받기 위해 인체가 필요하다. 이런 접속의 결과로 이들 존재자의 발달과 진화가 서로 밀접히 얽히게 된다.

반면에, 구조적 접속이 일방적인 것은 두 기계 중 한 기계만이 나머지 한 기계에서 비롯되는 흐름을 끌어들이는 경우에 그러하다. 그런 접속의 좋은 일례는 캘리포니아의 삼나무와 태평양 사이의 관계다. 북부 캘리포니아 지역에서는 비가 정기적으로 내리지 않기에 캘리포니아 삼나무는 성장하는 데 필요한 수분을 확보하기 위한 다른 전략을 고안했어야 했다. 이 문제를 해결하기 위해 캘리포니아 삼나무는 매일 태평양에서 몰려와서 내륙으로 꽤 깊이 떠도는 안개에 의존했다. 다시 말해서, 캘리포니아 삼나무는 물의 원천으로서의 이 안개에 구조적으로 접속하게 되었지만, 태평양은 캘리포니아 삼나무에 접속하지 않았다. 어떤 마름병이 삼나무를 파괴하더라도 안개는 이전처럼 발생할 것이다.

이런 일방적 접속은 캘리포니아 삼나무의 생물학적 역사 전체에 걸쳐서 그 나무의 되기와 더불어 공간적 분포나 지리에 두드러진 영향을 미친다. 진화적 되기의 층위에서, 캘리포니아 삼나무는 자신의 뿌리보다 오히려 주로 자신의 잎을 통해서 수분을 흡수하는 방법을 익혔다. 더 높이 자란 나무들이 동료 나무들보다 유리할 이유는 그 나무들이 유입하는 안개에서 수분을 더 잘 흡수할 수 있을 것이기 때문이다. 시간이 흐름에 따라, 자연선택은 캘리포니아 삼나무 중 가장 높이 자란 나무와 더불어 잎을 통해서 수분을 가장 잘 흡수할 수 있는 나무를 선호했다. 그렇게 높이 자라지 못한 캘리포니아 삼나무는 유리하지 않았는데, 그 이유는 단지 그런 나무가 아침 안개에서 수분을 흡수하는 데 어려움을 겪었기 때문만이 아니라, 햇빛을 흡수할 수 있는 능력도 더 높이 자란 나무들로 인해 저하했기 때문이다.

그런데 이런 되기 혹은 역능의 발달은 캘리포니아 삼나무의 공간적 분포에 영향을 미친다. 한편으로, 캘리포니아 삼나무는 주로 태평양에서 몰려오는 안개에서 수분을 흡수하기에 그 안개가 내륙으로 뻗어 나간 깊이까지만 자랄 수 있을 뿐이다. 캘리포니아 삼나무의 지리적 경계는 이 안개가 멈추는 지점이 된다. 다른 한편으로, 캘리포니아 삼나무는 수분을 흡수하는 기계로서 뿌리보다 오히려 잎을 발달시키기로 선택했기에 이런 종류의 안개가 정기적으로 발생하지 않는 다른 지리에 이식될 수 없다. 어쩌면 우리는 캘리포니아 삼나무가 비가 많이 내리는 지역에 이식될 수 있다고 생각할 것이지만, 캘리포니아 삼나무는 비가 아니라 안개 형태의 수분에 특정적으로 열려 있는 그런 방식으로 잎의 구조적 개방성을 발달시켰다. 이런 토폴로지 장과 그 안에서 일어나는 구조적 접속이 캘리포니아 삼나무의 되기뿐만 아니라 지리적 분포도 설명한다. 또한, 그것들은 캘리포니아 삼나무의 미래가 태평양의 미래와 밀접히 얽혀 있음을 뜻한다. 예를 들면, 기후변화가 이 안개를 만들어내는 환경 조건을 변환한다면, 캘리포니아 삼나무는 멸종하게 될 개연성이 높을 것이다. 일단의 다른 기계들, 즉 여타 동물과 식물 전체가 존속하기 위해 캘리포니아 삼나무에 구조적으로 접속하여 있음을 염두에 둔다면, 우리는 그런 변화가 이 토폴로지 장 전체에 걸쳐 꼬리에 꼬리를 무는 효과를 생성할 것임을 알게 된다.

되먹임의 현상은 지리적 분포가 그런 형태를 취하는 또 하나의 이유다. 나타나는 되먹임의 종류는 양의 되먹임과 음의 되먹임이 있다. 음의 되먹임은 어떤 종류의 조직이 어떤 안정한 상태를 유지하게 하는 규제 작용들로 구성된다. 예를 들면, 온도조절기가 이런 종류의 음의 되먹임 활동에 관여한다. 온도조절기가 어떤 특정 온도에 설정되면, 난방기는 온도계가 그 온도를 읽을 때까지 가동될 것이다. 바로 이 시점에 난방기가 가동을 멈춤으로써 다소 일정한 실내 온도가 유지된다. 우리 몸도 유사한 방식으로 작동하는데, 추울 때는 열을 내기 위해 떨고, 더울 때는 체온을 떨어뜨리기 위해 땀을 흘린다. 다시 말해서, 음의 되먹임은 어떤 체계가 어떤 특정 평형 상태를 유지하게 하는 상호작용이다. 이와는 대조적으로, 양의 되먹임은 어떤 조직이 통제 불능 상태가 되게 하는 형태의 상호작용이다. 양의 되먹임 관계는 어떤 체계가 어떤 특정 조직에서 자신을 유지하게 되는 평형 상태에 이르게 하는 관계라기보다는 오히려 비평형을 계속 심화시키는 관계다. 이것은, 예를 들면, 지구온난화와 관련하여 우려하는 것 중 하나다. 평균 지구 온도가 계속해서 상승함에 따라 빙하와 툰드라가 더욱더 많이 녹게 된다. 빙하와 툰드라가 더 많이 녹음에 따라 지구의 알베도가 더 커지게 되어서 태양 에너지를 우주 공간으로 더 적게 반사하는 결과로 태양 에너지의 흡수량이 더 증가하기에 지구는 더 많은 열을 흡수하게 되고, 게다가 얼어 있던 메탄가스가 녹아서 더 많이 배출됨으로써 태양 에너지가 우주 공간으로 되돌아가기가 더욱더 어려워지게 된다. 그리하여 지구 온도는 평균 온도를 유지하는 것이 아니라 오히려 계속해서 상승하고 있다. 그런 것이 양의 되먹임의 사례다.

음의 되먹임과 양의 되먹임에 관해 생각할 때 이들 용어를 규범적으로 이해하지 않으려고 주의해야 한다. 세르 같은 철학자들이 보여준 대로,[16] 비평형과 잡음은 새로운 질서의 원천일 수 있다. 다시 말해서, 양의 되먹임은 조직화의 새로운 가능성을 생성할 수 있다. 마찬가지로, 음의 되먹임이나 평형 체계로 특징지어지는 체계는 억압적일 수 있다. '조화'가 반드시 '좋은' 것은 아니다. 그리하여 음의 되먹임과 양의 되먹임은 바람직한 것(음의 되먹임)과 바람직하지 않은 것(양의 되먹임)을 규정하는 규범적 범주들로 여겨지지 않고, 서술적이고 분석

---

16. M. Serres, *The Parasite*, trans. L.R. Schehr (Minneapolis : University of Minnesota Press, 2007)을 보라. [미셸 세르, 『기식자』, 김웅권 옮김, 동문선, 2002.]

적인 범주들로 철저히 여겨져야 한다. 존재론적 범주가 도덕적 범주로 빈번하게 번역되는 것은 실망스러운 사실이다.

음의 되먹임은 다양한 소용돌이와 지리적 분포의 패턴을 유지하는 데 강력한 역할을 수행한다. 그러므로 예를 들면, 어쩌면 어떤 생태계에서 한 특정 종이 먹이를 포획하는 데 특별한 이점을 가져다주는 일단의 역능을 진화시킬 수 있을 것이다. 그 종은 먹이를 더 많이 입수하게 되므로 결국 자손도 더 많이 생식하게 된다. 포식자의 개체 수가 증가함으로써 이제 그 종은 먹이를 과도하게 사냥하게 되고, 그리하여 굶어 죽는 포식자 개체들이 나타나는 동시에 먹이에 대한 압력이 줄어들면서 먹이의 개체 수가 회복하게 된다. 이런 식으로 되먹임 메커니즘을 통해서 포식자와 먹이의 지리적 분포가 어떤 평형 상태에 이르게 된다. 또한, 되먹임 메커니즘은 부와 가난의 지리적 분포에서도 중요한 역할을 수행한다. 그 이유는, 부가 증가함에 따라 그 노드에 더 많은 부를 끌어들이는 링크나 경로가 구축되는 한편으로, 가난은 빈곤한 사람의 자식 역시 기회가 부족할 것임을 확실하게 하는 경로 부재의 현실로 특징지어지기 때문이다. 그 결과, 시카고의 북부 지역과 남부 지역의 인구 분포의 사례에서 나타난 대로, 부와 가난은 지리적으로 분할되게 된다. 어떤 사람이 가난의 상태에서 부의 상태로의 이행을 시도할 때, 온갖 종류의 되먹임 메커니즘이 출현한다. 그 사람은 그런 이행을 엄청나게 어렵게 하는 거대한 압력을 맞닥뜨린다. 부와 가난은 그저 과잉과 궁핍만이 아니고, 그저 재산의 유무만이 아니며, 부와 가난은 지리이기도 하다. 다른 경제적 지위로 이행하려고 애쓰는 사람은 가족과 친구가 자신을 원래 영토로 끌어당기는 되먹임 고리를 직면하게 되는데, 이를테면 명료한 기회 경로의 부재와 더불어 부유한 사람들의 문화적 코드와 관련된 지식의 부재가 있다.[17] 그러므로 그 사람은 두 가지 형태의 되먹임, 즉 끌어당기는 되먹임 메커니즘과 밀어내는 되먹임 메커니즘을 맞닥뜨린다. 한편으로, 그 사람이 가난한 상태에서 살아갈 때 필요한 일상생활의 요건과 더불어 자신이 유래한 공간적 노드 출신의 가족과 친구에 대한 의무가 거미줄의 끈적끈적한 줄처럼 그를 사회경제적 네트워크의 이 노드로 끌어당긴다. 다른 한편으로, 그 사람이 이동하고 싶은 저 노드를 관장하는 문화적 코드라는 무형 기계는 그를 물리치고 밀어내면서 기회의 문을 닫아버린다. 그 결과, 부유한 사람은 변함없이 부유한 채로 있는 경향이 있고 가난한 사람은 변함없이 가난한 채로 있는 경향이 있다. 가브리엘 무치노 감독의 2006년 영화 〈행복을 찾아서〉는 규칙이라기보다는 오히려 예외 사례다.

앞서 논의한 바로부터, 존재지도학적 공간은 언제나 이미 저쪽에 존재하는 용기라기보다는 오히려 하나의 과정으로 여겨져야 한다는 점이 명백해졌다. 토폴로지 장은 기계들을 담기 위한 고정된 용기로서 현존하는 것이라기보다는 오히려 기계들에서 생겨나면서 기계들의 되기와 움직임을 좌우한다. 공간을 생성하는 기계 과정들에 관한 지도를 제작하는 작업 – 지리학이라는 분과학문에 매우 중요한 작업 – 이 존재지도학이라는 프로젝트에 중요하다. 그런 지도 제작은 기계들과 더불어 그 되기와 움직임의 존재론적 구조를 이해하는 데 필수적이다. 그런데 무엇보다도, 벡터장이 조직되는 방식을 이해하는 것은 어쩌면 사회생활의 대안적 형태가 실현될 수 있게 할 방식으로 이런 장에 정치적으로 개입하는 데 중요하다. 비판적이고 해방적인 이론이 지리적

---

17. 계급적 지위와 관련된 문화적 코드의 중요성에 관한 논의에 대해서는 P. Bourdieu, *Distinction*, trans. R. Nice (Cambridge : Harvard University Press, 2002) [삐에르 부르디외, 『구별짓기 상·하』, 최종철 옮김, 새물결, 2005]를 보라.

인 것이 될 때다.

시간

존재지도학은, 모든 존재자를 포괄하는 단일한 균질 공간이 존재한다는 관념을 거부하고 오히려 내부적으로도 불균질한 복수의 불균질 공간이 존재한다고 주장하는 만큼이나 모든 존재자를 포괄하는 단일한 시간이 존재한다는 관념도 거부한다. 공간이 기계들을 포함하기보다는 오히려 기계들에서 생겨나는 것과 꼭 마찬가지로 시간 역시 기계들에서 생겨난다. 복수의 시간이 존재한다. 『순수이성비판』에서 칸트는 다음과 같이 진술한 것으로 유명하다.

> 시간은 다름 아닌 내부 감각의 형식, 즉 우리 자신과 우리의 내면 상태를 직관하는 형식이다. 왜냐하면 시간은 외부 현상들의 규정일 수 없기 때문이다. 시간은 형태나 위치 따위에 속하지 않으며, 오히려 우리의 내면 상태에서 표상들의 관계를 규정한다.[18]

부분적으로, 여기서 존재지도학은 세 가지 중요한 조건을 붙여서 칸트의 논제를 따른다. 첫째, 칸트는 시간을 우리의 내부 감각(즉, 합리적 존재자들)의 형식으로 여기는 반면에, 존재지도학은 시간성을 복수로 만든다. 모든 기계는 독자적인 시간성의 내부 형식을 갖추고 있어서 각자의 시간적 리듬이 다르다. 이런 상황 인식은 우리가 이종 기계들이 상호작용하는 방식을 이해하는 데 중요한 함의를 갖는다. 그리하여

---

18. Kant, *Critique of Pure Reason*, A33/B50. [칸트, 『순수이성비판 1·2』.]

둘째, 존재지도학은 "서로 다른 시간들은 동일한 시간의 부분들일 따름이다"[19]라는 칸트의 논제를 공유할 수 없다. 모든 시간적 리듬을 포함하는 단일한 시간은 존재하지 않고, 오히려 통일하여 하나의 전체나 총체를 절대 형성하지 않는 복수의 불균질 시간이 존재한다. 기계들은 서로 다른 시간적 리듬으로 조작을 수행하고 전개된다. 마지막으로 셋째, 시간은 다양한 기계의 내부 세계에서의 리듬일 뿐만 아니라 외부 세계에서의 지속이기도 하다. 기계들은 각기 다른 속도로 되기 과정을 겪고 다른 지속 동안 현존한다. 아원자 입자처럼 나타나자마자 거의 즉시 사라지는 기계들도 있는 한편으로, 은하나 행성처럼 수백만 년 동안 현존하는 기계들도 있다. 기계들은 과정인 한에 있어서 철저히 시간적이다.

그렇다면 다중의 시간이 존재하고 시간들은 기계들에서 생겨난다고 주장하는 것은 무엇을 뜻하는가? 존재지도학의 논제는 시간이란 어떤 기계가 조작에 관여할 수 있는 속도라는 것이다. 여기서 미래성과 역사성에 관한 논의뿐만 아니라 인간이 다양한 인상을 기억하고 기대하는 방식에 관한 논의를 둘러싸고 조직된, 시간에 관한 현상학적 구상과 시간에 관한 존재지도학적 구상을 구분하는 것이 중요하다. 또다시 쟁점은, 이들 현상학적 분석이 잘못된 것이라는 점이 아니라 오히려 **특정 기계들** ― 현존재, 코기토, 주체 등 ― 이 시간상으로 작동하는 방식에 집중된다는 점이다. 한편으로, 하이데거, 후설, 혹은 데리다가 주제화한 대로의 역사성과 미래성을 통해서 절대 작동하지 않는 결정이나 항성 같은 기계들이 있다. 이들 존재자는 역사와 미래가 있음이 확실하지만, 역사성과 미래성에 의거하여 세계를 지향하지는 않는

---

19. 같은 책, A32/B48. [같은 책.]

데, 사실상 그것들은 그 용어의 현상학적 의미에서 절대 지향하지 않는다. 바위가 '실존적 계획'을 품고 있다거나 미래를 투사하고 과거에서 끌어낸다고 언급하는 것은 이상할 것이다. 그런데도 이들 존재자는 독자적인 특정 종류의 시간성이 있다. 그것들은 각자, 어떤 원소가 붕괴하는 속도처럼, 나름의 고유한 리듬이나 지속을 갖고서 시간 속에서 그리고 시간을 통하여 현존한다. 다른 한편으로, 서로 다른 시간성의 구조와 리듬을 갖추고 있는 다양한 생명체, 기관, 사회 현상 등이 존재한다. 존재지도학은 시간성에 관한 현상학적 설명을 인간이 시간을 경험하는 방식에 관한 서술로서 타당하다고 여기지만, 서로 다른 이런 형태들의 시간성을 포착할 만큼 충분히 탄탄한 틀이 필요하다. 그리하여 가장 기본적인 층위에서, 시간은 존재자들이 조작에 관여할 수 있는 속도로 여겨질 수 있지만, 이 구상은 다양한 존재자가 관여하는 조작의 본성이 존재자마다 다르다는 인식을 조건으로 성립된다. 시간적 조작이 취하는 형태는 매우 다양한데, 요컨대 인간의 형태는 한 가지 예일 따름이다.

우리는 기계가 선택적 방식으로 세계에 구조적으로 열려 있음을 이해했다. 세계 전역에서 방사되는 모든 흐름에 열려 있는 기계는 전혀 없다. 고양이는 인간이 절대 기입할 수 없는 것들을 들을 수 있다. 개는 고양이가 볼 수 없는 것들의 냄새를 맡을 수 있다. 갯가재는 여타 종류의 유기체에 전혀 보이지 않는 파장들의 빛을 볼 수 있다. 한 화학 원소는 다른 한 화학 원소가 할 수 없는 방식으로 다른 원소들에 영향을 미칠 수 있다. 기계는 언제나 주변 환경에 선택적으로 열려 있을 뿐이다. 시간은 기계가 주변 환경이나 다른 기계들에 선택적으로 열려 있는 방식 중 하나다. 기계는 다른 기계들에서 비롯되는 특정 종류의 흐름에만 열려 있을 뿐이고, 게다가 특정 속도 내지 빠르기의 흐름에만 열려 있을 뿐이다. 그러므로 예를 들면, 인간은 60헤르츠의 속도로 지각한다. 헤르츠는 어떤 특정 현상의 진동수 또는 초당 사이클을 측정한다. 집파리는 200헤르츠의 속도로 지각하고, 꿀벌은 대략 300헤르츠의 속도로 지각한다.[20] 유기체가 지각할 수 있는 속도는 그것이 입력물에 인지적 조작과 정동적 조작, 기동적 조작을 수행할 수 있는 속도다. 이런 문턱을 넘어서거나 그 문턱에 훨씬 미치지 못한다면, 유기체는 운동을 의식적으로 기입할 수 없을 것이다. 그런데 여기서 상황이 복잡하기에 우리는 조심스럽게 나아가야 한다. 미노가 지적하는 대로, 예전의 형광등은 인간이 움직임을 의식적으로 지각할 수 있는 속도를 훨씬 넘어서는 120헤르츠의 속도로 진동했음에도, 연구 결과에 따르면 그 형광등으로 인해 두통과 인지 결손이 유발되었다. 이 사실은 체계 또는 기계 자체가 다양한 시간성으로 구성될 수 있음을 시사한다.

또한, 기계가 입력물을 기입할 수 있는 속도는 주변 환경에서 일어나는 사건을 정보로서 맞닥뜨리기 위한 역량이다. 베이트슨이 규정하는 대로, "정보는 차이를 만들어내는 차이로 규정할 수 있다."[21] 정보는 어떤 기계가 입력물로서 수용하는 흐름의 내재적 특질이 아니라, 오히려 그 흐름이 조작을 수행하는 기계의 새로운 상태를 선택할 때 생겨날 뿐이다. 예를 들면, 누군가가 같은 일을 두 번 반복하면, 그것이 더는 정보로서 작용하지 않는 이유는 그것이 새로운 체계 상태를 전혀 선택하지 않기 때문이다. 그런데 무언가가 도대체 정보로서 작용할

20. P.J. Mineault, "What's the Maximal Frame Rate Humans Can Perceive," *XCORR Computational Neuroscience*, November 20, 2011, 〈http://xcorr.net/2011/11/20/whats-the-maximal-frame-rate-humans-can-perceive/〉에서 입수할 수 있음.

21. Bateson, *Steps to an Ecology of Mind*, 315. [베이트슨, 『마음의 생태학』.]

수 있는지는 어떤 기계가 입력물을 입력물로 기입할 수 있는 속도에 부분적으로 달려 있을 것이다. 파리를 때려잡기가 매우 어렵다면, 그 이유는 파리가 우리에게서 비롯되는 움직임을 훨씬 더 빠르게 기입할 수 있는 반면에, 우리는 파리의 움직임을 그렇게 빨리 기입할 수 없기 때문이다. 우리에게는 가만히 있는 듯 보이는 것이 파리에게는 운동으로 충만해 있다. 그러므로 파리는 우리가 절대 식별하지 못하는 어떤 것들을 정보로서 기입할 수 있다.

여기서 제시된 것은 매우 다른 두 가지 시간성, 즉 기계가 조작에 관여할 수 있는 두 가지 다른 속도가 교차하는 상황이다. 이 상황은 존재자들이 상호작용하는 방식에 중요한 영향을 미칠 것이다. 이와 같은 쟁점들은, 예를 들면, 기후변화에 대하여 사람과 정부가 취하는 태도의 핵심에 놓여 있다. 기후변화는 매우 느리고 서서히 일어나기에 사람과 정부에 의해 기입되지 않게 된다. 날마다 빙하 옆을 산책하면 빙하 모습이 대체로 일정한 것처럼 보인다. 마찬가지로, 해마다, 계절마다, 날씨는 다소 일정한 것처럼 보인다. 상황이 끊임없이 변화하고 있더라도, 그 변화는 이들 기계가 기입하기 어려운 속도로 일어난다. 그 결과, 이런 변화가 실제로 일어나고 있는지 믿기 어렵게 된다. 우리가 이렇게 느리게 움직이는 사건을 정보로 변환하기 위해서는 특별한 기술과 데이터 축적이 필요하다.

미합중국 정부 같은 정부들의 경우에 이런 문제가 특히 심각하다. 하나의 기계로서 미합중국 정부는 변화가 느리게 일어나는 기후변화 같은 것을 기입하는 데 어려움을 겪을 뿐만 아니라, 다양한 정부 부처 자체에서 조작이 수행되는 속도 역시 기후변화 같은 장기적인 문제에 대응하기 어렵게 만드는 문제를 제기한다. 미합중국에서 하원의원의 임기는 2년이고, 상원의원의 임기는 6년이며, 대통령의 임기는 4년이다.

이런 현실은 정부가 처리할 수 있는 문제의 종류들에 시간상으로 중대한 영향을 미친다. 이들 임기의 상대적 단기성은 정치인들이 선출되자마자 거의 즉시 재선을 위한 선거 운동을 시작해야 함을 뜻한다. 이렇게 해서 장기 계획을 수립하는 일은 매우 어렵게 되는데, 그 이유는 결국 정치인들이 오늘의 시급한 쟁점과 논란에 집중하기 때문이다.

이 문제는 정치 체계가 현대의 대중매체 체계와 결합할 때 악화한다. 사회학자 니클라스 루만이 주장하는 대로, 상세한 보도는 정보/비정보라는 코드를 둘러싸고 조직된다. 정보는 보도하기로 선택되는 것이다. 뉴스 체계가 지속하기 위해서는 보도할 정보를 끊임없이 찾아내야 한다.[22] 그런데 여기서 정보는 사실이 아니라, 차이를 만들어내는 차이라는 것을 기억해야 한다. 루만이 서술하는 대로, "정보 자체는 (아무리 작더라도) 놀라운 것으로 나타날 수 있을 따름이다."[23] 뉴스 체계의 경우에, 정보는 표준, 예상, 일상적인 세상의 질서에서 일탈하는 것이다. 뉴스 체계는 자신의 조작을 지속하기 위해 표준적이라기보다는 오히려 예외적인 것을 끊임없이 찾아내야 한다. 그 결과, 뉴스 기계는 어떤 쟁점을 붙잡고서 끝까지 파헤치기보다는 오히려 끊임없는 변화를 선호한다. 그러므로 뉴스 기계는 과학에서 나타나는 지식의 점진적인 구축을 선호하기보다는 오히려 논란, 의견 불일치, 새로운 것 등을 선호한다. 그런 기계가 정치 체계에 접속되었을 때, 우리는 정치가들이 장기적인 문제와 계획에 관여하기보다는 오히려 오늘의 논란거리에 항구적으로 반응해야 하는 시나리오에 말려들 것이다. 정치가

---

22. N. Luhmann, *The Reality of the Mass Media*, trans. K. Cross (Standford : Stanford University Press, 2000), 25~41. [니클라스 루만, 『대중매체의 현실』, 김성재 옮김, 커뮤니케이션북스, 2006.]
23. 같은 책, 27. [같은 책.]

들은 오로지 이런 식으로 행동함으로써 자신의 재선을 보장할 수 있을 것이다. 그 결과는 다른 기계들에서 비롯되는, 매우 느리게 진행하는 과정들에 반응하기가 매우 어렵게 된다는 것이다.

그런데 한편으로, 어떤 기계가 다른 기계들에서 비롯되는 흐름에 조작을 수행할 수 없는 이유는 이들 흐름이 그 기계가 기입하기에는 너무 느리게 움직이거나 아니면 너무 빠르게 움직이기 때문이다. 다른 한편으로, 한 기계는 다른 한 기계의 시간적 리듬에 포획될 수 있는데, 그리하여 전자의 활동이 후자에 의해 조직된다. 이런 상황은 우리가 기관과 상호작용하는 경우에 종종 마주치게 된다. 어떤 정부 기관이 조작에 관여하여 정보를 기입하는 속도는 인간이 그렇게 할 수 있는 속도와 다르고, 게다가 훨씬 더 느린 경우가 허다하다. 예를 들면, 사랑하는 가족 중 한 사람이 외국에서 죽었는데 여권을 소지하고 있지 않은 사람이 있을 것이다. 그 사람이 이 사건에 대처할 수 있는 능력은 관련 당국의 서류 처리의 시간성에 의해 구축될 것이다.

『일상생활의 구조』에서 위대한 역사가 페르낭 브로델은 밀과 쌀을 논의하면서 인간 시간성과 비인간 시간성의 접속에 관한 흥미로운 사례를 논의한다.[24] 밀과 쌀은 각각 나름의 특정 방식으로 생활과 사회적 관계를 조직하는 데 이바지하는 독자적인 시간적 리듬이 있다. 두 곡물은 모두 성장 시간이 있다. 밀이라는 곡물은 일 년에 대략 한 번의 추수를 하게 되는데, 특히 질병과 기후변동에 취약하다. 이 사실은, 18세기 내내 유럽처럼 밀과 유사 곡물들에 대한 의존성이 매우 높은 사회들의 경우에, 사회적 리듬이 그사이에 빈 시간이 많이 있는

---

24. F. Braudel, *The Structures of Everyday Life*, Vol. I, trans. S. Reynolds (New York: Harper & Row, 1981), 108~57. [페르낭 브로델, 『물질문명과 자본주의 I 상·하』, 주경철 옮김, 까치, 1995.]

파종기와 수확기를 집중적으로 둘러싸고 조직될 것임을 뜻한다. 이들 곡물의 시간성으로 인해, 한편으로 곡물의 재배기나 농경지의 휴한기를 극복하기 위한 식량 보존 기술이 부득이 발명될 것이고, 다른 한편으로 다른 활동을 위한 시간이 많이 확보될 것이다. 더욱이, 이들 곡물의 특성으로 인해 그것들을 재배하고 수확하는 데 거대한 노동력이 필요하지는 않을 것인데, 그리하여 농업이 가족 농장에 기반을 두고서 조직될 수 있을 것이다.

쌀의 경우에는 상황이 매우 다를 것이다. 쌀은 매우 강인한 곡물로 일 년에 두세 번 수확된다. 그러므로 밀과 유사 곡물들에 기반을 둔 문명은 기근과 그로 인한 사회적 격변에 시달리는 경향이 있지만, 쌀에 대한 의존성이 상당히 큰 문명은 식량이 풍부하다. 하지만 이런 풍부함은 대가를 치르고서 얻어진다. 쌀은 파종하고 수확하는 데 엄청난 시간이 소요된다. 그 결과, 쌀에 기반을 둔 사회는 쌀을 충분히 많이 파종하고 수확하기 위한 조치로서 집단 농업을 선호하는 경향이 있을 것이다. 이렇게 해서 결국에는 농사를 짓는 사람들과 비축된 쌀을 점검하고 분배하는 성직자나 귀족 계급 사이의 계층화가 사회 내부에서 촉발될 것이다. 농부들에게는 다른 활동을 위한 시간이 한정될 것이다.

기억을 할 수 있는 기계의 경우에는 상황이 훨씬 더 복잡해진다. 기억은 다양한 형태로 나타나는데, 이를테면 유전자 코드의 어떤 특정 부분이 먼 과거에 획득된 특질을 가리키는 유전자 기억 같은 종류의 기억에서, 사자와 인간 같은 고등한 종과 사회 기관을 비롯하여 점점 더 다양해지는 컴퓨터 기술에서 나타나는 것들과 같은 더 자유롭고 더 의식적인 형태의 기억에까지 이른다. 기억과 더불어 시간은 더는 선형적이지 않으면서 평행해지고 구겨지게 된다. 세르가 지적한 대로, 그런 시간은 토폴로지 방식으로 생각해야 한다. 그는 이렇게 서술한다.

> 손수건을 잡고서 다림질을 하기 위해 펼치면, 당신은 그 손수건에서 어떤 고정된 멀고 가까움을 볼 수 있다. 그 손수건의 한 영역에 원을 그리면, 당신은 그 원 근처에 점들을 표시하고 그 원에서 떨어진 거리를 측정할 수 있다. 그다음에 그 손수건을 다시 잡고 구겨서 당신 주머니에 집어넣자. 멀리 떨어져 있던 두 점이 갑자기 가까워지는데, 심지어 겹치기도 한다. 더욱이, 그 손수건을 어떤 식으로 찢으면, 가까웠던 두 점이 매우 멀어지게 될 수 있다. 근접성과 균열의 이런 과학은 토폴로지라고 불리고, 안정하고 잘 정의된 거리의 과학은 계량기하학으로 불린다.[25]

기억을 할 수 없는 기계의 경우에, 한 사건은 그 직전에 일어난 사건과 시간상으로 관련될 따름이다.

$$E_1 \rightarrow E_2 \rightarrow E_3 \rightarrow E_4 \cdots E_n$$

이런 형식의 계량적 시간에서 E_4는 E_3와 시간상으로 직접 관련되고 E_2는 사라진다.

기억할 수 있는 기계의 경우에는 과거가 현재에 지속하기에 상황이 두드러지게 다르다. 이제는 E_2가, 이를테면, E_3를 건너뛰고서 E_4에 영

---

25. M. Serres and B. Latour, *Conversations on Science, Culture, and Time*, trans. R. Lapidus (Ann Arbor: University of Michigan Press, 1995), 60.

향을 직접 미칠 수 있다. 『문명 속의 불만』의 서두에서 프로이트는 이런 토폴로지 형식의 시간을 멋지게 표현한다.

상상력을 한껏 발휘하여, 로마가 인간 주거지가 아니라 그만큼 길고 풍부한 과거를 가진 정신적 존재자 ─ 말하자면, 그 안에서 일단 생겨난 것은 절대로 사라지지 않고 발달의 이전 단계들이 모두 최근의 단계와 나란히 존속하는 존재자 ─ 라고 하자. 이것은 로마에 황제들의 궁전이 아직도 남아 있고, 셉티미우스 세베루스 황제의 궁전이 아직도 팔라티노 언덕 위에 옛날과 똑같은 높이로 우뚝 서 있고, 산탄젤로 성의 흉벽에는 고트족의 포위 공격을 받을 때까지 성을 장식했던 아름다운 조상彫像들이 아직도 서 있음을 뜻할 것이다. 하지만 그것만이 아니다. 오늘날 카파렐리 궁전이 자리 잡고 있는 카피톨리노 언덕에는 주피터 신전이, 그 궁전이 제거될 필요가 없이, 다시 한번 들어서게 될 것인데, 제정 시대의 로마인들이 보았던 최후의 모습만이 아니라 최초의 모습으로도 말이다. 초기의 주피터 신전은 에트루리아 건축 양식의 영향을 받아서 처마 끝이 테라코타로 장식되어 있었다. 오늘날 콜로세움이 서 있는 곳에서는 네로 황제의 황금 궁전을 감상할 수 있을 것이다. 판테온 광장에서는 하드리아누스 황제가 남긴 오늘날의 판테온뿐만이 아니라 아그리파가 그 자리에 세웠던 원래의 건물도 볼 수 있을 것이다. 사실상, 산타마리아 소프라 미네르바 교회와 그 토대가 된 고대의 신전이 같은 터에 서 있을 것이다.[26]

---

26. S. Freud, "Civilization and Its Discontents," *The Standard Edition of the Complete Psychological Works of Sigmund Freud*, Vol. 21, trans. J. Strachey (New York : Vintage, 2001), 70. [지그문트 프로이트, 『문명 속의 불만』, 김석희 옮김, 열린책들, 2003.]

여기서 프로이트는 세르가 시간을 일종의 구겨진 손수건으로 여긴 구상을 훌륭하게 예시한다. 선형적인 계량적 형식의 시간에서는 과거 사건들이 사라져 버리고 더는 현재에 영향을 미치지 못하지만, 토폴로지 형식의 시간에서는 먼 과거의 사건들이 현재와 접촉할 수 있게 된다. 토폴로지상으로는 사건 E_4가 일어나기 직전의 사건 E_3이 E_4에서 멀리 떨어져 있을 수 있고, 한편으로 E_1이 E_4에 대단히 가까이 있어서 현재적일 수 있다.

이런 상황을 가능하게 하는 조건은 어떤 종류의 기입 매체가 현존한다는 것이다. 프로이트가 어딘가 다른 곳에서 지적하는 대로, 기억과 시간이 이런 식으로 기능하려면 과거 사건들이 어떤 매체 안에 기억 흔적으로 보존되어야 한다.[27] 오로지 이런 방식으로 과거는 개재하는 일련의 사건을 뛰어넘어서 현재의 사건에 직접 영향을 미칠 수 있을 따름이다. 이 매체는 유전자, 뇌, 종이, 컴퓨터 데이터베이스, 녹음물 등일 수 있다. 각각의 경우에 현재에 다시 활성화될 수 있는 흔적이 보존되어 있다.

이런 형식의 시간성은 생명체와 사회 기관, 어떤 기술들에서 보편적으로 나타난다. 휴면 유전자 ― 종종 '정크 DNA'로 불리는 유전자 ― 는 어떤 환경 아래서 다시 깨어날 수 있다. 어린 시절에 반복적으로 맞은 개는 어쩌면 나중에 모든 사람을 잠재적인 위협으로 맞닥뜨릴 것이다. 국가는 헌법에 규정된 대로 작동하는데, 그 헌법은 수백 년 전에 제정된 것일 수도 있다. 마찬가지로, 종교인은 수천 년 전에 저술된 성

---

27. S. Freud, "A Note Upon the 'Mystic Writing-Pad'," *The Standard Edition of the Complete Psychological Works of Sigmund Freud*, Vol. 19, trans. J. Strachey (New York : Vintage, 2001), 227~32 [지그문트 프로이트, 「〈신비스러운 글쓰기 판〉에 대한 소고」, 『정신분석학의 근본 개념』, 박찬부 옮김, 열린책들, 2004]를 보라.

서에 따라서 살아간다. 아마존 홈페이지에서 나타나는 것과 같은 컴퓨터 체계는 다른 사람들이 과거에 구매한 책들에 기반을 두고서 다양한 책을 추천한다. 바디우가 지적하는 대로, 연인들은 몇 년 전에 발생한 만남이라는 한 사건에 충실히 의거하여 자신들의 삶을 조직한다.[28] 각각의 경우에 과거가 현재에 지속적으로 작용하도록 과거는 현재로 접히게 된다.

기억술의 기계에 힘입어 우리는 사소한 기계와 사소하지 않은 기계의 차이를 규정할 수 있게 된다. 하인즈 폰 푀르스터가 분명히 표현한 대로, 사소한 기계는 어떤 주어진 입력물이 어김없이 어떤 특정 출력물을 생산하는 기계다. 예를 들면, 스위치를 올리면 불이 켜진다. 이와는 대조적으로,

> 사소하지 않은 기계는 전적으로 다른 창조물이다. 그런 기계의 입력물-출력물 관계는 불변적인 것이 아니라, 그 기계의 이전 출력물에 의해 정해진다. 다시 말해서, 그것의 이전 단계들이 그것의 현재 반응을 결정한다. 이들 기계 역시 결정론적 체계임에도 사실상 예측 불가능한 체계인데, 어떤 주어진 입력물에 대해 예전에 관측된 출력물이 나중에 주어진 동일한 입력물에 대해 같지 않을 개연성이 높을 것이다.[29]

사소하지 않은 기계의 경우에는 출력물이 기계의 내부 조작을 변환하는데, 그리하여 그 기계는 같은 입력물을 다른 시기에 맞닥뜨리면

---

28. A. Badiou, "What is Love?" *Conditions*, trans. S. Corcoran (New York : Continuum, 2008), 179~98. [알랭 바디우, 「사랑이란 무엇인가」, 『조건들』, 이종영 옮김, 새물결, 2006.]

29. H. Foerster, "Perception of the Future and the Future of Perception," 1971, ⟨http://ada.evergreen.edu/~arunc/texts.old/readings.htm⟩에서 입수할 수 있음.

달리 반응하거나 다른 입력물을 생산할 것이다. 이런 사태에 대한 이유의 일부는 기억술의 기계를 특징짓는 시간성의 형식에 놓여 있다. 입력물이 기억술의 기계에 기억 흔적을 남기는 한에 있어서 그런 흔적에 힘입어 그 기계는 작동 방식을 수정함으로써 새로운 경우에 참신한 반응을 산출할 수 있게 된다.

기억술의 기계가 사소하지 않은 기계인 한, 우리는 현재에 있어서 과거의 반복이 동일한 것의 단순하거나 기계적이거나 상투적인 반복이 아님을 주의 깊게 인식해야 한다. 들뢰즈가 지적하는 대로, "반복되는 객체 안에서는 아무것도 변화하지 않지만, 그 반복을 응시하는 〔기계〕 안에서는 무언가 변한다. … A가 나타낼 때마다, 나는 이제 B가 나타나리라 기대한다."[30] 나는 A에 이어서 B가 나타나리라 기대하고 있기에 이제 A를 맞닥뜨리면 A에 대한 나의 반응, 나의 조작을 수정할 수 있다. 나중에 들뢰즈는 계속해서 다음과 같이 진술한다.

> 반복은 결코 역사적 사실이 아니라, 오히려 무언가 새로운 것이 실제로 산출되기 위한 역사적 조건이다. 루터와 바울의 유사성, 1789년 혁명과 로마 공화정의 유사성 등은 역사가의 성찰을 통해서 드러나는 것이 아니다. 오히려, 혁명가는 우선 자기 자신과의 관계에서 "부활한 로마인"처럼 살기로 결심한 이후에야 자신이 어떤 고유한 과거의 양태를 반복함으로써, 그러므로 자신을 어떤 역사적 과거의 인물과 필연적으로 동일시하게 되는 조건 아래서, 시작한 행위를 감당할 수 있게 된다.[31]

---

30. Deleuze, *Difference and Repetition*, 70 [들뢰즈, 『차이와 반복』], 강조가 첨가됨.
31. 같은 책, 90. [같은 책.]

반복이 어떻게 새로움을 생산할 수 있는가? 사소한 기계의 경우에는 입력물과 출력물이 강하게 연계되어 있어서 어떤 특정 입력물에 대하여 어떤 특정 출력물이 어김없이 생산된다는 점을 떠올리자. 그리하여 불가피하게도 사소한 기계는 역사적 현재에 의해 엄격히 결정된다. 이와는 대조적으로, 사소하지 않은 기계의 경우에는 과거와의 관계가 현재에 대해서 거리를 제공한다. 그 기계는 더는 현재의 사건들에 의해 엄격히 결정되는 것이 아니라, 오히려 그것이 바로 그 현재를 초월할 수 있게 하는 과거 사건들의 저장고를 이용한다. 이제 그 기계는 현재를 현재의 관점에서 바라보는 것이 아니라, 오히려 로마 공화주의자의 관점에서 바라볼 수 있다. 그런데 이런 태도가 그저 로마 공화정을 현재에 반복하는 것이 아닌 이유는 무엇인가? 그 혁명가는 과거에서 비롯된 이 사건에 의지하더라도, 그 사건은 현재의 경험과 종합된다. 더욱이, 로마 공화정을 현재에 반복할 때, 그 혁명가는 다른 세계, 즉 기계들의 다른 배치에서 행동해야 하기에 로마 공화주의자에게는 알려지지 않은 새로운 유·무형 기계들이 발명되어야 한다.

토폴로지 시간이 현존함으로써 역사주의는, 정신적 체계의 층위에서든, 사회적 체계의 층위에서든, 문화적 인공물의 층위에서든 간에, 상당한 난제에 직면하게 된다. 역사주의는 문화적 인공물과 사건, 행위, 제도가 그것들이 발생하는 역사적 환경에 근거하여 설명될 수 있다는 전제에 기반을 두고서 시작한다. 예를 들면, 셰익스피어의 작품은 당대의 사건, 규범, 그리고 그 작품이 저술된 환경에 근거하여 설명될 수 있을 것이다. 이들 사건은 어떤 세계에서, 즉 상호작용하는 기계들의 회집체에서 일어나기에 이 논제에는 얼마간의 진실이 있어야 함이 틀림없다. 하지만 두 개 이상의 기계가 동시대적이라는 단순한 이유로 인해 그것들이 서로 결정한다고 가정할 수는 없다. 사소하지 않은 기계는 먼 과거를 끌어당길 수 있기에 그 기계가 현재를 뛰어넘을 수 있게 하는 방식으로 당대를 벗어난 사건들에 의해 결정될 수 있다. 혁명가는 자신의 현재보다 로마 공화주의자와 '더 친밀하게' 소통할 수 있다. 그러므로 존재지도학적 시각에서 바라보면, 기계가 과거와 상호작용하는 방식과 구겨진 시간의 손수건을 탐구해야 한다.

그 결과, 우리는 두 사건이 동시대적이라는 바로 그 이유로 인해 그것들이 동시간적이라고 가정할 수 없다. 시간은 매끈하지 않을 뿐만 아니라 세계 전체에 걸쳐 균질하게 분포되어 있지도 않고, 오히려 울퉁불퉁하고 불연속적이며 불균질하다. 예를 들면, 정년보장을 받은 교수가 수십 년 전에 책 읽기를 그만두고 1950년대에 이해된 대로의 실존주의 견지에서 철학에 관해 계속 생각하는 사례는 친숙할 것이다. 이 교수는 현재에 존재하는 동시대인이지만, 주변 사람들과는 다른 시간에 속한다. 유사한 일례는 아미쉬Amish 사람들과 근처 도시에 사는 사람들의 시간 장이 서로 다르다는 사실이다. 마찬가지로, 최근에 저술된 책이 먼 과거에 저술된 책보다 덜 현대적일 수 있다. 예를 들면, 사르트르의 『존재와 무』 같은 저작을 루크레티우스의 『사물의 본성에 관하여』와 비교할 때 그럴 것이다. 나는 이런 정서에 공감하지 않지만, 사르트르의 저작은 인기가 없어져 버린 것처럼 보인다. 그 저작은 꽤 최근인 1943년에 출판되었음에도, 많은 독자는 그것이 구시대적이고 현재의 문제에 대응할 수 없다고 느낀다. 이와는 대조적으로, 루크레티우스에 대하여 알튀세르, 바디우, 들뢰즈, 그리고 그 밖의 다양한 사상가가 표명한 일단의 언급뿐만 아니라, 세르의 『물리학의 탄생』, 그린블랫의 『1417, 근대의 탄생』, 제인 베넷의 『생동하는 물질』 같은 저서들은 『사물의 본성에 관하여』가 일종의 르네상스를 겪고 있음을 시사한다. 루크레티우스는 포스트구조주의 – 언어에 집중함으로써 당대의 현재와 공명할 수 없었던 사상 — 의 전성기인 1960년대와 1990년대 사이에는 잊혀 있었는데, 최근 들어서 갑작스레 그의 저작이 대단히 시의적절한 책으로 대두되었다.

이 사례는 사소하지 않은 기억술의 기계가 과거와 관계를 맺는 방식이 과거의 고정된 양태와 관련되어 있다고 생각하지 않도록 주의해야 함을 뜻한다. 사소하지 않은 기억술의 기계가 과거와 관계를 맺는 방식과 관련하여 무언가 홀로그래피적인 것이 있다. 어떤 홀로그램을 이렇게 틀면 한 영상이 나타난다. 그것을 저렇게 틀면 다른 한 영상의 나타난다. 어떤 사건과 텍스트가 한 시기에는 잊힐 수 있고 다른 한 시기에는 대단히 중요해질 수 있다. 예를 들면, 성서의 특정한 한 장 혹은 한 구절이 대체로 무시당하거나 잊힐 수 있다. 그런데 적절한 환경 아래서 그것은 성서의 나머지 부분에 대한 독법과 경건한 삶을 사는 법을 규정하는 중요한 텍스트가 될 수 있다. 들뢰즈가 지적한 대로, 중요한 것은 객체에서의 반복이 아니라 — 반복되는 객체 안에서는 반복으로 인해 변하는 것이 아무것도 없다 — 오히려 그 반복을 응시하는 기계가 그 객체를 생각하는 방식이다. 과거의 모든 존재자는 완전히 잊힌 상태에서 매우 중요한 상태로 이행될 수 있다. 이런 식으로 과거의 어떤 기계가 현대에 주목을 받게 되면, 현대적인 것들이 그 기계를 규정하는 것이 아니라, 바로 그 역사적 기계가 현대적인 것들의 배치를 규정한다. 그리하여 어떤 역사적 기계가 부활함으로써 그것을 이용하는 기계는 새로운 뜻밖의 방식으로 현대의 것들에 작용하게 된다.

공간과 마찬가지로, 시간 역시 다양한 종류의 시간적 경로가 무성하다. 이런 시간성의 가변성은 유형 기계와 무형 기계의 경우에 성립할 뿐만 아니라 사소한 기계와 사소하지 않은 기계의 경우에도 성립하고, 게다가 이들 경로를 따라 다양한 시간적 조작이 존재할 것이다. 아인슈타인이 사소한 유형 기계에 대해서 이런 상황을 가장 극적으로 예시한다. 기계가 질량이 큰 객체에 더 가까이 갈수록 시간은 더욱더 느리게 흐른다. 마찬가지로, 기계가 질량이 큰 객체에서 더 멀어질수록 시간은 더욱더 빨리 흐른다. 혹은, 기계가 더 빨리 움직일수록 시간은 더욱더 빨리 흐른다. 여기서 우리는 시간이 기계들을 담는 용기라기보다는 오히려 기계들에서 생겨난다는 사실을 분명히 보여주는 사례를 마주한다. 유형 기계의 경우에 시간은 질량과 속력에 따라느려지거나 빨라진다.[32] 이 현상은 두 개의 기계가 서로 동시대적이지만 서로 다른 시간에 있는 기묘한 상황을 초래한다. 천문학자 리처드 포기가 GPS에 대해서 이 점을 멋지게 예시한다. 시간이 비행기나 차보다 GPS가 의존하는 위성에서 더 빨리 흐르는 이유는 그 위성이 지구에서 더 멀리 떨어져 있기 때문이다. 이런 현상으로 인해 지구 표면에 있는 어떤 기계의 위치를 위성에서 계산하여 결정하는 데 어려움이 있게 된다. 사실상, 이와 같은 시간적 기준틀의 차이로 인해 결국하루에 대략 10킬로미터의 오류가 생긴다. 위성과 지상 차량이 서로정확히 간섭하기 위해서는 이런 시간적 기준틀의 차이를 고려하여 보정해야 한다. 여기서 위성과 지상 차량이 서로 '현재적'이지만, 실제로위성은 지상 차량의 미래에 있고 지상 차량은 위성의 과거에 있는 기묘한 상황이 나타난다. 시간의 리듬에 있어서 이런 차이를 메꾸기 위한 시간적 경로가 시계를 보정함으로써 구축되어야 한다.

우리는 앞서 인간이 정부나 여타 기관 같은 기계와 관계를 맺는경우에 나타나는 시간적 경로의 사례를 살펴보았다. 인간은 인간의

---

32. R.W. Pogge, "Real-World Relativity," April 27, 2009, 〈http://www.astronomy.ohio-state.edu/~pogge/Ast162/Unit5/gps.html〉에서 입수할 수 있음.

시간이 있고, 기관은 기관의 시간이 있다. 일반적으로 어떤 관료기구나 기관의 시간은 사람의 시간보다 더 느리다. 그러므로 어떤 기관과 상호작용하려면 인간은 그 기관의 시간적 경로를 따르면서 자신의 삶을 그 경로에 근거하여 조직해야 한다. 예를 들면, 의료보험의 경우에 먼저 보험회사의 조작을 거친 이후에야 어떤 특정 시술을 받을 수 있을지가 결정될 수 있다. 마찬가지로, 우리는 앞서 메시지가 전달될 수 있는 속도가 회집체가 조직될 수 있는 방식에 대해서 차이를 만들어내는 사태를 살펴보았다. 예를 들면, 군사작전은 메시지가 마편으로 전달되는지 아니면 전파나 위성으로 전달되는지에 따라 다르게 조직될 것이다. 전자의 경우에, 적에 대한 대응이 더 느리게 이루어질 이유는 말의 속력과 명령이 공간적으로 떨어진 병사들 전체에 걸쳐 전달되는 데 걸리는 시간 때문이다. 후자의 경우에, 전적으로 새로운 형태의 타격과 배치가 가능해지는 이유는 적에 관한 정보와 명령이 전달될 수 있는 속도 때문이다.

마지막으로, 서로 다른 역사적 과거의 평면을 활성화하는 동시대적 존재자들의 경우에, 이들 기계가 상호작용할 수 있으려면 시간적 경로가 구축되어야 한다. 철학에서 이루어진 후속 논쟁, 예를 들면, 당대의 사변적 실재론 철학에서 이루어진 논의를 도외시한 사르트르 전공 교수의 사례로 돌아가서 살펴보면, 서로 동시대적인 이 두 인물, 즉 사르트르 전공 교수와 사변적 실재론자가 유의미하게 소통하려면 온갖 종류의 경로가 구축되어야 할 것이다. 사실상, 그 두 인물은 서로 이야기를 주고받을 수 있을 것이지만, 그들의 기준틀이 다르거나 입력물에 대한 조작을 조직하는 방식이 다르기에 각자는 논의되고 있는 것을 매우 다르게 이해할 법하다. 스튜어트 로젠버그 감독의 1967년 영화 〈폭력 탈옥〉에서 형무소 소장이 말한 대로, "우리의 당면 문제는 소통의 실패다." 그 두 인물이 소통하고 있는 것처럼 보이지만, 사실상 그들은 각자 독자적인 역사적 기준틀에 전적으로 근거하여 상대방을 이해한다. 흔히 우리가 이런 형태의 왜곡된 소통을 철저히 감지하지 못하는 이유는 현상학적 견지에서 자신과 이야기하고 있는 상대방이 육체적으로 현시되기 때문이다. 다시 말해서, 과거에 대한 그들의 관계는 각자의 지각적 조작에 주어지지 않는다. 우리는 오로지 추론을 통해서 상대방이 다른 기준틀을 갖고서 작업하고 있음을 판별하기 시작할 따름이다. 일단 이런 상황을 인식하게 될 때, 우리는 과거에 대한 상이한 관계들이 극복됨으로써 새로운 현재가 형성될 수 있게 하는 시간적 경로 — 일종의 번역 열쇠 — 를 전개하기 시작할 수 있다.

이런 성찰 덕분에 기계는 수행할 수 있는 조작의 수가 한정되어 있다는 사실에도 주의를 기울이게 된다. 일단의 입력물에 조작을 수행하기로 선택한다는 것은 그때 여타 입력물에는 조작을 수행할 수 없음을 뜻한다. 어떤 기계가 관여할 수 있는 조작의 수는 그 기계의 복잡성에 따라 제한된다. 일반적으로, 기계가 더 복잡할수록 그것이 동시에 수행할 수 있는 조작의 수는 더욱더 많아진다. 하지만 모든 조작에 한꺼번에 관여할 수 있는 기계는 존재하지 않는다. 기관과 사회, 인민, 정부는 동시에 처리할 수 있는 그만큼의 일에만 주의를 기울일 수 있다. 그 결과, 조작의 선택, 입력물의 선택은 언제나 위험과 희생이 따른다. 조작과 입력물을 선택할 수 있는 기계 — 더 고등한 기계 — 의 경우에, 저 입력물보다 이 입력물에 조작을 수행하기로 선택하는 것은 그 기계가 그 선택으로 인해 주목받지 않은 흐름에 부지불식간에 얽히게 되는 한에 있어서 위험을 수반하게 된다. 이런 사태에 대한 극적인 사례는 19세기에 아일랜드에서 발생한 감자 기근의 재앙에서 볼 수 있다. 다양한 종류의 감자와 곡물을 재배하지 않게 됨으로써 가난한 농민은 한 특정 종류의 감자에 전적으로 의존하게 되었다. 마찬가지로, 한 가지 일에 주의를 기울인다는 것은 여타 일에는 주의를 기울이지 않음을 뜻하기에 시간적 선택성은 희생도 따른다. 어느 하나가 부각하면 다른 것들은 잊힌다.

그러므로 피로는 인간 같은 사소하지 않은 기계들의 실재적 차원이다. 피로는 두 가지 것을 의미한다. 한편으로, 피로는 한 사람이 일 분과 한 시간, 하루, 한 주, 한 달, 일 년 동안 수행할 수 있는 조작의 수를 가리킨다. 한 사람이 수행하도록 요구받는 조작의 수가 어떤 한계를 넘어서면, 그는 기진맥진하게 된다. 누군가가 어떤 특정 조작에도 주의를 제대로 기울이지 못하는 경우에 그는 조작적 포화점에 이르게 된다. 이런 환경에서는 한 사람의 조작 수행 역량이 소진되고, 그 사람은 세계에 다소 압도당하게 된다. 그런 환경에서는 그 사람이 특정한 한 기간에 너무 많은 일을 하도록 요구받은 것이다. 이런 점에서, 그 사람은 자신의 삶을 가지런히 하고 통합할 수 있는 역량을 잃어 버렸다. 모든 순간은 어떤 입력물에 주목하여 조작을 수행하는 데 빼앗기고, 게다가 모든 입력물과 조작은 서로 밀치면서 똑같이 주의를 촉구하기에 그 사람은 어느 것에도 자신의 주의를 온전히 기울일 수가 없다. 세계는 활동을 요구하는 혼란 상태가 된다.

다른 한편으로, 피로는 육체적 소진과 인지적 소진을 뜻한다. 조작은 결코 공짜로 이루어지는 것이 아니라, 언제나 어떤 종류의 에너지가 소모될 필요가 있다. 질서는 결코 공짜로 나타나는 것이 아니라, 언제나 일과 에너지가 공급될 필요가 있다. 이런 사실이 엔트로피라는 개념이 존재지도학에 매우 중요한 이유 중 하나다. 엔트로피가 높은 체계는 브라운 운동을 하는 기체의 사례에서 나타나는 것처럼 요소들이 무작위적으로 분포하는 체계임을 떠올리자. 그런 체계의 경우에, 우리가 한 요소의 위치를 알게 되더라도 다른 요소들의 위치에 관해 전혀 추론할 수 없는 이유는 이들 요소가 그 체계 속 어디에나 나타날 확률이 동등하기 때문이다. 이와는 대조적으로, 엔트로피가 낮은 체계는 상당히 질서정연한 체계이기에 우리가 한 요소의 위치를 알게 되면 그 체계 속 다른 요소들의 위치에 관해 추론할 수 있다. 다른 요소들이 그 체계 속 어디에나 자리 잡고 있을 확률은 낮기 때문이다. 그런 체계는 상당히 조직적이다.

조직은 결코 공짜로 나타나는 것이 아니라, 언제나 일과 에너지가 지속할 필요가 있다. 대다수 기계는 존속하는 동안 영구적인 해체 상태에 처해 있다. 도로와 건물은 쇠퇴하고, 인간관계는 무너지고, 기술은 낡아지고, 체세포는 끊임없이 죽어가고, 안팎에서 비롯되는 잡음은 모든 기관을 압도할 우려가 있다. 기계는 끊임없이 부서지고 있다. 이런 사태는 기계가 자신의 조직을 유지하기 위해서는 끊임없이 에너지에 의존해야 하고 일에 관여해야 함을 뜻한다. 도로와 전력선, 건물은 유지되어야 한다. 새로운 세대의 젊은이들은 교육을 받아야 하거나 시민의 규범과 관습에 따라 형성되어야 한다. 소통은 지속해야 한다. 신체는 죽은 세포를 대체하기 위해 새로운 세포를 끊임없이 생산해야 한다. 이 모든 것은 일과 에너지가 필요하다. 그러므로 엔트로피가 낮은 기존의 체계를 맞닥뜨릴 때마다, 기계를 맞닥뜨릴 때마다, 우리는 그것이 자신의 조직을 유지하기 위해 어떤 에너지에 의존하는지 그리고 그런 식으로 존속하기 위해 어떤 일에 관여하는지 물어야 한다.

인간과 여타 동물 같은 기계들의 경우에, 소진으로서의 피로는 그들 존재의 실재적 특징이다. 우리 몸이 자신을 유지하기 위해 할 수 있는 일의 양은 한계가 있을 뿐만 아니라, 정보에 조작을 수행하고 자신과 관련된 주변 세계의 모습을 유지하기 위해 할 수 있는 일의 양도 한계가 있다. 그 한계점을 넘어서면, 우리 마음은 흐리멍덩해져서 어떤 추가 정보에도 조작을 수행하지 못하고 우리 몸은 약해진다. 우리는 쓰러진다. 어떤 한계점에서 우리는 더는 나아갈 수 없기에 휴식을 취하고 에너지를 충전해야 한다.

바로 이런 이유로 인해 시간과 피로에 관한 물음이 정치사상의 특권적 현장이다. 사회학자 부르디외는 '학구적 성향'을 비판하면서 이렇게 진술한다.

> '순수' 사유가 가장 생각하기 어려운 것은, '순수' 사유를 가능하게 하는 모든 사회적 조건 중 첫 번째이자 가장 결정적인 조건인 스콜레 skholé와 아울러 학구적 성향인데, 그 성향의 소지자는 상황의 요구 사항, 경제적 및 사회적 불가피성의 제약, 그리고 그것이 부과하는 긴급 요건이나 그것이 지향하는 목적을 유예하는 경향이 있다.[33]

스콜레는 여가, 휴식, 또는 자유 시간을 뜻하는 그리스 개념을 가리킨다. 부르디외의 논제는, 대학교수, 사회과학자, 비판 이론가 등의 지위에 있는 사람들은 그들의 실천을 가능하게 만드는 여가에 생각이 미치지 않기에 그들이 사회 현상을 설명하는 방식이 체계적으로 왜곡된다는 것이다. 부르디외가 계속해서 진술하는 대로,

> 사회과학자는 그 특정성을 규정하는 것에 생각이 미치지 않기에 행

---

33. P. Bourdieu, *Pascalian Mediatations*, trans. R. Nice (Stanford : Stanford University Press, 2000), 12. [피에르 부르디외, 『파스칼적 명상』, 김웅권 옮김, 동문선, 2001.]

위주체들이 자신의 시각을 지니고 있다고 생각하고, 특히 그들에게 일반적으로 이질적인 순수 지식과 순수 이해에 그들이 관심이 있다고 생각한다. 이것은, 바흐친에 따르면, 모든 언어를 오로지 판독하는 데 적합한 죽은 언어로 여기는 경향이 있는 '문헌주의'다. 그것은 언어를 작용과 권력의 도구라기보다는 오히려 해석이나 사색의 대상으로 여기는 구조주의적 기호학자들의 주지주의다. 아울러 그것은 읽기에 관한 해석학적 이론(혹은, 더 한층 강력한 이유로, '읽기'로 여겨지는 예술 작품의 해석에 관한 이론)의 인식중심주의다. 렉토르lector라는 지위와 학구적 스콜레 — 의도적이고 정합적인 의미를 추출하고자 하는 방법론적인 지향성을 갖추고 있으면서 여가시간에 수행되고 거의 언제나 반복되는, 매우 특정한 그런 읽기 형식을 가능하게 하는 조건 — 에 새겨진 전제들의 정당화되지 않은 보편화를 통해서 그것들은 모든 이해를, 심지어 실천적 이해도 하나의 해석, 즉 자기의식적인 판독 행위(그 범례는 번역이다)로 여기는 경향이 있다.[34]

강단 세계의 스콜레나 학구적 성향은 세계를 판독되어야 하는 텍스트, 즉 행위를 조직하는 코드나 규칙의 지배를 받는 무언가로 여기는 감각을 계발하는데, 요컨대 행위를 조직하는 실시간 제약을 무시한다. 사람들이 억압적 환경을 감내하고 자신의 이해관계와 상반되는 방식으로 행동하는 이유를 설명하고자 할 때, 예를 들면, 우리는 그들의 행위와 아울러 그 행태의 존속을 설명할 가지적 코드, 믿음, 기저에 깔린 이데올로기를 상정한다. 예를 들면, 지젝은 영국인과 프랑스인, 독일인의 서로 다른 화장실 설계의 이면에서도 그런 가지적 코드

34. 같은 책, 53. [같은 책.]

를 찾아낼 수 있다고 주장하는 지경까지 나아간다.[35] 우리는 인간 행위와 사회적 배치가 오로지 이런 가지적 코드에서 생겨난다고 여기고, 이런 코드를 따르는 사람들이 허위 신념에 속아 넘어갔다고 여긴다. 그러므로 그런 상황에 대한 해방적인 비판적 대응은 이런 신념의 허위를 폭로하는 것이라고 여겨지게 된다.

여기서 요점은 사람들이 흥미로운 신념을 많이 품고 있지 않고 다수의 그릇된 이데올로기에 시달린다는 것이 아니다. 우리는 무형 기계들이 세계에 거주하는 기계들에 속함을 이미 이해했다. 요점은 우리가 이들 신념과 이데올로기가 사회생활을 조직하는 정도를 과대평가하는 경향이 있다는 것이다. 라투르가 어딘가에서 서술하는 대로,

학교 근처에서 '시속 30킬로미터' 노란색 표지판을 보고서 감속하는 차량 운전자와 '과속방지턱'에 부딪쳐 차량의 현가장치가 손상되는 것을 방지하고 싶어서 감속하는 차량 운전자 사이의 차이는 큰가 아니면 작은가? 그 차이가 큰 이유는, 전자의 규칙 준수는 도덕, 상징, 표지판, 노란색 페인트를 거쳐서 이루어지고 후자는 신중하게 설계된 콘크리트 슬래브가 첨가된 과정을 거쳤기 때문이다. 그런데 그 차이가 작은 이유는 두 운전자가 모두 무언가에 따라 움직였기 때문인데, 전자는 거의 현시되지 않은 이타주의 — 그 운전자가 감속하지 않았더라면 그의 마음은 도덕률에 의해 상처를 받았었을 것이다 — 에 따라 움직였고, 후자는 널리 퍼져 있는 이기심 — 그 운전자가 감속하지 않았더라면 그의 현가장치는 콘크리트 슬래브에 의해 부서졌었을 것이다 — 에

---

35. S. Žižek, *The Plague of Fantasies* (New York : Verso, 1997), 5. [슬라보예 지젝, 『환상의 돌림병』, 김종주 옮김, 인간사랑, 2002.]

따라 움직였다.[36]

학구적 성향으로 작업하는 이론가는 조직 효과성의 첫 번째 원천 – 기호, 코드, 해석되거나 판독될 수 있는 것 – 을 사회적 관계들이 그런 식으로 조직되게 하는 유일한 근거로서 인식하는 경향이 있다. 행위주체가 어떤 특정 방식으로 행동하는 이유는 그가 어떤 기호의 기저에 깔린 코드를 인식하고 그에 따라 움직이기 때문이다. 과속방지턱 같은 것이 수행할 역할은 전적으로 보이지 않게 된다. 그 결과, 사회적 관계를 변화시키는 일은 한낱 기호나 코드와의 관계를 변화시키는 문제가 될 따름이다.

피로 같은 주제들에 관한 고찰은 학구적 성향에 전제를 둔 분석 형식들과 관련하여 주의해야 하는 이유를 보여준다. 피로에 시달리는 사람이 그런 식으로 억압적인 사회적 조건을 '감내하는' 이유는, 그가 사회적 관계들의 기저에 깔린 코드를 믿고 있기 때문이 아니고 이데올로기에 속아 넘어가기 때문도 아니다. 자신의 조작을 지속시키는 에너지를 얻기 위해 이런 형태의 삶에 의존하기 때문이고 그 밖의 일을 하기 위한 시간이 거의 없기 때문이다. 한 사람이 잠에서 깨어나서, 아이들에게 밥을 먹이고, 그들이 학교에 갈 준비를 시키고, 그들을 학교에 데려다준 다음에, 직장에 출근하여 하루 8시간에서 12시간 동안 지루한 지적 노동이나 육체적 노동을 행한다. 그는 퇴근한 다음에 집안일을 처리하고, 저녁 식사를 차리고, 아이들을 재우는 등의 일을 한다. 이제 그는 얼마 남지 않은 시간을 술을 마시거나, 아무 생각이 필요 없는 텔레비전을 시청하거나, 공허한 책을 읽거나 하는 등의 일로

---

36. B. Latour, *Reassembling the Social* (Oxford : Oxford Universirty Press, 2005), 77~8.

보낸다. 여타의 일을 하기 위한 에너지는 거의 남지 않게 되는데, 더군다나 전문가들을 대상으로 복잡하고 따분하게 저술된 비판 이론의 까다로운 내용을 이해하거나, 세계가 왜 이런 식으로 조직되었는지 이해하거나, 억압적인 사회적 체계를 전복할 시간은 훨씬 더 적다. 사람들이 그런 불만족스러운 조건을 감내한다면, 그 이유는 그들을 속이는 어떤 이데올로기의 결과로 그들이 이 조건은 세상의 자연적 질서라고 믿고 있기 때문 — 이따금 이것 역시 사실이지만 — 이라기보다는 오히려 자신과 자신의 가족, 주거지, 차량을 유지하고 부채를 상환하는 등의 일을 하는 데 필요한 에너지를 공급하는 기성의 회집체에 그들이 의존하기 때문이다. 우리는 우리의 삶과 우리가 할 수 있는 것을 조직하는 시간의 그물과 에너지 그물에 포획되어 있다. 담론성에 집중하는 해방적 이론들은 좋은 의도를 품고 있음에도, 그 이론들이 해방하고자 하는 사람들을 종종 이중으로 소외시킨다. 우선 우리는 피로로 인해 소외당하는데, 이를테면 우리 존재를 포화시켜서 여타의 일을 하기 위한 시간을 거의 남기지 않는 시간성의 장 안에서 소외당한다. 그다음에 우리는, 우리가 이데올로기에 속아 넘어가거나 무지한 소비자일 뿐만 아니라, 우리가 살아가는 세계에 필요한 요건들이 우리의 생활방식, 우리가 행할 수 있는 것과 누릴 수 있는 것을 조직하는 방식도 도외시한다고 주장하는 도덕적 비난으로 소외당한다.

시간이 정치적인 것들의 중요한 현장이라면, 그 이유는 시간이 조작 수행의 가능성이기 때문이다. 긴급한 요구 사항들이 넘쳐나고 조작을 수행할 필요성이 배어든 삶은 다른 조작과 사회적 관계를 구축할 가능성을 탐색하기가 엄청나게 어려운 삶이기도 하다. 그것은 현존하는 권력 관계의 그물에 갇혀버린 삶이다. 게으른 손은 악마의 도구라는 말을 종종 듣게 된다. 지배 권력의 관점에서 바라보면 이 말은 전적으로 참인데, 그 이유는 여유 시간이 출현함으로써, 즉 노동과 세계 속 삶의 요건들에서 벗어남으로써 현존하는 사회적 관계, 현존하는 공간적 네트워크를 의문시하기 시작하는 데 필요한 수단과 다른 네트워크를 구축하기 시작할 시간을 사람들이 갖추게 되기 때문이다. 다시 말해서, 여유 시간은 권력을 위협한다. 이것이 참이라면, 당연히 여유 시간을 창출하는 것이 모든 해방적 정치에 핵심적인 프로젝트가 된다.

시간과 관련하여 존재지도학은, 다양한 기계가 조작을 수행할 수 있는 속도, 시간상으로 서로 접속된 기계들의 위계, 선택된 입력물과 조작이 위험과 희생을 수반하는 방식, 그리고 많은 조작을 수행해야 함으로써 다양한 기계의 내부에서 초래되는 피로의 현장들에 관한 지도를 제작한다. 다시 말해서, 존재지도학은 부분적으로 세계 속 기계들 사이의 관계를 조직하는 시간적 지도를 추구한다. 이런 시간적 지도는 그저 지적으로 이해하기 위해 조사되어 작성되는 것이 아니라, 사람들이 어떤 세계의 내부에서 대안적인 생활양식을 구축하기 시작할 수 있게 할 여유 시간을 창출하는 데 필요한 전략을 고안하는 동시에 그 위험도 드러내기 위한 전략적 지도로서 작성된다.

과잉결정

기계가 시공간적 생태에서 현존하는 방식은 그것의 움직임과 국소적 표현, 되기를 주재하는 인과성의 성질을 복잡하게 한다. 시공간적 경로에 따른 기계의 움직임 및 되기와 더불어 기계의 국소적 표현은 과잉결정된다는 점을 이해하는 것이 중요하다. 우리는 과잉결정을 '초코드화'라는 들뢰즈와 가타리의 개념과 혼동하지 않도록 주의해야 한다. 일단의 현상이 주권자 같은 단일한 행위주체에 의해 영토화되어서 모든 것이 그 행위주체에서 흘러나오고 그 행위주체로 흘러들어갈 때 그 현상들은 초코드화된다.[37] 이런 의미에서의 초코드화에 대한 가장 완벽한 사례는, 만물은 유일신을 위해 존재한다는 믿음, 만물은 유일신에서 비롯되고 유일신을 위해 희생당한다는 믿음이다. 만물이 라이프니츠의 유일신, 자본, 특권적인 초험적 기표 등과 같은 단일한 행위주체에서 비롯되는 것으로 여겨질 때 초코드화가 이루어진다.[38] 여기서 초코드화는 하나의 중심, 일자, 궁극적인 근거를 둘러싸고 이루어지는 통일 현상을 가리킨다.

『꿈의 해석』에서 프로이트에 의해 도입된 과잉결정은 정반대 상황을 가리킨다.[39] 어떤 현상이 한 가지 원인이나 의미에 의해 결정되는 것이 아니라, 오히려 다양한 원인이나 의미에 의해 결정될 때, 그 현상은 과잉결정된다. 과잉결정은 연접 또는 '그리고'의 논리를 따른다. 어떤 특정 포도의 특성은 그 포도의 유전학 그리고 토양 조건 그리고 그 재배법을 규정하는 문화적 실천이나 무형 기계 그리고 해당 연도의 날씨 조건 등의 결과다. 그 포도의 국소적 표현을 결정하는 한 가지 원인이 존재하는 것이 아니라, 오히려 다양한 원인이 서로 얽힘으로써 참신한 출력물을 생산한다. 프로이트는 이것이 꿈의 경우에 해당하는 상황이라고 주장한다. 꿈이 매우 불가사의한 이유 중 일부는, 현시적 꿈 ─ 꿈을 꾸면서 체험하고 그다음 날 아침에 회상하는 것 ─ 이 꿈-내용 ─ 꿈이 충족시키는 소원 ─ 의 층위에서 종종 서로 모순적이고 어긋

---

37. Deleuze and Guattari, *Anti-Oedipus*, 199. [들뢰즈·과타리, 『안티 오이디푸스』.]

38. Deleuze and Guattari, *A Thousand Plateaus*, 8~9. [들뢰즈·가타리, 『천 개의 고원』.]

39. S. Freud, *The Interpretation of Dreams*, in *The Standard Edition of the Complete Psychological Works of Sigmund Freud*, Vol. 4, trans. J. Strachey (New York: Vintage, 2001), 307~8. [지그문트 프로이트, 『꿈의 해석』, 김인순 옮김, 열린책들, 2003.]

나는 다수의 다른 의미를 표현하기 때문이다. 꿈은 다양한 꿈-사고를 압축과 전위의 조작을 통해서 융합함으로써 억압된 소원이 자아와 초자아가 수용할 만한 방식으로 이루어질 수 있게 할 뿐만 아니라, 다양한 변별적 욕망이 단박에 충족될 수 있게 한다. 사실상, 이들 욕망은 심지어 상반될 수 있다.

자기 언니의 외아들이 죽었고 자신이 그의 장례식에 참석한 꿈을 꾼 어느 여성 환자의 사례를 논의할 때 프로이트는 꿈에 나타난 의미의 과잉결정에 대한 멋진 일례를 제시한다. 이 꿈의 이면에 어떤 가능한 소원이 놓여 있었을까? 꿈과 관련하여 자유연상을 하는 동안 그 여자는 자신이 결혼하고 싶어 했었던 한 남자를 떠올린다. 그 소원은 무산되고 말았었고, 그 이후로 그 여자는 그가 종종 행하는 강연 같은 대중 행사에서 먼발치로 그를 얼핏 본 적이 있었다. 그 여성 환자가 그 남자를 마지막으로 본 것은 그 언니의 다른 아들의 장례식에서였다. 여기서 그 꿈의 의미가 분명해지기 시작한다. 그 여자는 자기 언니에게 마지막 남은 아들의 죽음을 바란 것이 아니라, 오히려 이 남자를 다시 보기를 바란 것이었다. 자기 언니의 외아들이 죽는다면, 그 여자는 그의 장례식에서 이 남자를 다시 볼 수 있을 것이었다.

그런데 정말로 설명해야 하는 것은 그 남자를 다시 보고 싶은 그 여자의 욕망이 아니라, 그 여자의 무의식이 이 소원이 이루어지도록 그런 끔찍한 상황을 설정할 이유다. 그 여자의 무의식은 왜 현시적 꿈에서 더 직접적으로 마주치는 상황을 상기시키지 않았을까?[40] 예를 들면, 우리는 모두 배가 고플 때 음식을 먹는 꿈을 꾼 적이 있음이 확실한데, 여기서 소원은 은폐되거나 왜곡되지 않은 채 명시적으로 직

---

40. 같은 책, 132~5. [같은 책.]

접 이루어지는 것처럼 보인다. 그 여자의 무의식은 왜 그 남자를 다시 보고 싶은 자신의 욕망을 충족시키기 위해 그런 간접적인 우회로를 택했을까? 이 점에 관해 프로이트는 분명하지 않지만, 우리는 몇 가지 가설을 과감히 제시할 수 있다. 한 가지 가능성은 어쩌면 그 여자가 이전에 그 남자에게 구애했을 때 거절당함으로써 자존심이 상처를 입었었을 것이라는 점이다. 어쩌면 그 여자의 언니에게 마지막 남은 아들의 장례식이 그 남자를 다시 보고 싶은 그 여자의 소원이 이루어지는 방법이었을 동시에 그 남자를 계속해서 욕망하는 자신을 벌하는 방법이었을 것이다. 더 어두운 한 가지 가능성은, 사랑하는 조카의 장례식 같은 상황이 그 남자에게서 공감을 불러일으킬 것이고, 그리하여 그 남자를 보고 싶다는 그 여자의 소원이 이루어질 뿐만 아니라 그 남자에게서 애정도 받게 될 것이라는 점이다. 혹은, 어쩌면 과거에 그 남자가 그 여자보다 그 언니에게 더 관심을 보였었을 것이고, 그래서 그 꿈은 그 남자를 다시 보는 방법이자 자기 언니에게 복수하고 싶은 그 여자의 욕망을 충족시키는 방법이었다.

이 꿈에서 드러나는 것은 의미의 과잉결정이다. 그 꿈을 결정하는 단 하나의 의미나 욕망이 있는 것이 아니라, 그 꿈이 압축과 전위를 통해서 동시에 충족시키는 다수의 상충하는 욕망이 존재한다. 한편으로, 그 꿈은 다양한 욕망을 단일한 설정으로 압축함으로써 이들 욕망을 은폐하는 동시에 이들 소원이 한꺼번에 이루어지게 한다. 다른 한편으로, 그 꿈은 그 남자를 보고 싶은 소원을 그 장례식 상황으로 전위함으로써 사실상 그 남자에 대한 의식적인 생각을 억압하게 된다. 그 남자는 그 꿈에 직접 나타나는 것이 아니라, 그 꿈을 분석할 때 그 여자의 후속 연상에서 떠오르게 될 뿐이다. 여기서 우리는, 꿈에서 그 남자를 직접 떠올리지 않음으로써 그 남자에 관한 생각이 그 여자의 무의식적인 꿈-검열의 은밀한 경비를 통과할 수 있었을 그 장례식 상황으로 그 남자를 다시 보고 싶은 욕망이 전위될 수 있게 하는 전위의 메커니즘을 맞닥뜨린다. 요컨대, 그 장례식은 그 남자를 다시 보고 싶은 그 여자의 소원의 압축인 동시에 사정에 따라 그 욕망에 대해서 벌을 받고 싶은 소원의 압축 아니면 그 남자의 애정을 얻고 싶은 소원의 압축이기도 하다. 그 꿈에는 다양한 소원이 작동하고 있고, 따라서 그 꿈이 과잉결정되게 한다.

모든 기계와 관련된 상황도 마찬가지다. 과잉결정되지 않은 국소적 표현이나 움직임, 되기는 절대 존재하지 않는다. 옥수수의 성질은 단지 그 유전자 코드의 결과가 아니라, 오히려 그 유전자 코드, 토양 조건, 날씨, 농부가 옥수수를 심고 재배하는 방법을 주재하는 무형 기계, 곤충, 새, 쥐, 그리고 빛의 파장에서 생겨난다. 어떤 옥수수가 무엇이 되는지는 그 옥수수의 횡단-신체적 만남에 의해 결정되는데, 말하자면 다양한 원인에 의해 결정된다. 교통의 경우도 다르지 않다. 교통 패턴은 법률과 교통 신호 같은 무형 기계들, 물질적 도로 배치, 운전자들의 다양한 성향, 도로 위 자동차들의 양태, 그리고 타이어 폭발, 동물의 고속도로 횡단, 혹은 부주의한 운전자의 돌연한 끼어들기 같은 도로 위에서 일어나는 사건들에서 생겨난다. 여타의 것을 초코드화함으로써 그것들의 움직임과 되기, 국소적 표현을 결정하는 유일한 기계는 존재하지 않고, 오히려 그 움직임과 되기, 국소적 표현은 협동적 사태다.

다른 기계들에서 비롯되는 흐름이 어떤 특정 기계 안에서 공모할 때 산출되는 것은 종종 뜻밖의 참신한 결과라는 사실에 의해 상황은 더욱더 복잡해진다. 로이 바스카가 주장한 대로, 기계 또는 그가 '생성 메커니즘'으로 부르는 것은 열린 체계와 닫힌 체계에서 달리 행동할 수 있다.[41] 여기서 나는 바스카의 논변에 관해 상세히 논의할 수는 없지만,[42] 바스카의 논제에 따르면, 과학이 실험에 관여하는 목적은 닫힌 체계, 즉 그 속에서 우리가 기계(그가 '생성 메커니즘'과 '사물'로 부르는 것)를 촉발하여 가능한 사건을 일으킬 수 있게 할 그런 체계를 창출하는 것이다. 바스카가 주장하는 대로,

> 실험 활동의 이해가능성은 … 과학적 지식의 대상들이 자동적이고 조직적인 특질을 갖추고 있음을 전제로 하는데, 적어도 이들 대상이 인과적 법칙들인 한에 있어서 말이다. 그리고 이것은 결국 비인간 세계의 가능성, 즉 불변하는 것들과 경험이 없는 인과적 법칙들의 가능성을 전제로 하고, 그리고 특히 비경험적 세계의 가능성, 즉 경험 없는 인과적 법칙들과 사건들의 가능성을 전제로 하며, 게다가 열린 체계의 가능성, 즉 사건 및 경험의 패턴과 결이 어긋나는 인과적 법칙들의 가능성을 전제로 하고, 그리고 더 일반적으로 인식적으로 사소한 경험의 가능성, 즉 사건 그리고/또는 인과적 법칙과 결이 어긋나는 경험의 가능성을 전제로 한다.[43]

바스카에 따르면, '자동적 객체'는 태양이나 헬륨 원자처럼 마음 및 문화와 독립적으로 존재하는 객체다. 바스카는 이런 객체가 "한 사물의 작용 방식에 지나지 않는"[44] '생성 메커니즘'이라고 주장한다. 다시 말해서, 기계에 관한 존재지도학의 구상이 옹호하는 것과 유사한

41. R. Bhaskar, *A Realist Theory of Science* (New York: Routledge, 2008), 53.
42. Bryant, *The Democracy of Objects*, ch. 1을 보라.
43. Bhaskar, *A Realist Theory of Science*, 35.
44. 같은 책, 50.

방식으로 바스카는 생성 메커니즘을 역능 내지 역량에 근거하여 생각한다.[45]

바스카에게 핵심적인 논점은 생성 메커니즘 또는 기계가 그것이 생산할 수 있는 사건과 결이 어긋날 수 있다는 것이다. 그가 서술하는 대로, "역능은 발휘되기도 하고 발휘되지 않기도 하는 잠재태다."[46] 이 것에 대해 두 가지 가능한 이유가 있는데, 한편으로 어떤 기계가 자신의 조작이나 역능을 촉발하는 데 적절한 입력물을 맞닥뜨리지 않았기에 그 기계가 휴면 상태에 있기 때문이거나, 다른 한편으로 그 기계의 역능을 억제하여 감추거나 아니면 원인들이 연계됨으로써 그 메커니즘이 고립되어 산출할 사건과는 다른 사건을 산출하는 별개의 인과적 인자들이 그 기계와 관련되어 있기 때문이다. 이런 후자의 상황이 다양한 생성 메커니즘이 서로 연계하여 작용하는 열린 체계 안에서 기계 또는 생성 메커니즘이 현시하는 행태를 나타낸다. 실험과학자의 과업은 어떤 특정한 생성 메커니즘이 여타 생성 메커니즘 또는 기계와의 상호작용에서 격리된 닫힌 체계를 창출하는 것인데, 그리하여 과학자는 그 메커니즘을 촉발하여 어떤 조작 또는 역능이 그 메커니즘 특유의 것인지 알아낼 수 있을 것이다. 1부에서 살펴본 대로, 예를 들면, 산소와 수소 ─ 둘 다 생성 메커니즘 ─ 는 그것들이 상호작용하는지 아닌지에 따라 매우 다른 행태를 나타낸다. 따로 있을 때 그것들은 기체이고 매우 불붙기 쉽지만, 그것들이 결합하면 많은 종류의 불을 끄는 액체가 형성된다. 이 후자의 경우에, 즉 열린 체계에서, 수소와 산소의 생성 역능은 가려지게 된다. 오로지 수소로부터 산소를 분

---

45. 같은 책, 49.
46. 같은 책, 50.

리해낼 때만 우리는 산소 특유의 역능을 알아내게 된다.

바스카는 자연적 세계와 사회적 세계에서 규칙인 것은 닫힌 체계라기보다는 오히려 열린 체계라고 주장한다. 여타 기계에서 고립된 생성 메커니즘 또는 기계는 드물게 발견되고, 따라서 일반적으로 특정 기계에 고유한 생성 메커니즘을 알아낼 수 있을 닫힌 체계를 창출하는 데에는 상당한 노력이 든다. 이 논점의 요지는, 대략적으로 기계의 국소적 표현은 고립된 상태에 처한 기계의 생산물이라기보다는 오히려 해당 기계 자체를 넘어서는 다양한 인과적 작용에 의한 과잉결정의 생산물이라는 것이다. 일반적으로 어떤 기계의 국소적 표현은 그 기계 단독의 결과물이 아니라, 그 기계가 세계 속 다른 기계들과 맺은 관계의 결과물이다. 이런 사실을 인식하는 것은 유기 기계와 사회적 기계의 행태를 이해하는 데 특히 중요하다. 관계 또는 상호작용은 보이지 않는다고 흄이 주장한 대로,[47] 우리가 지각하는 것은 어떤 개별 기계가 세계 속 다른 기계들과 주고받는 상호작용이라기보다는 오히려 개별 기계 또는 개별 사물이기 때문에, 불행하게도 우리는 국소적 표현이 어떤 세계 안에서 공동으로 연계하여 작용하는 다양한 기계의 연접 효과로 현시된다고 여기기보다는 오히려 이런 식으로 현시하는 그 특정 기계의 역능에서 오로지 생겨나는 것으로 여기는 경향이 있다. 예를 들면, 우리는 어떤 유기체의 표현형의 특징이나 특성 − 털 색깔 같은 − 이 현시되는 방식이 오로지 그 유기체의 유전자에서 비롯된다고 여긴다. 이 경우에 우리는 그 유기체가 유전자에 의해 규정된 일종의 마스터플랜이나 청사진의 결과라고 여긴다. 여기서 문제는 유

---

47. D. Hume, *An Enquiry Concerning Human Understanding*, ed. T.L. Beauchamp (Oxford : Oxford University Press, 1999), 108~18. [데이비드 흄, 『인간의 이해력에 관한 탐구』, 김혜숙 옮김, 지만지, 2012.]

전자가 하나의 인과적 인자라고 주장하는 데 있는 것이 아니라, 유기체가 발달하는 동안 표현형이 취할 형태나 국소적 표현을 결정할 모든 정보가 유전자에 이미 포함되어 있다고 주장하는 데 있다. 하지만 수전 오야마 같은 이론가들이 설득력 있게 주장한 대로, 유기체가 국소적으로 현시하게 되는 성질은 단지 유전자 인코딩의 생산물이 아니라, 오히려 유전자, 유기체가 발달하면서 맞닥뜨리는 영양분, 발달 시기에 특정 단백질들이 서로 만나는지 여부, 빛의 유무, 온도, 압력 등을 포함하는 인자들의 연접 효과로 인한 생산물인데, 사실상 유전자는 단백질 생산 과정이 전개되는 환경에 따라 다르게 활성화된다.[48] 유기체의 국소적 표현은 정말 문자 그대로 과잉결정된다.

대다수 기계의 국소적 표현도 유기체의 경우와 마찬가지다. 국소적으로 현시되는 어떤 기계가 자신의 국소적 표현에 이바지하는 것은 사실이지만, 그 국소적 표현의 특질은 오로지 그 개별 기계에서 생겨나는 것이 아니라, 어떤 세계 안에서 서로 관련지어 작용하는 기계들의 얽힘에서 생겨난다. 그 결과, 세계 또는 기계들의 회집체 내부의 행위주체성은 분산되어 있다고 여겨야 한다. 제인 베넷이 서술하는 대로, 회집체는

불균일한 지형을 나타내는데, 그 이유는 다양한 정동과 신체가 만나는 지점 중 일부가 다른 지점들보다 한층 더 붐비고, 따라서 역능이 그 표면을 가로질러 균일하게 분포되어 있지 않기 때문이다. 회집체를 중앙집권적으로 관장하는 우두머리는 전혀 없는데, 요컨대 그 집단

---

48. S. Oyama, *The Ontogeny of Information* (Durham : Duke University Press, 2000)을 보라.

의 궤적이나 영향을 일관되게 결정할 수 있는 충분한 능력을 갖춘 하나의 물질이나 한 종류의 물질은 전혀 없다. 오히려, 어떤 회집체에 의해 생성되는 효과는 창발적 특성인데, 여기서 무언가(새롭게 변화한 유물론, 정전, 허리케인, 테러와의 전쟁)가 발생하게 할 수 있는 그 효과의 능력이 개별적으로 알려진 각각의 물질의 활력을 전부 더한 것과 완전히 구별된다는 점에서 창발적이다.[49]

어떤 기계가 자신의 성질과 자신의 특성, 자신의 행위로 현시되는 방식은 오로지 그 기계의 행위주체성의 결과인 경우는 거의 없고, 오히려 많은 기계와의 상호작용에서 비롯된 결과이기 일쑤이다. 존재지도학은 기계들의 이런 분산된 행위주체성의 지도를 제작하려는 시도이지만, 그것이 산출하는 지도는 영토와 동일하지 않음을 인식해야 한다.

기계 매체 존재론의 경우에, 과잉결정은 사유의 윤리학에서 주의 깊게 항해해야 하는 카리브디스와 스킬라를 제시한다. 우리는 대다수 국소적 표현이 다른 기계들과의 상호작용에 의해 과잉결정된다는 사실을 인식함으로써 어쩌면 기계는 그것이 다른 기계들과 주고받는 상호작용들에 지나지 않는다는 결론을 내릴 것이다. 다시 말해서, 어쩌면 우리는 기계가 아무런 자율성도 갖추고 있지 않다는 결론을 내릴 것이다. 이런 식으로 우리는 기계를 그것과 다른 기계들의 상호작용들 또는 관계들로 환원할 것이다. 그다음에 우리는, 기계는 그것이 다른 기계들과 맺은 관계들에 지나지 않기에 어떤 변화도 절대 가능하지 않다는 결론에 이르게 될 것이다. 이런 사태가 존재론적으로, 경험적으

49. Bennett, *Vibrant Matter*, 24. [베넷, 『생동하는 물질』.]

로, 윤리적으로, 그리고 정치적으로 비개연적인 것 − 심지어 개탄스러운 것 − 임을 인식하는 우리는 정반대의 접근법을 택하면서 모든 기계는 철저히 서로 독립적이고, 절대 관계를 맺지 않으며, 그 기계임은 오로지 각각의 기계 자체에서 비롯된다고 주장할 것이다. 그리하여 그런 접근법으로 인해 기계들이 서로 영향을 미치는 상황을 부인하게 된다. 이 관점 역시 옹호될 수 없다.

우리가 인식해야 하는 것은, 들뢰즈가 지적한 대로, 상호작용이 상호작용하는 항들의 바깥에 있다는 점이다. 기계들은 상호작용하게 되고 서로 관계를 맺게 되지만, 그런 상호작용과 결별할 수 있는 역능도 품고 있다. 이것이 바로 잠재적 고유 존재와 국소적 표현 사이의 구분이 정립되는 주요한 이유다. 기계는 다른 기계들과 상호작용함으로써 오로지 자신에게서 비롯되는 것이 아니라 어떤 세계 안에서 이루어진 자신의 관계성에서 생겨나는 국소적 표현을 사실상 현시하게 된다. 그런데도 언제나 기계는, 바로 그 기계로 남아 있으면서 새로운 관계를 맺을 수 있는 역량을 동반하는 잠재적 고유 존재를 갖추고 있을뿐더러 그 기계가 자신이 관여하는 흐름을 선택할 수 있게 하는 내부 역능도 품고 있다. 입력물에 대한 단순한 반응에 불과하지 않은 출력물을 생산하고, 자신이 어떤 흐름 − 현재 및 과거에서 비롯되는 흐름 − 에 반응할 것인지 스스로 결정할 수 있게 하는 기술을 자신의 내부에서 발달시키는 사소하지 않은 기계의 경우에 특히 그러하다. 그런 기계는 주변 세계로부터 단순히 영향을 받기보다는 오히려 주변 세계에 작용하고 그 세계에서 무엇을 취할 것인지 선택할 수 있는 역량 − 기계의 복잡성에 따라 그 정도가 달라지는 역량 − 을 자신의 내부에 갖추고 있다.

그러므로 존재지도학에 대한 첫 번째 윤리적 처방은 다음과 같이 표명될 수 있을 것이다. 어떤 기계를 그것과 다른 기계들의 상호작용들 또는 관계들로 절대 환원하지 말고, 각각의 기계는 주변 환경과 결별할 수 있는 과잉의 것을 갖추고 있음을 언제나 인식하라. 모든 기계는 나름의 자유가 있는데, 그 자유도는 해당 기계가 사소한 기계인지 사소하지 않은 기계인지, 경직된 기계인지 가소성을 갖춘 기계인지에 따라 달라진다. 주변 환경을 선택하고 그것에 작용할 자율성의 정도 또는 자유도는 조개가 바위보다 확실히 더 크고, 한편으로 돌고래가 조개보다 훨씬 더 크다. 그런데 우리가 인식해야 하는 것은 모든 기계가 자신의 의지에 의하거나 아니면 우연적인 자연적 사건을 통해서 현존하는 맥락과 결별하고 새로운 관계를 맺을 수 있다는 점이다. 어쩌면 기계는 이런 새로운 관계를 맺음으로써 지금까지 예상치 못한 역능을 드러낼 것이다. 그러므로 우리는 기계를 그 관계들로 환원하지 않도록 주의해야 한다.

『사물의 본성에 관하여』에서 루크레티우스는 이 논점을 대단히 멋지게 표현한다. 그가 서술하는 대로,

> 그대는 존재하는 것이라면 무엇이든, 이 두 가지 것[물체와 빈곳]에서 나온
> 항구적 성질임을 발견하거나, 아니면 이것들의 우연한 성질임을 보게 될 것이다.
> 여기서 항구적 성질이란, 그 객체에서 결코
> 따로 떼어내질 수 없는 것이다.
> 돌의 무거움이나 불의 뜨거움,
> 물의 축축함 같이. 반면에,
> 노예 상태, 부유함, 자유, 빈곤함,

전쟁, 평화, 또 그것이 오고 가는데도

실체가 유지되는 일시적인 것들,

이것들을 우리는 의당 우연적 성질이라 부른다.[50]

루크레티우스의 논점은, 어떤 사물 자체에 속하는 특성이 있고 그 사물과 다른 사물들의 관계에서 생겨나는 특성이 있다는 것이다. 어떤 사물의 무거움은 그 사물 자체의 특성이고(이것과 관련하여 루크레티우스는 틀렸다), 한편으로 누군가가 노예인지 아닌지는 그 사람이 다른 사람들과 사회적 체계에 관련된 방식의 부산물이다. '우연적 성질'은 어떤 사물의 내재적인 역능이 아니라, 어떤 기계가 다른 기계들과 맺은 관계의 부산물로서 산출된 국소적 표현이기에 여전히 그런 존재자로 남아 있으면서 이런 관계를 변화시키거나 그 관계와 결별할 수 있다. 여기서 루크레티우스는 모든 혁명적인 사상의 핵심을 명확히 표명하는데, 존재자들 사이의 관계들은 우연적이고 단절될 수 있으며, 따라서 그것들은 내부적이지 않고 뗄 수 없는 것이 아니다. 이 논제는 지금까지 언제나 논쟁거리였다. 관계들은 외부적이고 우연적이어서 기계는 관계들과 단절할 수 있고, 그리하여 기계들 사이에 새로운 관계들이 맺어짐으로써 새로운 국소적 표현을 생성할 수 있는가? 아니면, 관계들은 내부적이고 본질적이어서 어떤 기계의 본질은 그 기계가 속하는 관계들의 네트워크에 의해서만 결정되는 그런 것인가? 그 후에 이어진 모든 혁명적인 사상은 전자의 입장을 취함으로써 관계의 외부성을 옹호한 반면에, 모든 반동적인 사상 — 루크레티우스 이전 및 이후의 것들 — 은 관계의 내부성, 즉 기계의 관계적 본질 내지 '자연적' 본질을

---

50. Lucretius, *The Way Things Are*, 33. [루크레티우스, 『사물의 본성에 관하여』.]

옹호했다.

두 번째 윤리적 처방은 첫 번째 처방과 정반대로 표명될 것이다. 우리는 기계의 은밀한 역능이나 자율성을 인식해야 하는 한편으로, 관계들이 기계의 국소적 표현을 현시하는 데 수행하는 역할을 무시하지 않도록 주의해야한다. 개체주의는 종종 반동주의자들의 이데올로기다. 반동주의자는 어떤 기계를 그 기계가 그 안에서 작동하는 세계 또는 일단의 관계나 상호작용에서 분리함으로써 그 기계의 국소적 표현을 그 기계의 본질에 귀속시킨다. "그 기계는 달리 작동할 수 없었을 것인데, 그 이유는 그런 식으로 작동하는 것이 그 기계의 본질에 속하기 때문이었다." 이렇게 해서 반동주의자는 우리가 그 기계가 작동하는 어떤 맥락도 무시하면서 오로지 그 기계의 도덕적 유책성에 주의에 기울이도록 명한다. 여기서 또다시 우리는, 기계는 어떤 세계 안에서, 즉 다른 기계들과 맺은 일단의 관계 속에서 작동한다는 사실과 아울러 그 국소적 표현들은 일반적으로 이들 관계에 의해 과잉결정된다는 사실도 인식해야 한다. 행위주체성과 국소적 표현이 연계된 기계들에 의해 산출되기보다는 오로지 생성 메커니즘에 의해 산출되는 경우는 드물다. 개체의 행위주체성은 주어지는 것이 아니라 얻어지는 것인데, 종종 상당히 비개연적인 환경에서 큰 대가를 치르고서 얻어진다. 예외를 규칙으로 여기는 것은 비합리적이고 반동적이다.

세 번째 그리고 마지막으로, 무엇보다도 우리는 과잉결정이 윤리적으로 우리에게 조심하도록 명한다는 결론을 내릴 수 있다. 생성 메커니즘이 닫힌 체계에서 행동하는 방식에 관하여 우리가 알아낸 바로 인해 그 메커니즘이 열린 체계에서도 언제나 그런 식으로 행동할 것이라고 믿게 될 수 있다. 그런데 과잉결정이 가르쳐준 바에 따르면, 어떤 생성 메커니즘은 수소와 산소가 결합할 때 나타나는 현상처럼 그 메커니즘이 다른 생성 메커니즘들과 상호작용을 주고받을 때 새로운 효과를 생성할 수 있기에, 우리는 어떤 생성 메커니즘이 새로운 열린 체계에 주입될 때 어떻게 행동할 것인지에 대해 주의를 기울여야 한다. 스피노자가 말한 대로, "우리는 신체가 무엇을 할 수 있는지 결코 알지 못하"는데, 어떤 기계가 다른 기계들에 접속될 때 특히 그러하다. 그 결과, 어떤 기계가 특정한 한 닫힌 체계에서 일단의 국소적 표현을 현시했다는 단순한 이유로 인해 그 기계가 어떤 기계들의 회집체에 주입될 때에도 출력물이 동일할 것이라고 가정하지 말아야 한다. 행위주체성은 분산되어 있고, 따라서 행위주체성의 분산적 본성으로 인해 우리는 특정 행위자들의 작용에 더 부드럽게 관여하게 되고, 행위자를 새로운 체계에 주입할 때 조심성을 발휘하게 된다.

7장

중력

사물의 중력

1687년에 뉴턴의 『자연철학의 수학적 원리』[1]가 출판됨으로써 한 가지 미묘한 문제가 발생했다. 한편으로, 뉴턴의 중력 개념은 물체의 운동을 엄밀하게 예측하는 이론을 최초로 제시했다. 역사상 처음으로 우리는 행성의 운동과 혜성의 귀환 시점, 포탄의 탄착 지점을 자세히 예측할 수 있었다. 뉴턴은 세 개의 간단한 문자로 구성된 방정식[2]을 사용함으로써 행성과 항성의 운동에서 낙엽의 운동에 이르기까지 모든 운동의 기저에 깔린 일단의 상수를 알아낼 수 있었다. 문제는 멀리 떨어진 존재자에 영향력을 행사할 수 있는 중력의 능력이 전적으로 불가사의했다는 것이다. 예를 들면, 지구와 달 사이에 직접적인

---

1. [옮긴이] 『자연철학의 수학적 원리』는 근대 서양의 과학혁명을 완결한 아이작 뉴턴 (1642~1727)의 대표작으로서 그 책의 라틴어 원제는 *Philosophiae Naturalis Principia Mathematica*이고, 일반적으로 『프린키피아』로 알려져 있다.
2. [옮긴이] 가속도의 법칙으로 알려진 뉴턴의 운동방정식 $F = ma$를 가리키는데, 여기서 세 개의 문자 F, m, a는 각각 어떤 물체에 작용하는 힘, 그 물체의 질량과 가속도를 나타낸다.

상호작용이 없는데도, 달이 어떻게 지구의 조수간만에 영향을 미칠 수 있을까? 『프린키피아』에서 뉴턴은 중력이 작용하는 현상에 관해 많이 알아내었지만, 중력의 메커니즘은 여전히 미지의 상태로 남겨져 있었다. 사실상 뉴턴의 틀 안에서는 도대체 중력이 어떻게 작용하는지에 관한 물음이 결코 제기될 수 없었다. 뉴턴의 이론이 행성, 혜성, 위성 등의 움직임에 대해 정확히 예측할 수 있는 것으로 충분했다. 뉴턴의 이론에 힘입어 포탄을 원하는 곳에 떨어뜨릴 수 있는 것으로 충분했다. 이렇게 해서 중력이 어떻게 물체에 영향을 미칠 수 있는지에 관한 물음은, 우리가 이제 물체들의 움직임을 예측할 수 있게 한 이들 단순한 방정식, 이들 소수의 문자와 기호로 생겨난 새로운 예측 가능성에 도취하여 도외시되었다.

문제는 단순했다. 자연주의적이고 유물론적인 사유는 두 존재자 사이에 인과적 상호작용이 일어나려면 직접적인 상호작용이 있어야 한다고 언제나 주장했다. 이 존재자가 저 존재자에 영향을 미치려면 전자는 후자와 접촉해야 한다. 로마 엘리트 계급과 기독교 교회에 의해 거의 파괴되었던 걸작에서,[3] 위대한 로마 시인-철학자 루크레티우스는 그 원리를 이렇게 토로한다. "우리의 출발점은 이런 원리이어야 한다. 그 어떤 것도 무로부터 절대 생겨나지 않는다."[4] 그런 원리는 모든 진정한 유물론의 격률이다. 루크레티우스의 논제는, 한 존재자가 다른 한 존재자에 영향을 미치려면 그 두 존재자 사이에 실재적인 물질적 상호작용이 있어야 한다는 것이었다. 루크레티우스는 이 공리를 내세움으로써 모든 미신에 이의를 제기했고 원인에 관한 엄밀한 학문의 가

---

3. Greenblat, *The Swerve*[그린블랫, 『1417, 근대의 탄생』]을 보라.
4. Lucretius, *The Way Things Are*, 24. [루크레티우스, 『사물의 본성에 관하여』.]

능성을 표명했다. 루크레티우스의 첫 번째 공리는 모든 미신이 절대 반대하는 것이었는데, 그 이유는 그 공리가 마법 내지 원격작용이라는 관념의 기반을 약화했기 때문이다. 예를 들면, 루크레티우스의 틀 안에서는 현재 눈앞에 없는 사람에게 거는 주문이나 저주가 아무 영향도 미칠 수 없을 이유는 그 주문의 언명과 그 사람 사이에 물질적 상호작용이 전혀 없기 때문이다. 갈라진 곳을 밟으면 엄마의 허리가 부러지는 일은 일어날 수 없다. 요약하면, 존중할 만한 유물론이라면 무엇이든, 두 존재자가 상호작용하려면 그 두 존재자는 유리창을 깨는 야구공의 경우처럼 물질적으로 접촉하거나 아니면 뉴욕에 거주하는 한 사람의 전화기와 파리에 거주하는 다른 한 사람의 전화기 사이에 흐르는 전류의 경우처럼 그 두 존재자 사이에 어떤 종류의 물질적 정보가 전달되어야 한다고 주장한다. 유물론은 관계에 관한 한 지름길이 전혀 없음을 뜻한다. 두 사물이 관계를 맺으려면 그것들이 이런저런 식으로 물질적 상호작용을 주고받아야 한다.

뉴턴의 중력 이론이 매우 충격적이었던 것은 바로 루크레티우스의 첫 번째 공리 같은 논제에 근거를 둘 때이다. 왜냐하면 갈라진 곳을 밟으면 엄마의 허리가 부러진다는 관념처럼 어리석은 믿음과 마찬가지로 뉴턴의 중력은 주술적이었기 때문이다. 해와 달이 조수간만의 원인이라는 뉴턴의 논제가 원격 기도가 아무튼 환자를 치료할 수 있다는 관념과 도대체 무슨 차이가 있는가? 이런저런 방식으로 서로 접촉하지 않은 채 한 존재자가 다른 한 존재자에 영향을 미치는 것이 어떻게 가능한가? 뉴턴주의자들은 중력을 설명하기 위해 힘이라는 개념에 의지했지만, 한 사물이 멀리 떨어진 다른 한 사물에 어떻게 힘을 행사할 수 있는지 아무도 알 수 없는 한에 있어서 힘이 도대체 주술이나 마법 작용이 아니라고 생각할 방법은 알기가 어려웠다. 한 존재자가 다른 한 존재자와 접촉하지 않으면서 어떻게 그 존재자에게 영향을 미칠 수 있는가?

아인슈타인의 일반상대성 이론이 대단한 혁명이었던 것은 바로 이런 물음들의 맥락에서였다. 뉴턴과 마찬가지로 아인슈타인도 중력의 메커니즘 ― 최근에 들어서야 힉스 보손Higgs boson의 발견을 통해서 중력의 메커니즘이 밝혀지기 시작하고 있을 따름이다 ― 을 여전히 제공하지 않았지만, 아인슈타인은 중력을 힘이라는 개념에서 자유롭게 함으로써 중력 현상을 탈신비화하는 데 큰 도움을 주었다. 사실상 아인슈타인이 밝혀낸 것은, 중력이 결코 힘이 아니라 오히려 물체들의 질량에 의해 산출되는 시공간의 곡률이라는 점이다. 아인슈타인의 틀 안에서, 중력은 다른 물체들을 끌어당기고 밀치는 힘이 아니라 오히려 물체들의 질량이 시공간을 구부리는 방식의 효과다. 달이 지구 주위를 공전하는 것은 지구가 달을 끌어당기는 동시에 밀치기 때문이 아니라, 오히려 지구의 질량이 시공간을 구부림으로써 달이 어떤 직선, 즉 어떤 곡면 위에 형성된 직선을 따라 움직이게 하는 경로가 창출되기 때문이다. 이 상황을 시각화하기 위해 그 위에 멜론이 놓인 침대보를 상상하자. 그 멜론은 침대보의 표면을 구부리는데, 그리하여 그 곡률의 장에 오렌지 한 개가 놓이면 그 오렌지는 그 침대보를 따라 구르면서 그 경로를 따라갈 것이다. 중력은 힘이 아니라 오히려 다른 객체들이 움직일 때 따라가는 장 또는 토폴로지다.

브뤼노 라투르가 지적한 대로, 우리는 사회과학 및 사회사상과 정치사상에서 유사한 문제를 마주한다. 라투르는 자신이 '사회적인 것의 사회학'이라고 부르는 것과 '연합체의 사회학'이라고 부르는 것을 구분한다. 사회적인 것의 사회학은 사태를 설명하는 일종의 질료 혹은 작용으로서의 '사회적'인 것들에 의지한다. 라투르가 서술하는 대로,

사회적인 것의 사회학자가 '사회', '권력', '구조', 그리고 '맥락'이라는 낱말들을 표명할 때, 그는 종종 곧장 비약하여 삶과 역사의 방대한 집합들을 연결하고, 거대한 힘들을 동원하고, 혼란스러운 상호작용들에서 창발하는 극적인 패턴들을 탐지하고, 당면 사례들과 잘 알려진 종류들의 더 많은 사례의 모든 곳을 살펴보며, 배후에서 조종하고 있는 어떤 어두운 힘들을 드러낸다.[5]

라투르에 따르면, 사회적인 것의 사회학자는 "설명되어야 하는 것을 설명으로" 혼동하는데, 요컨대 "그는 사회나 다른 사회적 집합체들로 끝내야 하는데도 그것들로 시작한다."[6] '권력', '사회', '구조', '맥락', '사회적 힘' 등과 같은 용어들은 설명되어야 하는 바로 그런 것들인데도 설명으로 여겨진다. 그러므로 우리는 뉴턴 물리학의 상황과 유사한 상황을 마주하게 된다. 힘과 권력은 설명되어야 하는 것들인데도, 우리는 마치 그것들이 주변 세계에서 나타나는 패턴들을 설명하는 것처럼 사회적 힘이나 권력에 호소한다. 설명되어야 하는 것은 세계를 결합하는 것과 그 세계가 그런 식으로 결합하는 까닭인데, 그 이유는 알다시피 모든 기계와 모든 세계가 엔트로피의 위협에 시달리고 있기 때문이다.

무엇이 세계를 결합하느냐라는 물음에 직면했을 때, 존재지도학의 대답은 중력이다. 그런데 여기서 전개되는 중력 개념은 물리학자들이 검토한 개념을 포함하는 훨씬 더 넓은 개념이다. 존재지도학에서는 '중력'이라는 용어가 인문학과 사회과학에서 흔히 볼 수 있는 '힘'

---

5. Latour, *Reassembling the Social*, 22.
6. 같은 책, 8.

과 '권력' 같은 개념들을 대체한다. 그 이유는 두 가지다. 한편으로, '힘'이라는 개념은 너무 주술적이어서 세계를 분석하는 데 그리 유용하지 않다. 뉴턴주의자들이 두 존재자가 물질적으로 상호작용하지 않으면서 어떻게 서로 영향을 미칠 수 있느냐는 문제에 봉착한 것과 꼭 마찬가지로, 사회과학에서 동원되는 대로의 힘 개념은 사회, 기호, 언어, 경제 등이 어떻게 그런 식으로 기계들에 영향을 미칠 수 있는지에 대한 물질적 설명을 위한 여지를 거의 남기지 않는다. 이런 상황은 『논리의 학』에서 헤겔이 "형식적 근거"라고 서술한 것과 유사하다.7 헤겔은 이런 종류의 설명을 "동어반복적"이라고 일컫는데, 그 이유는 현상에 대해 주어진 근거가, 비록 어떤 의미에서 은폐되어 있지만, 현상 자체와 동일하기 때문이다. 예로서 헤겔은 다음과 같이 진술한다.

> 과학, 특히 물리과학은 이른바 과학의 특권에 해당하는 이런 종류의 동어반복으로 가득 차 있다. 예를 들면, 태양 주위를 공전하는 지구의 움직임에 대한 근거는 지구와 태양이 서로 끌어당기는 힘이라고 한다. 내용의 측면에서, 이 진술은 현상에 포함된 것, 즉 이들 물체의 상호 관계 말고는 다른 것을 표현하지 않는데, 요컨대 단지 그 관계 자체에 반영된 결정 형식, 힘의 형식으로 표현할 뿐이다. 누군가가 그 인력이 어떤 종류의 힘인지 묻는다면, 그 대답은 지구가 태양 주위를 공전하게 하는 힘이라는 것인데, 그리하여 그 인력은 자신이 그 근거가 되어야 하는 현상과 정확히 같은 내용을 갖게 된다.8

7. G.W.F. Hegel, *Hegel's Science of Logic*, trans. A.V. Miller (Atlantic Highlands : Humanities Press International, 1969), 456~8. [게오르그 빌헬름 프리드리히 헤겔, 『헤겔의 논리학』, 전원배 옮김, 서문당, 2018.]
8. 같은 책, 458.

나는 동어반복적인 설명 또는 형식적 근거가 물리과학의 특권이라는 헤겔의 견해는 공유하지 않지만, 그가 언급하는 문제는 인정한다. 예를 들면, 사회적 관계가 가난한 상태나 실업 상태에 있는 특정한 일부 사람들이 어떤 특정한 지리적 위치에 국소적으로 모여 사는 그런 특정 형식을 취하는 이유에 관해 물으면, 이런 국소적 표현의 근거로 사회적 힘이 거론된다. 그런데 여기서 주어진 대답은 설명되어야 하는 것을 다른 표현으로 반복할 뿐인, 그 현상 또는 국소적 표현에 대한 동어반복적인 설명일 따름이다. 사회적 힘이 이런 일을 어떻게 하는지는 진술되지 않았다. 요약하면, 그 근거가 제시되기를 바란 국소적 표현에 대한 주술적 설명이 우리에게 주어졌다. 나는 이어지는 글에서 논의되는 중력 개념이 이 문제를 개선하기 위한 어떤 길을 따라가기를 바란다.

다른 한편으로, 권력이라는 개념도 비슷한 문제에 시달린다. 권력은 사회 현상을 설명하기 위해 주술적 방식으로 사용되는 경향이 있을 뿐만 아니라, 지나치게 인간중심주의적인 의미를 함축하는 결점으로 타격을 입는다. 권력이라는 개념으로 인해 우리는 서사와 기호, 담론, 언어, 인간의 제도가 사회적 관계를 형성하는 방식에 주의를 기울이게 된다. 이런 사태가 잘못된 것이라기보다는 오히려, 페르낭 브로델, 맑스, 브뤼노 라투르, 들뢰즈와 가타리, 제인 베넷, 마누엘 데란다, 스테이시 앨러이모, 그리고 그 밖의 다른 이론가와 역사가들이 보여준 대로, 이런 설명이 너무 제한적이어서 5장에서 논의된 내용의 측면을 대체로 무시한다는 것이다. 또한, 사회적 회집체가 그런 형태를 취하는 것은 강과 해류, 전염병, 천연자원의 분포, 산맥의 지형, 날씨 패턴, 고도 등에서 비롯된다. 권력이라는 개념으로 인해 우리는 내용의 측면을 손상할 정도로 표현의 측면에 너무 배타적으로 집중하게 된다. 하지만 우리가 생각해야 하는 것은 내용의 측면과 표현의 측면에 속하는 기계들의 상호 얽힘과 상호작용이다. 중력이라는 개념이 권력과 힘 같은 용어들보다 유리한 수사법적 이점은, 그 개념이 인간과 비인간, 사회적인 것과 자연적인 것을 모두 아우를 수 있는 만능 용어를 제시함으로써 우리가 문화적인 것에 집착하지 않게 된다는 점이다. 중력은 심해 분화구의 세계에서 작용하는 만큼이나 정부 부처 같은 기관의 사회적 동학에서도 작용한다.

우리는 중력이라는 용어를 너무 직설적으로 여기지 않도록 주의해야 한다. 내가 존재지도학적 중력 개념으로 포착하기를 바라는 것은, 한 기계가 다른 기계들의 움직임과 되기에 영향을 미칠 뿐만 아니라 그것들 사이에 가능한 상호작용에도 영향을 미치는 방식이다. 그러므로 아인슈타인과 더불어, 존재지도학적 중력 개념은 중력을 한 기계가 다른 한 존재자의 시공간적 움직임과 되기를 구부리는 방식으로 여긴다. 하지만 유사성은 여기까지다. 아인슈타인의 경우에, 중력은 오로지 어떤 물체가 공간과 시간을 구부리는 방식에 의해 산출된 시공간적 궤적을 따라가는 물체들의 움직임과 관련이 있을 뿐이다. 반면에 존재지도학적 맥락 안에서 중력은, 어떤 특정 기표가 인간의 삶을 조직할 방식, 어떤 특정 식단의 특징이 인간 몸이 발달하는데 중요한 역할을 수행하는 방식, 어떤 특정 담론과 제도가 사회적 관계를 조직하는 방식 등과 같이 다양한 기계적 매개 작용을 가리킨다. 요약하면, 존재지도학적 의미에서, 화학적 과정과 생물학적 과정, 기상학적 과정, 기호학적 과정 같은 다양한 현상에 알맞은 중력이 존재한다. 예를 들면, 태양이 지구에 심대한 중력을 가하는 이유는 태양이 공간의 얼개를 구부려서 지구의 공전 궤도를 결정하는 방식 때문만이 아니라, 모든 유기 생명과 사회생활이 궁극적으로 태양에서 파생되는 에너지에 의존하기 때문이기도 하다. 태양에서 비롯되는 에너지에 관한 물음은 물리학에 못지않게 화학 및 생물학과 관련되어 있다. 마찬가지로, 담론적 존재자도 인간의 삶에 막대한 중력을 행사한다. 스티븐 스필버그 감독은 2004년에 개봉된 영화 〈터미널〉에서 이런 종류의 담론적 중력을 극적 효과가 대단하게도 묘사한다. 그 영화에서는 빅터 나보스키Viktor Navorsky라는 등장인물이 JFK 국제공항을 떠날 수 없게 되는데, 그 이유는 크라코지아Krakhozia라는 그의 고국이 혁명에 휩쓸림으로써 미합중국과의 외교 관계가 단절되었기 때문이다. 여기서 나보스키는 달 같은 거대한 질량의 물체들에 의해 규정된 중력장에 포획된 것이 아니라, 오히려 기표, 혁명 선언과 행위, 외교 관계, 국가의 존재 여부, 그리고 미합중국 국토안보부 정책에 의해 규정된 중력장에 포획되어 버렸다. 기호학적 본성을 갖춘 이 중력은 나보스키의 이동 범위와 되기, 그가 다른 기계들과 맺는 관계가 조직되는 방식을 결정하는 데 핵심적인 역할을 수행한다.

강조할 첫 번째 논점은 사회적인 것은 사회적인 것을 구성하는 존재자들 위에 있는 무언가가 아니라는 것이다. 어떤 세계가 그 세계를 구성하는 존재자들에 지나지 않는 경우와 꼭 마찬가지로, 사회적인 것은 용기가 아니다. 라투르가 진술하는 대로,

대다수 상황에서 우리는 '사회적'이라는 낱말을 사용하여, 함께 결집하고, 다발을 이루고, 꾸러미를 형성한 것의 정확한 본성에 관해서는 너무 까다롭게 굴지 않은 채, 이미 회집하여서 하나의 전체로서 작용하는 것을 뜻한다. '무언가는 사회적이다' 혹은 '무언가는 사회적 차원이 있다'라고 말할 때 우리는, 그 무언가가 근본적으로 다른 종류들의 존재자들로 구성되어 있을지라도, 이른바, 함께 보조를 맞추어서 행

진하는 일단의 특질을 동원한다. 이처럼 그 낱말을 문제가 되지 않게 사용하는 것은, "함께 가는 것은 사회적인가?"라는 문장을 "사회적이라는 낱말은 어떤 특정 종류의 질료를 가리킨다"라고 말하는 문장과 혼동하지 않는 한에 있어서 아무 지장이 없다. 전자의 경우는 단지 우리가 함께 결합하기가 중대한 양태인 일상적인 사태를 다루고 있음을 뜻하는 반면에, 후자의 경우는 그 주요 특질이 다른 종류들의 질료와 다름에 있는 일종의 실체를 가리킨다. 이것은 일부 회집체들이, 아기 돼지 삼형제의 집들이 각각 지푸라기와 나무, 돌로 만들어진 것과 흡사하게, 물리적 요소, 생물학적 요소, 혹은 경제적 요소 대신에 사회적 질료로 구축됨을 뜻한다.9

사회적인 것을 구성하는 확연히 다른 종류의 질료는 존재하지 않는다. 오히려, 사회적인 것은 다른 종류들의 기계들이 하나의 회집체로 함께 결합하는 방식일 따름이다. 사회적인 것은 바로 전력선, 도로, 산맥, 강, 사람, 동물, 공장, 미생물, 컴퓨터, 알코올, 화폐, 위성, 축구공, 신, 기호, 법률, 예배, 스포츠 행사, 텔레비전 쇼, 형광등, 건물, 집단, 기관, 벼룩, 그리고 쥐다. 그러므로 이제 우리는 라투르가 '연합체의 사회학'으로 염두에 두고 있는 것을 이해할 처지에 있다. 연합체의 사회학에서는 기계들이 함께 결합하는 방식, 기계들이 연합하여 엔트로피가 낮은 패턴과 음엔트로피의 패턴을 형성하는 방식이 탐구된다. 연합체의 사회학에서는 사회적 맥락, 사회적 힘, 권력 등으로서의 '사회적'인 것들이 전력선을 설명하는 것이 아니고, 오히려 전력선, 텔레비전, 조명, 화력발전소, 정부, 인민 등이 사회적 맥락과 권력을 설명한다.

---

9. Latour, *Reassembling the Social*, 43.

우리가 이해해야 하는 두 번째 논점은, 이런 이유로 인해 사회적인 것은 여타 영역과 따로 떼어 탐구할 수 있는 별개의 영역이 아니라는 것이다. 사회적인 것은 화학, 생물학, 전기공학 등과 별도로 탐구하기 위해 분리될 수 있는 어떤 특별한 종류의 질료, 어떤 특별한 영역이 아니다. 연합체가 존재하는 곳마다 사회적인 것이 존재한다. 그러므로 우리는 사회적인 것과 자연적인 것을 분리하는 전통을 거부해야 한다. 라투르가 서술하는 대로,

> 전통에 따르면, 의식과 언어, 의지, 의도를 지닌 사회적 행위자는 인과적 결정을 따르는 사물과 별개로 구분되어야 한다. 인간 행위자는 종종 조건의 제약을 받고, 심지어 조건에 의해 결정되더라도 자신의 자유에 의해 정의된다고 하는 반면에, 사물은 단지 인과성의 사슬을 따를 뿐이다. 사물은 행위자라고 할 수 없고, 하여간 사회적 행위자는 아닌데, 그 이유는 그것이 진정한 의미에서 행위를 수행하지 않고, 단지 반응을 보일 뿐이기 때문이다.[10]

한편으로, 자유, 규범성, 믿음, 의도, 의지, 이데올로기, 의미, 언어, 법률 등으로 특징지어지는 사회적인 것의 영역이 존재한다고 한다. 다른 한편으로, 기계적인 인과성으로 규정되는 비인간 사물들로 철저히 구성된 자연의 영역이 있다고 한다. 이런 전통 안에서, 사회적인 것에 관한 탐구는 오로지 전자의 영역에 한정될 따름이다. 여기서 사회적인 것을 탐구하는 것은 의미와 의도, 규범, 이데올로기, 언어를 탐구하는 것이다.

---

10. Latour, *Politics of Nature*, 73.

그런데 사회적인 것이 그것을 구성하는 존재자들 또는 기계들 위에 있는 무언가가 아님이 사실이라면, 영역들은 더는 이런 식으로 분리될 수 없다. 많은 사회적 세계가 사실상 회집체의 접착제로서 믿음과 규범, 표상, 언어, 이데올로기를 포함하고 있을 것이고, 게다가 그 세계들은 자동차, 쌀, 초코파이, 날씨 사건, 그리고 그 밖의 다양한 비인간 행위자들도 포함하고 있을 것이다. 만약 후자의 사실을 무시한다면, 회집체들이 왜 그런 식으로 조직되는지 결코 이해하지 못할 것이다. 어떤 세계 안에서 기계들을 함께 결합하는 중력을 결코 이해하지 못할 것이다. 사회적인 것은 한 특정한 종류의 질료가 아니라, '생태적'인 것을 가리키는 또 다른 말이다. 사회적 회집체는 하나의 생태다.

그런데 여기서 우리는, 벼룩, 쥐, 말라리아와 흑사병 박테리아, 전력선, 그리고 허리케인 카트리나가 사회적인 것에 속한다는 테제를 그것들이 사회적으로 구성된다는 주장과 혼동하지 않도록 주의해야 한다. 피터 버거와 토마스 루크만은 『실재의 사회적 구성』이라는 영향력 있는 책에서 세계에 거주하는 기계들이 사실상 사회에 의해 구성된다는 점을 예증하려고 시도한다.[11] 이렇게 해서 그들은 여타 기계를 표상과 규범, 의도, 믿음, 언어에 종속시킨다. 여타의 것을 설명하는 것은 바로 이들 행위주체다. 존재지도학은 비인간 기계를 사회적 회집체의 구성원으로 포함하면서 전적으로 다른 주장을 제기한다. 존재지도학은 허리케인 카트리나가 사회적으로 구성된다고 주장하는 것이 아니라, 허리케인 카트리나가 하나의 허리케인으로서 사회적 관계들을 생산하는 데 참여하는 실재적 행위자라고 주장한다. 허리케인 카트리나의 역능

---

11. P.L. Berger and T. Luckmann, *The Social Construction of Reality* (New York : Anchor Books, 1967) [피터 버거·토마스 루크만, 『실재의 사회적 구성』, 하홍규 옮김, 문학과지성사, 2014]을 보라.

은 우리가 그것을 표상하는 방식에서 생겨나지 않고, '사회'로부터 파생되지 않고, 오히려 그 허리케인 자체에 속한다.

그런데 여기서 상황이 꽤 복잡하다. 라투르가 진술하는 대로, 회집체는 "자연처럼 실재적인 동시에 담론처럼 서사적이고 사회처럼 집단적이다."[12] 1908년의 통구스카^{Tunguska} 운석은 독자적인 역능을 갖추고 독자적인 방식으로 움직이면서 지구를 강타하여 시베리아 지역 및 지구의 나머지 지역에 영향을 미친 실재적 기계였다. 또한, 그 운석은 특정 방식으로 인간 활동을 조직하는 데 이바지했다. 예를 들면, 충돌 후 수 주 동안 유럽 전역의 하늘이 매우 밝았기에 밤중에 야외에서 신문을 읽을 수 있었다. 통구스카 운석은 인간의 존재 여부에 상관없이 이들 효과를 낳았었을 것이다. 그런데 통구스카에서 어떤 확실한 운석이나 충돌 구멍도 전혀 발견되지 않은 이유에 관한 이론들에서 그 사건이 핵무기 시험 혹은 심지어 UFO의 방문으로 인해 초래되었다는 추측에 이르기까지 그 사건을 둘러싼 담론도 존재했었다. 바로 앞 장에서 이해한 대로, 세계에서 일어나는 우발 사건은 교차하는 다양한 기계들의 산물로서 과잉결정된다. 중요한 점은 비인간 기계가 그것이 표상되거나 이야기되는 방식으로 환원될 수 없는 실재적 역능을 갖춘 독자적인 실재적 행위자임을 인식하는 것이다.

이로부터 두 가지 결과가 도출된다. 첫째, 우리의 사회 이론은 포스트휴먼 이론이 되어야 한다. 이것은 두 가지 점에서 그러하다. 한편으로, 사회적인 것이 더는 오로지 기호와 담론, 규범, 표상처럼 인간에게서 비롯되는 것들로 구성될 뿐이라고 이해되는 것이 아니라, 미생물

---

12. B. Latour, *We Have Never Been Modern*, trans. C. Porter (Cambridge : Harvard University Press, 1993), 6. [브뤼노 라투르, 『우리는 결코 근대인이었던 적이 없다』, 홍철기 옮김, 갈무리, 2009.]

과 광섬유 케이블, 산맥 같은 비인간 행위자들도 포함하고 있다고 이해되는 한에 있어서 사회 이론은 포스트휴먼 이론이 된다. 사회적 회집체를 이해함은 이들 비인간 행위자가 수행하는 역할도 고려함을 뜻한다. 다른 한편으로, 사회적인 것이 인간에게서 비롯되는 기호와 규범, 믿음, 표상 같은 특별한 '질료'로 이루어지기보다는 단지 기계들 사이의 관계 또는 상호작용들로만 이루어질 뿐인 한에 있어서 당연히 비인간 사회적 회집체들이 존재하게 된다. 보노보 유인원 부족과 산호초, 아마존 우림은 모두 사회적 회집체인데, 그 이유는 그것들이 모두 기계들이 어떤 세계에서 어떤 특정 방식으로 결합하여 이루는 구성체이기 때문이다. 그것들은 당연히 인간이 거주하는 사회적 회집체와 다르지만, 그렇다고 덜 사회적인 것은 아니다. '사회적'이라는 낱말은 정말 '생태'라는 낱말과 동의어다.

둘째, 연합체의 사회학 ― 존재지도학을 가리키는 또 다른 이름 ― 은 사실상 다른 기계들을 위한 매체로서 작용하는 기계들에 관한 탐구임이 판명된다. 우리는 매체를 영화와 텔레비전, 라디오, 인터넷, 인쇄물처럼 오감과 관련된 기계 영역으로 생각하는 경향이 있다. 이들 매체는 매체의 사례들임에 의심의 여지가 없지만, 이 규정은 너무나 제한적이다. 첫째, 그 규정은 매체를 부당하게도 오감의 영역에 한정하는데, 그 이유는 매체가 어느 모로 보나 오감에 못지않게 존재자의 움직임 및 되기와 관련되어 있기 때문이다. 예를 들면, 자동차나 말은 신문에 못지않은 매체다. 영화가 스토리를 위한 매체인 것에 못지않게 토양은 오이를 위한 매체다. 둘째, 이 구상은 매체를 부당하게도 인간에게 한정함으로써 인간이 개입되지 않은 경우에도 어떤 기계가 다른 기계를 위한 매체로서 작용하는 방식을 무시하게 된다. 상어는 빨판상어를 위한 매체다. 바람은 꽃가루를 위한 매체다. 달은 온갖 종류의 곤충을 위한 매체다. 지구는 달을 위한 매체다. 사실상, 인간 역시 집고양이, 가축, 기술, 혹은 고소인 같은 다른 기계들을 위한 매체다. 기계들이 서로 관계를 맺는 모든 경우에 매체 관계가 성립된다.

매체라는 개념은 오감과 관련된 무언가를 가리키는 것이 아니라, 오히려 한 기계가 다른 한 기계의 구조적 개방성, 움직임, 혹은 되기를 매개하는 기계들 사이의 모든 관계를 가리킨다. 매클루언이 주장하는 대로, 모든 매개 작용은 어떤 기계의 구조적 개방성과 움직임, 되기의 가능성을 제공할 뿐만 아니라 제약하기도 한다.[13] 다시 말해서, 한 기계가 다른 한 기계에 어떤 가능성을 제공할 때, 그 기계에 가능한 다른 매개 작용이 동시에 차단된다. 빨판상어는 상어가 먹고 남은 찌꺼기를 자신의 먹이로 삼음으로써 먹이를 획득할 다른 가능성을 차단한다. 장대한 진화 시간에 걸쳐서 빨판상어는 상어에 의해 그렇게 매개됨으로써 상어와 떨어져서는 절대 살 수 없게 되었을 것이다. 그러므로 라투르가 진술하는 대로, 매체는

무엇보다도 장애물, 걸림돌로, 지배를 일시 중지시키는 것으로, 지배에 방해가 되는 것으로, 집단의 완결성과 구성을 교란하는 것으로 규정된다. 대충 서술하면, 인간 행위자와 비인간 행위자는 무엇보다도 문제를 일으키는 역할을 수행한다. 반항이라는 관념이 이들 행위자의 행위를 규정하기에 가장 적절한 접근법을 제공한다.[14]

그리하여 매체는 어떤 기계에 장애물을 제시하는 것일 뿐만 아니라,

---

13. McLuhan and McLuhan, *Laws of Media*, 98~9.
14. B. Latour, *Politics of Nature* (Cambridge : Harvard Universirty Press, 2004), 81.

맹인을 위한 맹도견의 경우처럼 어떤 기계에 그 매체가 없다면 존재하지 않을 특정 행위의 가능성을 제공하는 것이기도 하다.

그러므로 존재지도학적 의미에서 중력은 한 기계의 구조적 개방성과 움직임, 되기가 다른 한 기계에 의해 매개되는 방식을 가리킨다. 여기서 존재지도학은 중력과 시공간의 조직에 대한 아인슈타인의 직관을 좇는다. 아인슈타인에게 중력은 기계들이 서로 끌어당기거나 밀치는 독립적인 힘이 아니라, 오히려 기계의 질량과 속도에 의해 산출되는 공간과 시간의 곡률이다. 결국 다른 기계들은 이런 시공간의 곡률에서 비롯된 시공간의 경로를 따라가게 된다. 이것이 기계들의 모든 회집체와 관련된 상황이다. 기계들이 어떤 방식으로 함께 결합하여 그런 연합체를 형성하는 이유는 그 기계들이 다른 기계들이 조직한 시공간 경로들을 따라 움직이기 때문이다. 다시 말해서, 기계는 다른 기계들의 구조적 개방성과 되기, 움직임을 조직하는 장을 창출한다. 여기서 차이점은, 중력에 관한 아인슈타인의 설명은 단지 질량과 관련되어 있을 뿐이지만, 존재지도학적 중력 개념은 물리적 운동뿐만 아니라 기호, 화학, 표면의 지형, 기술 등에 의해 산출되는 장과도 관련되어 있다는 점이다. 또다시, 여기서 '중력'이라는 용어가 선택된 이유는 그 용어 덕분에 우리가 '권력' 같은 용어들이 품고 있는 휴먼주의적 의미를 벗어날 수 있게 되기 때문이다. 이런 점에서, 여기서 제시된 중력 개념은 권력에 관해 푸코와 부르디외 같은 이론가들이 제시한 개념들의 담론주의적이고 실천 중심적인 요소들을 모두 포함하는 한편으로, 우리가 사물들 자체가 서로 행사할 뿐만 아니라 우리에게도 행사하는 권력 ─ 우리가 사물을 상징하거나 표상하는 방식에서 비롯되는 것이 아니라 사물의 그것임에서 비롯되는 권력 ─ 을 인식하는 데에도 도움을 준다. 나는 '중력'이라는 용어가 우리가 담론성과 실천에 초점을 맞춘 이론적 틀에서는 종종 인식되지 않는 다른 형태들의 권력을 판별할 수 있을 만큼 아주 낯설기를 바란다.

중력과 매체에 관한 존재지도학적 개념을 이해하기 위해 브라질너트, 즉 베르톨레티아 엑스켈사Bertholletia excelsa의 사례를 살펴보자. 지금까지 브라질너트를 길들이는 데 성공한 적이 없는 이유는 그 나무가 생식하려면 매우 복잡한 연합체들의 사회 또는 생태계가 필요하기 때문이다. 그 결과, 브라질너트는 농장에서 재배되기보다는 오히려 숲에서 수확되어야 한다. 브라질너트 나무의 꽃은 단지 어떤 곤충들만 들어 올릴 수 있는 매우 무거운 뚜껑을 갖추고 있다.[15] 어떤 종류의 꿀벌만이 이 뚜껑을 들어 올릴 힘을 갖추고 있어서 브라질너트 꽃가루를 꽃에서 꽃으로 나를 수 있다.[16] 그런데 이들 꿀벌 역시 자신들의 짝짓기에 중요한 브라질너트 나무 근처에서 자라는 어떤 종류의 난초에만 끌린다. 하지만 이것이 전부가 아니다. 브라질너트 자체는 8~24개의 씨앗을 품은 매우 딱딱한 용기 속에 들어 있다. 오랜 시간 동안 생물학자들은 브라질너트 나무가 어떻게 생식을 해냈는지에 대해 난감해했는데, 그 이유는 그 씨앗 용기의 껍데기가 매우 딱딱하여 주변 동물 중 어느 동물이 어떻게 그것을 깨뜨려서 씨앗을 꺼낼 수 있을지 알기 어려웠기 때문이었다. 마침내 매우 날카로운 이빨과 강한 턱을 갖춘 기니피그 같은 대형 설치류 동물인 아구티가 그 나무 과실의 대단히 딱딱한 껍데기를 깨뜨릴 수 있는 동물에 속하는 것으로 밝혀졌

---

15. PBS, "Deep Jungle : Monsters of the Forest," *Nature*, 2008, ⟨http://www.pbs.org/wnet/nature/episodes/deep-jungle-monsters-of-the-forest/the-amazing-brazil-nut-tree/3365/⟩에서 입수할 수 있음.

16. S. Mori, "Brazil Nut (*Bertholletia excelsa*)," *The Encyclopedia of Earth*, August 23, 2008, ⟨http://www.eoearth.org/article/Brazil_nut_%28Bertholletia_excelsa%29⟩에서 입수할 수 있음.

다. 그다음에 아구티는 겨울 채비를 위해 너트를 파묻는 다람쥐처럼 그 씨앗들을 물고 가서 어딘가 다른 곳에 파묻는다. 꿀벌과 난초, 아구티는 모두 브라질너트 나무를 위한 매체다. 그것들은 그 나무의 현존을 매개하면서 생식 같은 되기와 운동의 어떤 가능성을 제공하는 한편으로, 그 나무가 여타 지역에서 자라면서 생식하는 것은 매우 어렵게 만듦으로써 그 나무의 존재를 제약하기도 한다. 그러므로 꿀벌과 난초, 아구티는 브라질너트 나무에 그 운동과 되기를 규정하는 일종의 중력을 가한다.

브라질너트 나무가 그곳에서 자라는 이유는 그 나무가 그것이 자랄 수 있는 곳과 없는 곳을 결정하는 난초와 꿀벌, 아구티를 포함하는 일련의 중력장에 포획되는 방식으로 진화했기 때문이다. 이들 장은 다양한 기계를 하나의 사회적 회집체로 결합시킨다. 그런데 그 사회적 회집체는 나무와 설치류, 난초에만 한정되는 것이 아니라, 사람들도 특정 방식으로 결합한다. 브라질너트는 남아메리카 국가들에 매년 대략 4천4백만 달러의 수입을 가져다준다.[17] 그리하여 브라질너트는 그 너트를 수확하는 토착민의 실질적인 수입원을 이룬다. 그런데 브라질너트를 수확하려면 사람들이 정글에 들어가야 하기에 그들은 재규어, 유해한 독사, 그리고 그 밖의 다양한 질병과 접촉하게 된다. 더욱이, 귀중한 나무의 소유권을 둘러싸고 다른 집단들 사이에 영토 전쟁이 발발한다.[18] 식량 및 소득을 얻고자 그 나무에 의존하는 사람들이 있는 한에 있어서 브라질너트 나무 자체가 사람들을 특정 방식

---

17. D. Taylor, "Tasty Brazil Nuts Stun Harvesters and Scientists," *Smithsonian Magazine*, April, 1999, 〈http://www.smithsonianmag.com/scince-nature/object_apr99.html〉에서 입수할 수 있음.
18. 같은 글.

으로 끌어모으는 중력장을 생성하고, 게다가 그 나무는 인간이 독사 같은 다른 유기 기계들과 접촉하게 하는 경로도 창출한다. 기후변화가 심화함에 따라 브라질너트 나무 자체가 멸종 위기에 처하게 된 이유는 그 나무가 생식하기 위해 의존하는 유기체들이 멸종 위기에 처하게 되었기 때문이다. 브라질너트 나무가 멸종한다면, 이 오래되고 거대한 나무에 의존하는 사회적 회집체 전체가 자체 조직의 대대적인 변환을 겪을 것이다.

그러므로 브라질너트 나무는 라캉이 '누빔점'이라고 일컬은 것과 유사한 방식으로 기능한다.[19] 그 나무는 사람과 부족, 동물, 식물, 경제, 국가를 그러모아서 기계들의 생태를 창출하거나 누빈다. 그런데 그 나무 역시 꿀벌과 설치류, 꽃처럼 자신의 '가능성의 조건'으로 작용하는 동시에 과잉 수확, 자동차, 공장 등과 같이 자신의 존속을 위협하는 다른 기계들의 중력장에 포획된다. 브라질너트 나무는 관계들을 좌우함으로써 기계들을 다양한 연합체로 그러모으는 동시에 다른 기계들에 의해 좌우된다.

사회적 회집체 또는 세계와 관련된 상황은 언제나 이와 같다. 기계는 다른 기계의 움직임과 되기가 따라 움직이는 시공간적 경로를 생성하는 중력장을 만들어낸다. 다시 말해서, 기계는 다른 기계의 궤도에 포획된다. 이런 중력장은 때때로 대칭적이고 때때로 비대칭적이다. 더욱이, 중력 관계는 대칭성의 정도가 다양할 수 있다. 브라질너트와 아구티의 관계는 대칭적인데, 그 설치류 동물이 브라질너트에 의존하는 정도보다 그 나무가 아구티에 의존하는 정도가 더 크지만 말이다. 브

---

19. J. Lacan, *The Psychoses (1955-1956) – Book III*, trans. R. Grigg (New York : W.W. Norton, 1993), 258~70.

라질너트 나무는 생식하는 데 아구티가 필요하고, 아구티는 브라질너트 나무에서 먹이를 얻는다. 그런데 브라질너트 나무가 멸종하게 된다면, 아구티는 어딘가 다른 곳에서 먹이를 찾아낼 수 있을 법하다.

유사하게도, 맑스와 엥겔스가 지적한 대로, 주인과 일꾼 사이의 관계는 일꾼에게 유리하게 비대칭적이다. 주인은 일꾼의 생산 활동을 통해서 잉여가치를 창출하기 위해 일꾼에 의존한다. 주인은 잉여가치를 스스로 산출할 수 없다. 이와는 대조적으로, 일꾼은 공장을 설립하고 기계류를 구매하는 등의 작업을 위해 자본을 공급하는 데에만 주인이 필요할 뿐이다. 우리가 자본이 일꾼에서 비롯되기보다는 오히려 주인과 화폐에서 비롯된다고 믿게 하는 것은 비물질적이고 표현적인 이데올로기 기계다. 사실상, 데이비드 하비가 지적한 대로, 우리가 로크의 재산권 이론을 진지하게 여기면, 일꾼이 자신의 이윤을 주인에게 희생할 의무가 더는 없는 상황에 이르게 될 수밖에 없다. 로크의 이론 아래서, 무언가가 재산이 되는 이유는 우리가 그것에 투입하는 노동 때문이다. 다시 말해서, 우리가 노동하는 사물은 우리 자신의 몸을 확장한 것이 된다. 그 공장이 주인의 재산인 이유는 그가 자신의 자본을 그 공장에 투자했기 때문이다. 하지만 공장 생산이 잉여가치 또는 이윤을 산출하는 한, 일꾼이 주인의 투자에 대한 빚을 전적으로 갚게 되는 시점에 이르게 될 수밖에 없는데, 그리하여 그 상황은 그 공장이 일꾼의 소유가 되어야 함을 뜻하게 된다.[20] 주인과 일꾼의 관계는 '비대칭적으로 대칭적인' 관계다. 일꾼과 주인은 서로 의존하고, 따라서 그들 사이의 중력 관계는 대칭적이다. 그런데 일꾼이 주

20. D. Harvey, *A Companion to Marx's Capital* (New York : Verso, 2010), 248~9. [데이비드 하비, 『데이비드 하비의 맑스 〈자본〉 강의』, 강신준 옮김, 창비, 2011.]

인에게 의존하는 정도보다 주인이 일꾼에게 의존하는 정도가 더 크다는 점에서 그들 사이의 관계는 비대칭적이기도 하다. 반면에, 두 존재자가 각자의 존속을 위해 서로 전적으로 의존하기에 한 존재자가 더는 현존하지 않게 되면 나머지 다른 한 존재자가 파멸하게 될 경우의 관계는 완전히 대칭적이다.

한 존재자가 다른 한 존재자에 의존하는 동시에 후자는 아무튼 어떤 식으로도 전자의 중력장에 포획되지 않는 경우의 중력 관계는 철저히 비대칭적이다. 인트라트레이드닷컴IntraTrade.com 같은 예측 시장과 대통령 후보 사이의 관계를 살펴보자. 인트라트레이드 덕분에 당신은 어느 대통령 후보가 선출될 개연성이 있는지와 같은 선택지들의 개연적인 미래에 돈을 걸 수 있게 된다. 여기서 그 관계가 비대칭적인 이유는, 거래자는 대통령 후보에 의존하지만 대통령 후보는 거래자에 의존하지 않기 때문이다. 투기꾼이 각각의 대통령 후보가 선출될 개연성에 돈을 투자하는지 여부에 상관없이 이들 대통령 후보는 현존할 것이다.

그러므로 우리는 앞서 논의한 바에 근거를 둠으로써 존재지도학의 핵심 목표를 맞닥뜨리게 된다. 존재지도학은 회집체들이 왜 그런 패턴의 조직을 갖추게 되는지 판별하기 위해 기계들이 서로 매개하는 방식에서 생겨나는 기계들의 중력 관계들에 관한 지도를 제작하고자 한다. 존재지도학은, 존재자들이 왜 그런 식으로 되고 움직이는지, 어떤 세계들이나 회집체들이 시간이 흐름에 따라 왜 퇴화하여 해체되지 않고 오히려 특정 형태의 조직을 유지하는지, 어떤 회집체에서 어느 기계들이 다른 기계들에 대한 지배적인 중력장을 산출하는지, 그리고 무엇보다도 우리가 더 만족스럽고 공정한 회집체들을 생산하기 위해 파괴적이고 억압적인 것으로 밝혀지는 회집체들에 어떻게 개입할 수 있을 것인지 판별하고자 한다. 그런 프로젝트는 어떤 세계, 사회, 혹은 회집체에 거주하는 유형 및 무형 기계들을 조사하는 것과 더불어 이들 기계의 움직임과 국소적 표현, 되기를 조직하는 존재자들 사이의 대칭적 및 비대칭적 관계들을 고려하는 것을 수반한다.

기계들 사이의 중력 관계들 : 객체들

한 기계가 다른 기계를 매개하거나 아니면 다른 기계에 의해 매개되는 방식에 따라서 우리는 그 기계를 특정 종류의 객체라고 일컫는다. 나는 어떤 기계가 다른 객체에 의해 매개되거나 다른 객체를 매개할 때마다 그 기계를 객체라고 일컫는다. 어떤 회집체, 생태, 세계, 혹은 사회에서 기계가 가질 수 있는 중력 관계의 종류는 어림잡아 여섯 가지가 있다. 기계는 어두운 객체, 밝은 객체, 위성 객체, 희미한 객체, 불량 객체, 혹은 블랙홀 객체일 수가 있다. 어떤 객체도 본질적으로 이들 종류의 객체 중 하나가 아니라는 사실을 인식하는 것이 중요하다. 이런 특징짓기는 순전히 어떤 기계가 중력을 행사하거나 다른 기계들의 중력에 의해 좌우되는 방식에 관한 문제다. 다시 말해서, 기계는 희미한 객체에서 밝은 객체로 이행할 수 있다. 어떤 기계는, 한 기계에 대해서는 블랙홀 객체이지만 다른 한 기계에 대해서는 위성 객체일 수가 있다. 마찬가지로, 어두운 객체는 다른 기계들에 대해서 불량 객체, 밝은 객체, 희미한 객체, 혹은 위성 객체가 될 수 있다. 여기서 어떤 기계가 다른 객체에 대해서 갖는 중력 관계의 종류가 그것이 어떤 종류의 객체인지 결정한다. 관계는 변화할 수 있기에 기계는 한 종류의 객체에서 다른 한 종류의 객체로 이행할 수 있다. 서로 다른 종류의 객체들이 존재지도학이 제시하는 그런 종류의 지도 제작에 중요하다.

이런 특징짓기에 힘입어 우리는 어떤 세계에서 지배적인 기계들이 무엇인지, 기계들 사이의 중력 관계 중 무엇이 대칭적이고 무엇이 비대칭적인지, 세계는 왜 엔트로피로 인해 해체되지 않는지, 그리고 어떤 세계 안에 무슨 변화의 가능성이 놓여 있는지 판별할 수 있게 된다.

어떤 기계가 저런 종류의 객체로 특징지어지기보다는 오히려 이런 종류의 객체로 특징지어지는 것은 언급되는 회집체의 종류에 대해서 상대적임을 인식하는 것이 중요하다. 기계는 어떤 주어진 회집체에서 이런 종류의 객체에서 저런 종류의 객체로 이행할 수 있을 뿐만 아니라, 동일한 기계가 한 회집체에서는 이런 종류의 객체가 되고 다른 한 회집체에서는 저런 종류의 객체가 될 수 있다. 그러므로 예를 들면, 한 특정인의 몸속에 있는 어떤 바이러스가 그 사람의 체세포를 자신이 복제하는 데 사용함으로써 그의 몸에서 일어나는 세포 과정, 그가 움직일 수 있는 능력, 그가 생각할 수 있는 능력 등에 지배적인 영향을 미치는 경우에 그 바이러스는 그 사람의 몸에서 '밝은 객체'일 수가 있다. 하지만 더 광범위한 사회적 세계의 관점에서 바라보면, 이 동일한 바이러스는 꽤 희미한 객체일 수가 있는데, 그 바이러스가 그 세계에 거주하는 인간 집단 사이에 광범위하게 확산하지 않아서 그 세계에 거주하는 기계들의 과정이나 상호작용들에 중대한 영향을 미치지 않는 한에서 말이다. 이 경우에는 바이러스가 존재하지만, 상황은 대체로 전과 다름없이 지속한다. 이런 이유로 인해 어떤 기계를 특정 종류의 객체로 분류하는 기준틀을 규정하는 것이 언제나 중요하다.

기계의 본질에 관한 논의에서 이해한 대로, 기계는 자신이 다른 기계들과 맺은 관계에서 벗어날 수 있다. 산소에서 분리되는 개구리의 사례처럼 몇몇 경우에는 이 사태로 인해 기계가 결국 파괴될 것이다. 휘발유나 전기에서 분리된 자동차의 사례처럼 다른 몇몇 경우에는 이 사태로 인해 기계가 그저 휴면 상태에 처하게 될 것이다. 또한 우리는, 특성은 기계의 고정된 특질이 아니라 기계 안에서 일어나는 우발 사건이라는 점도 이해했다. 기계는 자신의 특성이 아니라 자신의 역능에 의해 규정된다. 특성 내지 성질은 이런저런 식으로 국소적으로 현시될 수 있다. 특성은, 햇빛이라는 입력물과 상호작용함으로써 적색광을 반사하는 사과의 사례에서 나타나는 대로 기계의 외부에서 들어와서 어떤 조작을 활성화하여 출력물을 생산하게 하는 입력물에서 생겨나거나, 아니면 신경계 내부에서 발생하는 무작위적인 전기적 흥분으로 인해 경련을 일으키는 근육의 사례에서 나타나는 대로 기계의 내부에서 수행되는 조작에서 생겨나는 입력물의 결과로서 발생한다.

이들 소견에 힘입어 우리는 어두운 객체의 가능성을 상상할 수 있게 된다. 나는 '가능성'이라는 용어를 강조하는데, 그 이유는 어두운 객체가 현존한다면 그 객체는 다른 기계들 – 가장 중요하게도, 우리 자신들 – 과 관계를 철저히 맺지 않고 있어서 우리가 아무튼 그것의 현존을 알 길이 없을 것이기 때문이다. 어두운 객체는 현존하고 저쪽 공허 속에서 떠돌고 있을 것이지만, 여타 객체에는 전적으로 보이지 않을 것이다. 절대적으로 어두운 객체는 두 가지 기준을 충족해야 할 것이다. 첫째, 그런 객체는 다른 객체들과 관계를 철저히 맺고 있지 않아서 국소적 표현을 생성하는 입력물을 전혀 받아들이지 않을 것이다. 둘째, 그런 객체의 역능이나 조작은 그 객체의 내부에서 비롯되는 입력물을 전혀 생성하지 않도록 휴면 상태에 있어야 한다. 그런 객체가 다른 기계들에서 비롯되는 입력물을 전혀 받아들이지 않고 자신의 내부에서 비롯되는 어떤 입력물도 생산하지 않기에 그 객체는 어떤 국소적 표현도 현시하지 않을 것이다. 그런 객체는 아무튼 자신을 드러내거나 현시하지 않은 채 세계 안에 존재할 것이다. 어두운 객체는

(그레이엄 하먼의 하이데거적 용어를 사용하면) 철저히 물러서 있는 객체이기에 세계에서 자신을 절대 현시하지 않거나 드러내지 않는다.

그러므로 모든 주어진 회집체는, 정령이나 유령처럼 자신을 드러내지 않고 아무튼 회집체의 다른 기계들에 아무 영향도 미치지 않는 온갖 종류의 어두운 객체에 둘러싸여 있을 수가 있다. 이들 객체는 도대체 드러나지 않은 채로 현존할 것이다. 그런데 정말로 적절한 입력물을 제공받거나 그 입력물로 교란당한다면, 그것들은 불쑥 세계에 돌출하여 온갖 종류의 방식으로 세계를 회집하는 다른 기계들에 영향을 미칠 것이다. 물론 어두운 객체의 현존은, 기계는 자신이 맺은 관계의 바깥에 있다는 논제와 더불어 특성이나 성질은 언제나 존재하는 고유한 양태라기보다는 오히려 기계에 의해 수행되는 활동이라는 주장에서 도출되는 존재론적 가능성일 따름이다. 우리가 어두운 객체가 실제로 현존하는지 알 길이 없는 이유는 우리가 어떤 사물에 관해 알려면 그 사물이 교란(입력물)에 대응하여 자신을 국소적으로 현시해야 하기 때문이다.

그렇다면 우리가 어두운 객체가 실제로 현존하는지 알 길이 없는데도, 철저히 물러서 있어서 아무튼 어떤 성질이나 특성도 현시하지 않은 채 저쪽에 현존하는 기계의 가능성을 제시하는 이유는 무엇인가? 어두운 객체라는 관념은 가장 형편없는 종류의 기이한 형이상학적 개념이지 않은가? 그것은 아무튼 경험적으로 전혀 정당화되지 않은 채로 이성에서, 철학적 체계에서 유추된 존재자에 관한 관념이지 않은가? 어두운 객체라는 개념은 세 가지 이유에서 가치가 있다. 첫째, 우리는 절대적으로 어두운 객체와 상대적으로 어두운 객체를 구분해야 한다. 절대적으로 어두운 객체는 플루리버스 전체의 모든 다른 객체에 자신을 드러내지 않을 정도로 철저히 물러서 있는 객체다. 이런 종류의 객체가 현존하는지는 의문의 여지가 있다. 그런 객체는 현존할 수도 있고, 현존하지 않을 수도 있다. 도대체 알 길이 없다. 하지만 상대적으로 어두운 객체는 사실상 많이 있음을 우리는 정말 알고 있다. 기계는 한 회집체에서는 이런 종류의 객체일 수 있고 다른 한 회집체에서는 저런 종류의 객체일 수 있다는 사실을 떠올리자. 이런 사실을 인정하면, 기계는 한 회집체에 대해서는 어두운 객체일 수 있고 다른 회집체에 대해서는 자신을 현시할 수 있다. 그런 기계의 사례들은 자외선처럼 인간이 지각할 수 없는 전자기파가 있고, 중성의 전하를 갖추고 있기에 우리에게 친숙한 대다수 형태의 물질과 상호작용할 수 없는 중성미자가 있다. 상대적으로 어두운 객체의 또 다른 사례는 사해문서일 것이다. 이 문서는 수 세기 동안 요르단강 서안의 동굴 속에 숨겨져 있었다. 우연히 발견된 후에 번역이 이루어짐으로써 그 문서는 성경학과 종교적 신앙의 세계 위로 분출했는데, 요컨대 예수 그리스도의 삶과 가르침에 대한 우리의 이해에 의문을 제기했다. 사해문서가 그것이 발견된 동굴에서 거주한 온갖 종류의 다른 존재자에 국소적으로 현시되었음은 확실하지만, 종교적 회집체와 사회적 회집체에 대해서 그 문서는 세계에 드러나기를 기다리고 있던 미지의 어두운 객체였다.

에일리언 현상학이라는 이안 보고스트의 개념으로 돌아가면, 어두운 객체라는 개념은 우리에게 세계를 우리가 그 세계 안에서 우연히 맞닥뜨리는 기계들로 환원하지 않도록 주지시킨다. 우리가 타인을 비롯하여 다른 기계들의 행태와 행위를 이해하고자 할 때, 그 개념은 우리에게 어쩌면 이들 기계가 우리 자신이 감지하지 못하는 행위주체들에 반응하고 있을 것이라는 점을 일깨워 준다. 이런 점에서, 우리는 불가사의한 행태가 부조리함이나 광기를 가리킨다는 결론으로 비약하지 말아야 하고, 오히려 어쩌면 우리 자신이 감지하지 못하는 행위 주체들이 작용하고 있을 가능성을 열어 놓아야 한다.

둘째, 어떤 의미에서는 모든 기계가 자신의 내부에 약간의 어두움을 품고 있다. 모든 기계에는 얼마간 악마적인 무언가가 있다. 우리는 기계를 특정 중력 조건 아래서 우연히 우리에게 현시되는 특성들이나 성질들로 환원하는 경향이 있다. 하지만, 우리가 이해한 대로, 기계는 그 성질들로 규정되는 것이 아니라, 그 역능, 역량, 또는 능력으로 규정된다. 기계는 특정 환경 아래서 자신이 우연히 수행하는 행함이 아니라 자신이 행할 수 있는 것이다. 어떤 기계의 역능 범위는 모든 주어진 시점에 그리고 특정한 일단의 환경이나 다른 기계들과의 중력 관계 아래서 그 기계가 우연히 국소적으로 현시되는 방식보다 언제나 더 넓다. 모든 기계는 다양한 현세적 조건, 생태적 조건, 혹은 환경적 조건 아래서 다양한 방식으로 국소적으로 현시될 역량을 자신의 내부에 품고 있다. 하먼이 즐겨 말하는 대로, 모든 기계는 세계 위로 분출되기를 기다리고 있는 지하의 화산성 역능을 갖추고 있다. 어두운 객체라는 개념은 우리에게 기계를 어떤 특정 세계에서 그것이 국소적으로 현시되는 방식으로 환원시키지 않도록 주지시키는데, 요컨대 우리는 기계들 사이의 관계가 변화함에 따라 해당 기계가 매우 다른 방식으로 행동하게 될 수 있음을 인식해야 한다.

셋째 그리고 마지막으로, 어두운 객체라는 개념은 우리에게 루크레티우스가 '비껴남' 또는 클리나멘clinamen으로 부른 것에 주목하도록 주지시키거나, 혹은 베이트슨의 표현에 따르면, 지도 ─ 이것 자체가 다른 기계들에 작용하는 기계다 ─ 는 영토가 아니라는 사실에 주목하도록 주지시킨다. 루크레티우스가 말하는 대로,

이것도 그대가 알기를 원하노라.

즉 물체들이 자체의 무게로 인하여 빈곳을 통하여

곧장 아래로

움직이고 있을 때, 아주 불특정한 시간,

불특정의 장소에서 자기 자리로부터 조금,

단지 방향을 틀었다고 말할 수 있을 정도로,

비껴났다는 것을.

하지만 만일 그들이 기울여져 가 버릇하지 않았다면,

모든 것은 아래로, 마치 빗방울들처럼,

순전한 빈곳을 통하여 떨어질 것이고, 충돌도

생기지 않았을 것이고, 타격도 일어나지 않았을 것이다.

그래서 자연은 아무것도 창조하지 못했을 것이다.[21]

루크레티우스의 클리나멘 개념의 장점이 무엇이든 간에, 그 개념은 적어도 우리에게 종종 뜻밖의 놀라운 일이 일어난다는 인식 덕분에 우리의 지도나 이론이 완전하다고 믿는 데 있어 주의하도록 일깨워 준다. 기계는 어두움으로 인해 비껴난다. 그런 어두움은 기계가 올바른 방식으로 교란당할 때만 현시되는, 그 기계에 내재하면서 지금까지 알려지지 않은 역능으로 이루어져 있을 것이다. 혹은, 그 비껴남은 어떤 특정 회집체 안에서 아직 드러나지 않았지만 올바른 조건 아래서는 그 세계 안에서 외계의 방문자처럼 돌출할 기계에서 비롯될 것이다. 호레이쇼에 대한 햄릿처럼 어두운 객체라는 개념은 우리에게 천상과 지상에는 어떤 특정 세계 안에서 그려지는 것이나 현재 작동하는 것

---

21. Lucretius, *The Way Things Are*, 58. [루크레티우스, 『사물의 본성에 관하여』.]

보다 더 많은 것이 존재함을 주지시킨다.

어두운 객체가 플루리버스 속 여타 존재자에 현시되지 않거나 어떤 특정 회집체 안에서 드러나지 않는 (그리하여 어떤 중력 효과도 만들어내지 않는) 기계인 반면에, 밝은 객체는 다른 기계들의 국소적 표현과 움직임, 되기를 중력적으로 초코드화하는 기계다. 밝은 객체의 주요 일례는 태양일 것이다. 레자 네가레스타니가 주장한 대로, 태양은 행성 지구의 모든 것을 초코드화한다.[22] 대중의 믿음과는 반대로, 태양이 낮 하늘을 밝히기 때문에 밝은 객체인 것은 아니다. 더 정확히 말하자면, 이것은 태양의 밝음의 한 가지 차원일 뿐이다. 오히려, 태양의 밝음은 그것이 지구와 여타 행성을 자신의 궤도에 포획하는 방식과 모든 지구 생명이 그것의 전자기파에 의존하는 방식, 그리고 우리가 의존하는 연료가 태양광에서 도출되는 방식에 놓여 있다. 석유와 석탄, 천연가스가 흑색 분비물과 기체 구름으로 변환된 태양광이 아니면 무엇이겠는가? 지구의 기준틀 안에서 모든 정치는 궁극적으로 이런저런 방식으로 태양 정치다. 태양은 모든 지구 생명을 자신의 궤도에, 자신의 중력 ─ 문자 그대로의 중력뿐만 아니라 생명이 의존하는 에너지의 중력으로도 구성된 중력 ─ 에 포획하는데, 그리하여 생명, 기술, 그리고 무엇보다도 인간이 거주하는 사회적 회집체가 현존할 수 있는 필요조건으로서의 역할을 수행한다. 사실상, 태양이 없었다면, 지구는 결코 번성할 수 없었을 것이다. 태양의 밝음은 그것이 지구와 여타 행성, 유성, 소행성, 생명의 움직임을 조직하는 방식에 놓여 있다.

밝은 객체는 다른 기계들의 움직임과 국소적 표현, 되기를 과잉결정하는 것이 아니라 초코드화하는 기계다. 밝은 객체와 다른 기계들

---

22. R. Negarestani, *Cyclonopedia* (Melbourne : Re.Press, 2008).

사이에는 비대칭적인 중력 관계가 존재한다. 밝은 객체는 다른 기계들을 자신의 궤도에 포획함으로써 이들 기계의 국소적 표현과 움직임, 되기의 경로를 조직하거나 구축한다. 그리하여 밝은 객체의 궤도에 포획된 기계는 위성 객체가 된다. 어린이와 부모 사이의 관계가 위성 객체와 밝은 객체의 관계다. 어린이는 취약하기에 거의 모든 점에서 자신의 부모에 의존한다. 부모의 행위와 선택이 어린이가 무엇이 될지 결정하지는 않지만 ― 모든 부모는 스키너B. F. Skinner가 틀렸음을 알고 있다 ― 그것들은 어린이가 따라서 움직이고 발달할 경로를 실질적으로 조직한다. 이런 조직화는 식단에서 옷차림과 어린이가 노출되는 오락, 위생, 수면 일정에 이르기까지 모든 것에 확대된다. 더욱이, 어린이의 부모는 어린이가 헤쳐나가야 하는 장이다. 어린이는 부모의 욕망과 후회, 신경증, 믿음, 강박, 가치, 변덕의 그물에 포획되어 있다. 이것들은 모두 대단히 많은 저항, 대단히 많은 걸림돌을 형성하여 어린이가 따라서 움직일 경로를 창출한다. 이 상황은 어린이가 이것들을 모방을 통해서 내부화하여 자기 부모의 복제물이 된다고 말하는 것이 아니라, 오히려 이것들은 어린이가 발달하면서 헤쳐나가는 세계 속의 왜곡과 낙담이라는 것을 말한다.

쌀은 밝은 객체의 또 다른 사례다. 쌀의 발육 속도, 쌀의 파종 방법, 쌀의 수확 방법과 매년 가능한 수확 횟수가 모두 쌀에 의존하는 사람들의 삶을 조직하는 데 크게 이바지한다. 쌀의 이들 특성은 사람들이 종사하는 노동의 종류, 사람들이 제작하는 도구, 사람들의 신체적 자세, 쌀 중심의 식단으로 인해 사람들의 신체가 발육하는 방식, 사람들 사이에 전개되는 사회적 관계의 종류, 그리고 식물에 들이닥치는 질병이나 수확에 영향을 주는 날씨 사건에서 비롯되는 풍작과 기근을 좌우한다. 쌀의 수경재배를 가능하게 하는 기술이나 기법이 개발되면 새로운 문제가 대두된다. 이런 새로운 재배 방법을 통해서 수확량은 증가하지만, 쌀이 파종된 물은 질병의 온상이 된다. 이제 이들 질환에 대처해야 한다. 쌀은 관련된 사람들이 영위하는 삶의 시공간을 조직하는데, 특히 탄탄한 국제무역과 슈퍼마켓 같은 것들이 등장하기 전에 그러했다. 쌀은 나날의 리듬을 조직하는데, 이를테면 노동이 언제 끝나는지, 노동이 얼마나 오랫동안 수행되는지, 조리법, 그리고 그 밖의 다양한 것들을 조직한다.

일자리가 드문 소도시에서는 특정 기업이 밝은 객체처럼 작용할 수 있다. 여기서, 예를 들면, '그 기업'이 탄광뿐만 아니라 잡화점, 주택, 그리고 그 밖의 모든 것도 소유하고 있는 웨스트버지니아주의 작은 탄광도시에 관해 생각할 수 있을 것이다. 대체 일자리들은 멀리 떨어져 있고 주민들은 지역 친구들과 가족에 묶여 있기에 '그 기업'은 모든 사람을 자신의 중력에 포획하는 밝은 객체가 된다. 탄광도시를 장악한 기업이 종업원들을 자신의 중력 안에 포획하는 방식에 대한 완벽한 사례는 '기업 화폐'다. 기업은 연방 화폐를 제공하기보다는 오히려 연방 통화와는 교환될 수 없고 단지 기업 상점들에서 재화와 교환될 수 있을 뿐인 독자적인 화폐를 발행하곤 했다. 이렇게 해서 종업원들과 그 가족들은 자신들의 의식주 전체를 그 기업에 전적으로 의존하게 되었고 그 도시를 떠날 수단을 갖추고 있지 않았는데, 그 이유는 기업 화폐가 정규 화폐와 교환될 수 없었기 때문이다. 유일한 선택지는 이런저런 형태로 그 기업을 위해 일하는 것이었고, 의식주와 에너지 같은 생활필수품은 그 기업의 매개를 통해서만 획득될 수 있을 뿐이었다. 모든 사람이 그 기업의 궤도에 포획된 위성 객체가 되었다.

어쩌면 오늘날 무엇보다도 가장 밝은 객체는 석유일 것이다. 여하튼 석유의 인력에 포획되어 그것의 위성 객체로 변환되지 않은 것은 지구상에 아무것도 없다. 우리가 이용하는 교통과 우리의 농업은 모두 석유가 창출한 경로를 따라 조직되어 있다. 경제는 석유 투기에 응하여 변동하고 석유의 가용성에 따라 이행한다. 우리의 많은 기술은 플라스틱 사용을 통해서 석유에 의존한다. 국가들은 석유를 둘러싸고 전쟁을 벌인다. 그리고 물론, 화석연료의 연소로 초래된 기후변화는 날씨를 변환함으로써 어느 곳에서는 가뭄을 일으키고 어느 곳에서는 토네이도를 일으키고 어느 곳에서는 허리케인을 일으키는 동시에 수백만 종의 식물과 동물을 멸종 위기에 처하게 한다. 이런저런 식으로 모든 지구 생명은 현재 석유가 창출한 경로를 따라 조직되어 있다. 석유에 힘입어 우리는 기술을 작동할 수 있게 되고, 멀리 떨어져 있을 때 서로 접촉할 수 있게 되고, 교외에 거주할 수 있게 되며, 그리고 그 밖의 일을 할 수 있게 된다.

밝은 객체는 항성을 닮았다. 밝은 객체는 다른 기계를 자신의 궤도에 포획함으로써 그 기계의 국소적 표현과 그것이 따라 움직이고 되기를 겪는 경로를 규정한다. 밝은 객체는 다른 기계를 위성 객체로 변환한다. 밝은 객체의 궤도에 포획된 사소하지 않은 기계는 다른 선택의 여지가 있다. 예를 들면, 어린이는 자신의 부모가 제공하는 다양한 음식 중에서 선택할 수 있거나 아니면 먹기를 전적으로 거부할 수 있다. 어린이가 선택할 수 없는 것은 선택의 장이다. 그는 땅콩 혹은 생선튀김 혹은 닭고기 국수 혹은 딸기 혹은 오이 혹은 시리얼을 먹을 것이다. 그 선택의 장은 부모라는 밝은 객체에 의해 미리 규정되어 있다. 밝은 객체로서의 석유의 경우에도 마찬가지다. 요점은, 위성 객체가 밝은 객체에서 벗어나기는 매우 어렵다는 것이다. 작은 탄광도시를 지배하는 기업은 어쩌면 폭력적이고 억압적일 것이지만, 그 도시의 주민은 위성 객체이기에 주변 환경을 조금이나마 바꾸기가 매우 어렵다는 것을 깨닫게 될 것이다. 왜냐하면 그들에게 도피 수단이 없거나, 혹은 그들이 가족과 친지와의 관계를 단절하는 대가가 너무 크거나, 혹은 그 기업이 더 공정한 관행을 채택할 수밖에 없게 할 교섭력이 그들에게 없기 때문이다. 우리는 종종 자신이 밝은 객체의 궤도에 갇혀 있음을 알아채는데, 그 이유는 단지 쉽게 입수할 수 있는 대안이 없기 때문이다. 그러므로 문제는 이런 궤도로부터의 탈주선 또는 도피 경로를 생성할 대안을 구축하는 것이다.

그런데 이런 상황을 강조할 때 우리는 밝은 객체가 반드시 억압적이라고 가정하지 않도록 주의해야 한다. 위성 객체를 포획하는 매체로서의 밝은 객체는 그 위성 객체를 제약하는 것에 못지않게 국소적 표현과 움직임, 되기의 많은 가능성을 그것에 제공할 수 있다. 우리는 이런 사태를 행성 지구의 무한히 다양한 생명의 가능성을 관장하는 태양의 사례에서 보게 된다. 마찬가지로, 노동조합과 혁명정당은 다른 밝은 객체들의 전제적 통제로부터의 탈주선을 구축하기 위한 길을 여는 경로를 창출하는 밝은 객체로서 기능할 수 있다. 어떤 밝은 객체가 억압적인지 아닌지는 사례별로 결정될 수밖에 없는 사안이다.

밝은 객체와 위성 객체와는 대조적으로, 회집체 속 일부 기계는 희미한 객체로 분류될 수 있다. 희미한 객체는 회집체나 중력장 안에 현존하면서 독자적인 중력을 거의 행사하지 않는 기계다. 바디우가 서술한 대로, 희미한 객체는 세계에서 매우 어렴풋이 현시될 따름인 기계다.[23] 혹은, 희미한 객체는 랑시에르가 "몫이 없는 부분"으로 부르는 것과 동일시될 수 있다. 랑시에르는 몫이 없는 부분을 어떤 집단 안에 존

---

23. A. Badiou, "Being and Appearing," *Briefings on Existence*, trans. N. Madarasz (Albany : State University of New York Press, 2006), 153~68 [알랭 바디우, 「존재와 출현」, 『일시적 존재론』, 박정태 옮김, 이학사, 2018]을 보라.

재하지만 아무 발언권도 없고 그 집단에 관여할 능력도 없는 집단 구성원들로 특징짓는다. 그들은 "'아무런 몫도' 지니지 않은 이들"이다.[24] 희미한 객체의 사례는 노예, 노숙자, 장애인, 참정권을 부여받기 전의 여성, 정신질환자, 어떤 사회적 회집체의 지배 종교가 아닌 종교의 신자, 무신론자, 프롤레타리아, 비⁺이성애자, 불법체류자 등이 있다.

거의 전면적인 위성 객체인 기계에서 거의 전적으로 어두운 객체인 기계에 이르기까지 희미함의 정도는 다양함이 명백하다. 예를 들면, 장애인과 노숙자를 비교하면, 세계 속에서 장애인이 노숙자보다 훨씬 더 두드러지게 현시됨이 분명하다. 지금까지 장애인들은 조직할 수 있었고, 차별을 타파하는 법안을 입법화할 수 있었고, 조직체 결성 등의 행위를 실행할 수 있었다. 장애인들은 종종 간과되고 세계 전역의 사회는 '능력이 있다'고 여겨지는 이들을 둘러싸고 계속해서 조직되지만, 지금까지 그들은 다양한 사회적 회집체에 상당한 중력을 가하는 방식으로 조직할 수 있었다. 반면에, 노숙자들은 자신들이 거주하는 회집체에 거의 아무런 중력도 방사하지 못한다. 그들은 저쪽에 있고 우리는 매일 거리 구석에서 그들을 보지만, 그들은 일반적으로 잊히고 아무 발언권도 없다.

우리는 희미한 객체를 인간에게만 한정하지 않도록 주의해야 한다. 제인 베넷이 랑시에르를 거론하며 진술하는 대로,

동물 혹은 식물 혹은 약물 혹은 (비언어적) 소리가 치안 질서를 혼란에 빠뜨릴 수 있다고 생각하는지 공개적으로 질문을 받았을 때, 랑시

---

24. J. Rancière, *Disagreement*, trans. J. Rose (Minneapolis : University of Minnesota Press, 1999), 9. [자크 랑시에르, 『불화』, 진태원 옮김, 길, 2015.]

에르는 아니라고 대답했다. 랑시에르는 치안적인 것에 관한 개념을 그
토록 멀리 확장하기를 바라지 않았다. 비인간은 민중에 참여할 수 있
는 자격을 갖추고 있지 않다. 혼란 효과는 합리적인 담론에 관여하고
자 하는 욕망이 동반되어야 한다.[25]

'치안'은 사회적 회집체의 지배적인 구조를 가리키는 랑시에르의 용어
다. 랑시에르가 규정하는 대로, 치안은 "부분들의 몫을 셈하는…논리
이자, 신체들을 그것들의 가시성 혹은 비가시성에 분배하고, 각각의
부분에 어울리는 존재 양식들과 행동 양식들, 말하기 양식들을 조정
하는 논리다."[26] 요약하면, 치안은 밝은 객체와 위성 객체 사이의 관계
를 둘러싸고 조직된 존재지도학의 중력장에 대충 해당한다. 랑시에르
의 경우에, 정치는 희미한 객체가 자신의 어렴풋함에서 떠오르고, 말
하며, "어떤 누군가"의 이름으로 치안 질서에 이의를 제기하는 계기다.
    바로 앞 절에서 이해한 대로, 사회적인 것과 자연적인 것이 이런
식으로 분리될 수 있다는 생각은 쉽게 옹호될 수 없다. 사회적 회집체
는 인간과 비인간 둘 다로 구성되어 있고, 종종 단지 비인간으로만 구
성되어 있다. 오로지 인간으로만 이루어진 사회적 회집체나 중력장은
전혀 없다. 이 사태는 비인간이 어떤 중력장이나 사회적 회집체에 거
주하는 희미한 객체에 속할 수 있음을 뜻한다. 만약 이것이 사실이라
면 '지리정치', 즉 대지의 정치로 불릴 수 있을 것의 길이 열린다. 기
후변화가 심화하고 기술이 환경에 미치는 영향이 증가하는 현실을 목
격함에 따라, 지리정치에 대한 필요성은 대단히 긴급해지고 있다. 역

---

25. Bennett, *Vibrant Matter*, 106. [베넷, 『생동하는 물질』.]
26. Rancière, *Disagreement*, 28. [랑시에르, 『불화』.]

설적이게도 인류세 ― 지구가 인간의 지배를 받고 인간 기술의 영향을 받는 시대 ― 가 발흥함으로써 이전에는 희미하고 거의 어두운 객체였던 동물과 식물, 미생물, 날씨 사건과 같은 비인간 기계들이 점점 더 도드라지게 되었다. 예를 들면, 2010년 BP 원유 유출 같은 사건들은 생태계들 전체를 부각함으로써 많은 경제, 사실상 경제들 전체의 활력이 비인간과 얽혀 있는 방식을 드러내었다.

희미한 객체는 종종 정치의 현장이다. 정치적인 것에 관한 물음은 희미한 객체들, 몫이 없는 부분들이 사회적 회집체의 전면적인 행위자가 될 수 있을 방법에 관한 쟁점 주위를 종종 공전한다. 현재, 지배적인 형태의 문화 이론, 사회사상과 정치사상 내에서는 비인간 존재자가 거의 전적으로 보이지 않는다. 비인간 존재자는 희미한 객체 중 가장 희미한 객체다. 물론, 신유물론적 페미니스트, 행위자-네트워크 이론가, 생태이론가, 이사벨 스탕게스, 포스트휴먼주의자 등의 작업에서 예외 사례들이 나타난다. 그런데 대체로, 비인간과 그것이 사회적 회집체에서 수행하는 역할에 관한 영역은 관심 밖에 놓여 있다. 이런 상황은 인간의 사회적 회집체가 그런 형태를 취하는 이유를 이해하는 데 이롭지 못할 뿐만 아니라, 정치적인 것에 관한 설명이 기후변화에 대하여 진전할 여지를 남기지 못한다. 지리정치는 이데올로기 비판, 정체성 문제, 정치경제학 등을 강조하는 전통적인 사회사상과 정치사상의 모든 쟁점을 포함하는 한편으로, 정치적인 것을 비인간의 영역에 노출하고, 미생물과 동물, 지리, 기술 같은 비인간들이 스스로 가하는 중력을 통해서 사회적 회집체의 조직 방법에 이바지하는 방식을 탐구하며, 게다가 비인간 역시 인간의 사회적 회집체 안에서 존재자로서 인정받을 자격을 갖추고 있기에 비인간에 발언권을 주려고 애쓸 것이다.

어쩌면 무엇보다도 가장 무서운 객체는 블랙홀 객체일 것이다. 블랙홀은 시공간을 구부리는 중력이 매우 거대하여 아무것도 벗어날 수 없는 객체다. 수천 년 동안 지구는 그 위에 거주한 생명에 대해서 블랙홀 객체였다. 로켓 기술이 등장하기 이전에 생명은 지구에 한정되어 있었다. 물론, 우리가 먼 미래를 생각하면서 지금부터 수백만 년이 지난 후에 일어날 태양의 소멸을 숙고하지 않는다면, 지구 같은 블랙홀 객체에는 딱히 무서워할 만한 것이 없다. 그런데 말기 질환, 압도적인 약물 중독, 정치적 범죄에 대한 어떤 법률 체계에도 의거하지 않는 구금 등과 같은 블랙홀 객체들은 참으로 끔찍하다. 오늘날 많은 사람이 자본주의가 블랙홀 객체인지 궁금해한다. 지젝이 어딘가에서 진술하는 대로, 자본주의의 종말보다 세계의 종말을 상상하기가 더 쉽다. 끝없는 전쟁과 불평등을 생성하고, 장기 계획을 수립할 수 있는 능력의 기반을 약화하고, 환경 파괴를 초래하며, 주기적인 불안정을 끊임없이 겪는 자본주의의 경향을 고려하면, 더 안정하고 지속 가능하며 공평한 경제 체계로 이행할 수 없다는 전망은 참으로 의기소침하게 만들 것이다. 블랙홀 객체는 희귀할 것이라고 희망하자.

마지막으로, 불량 객체가 존재한다. 불량 객체라는 개념은 천문학의 불량 행성이라는 개념에 바탕을 두고 있다. 2012년에 천문학자들은 어떤 특정 태양계에도 종속되지 않은 채 은하 전체를 돌아다니는 한 불량 행성을 발견했다.[27] 라스 본 트리에 감독의 2011년 영화 〈멜랑콜리아〉에서 등장하는 동명의 행성 멜랑콜리아처럼 불량 행성은 은하를 돌아다니면서 다른 태양계들을 넘나들 수 있다. 어쩌면 불량 항

---

27. A. Kahn, "Giant Rogue Planet, Without a Home Star, May Roam Nearby Heavens," *Los Angeles Times*, November 14, 2012, 〈http://articles.latimes.com/2012/nov/14/science/la-sci-sn-giant-rogue-planet-lost-space-star-20121113〉에서 입수할 수 있음.

성과 (천문학적 의미에서의) 블랙홀이 존재할 것이라는 추측도 있다. 불량 객체는 불량 행성과 유사한 기계다. 사실상, 불량 행성 자체가 불량 객체의 일종이다. 어떤 특정 세계의 중력장에도 종속되지 않은 불량 객체는 회집체 안팎을 넘나들면서 불쑥 나타난다. 이런 점에서, 불량 객체는 루크레티우스의 비껴남 또는 클리나멘과 같다. 불량 객체가 언제 혹은 어디서 나타날지 아무도 예상할 수 없는데, 요컨대 불량 객체는 세계 속에 갑자기 돌출하여 어떤 회집체를 구성하는 기계들의 관계를 변환한다.

때때로 불량 객체는, 교역의 결과로서 아시아에서 유럽으로 이동한 선線페스트의 경우처럼 어딘가 다른 곳에서 유입된다. 허리케인과 토네이도, 지진, 화산 분출은 모두 이런 종류의 불량 객체다. 때때로 불량 객체는, 수천 년 동안 우리 발밑에서 잠자고 있던 용처럼, 세계나 회집체의 내부에서 돌출할 것이다. 이런 종류의 불량 객체는 새로운 패션 유행, 새로운 형식의 미술과 음악, 정치 혁명, 불쑥 나타나는 사상, 연인과의 맞닥뜨림, 그리고 느닷없이 휩쓰는 것처럼 보이는 새로운 기술 같은 것들이다. 이들 사례에서 세계의 중력장과 그 역사성에 관련된 어느 것도 이것들이 세계에서 돌출할지 예측할 수 없었을 것이다. 여기서 어쩌면 우리는 2011년의 '월스트리트를 점거하라'(이하 OWS) 운동, 아랍의 봄, 혹은 로큰롤 같은 새로운 예술 형식의 출현 같은 돌출 현상에 관해 생각할 수 있을 것이다. 예를 들면, OWS의 경우에, 미합중국 정치는 양당 체계의 중력장과 양당이 쟁점을 고려하는 방식을 둘러싸고 조직되었다. 매우 다른 일단의 정치와 쟁점의 가능성을 제시하는 것은 아무것도 없었다. 이런 돌출 현상에 선행하는 벡터 또는 경향의 흔적이 언제나 발견될 수 있지만, 이런 벡터에 관련된 그 어느 것도 그 벡터가 이런 식으로 새로운 무언가로 응결할 것이라고 가리키지 않음이 확실하다.

여기서 강조할 만한 사실은, 불량 객체를 생각하면서 알랭 바디우 만큼 멀리 나아간 사람은 아무도 없다는 것이다.[28] '사건'이라는 이름 으로 바디우는 그것이 발생하는 세계에서는 도저히 예상될 수 없었 을 돌출 현상을 개념화한다. 그런데 바디우의 사건론에는 고무적이고 추천할 만한 것이 많이 있지만, 내가 보기에 그의 이론은 너무나 제한 적이다. 바디우는 사건을 사랑과 정치, 과학, 예술의 영역에 한정한다. 이것들은 불량 객체가 돌출하는 현장의 가장 흥미로운 사례들임이 틀림없지만, 새로운 유행이나 완전히 돌발적인 기술의 출현이 과학혁 명보다 덜한 불량 객체라고 가정할 이유가 전혀 없다. 새로운 유행의 돌출 사건이 정치 혁명에 비해 사소함은 확실하지만, 그런데도 그것 역시 불량 객체 내지 '비껴남'이다.

불량 객체는 두 가지 본질적인 특질이 있다. 첫째, 불량 객체는 불 쑥 나타나는 것처럼 보인다. 불량 객체는 어딘가 다른 곳에서 세계에 도착하거나, 아니면 무언가 새로운 뜻밖의 것을 생산할 그런 식으로 기계들을 결합하는 일련의 운동 벡터의 결과로서 세계의 내부에서 비 롯된다. 둘째, 그리고 더 중요하게도, 불량 객체는 자신이 나타나는 세 계에서 존재자들의 중력 관계들을 재배치한다. 멜랑콜리아 같은 불량 객체가 우리의 태양계에 들어오면, 모든 행성 사이의 중력 관계가 수 정되는 이유는 그것의 질량이 시공간을 구부리는 방식 때문이다. 그 리하여 지구는 어쩌면 태양에 더 가까이 끌리거나 멀어짐으로써 열 화 지옥이나 매우 차가운 얼음 구체로 전환될 것이다. 마찬가지로, 인 터넷 같은 새로운 기술이 등장함으로써 다양한 사회적 관계가 변환

---

28. Badiou, *Being and Event* [바디우, 『존재와 사건』]를 보라.

된다. 지구의 멀리 떨어진 지역들에서 거주하기에 전에는 결코 접촉한 적이 없는 사람들이 이제 인터넷 덕분에 접촉할 수 있게 된다. 생각이 놀라운 속도로 확산하고, 새로운 형태의 조직이 가능해진다. 이제 지배적인 매체 체계 및 교육 제도와 독립적인 집단이 조직됨으로써 독자적인 과업과 궤적을 규정할 수 있게 된다. 새로운 형태의 교역이 가능해짐에 따라 경제가 전환되고, 책과 영화를 온라인으로 쉽게 입수할 수 있게 됨으로써 어떤 사업들이 쇠퇴한다.

앞서 언급한 대로, 우리는 불량 객체를 본질적으로 긍정적인 것으로 여기지 않도록 주의해야 한다. 바디우는 사건을 필연적으로 긍정적이고 해방적인 것으로 여기는 경향이 있기에 그것을 진실의 표식으로 여긴다. 정부 정책과 기업에 대한 편애, 자본주의 논리의 결과로서 생겨난 경제적 불평등과 부정의에 관한 공개적인 논의를 개시하는 데 긴요했던 '월스트리트를 점거하라' 운동의 경우처럼, 때때로 이것은 확실히 참일 것이다. 하지만 2005년의 허리케인 카트리나 혹은 9·11 테러 공격 같은 다른 불량 객체들은 엄청나게 파괴적일 수 있다. 불량 객체의 유의성은 사례별로 결정되어야 하고, 많은 불량 객체는 양면적일 것이다. 예를 들면, 인터넷은 지구 전역의 사람들 사이에 많은 긍정적인 관계를 구축함이 확실하지만, 그것은 또한 아동 범죄자를 위한 장소를 창출했고, 포르노 중독의 원인이 되었고, 신원 도용 같은 새로운 형태의 범죄를 초래했으며, 혐오집단의 결성을 더 쉽게 만들었다. 그것이 사람들에게 실세계 상호작용을 온라인 상호작용으로 대체하도록 부추기는 방식으로 인해 인터넷은 더 큰 소외 감각의 원인이 되었고, 어쩌면 인터넷은 하이퍼링크 읽기가 작동하는 방식과 이미지와 동영상이 인터넷을 지배하는 방식으로 인해 문맹 증가의 원인이 될 것이라는 주장도 제기할 수 있다. 인터넷 같은 불량 객체는 긍정적이냐 부정적이냐 일의적으로 규정될 수 없다. 오히려, 인터넷은 다른 기계들에 다양한 영향을 미친다.

여섯 가지의 객체에 힘입어 우리는 존재지도학적 분석이 어떤 모습인지에 관한 더 탄탄한 이해를 발달시킬 수 있게 된다. 존재지도학은 세계들이 그렇게 음엔트로피적으로 배치되는 이유를 판별하기 위해 기계들 사이의 대칭적 및 비대칭적 중력 관계들 또는 상호작용들의 지도를 제작하고자 한다. 이 프로젝트는 세계에 거주하거나 세계를 구성하는 기계들과 이들 기계가 자신의 조작을 가하는 입력물로서 그것들 사이에 흐르는 것들의 현황을 상세히 살펴야 한다. 그런데 그런 분석에 관여하려면 다양한 기계가 회집체나 세계에서 수행하는 기능적 역할을 판별해야 한다. 그런 분석은 어떤 특정 회집체에서 중력을 조직하는 밝은 객체를 찾아냄으로써 시작한다. 그다음 단계는 이들 밝은 객체가 위성 객체의 국소적 표현과 움직임, 되기에 영향을 미치는 방식을 판별하는 것이다. 더욱이, 위성 객체들 사이의 대칭적 및 비대칭적 흐름뿐만 아니라 밝은 객체가 자신의 위성 객체에 의존하는 방식도 판별해야 한다. 밝은 객체와 위성 객체 사이의 관계를 분석함으로써 우리는 어떤 세계의 일반 생태 또는 중력 구조를 판별할 수 있게 된다. 특히 중요한 것은 그런 중력장을 조직하는 메커니즘, 이를테면, 기호, 화학물질, 에너지의 흐름, 지리적 특징, 날씨 패턴, 제도 등에 관한 분석이다. 우리는 중력장의 일반적인 지형도를 얻음으로써 중력장이 어떤 기계들을 희미한 객체로 유지하도록 역동적으로 작용하는 방식을 탐구하기 시작할 수 있다.

존재지도학적 분석의 목표는 단순히 세계들의 지도를 제작하는 것이 아니다. 지도 제작은 더 만족스럽고, 더 공정하며, 더 지속 가능한 다른 회집체들이 구성될 수 있게 할 방식으로 세계들에 개입하기 위해 수행된다. 우리는 훌륭한 존재지도학적 지도를 얻음으로써 전제적 중력 관계에서 벗어날 탈주선 또는 탈출로를 만들어 내는 방법을 개척하거나 아니면 새로운 형태의 중력을 구축할 수 있을 장소를 개척할 전략적 개입의 현장을 판별하기 시작할 수 있다. 이런 점에서, 기계는 자신이 다른 기계와 맺은 관계에 따라 특정 객체로 분류된다는 사실을 언제나 잊지 말아야 한다. 이런저런 종류의 객체로서의 기계의 지위는 해당 기계의 본질적인 특질이 아니다. 들뢰즈와 가타리가 바둑이라는 게임에 관해 말한 바는 모든 기계에 대해 유효하다. 가장 미미한 기계가 흐릿한 객체에서 이행하여 밝은 객체를 쓰러뜨리고 스스로 밝은 객체가 될 수 있다.[29] 관계는 항상 변할 수 있고, 게다가 관계가 그렇게 변화함으로써 우리는 새로운 형태의 중력, 즉 국소적 표현과 움직임, 되기의 새로운 가능성을 맞닥뜨리게 된다. 존재지도학은 그런 중력적 변환을 산출할 수 있는 우리의 역량을 증진할 지도를 제작하고자 한다.

주체, 준객체, 그리고 촉매

우리는 17세기에 시작된 오랜 철학적 전통을 익힘으로써 주체와 객체에 의거하여 생각하게 된다. 주체는 경험과 사유, 행위주체성, 의지, 규범성의 소재지로 여겨지고, 꽤 자연스럽게 우리 인간과 동일시된다. 객체는 특성들을 갖춘 단순한 덩어리로 여겨지고, 기계적 인과성에 의해 전적으로 좌우된다고 여겨진다. 동물은 그 사이에 있는 무언가다. 주체 ─ 우리가 주체를 얼마나 초월적으로 구상하는 것에 상관없이 바

---

29. Deleuze and Guattari, *A Thousand Plateaus*, 352~3. [들뢰즈·가타리, 『천 개의 고원』.]

로 인간 주체 - 는 행위주체성의 극으로 여겨지고, 객체는 수동성의 극으로 여겨진다. 주체는 행위가 비롯되는 존재자이고, 객체는 그런 행위의 수용체이거나 피동체다. 이 전통은, 우리가 마침 주체이고 우리의 가장 직접적인 관계가 자기 자신 - 자신의 경험과 인지 - 과의 관계인 한에 있어서, 철학적 사변은 주체에 관한 분석으로 시작한 다음에 객체에 대한 주체의 관계를 계속해서 분석해야 한다는 결론을 내린다.

또한, 거의 예외 없이, 이런 철학적 전통은 주체를 행위의 근원으로 여기지만, 주체에 관한 논의는 그것을 이상하게 수동적인 존재자로 제시한다. 주체는 그 행위주체성에 의해 규정되어야 하지만, 철학적 분석은 오히려 경험과 판단에 관한 분석에 집중하는 경향이 있다. 점토 작업하기, 그림 그리기, 집짓기, 도보 여행하기, 요리하기, 혹은 정원 가꾸기를 실행할 때처럼 세계의 다른 사물들과 씨름하면서 움직이는 주체에 관해 탐구하기보다는 오히려 주체는 한 장소에 고정된 거대한 안구로 환원됨으로써 세계를 응시 대상으로서의 광경으로 맞닥뜨린다. 세계를 광경으로 여기는 응시의 특권은 철학사의 매우 초기에 나타난다. 예를 들면, 『형이상학』의 서두에서 아리스토텔레스는 이렇게 진술한다.

> 모든 인간은 본래 앎을 욕구한다. 이 점은 인간이 감각을 즐긴다는 데서 드러난다. 우리는 정말 쓸모를 떠나서 감각을 그 자체로 즐기는데, 다른 어떤 감각들보다도 특히 시각을 즐긴다. 무엇을 실천하기 위해서 그럴 뿐만 아니라, 우리가 아무것도 하려 하지 않을 때도, 우리는 다른 모든 감각보다도 보는 것을 좋아한다. 그 이유는 모든 감각 중 무엇보다도 시각을 통해서 우리가 다양한 차이를 알게 되고 이들 차이가 드러나기 때문이다.[30]

이것은 특별한 주장이지만, 철학적 전통 전체에 걸쳐서 여러 번 반복되는 주장이다. 기계지향 존재론의 관점에서 바라보면, 지식과 가장 밀접하게 관련된 감각으로서의 특권을 시각에 부여하는 아리스토텔레스의 구상이 매우 지지받을 수 없는 것처럼 보이는 이유는 기계가 자신의 성질이나 국소적 표현으로 규정되는 것이 아니라 자신의 역능으로 규정되기 때문이다. 역능, 즉 어떤 기계 또는 객체가 행할 수 있는 바는 결코 시각으로 알아낼 수 없고, 오히려 기계에 작용하여 조작을 촉발하는 과정을 거쳐 그 객체가 특정 입력물을 맞닥뜨릴 때 생산할 수 있는 출력물을 규명함으로써 알아낼 수 있을 따름이다. 흄의 유명한 진술을 인용하면, 빵의 갈색과 관련된 어느 것도 영양을 공급할 수 있는 빵의 역능에 관해 말해주지 않는다. 여기서 우리는 기계지향 존재론의 말을 믿을 필요가 없이 단지 과학에서 실험적 방법이 수행하는 역할을 살펴보면 될 따름이다. 지식을 생성하는 것은 행함, 사물에 작용함이지 보기가 아니다.

그런데도 후속적인 철학적 전통은 끊임없이 시각에 특권을 부여하고 수동적 관찰, 보기의 영역을 지식 생산의 범례로 여길 것이다. 이런 사태는 제2성찰에서 이루어진 데카르트의 유명한 밀랍 분석에서 나타난다. 그것은 지식의 전형적인 원천으로서의 인상에 관한 흄의 분석에서 나타난다. 현상학은 움직임을 분석하는 데 더 능숙하지만 ― 특히 메를로-퐁티의 저작뿐만 아니라 후설의 후기 저작 대부분에서 나타나는 대로 ― 이런 분석에서도 여전히 응시의 특권이 존재한다. 응시의 이런 특권화에 대한 이유는 다양한데, 일부는 젠더와 관련이 있고

---

30. Aristotle, *Metaphysics*, in *The Complete Works of Aristotle : Volume Two*, ed. J. Barnes (Princeton : Princeton University Press, 1984), 980a25. [아리스토텔레스, 『형이상학』, 김진성 역주, 이제이북스, 2007.]

일부는 철학자들이 일반적으로 누리는 계급적 지위와 관련이 있다. 정신분석학적 사유와 페미니즘 사상이 가르쳐준 대로, 남성적 욕망은 응시 또는 시각에 기초를 두고서 조직되는 경향이 있다. 철학사 전체에 걸쳐서 남성이 철학을 압도적으로 지배한 것이 사실인 한에 있어서, 시각이라는 감각에 특권을 부여하게 되는 것은 놀랄 일이 아니다. 한편으로, 부르디외는 철학 사상의 핵심 가정은 학자들이 일반적으로 누리는 계급적 지위와 밀접히 연계되어 있다고 주장한다.[31] 일반적으로 지금까지 철학자와 교수는 실제 노동의 제약에서 벗어났기에 많은 여가를 부여받았다. 그러므로 그들은 몸소 노동하지 않음으로 인해 세계를 인지할 때 그것이 사유에 주어지는 방식과 세계를 경험할 때 그것이 시각에 주어지는 방식에 의거하여 세계를 분석하는 경향이 있다. 왜냐하면 시각은, 『존재와 시간』에서 이루어진 호기심에 관한 뛰어난 분석에서 하이데거가 지적한 대로,[32] 우리가 적극적으로 관여하지 않을 때 전면에 나서게 되는 감각이기 때문이다. 이 비판에 어떤 타당성이 있다면, 얼마나 많은 철학적 수수께끼가 시각에 특권을 부여하여 세계 속 다른 기계들의 운동과 이들 기계에의 직접적인 관여를 무시하는 데서 비롯되는지 궁금히 여길 것이다.

그런데 주체/객체를 분할하고 주체를 대체로 수동적인 관객으로 여기는 것은 다른 끔찍한 결과도 낳는다. 인식론의 영역에서 지식은 반영 경험에 덧붙여 판단과 인지가 바탕을 이루게 된다. 우리는 지식을 어떤 명제의 진위에 대한 판단으로 여기게 되고, 추리를 다른 담론적 이유를 제공하는 것으로 여기게 된다. 그런 지식 모형의 전형적인

---

31. Bourdieu, *Pascalian Mediatations* [부르디외, 『파스칼적 명상』]를 보라.
32. Heidegger, *Being and Time*, 214~7. [하이데거, 『존재와 시간』.]

사례는 브랜덤의 추론주의적 지식론이다.33 여기서 문제는 이것들이 지식의 중요한 요소가 아니라는 점이 아니고, 오히려 그것들이 실제 행위를 통해서 세계 속 다른 존재자들과 씨름하는 체화된 바쁜 행위 주체를 무시한다는 점이다. 라투르는『젊은 과학의 전선』같은 저작들에서 담론적인 것에 대한 그런 집중이 지식의 문제에 대한 우리의 접근을 왜곡하는 바로 그 이유를 보여주었다.34 기계에의 직접적인 관여에 대한 이런 모욕은『메논』에서 소크라테스가 노예 소년을 다루는 태도까지 멀리 거슬러 올라간다. 여기서 명령은 세계에의 어떤 실제적인 관여도 무시하면서 모든 지식을 기표 — 담론적인 것 — 로 변환하라는 것이다. 두드러진 예외 사례로서 실험주의 전통에 속하는 듀이 같은 사상가들을 제외하면,35 지금까지 초점은 지식을 생산하는 실천('언어적 실천'은 제외된다)과 학습을 훼손할 정도로 판단과 담론적인 것에 압도적으로 집중되었다. 예를 들면, 철학에서 실험에 관한 분석은 과학철학 바깥의 인식론 계열에서는 거의 다루어지지 않았다.

사회사상과 정치사상과 문화연구에서도 주체/객체 분열이 유사한 방식으로 현시된다. 판단과 담론적인 것에 집중하는 전통적인 인식론과 마찬가지로 문화 이론도 의미와 기표에 집중하는 경향이 있는데, 의미와 기표 역시 인간 주체에서 비롯되는 인지적 차원이다. 비인간 객체는 행위주체성의 영역 바깥에 처해 있기에 그것이 이바지할 수 있는 유일한 것은 행위주체(인간)와 그 특성들에 대한 저항이다. 그밖

33. R. Brandom, *Making It Explicit* (Cambridge : Harvard University Press, 1998)을 보라.

34. B. Latour, *Science in Action* (Cambridge : Harvard Universirty Press, 1987). [브뤼노 라투르,『젊은 과학의 전선』, 황희숙 옮김, 아카넷, 2016.]

35. J. Dewey, *The Later Works of John Dewey, Volume 12, 1925-1953 : 1938, Logic* (Edwardsville : Southern Illinois University Press, 2008).

에, 비인간 객체는 인간의 의미와 의도, 의의를 반영하는 스크린에 불과한 것이 된다. 스테이시 앨러이모가 멋지게 서술하는 대로, "세계와 우리 자신을 이루는 방대한 구성 요소인 물질은 조작 가능한 '조각들'로 분할되거나 인간이 마음대로 기입할 수 있는 '빈 서판'으로 평평하게 되었다."[36] 우리 자신의 운동과 의지에 대한 비인간 존재자의 저항을 용인하지 않은 채, 문화 이론은 인간 외의 존재자들을 한낱 우리의 의의, 기입, 의도, 혹은 의미의 매개체나 운반체에 불과한 것으로 여기는 경향이 있다. 그리하여 『사물의 체계』라는 보드리야르의 훌륭한 저서에서 이루어진 대로, 오늘날의 풍조는 우리가 비인간 기계의 본질이라고 여기는 것이 어떻게 사실상 우리 자신의 의미가 은폐되고 외면화되며 소외된 투영물인지에 관한 분석이 된다. 다시 말해서, 신에 대한 우리의 종교적 믿음이 어떻게 사실상 우리 자신의 열망의 소외된 투영물인지를 분석한 포이어바흐와 유사한 태도로, 우리가 객체의 특성이라고 여긴 것이 사실상 우리 자신의 투영물이었음을 깨닫게 된다. 앨런 파커 감독의 1987년 영화 〈엔젤 하트〉에서 연출된 대로, 우리가 추적하고 있던 사람이 언제나 우리 자신이었음을 깨닫게 된다. 그런 것이 상품 물신숭배에 관한 맑스의 분석과 꿈 작업에 관한 프로이트의 분석, 니체의 도덕 비판의 변양태들에서 비롯되는 의심의 해석학이 나타내는 기본 도식이다.

이런 형태들의 분석이 잘못되었다고 말하는 것은 아니다. 우리가 앞서 기계를 분석하면서 이해한 대로, 모든 기계는 나름의 특정 방식으로 구조적으로 열려 있고 자신을 관통하는 입력물을 자신의 조작에 따라 변환한다. 더욱이, 기계는 자신이 이런 작업을 행한다는 사실

---

36. Alaimo, *Bodily Natures*, 1. [앨러이모, 『말, 살, 흙』.]

을 일반적으로 깨닫지 못한다. 기계는 자신이 경험하는 출력물이 이들 조작을 촉발한 입력물과 동일하다고 여긴다. 그러므로 우리가 세계를 우리 자신의 소외된 거울로 여기는 것은 놀라운 일이 아니다. 『스테이 모어의 바퀴벌레들』이라는 소설에서 도널드 해링턴이 묘사하는 대로, 바퀴벌레들이 세계를 지배하면 그것들은 신과 여타 존재자를 자신들의 이해관계와 가장 열망하는 속성에 근거하여 이해한다.[37] 마찬가지로, 게다가 훨씬 더 흥미로운 방식으로, 플루서와 벡은 허구적 뱀파이어 오징어의 세계를 인간을 평가하기 위한 틀로 사용한다.[38] 문제는 이들 분석이 잘못되었다는 것이 아니고, 오히려 그것들이 비인간 행위주체성의 증발을 초래한다는 것이다. 모든 행위주체성은 인간의 측면에 놓이게 되고, 비인간은 한낱 행태로 환원되거나 아니면 인간 기입을 위한 스크린으로 환원된다. 우리에게 필요한 것은 비인간 행위주체성을 보존하면서 인간 기입에 관한 이런 점들도 통합할 수 있는 이론적 틀이다. 우리가 라투르의 사례에서 이해한 대로, 기계는 실재적이면서 담론화되는 동시에 사회적 관계를 구축한다. 우리에게는 이들 세 가지 차원을 동시에 생각할 수 있는 틀이 필요하다.

그런 틀을 개발하기 위한 첫 번째 단계는 인간 예외주의를 극복하는 것이다. 『객체들의 민주주의』에서 내가 주장한 대로, 존재론은 평평해져야 한다.[39] 우리는 존재를 두 가지 영역 ― 객체의 영역과 주체의 영역, 자연의 영역과 문화의 영역 ― 으로 이분화하는 대신에 인간 역시 여타 존재자 사이에 있는 단일한 평면, 단일한 자연으로 구상해야

37. D. Harrington, *The Cockroaches of Stay More* (Las Vegas : Toby Press, 1989).

38. V. Flusser and L. Bec, *Vampyroteuthis Infernalis*, trans. V.A. Pakis (Minneapolis : University of Minnesota Press, 2012).

39. Bryant, *The Democracy of Objects*, ch. 6을 보라.

한다. 인간은 예외적임이 틀림없지만, 존재론적으로 예외적이지는 않다. 인간은 그 역능과 역량에 있어서 여타 존재자와 다름이 확실하지만, 여타 존재자 위에 군림하는 주인이나 지배자인 것은 아니다. 인간은 여타 존재자 사이에 거주하면서 그들과 상호작용하는 존재자다. 앤디 클락 같은 확장된 마음 이론가들 ― 뿐만 아니라 라투르 같은 행위자-네트워크 이론가들과 신유물론적 페미니스트들 역시 ― 이 주장한 대로, 마음과 문화는 특별한 탐구를 위해 세계의 여타 비인간 존재자로부터 분리될 수 있는 특별한 영역이 아니다. 오히려, 인간은 세계의 여타 존재자와 밀접히 얽혀 있으면서 온갖 종류의 방식으로 그들에 접속되어 있고 그들에 의해 좌우된다. 무엇보다도, 우리는 세계를 인간의 사색적 응시를 위해 주어진 장으로 여기지 말아야 한다. 세계는 우리가 그 속에서 작용하고 관여하는 것이지, 우리가 수동적으로 사색하는 것이 아니다.

그러므로 평평한 존재론은 라캉의 유명한 보로메오 매듭의 노선을 따라 구상되어야 한다(《그림 7.1》을 보라). 보로메오 매듭은 서로 연계된 세 개의 고리로 이루어져 있는데, 그 세 개의 고리 중 어느 것이든 하나가 끊어지면 나머지 두 개의 고리 역시 풀리게 되는 방식으로 묶여 있다. 라캉은 이들 세 가지 고리를 각각 자신의 세 가지 세계, 즉 실재계와 상징계, 상상계 중 하나에 연동시킨다.

보로메오 매듭과 더불어 라캉의 작업은 근본적으로 전환된다. 그 이전의 작업에서는 세 가지 세계 중 하나가 여타 세계를 지배하고 초코드화하는 특권을 언제나 부여받았다. 라캉의 가장 이른 시기에는 상상계가 실재계와 상징계를 지배했다. 라캉의 중간 시기에는 상징계가 실재계와 상상계를 초코드화했다. 라캉의 세 번째 시기에는 실재계가 상징계와 상상계를 초코드화했다. 보로메오 매듭과 더불어 어

떤 세계도 여타 세계를 초
코드화하지 않는다. 오히려,
이제 그것들은 모두 같은
발판 위에 있는 것으로 여
겨진다.

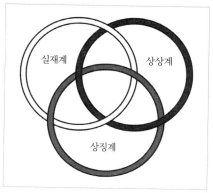

〈그림 7.1〉 보로메오 매듭

　이것이 우리가 존재의
질서에 관해 생각해야 하
는 방식이다. 실재계라는 영
역은 기계들을 가리킨다. 기
계들은 누군가가 자신을 기재하든 자신에 관해 논하든 간에 상관없
이 독자적으로 현존한다. 상징계라는 영역은 표현의 측면, 즉 존재자
들이 이야기되고 표명되며 의미를 주입받게 되는 등의 방식을 가리킨
다. 마지막으로, 상상계라는 영역은 한 기계가 구조적 개방성과 조작
적 폐쇄성이라는 조건 아래서 다른 한 기계를 맞닥뜨리는 방식을 가
리킨다. 우리는 보로메오 매듭의 틀 안에 처함으로써 『사물의 체계』
에서 이루어진 보드리야르의 객체 분석의 경우처럼 어떤 기계가 이데
올로기적으로 코드화된 방식과 한 기계가 다른 한 기계에 의해 현상
학적으로 맞닥뜨리게 되는 방식과 어떤 기계가 그것이 표명되거나 현
상학적으로 주어지는 방식으로 환원 불가능하게도 독자적으로 효과
를 산출하는 실재적이고 독립적인 존재자인 방식을 동시에 탐구할 수
있게 된다.

　그런 틀을 제공하는 두 번째 단계는 기계들을 그들의 움직임 속에
서 판별하고자 결심하는 데 있다. 철학적 성찰을 할 때 우리는 고정된
정적인 위치에 의거하여 존재자에 접근하는 경향이 있다. 주체는 세
계의 관객으로서 여기에 있다. 객체는 주체의 관심과 생각을 위한 광

경으로서 저쪽에 있다. 우리의 분석에서 잊지 않으려고 노력해야 하는 것은 모든 사물, 모든 기계가 끊임없이 움직이고 있다는 점인데, 심지어 그것들이 가만히 있는 것처럼 보이는 경우에도 그렇다. 운동의 부재는 언제나 어떤 특정 기준틀에 의해 산출된 일종의 환상이다. 예를 들면, 내가 지금 그 위에서 글을 쓰고 있는 탁자는 가만히 있는 것처럼 보일 것이지만, 여타 객체와 마찬가지로 그 탁자는 조작을 촉발하는 흐름에 대한 반응으로 온갖 종류의 국소적 표현을 현시하고 내가 지각하기에는 너무 작은 규모에서 일어나거나 혹은 내가 새겨두기에는 너무 느리게 일어나는 온갖 종류의 변화를 겪으면서 빈곳을 통과하여 낙하하고 있다. 내가 그 탁자를 움직이지 않고 있는 것으로 맞닥뜨리는 이유는 단지 나와 그 탁자가 같은 속도로 낙하하고 있거나 혹은 그 탁자에서 일어나는 변화가 너무 느려서 내가 식별할 수 없기 때문이다.

운동은 세 가지 형태를 취하는데, 세계의 한 지점에서 다른 한 지점으로의 경로에 따른 이동과 국소적 표현, 되기가 있다. 일반적으로 우리는 운동을 첫 번째 경우에 한정함으로써 고양이가 크리스마스트리를 올라가는 것과 같은 우발 사건과 동일시한다. 그런데 국소적 표현 역시 운동의 형태다. 우리는 어떤 기계의 특성이 그 기계 안에 언제나 변함없이 있는 소여가 아니라 그 내부에서 일어나는 우발 사건임을 잊지 말아야 한다. 내가 그 위에서 글을 쓰고 있는 탁자의 색깔, 그 목재의 특성, 시간에 따른 그것의 지속 등은 모두 주변 세계 속 다른 기계들에서 비롯되는 입력물에 대한 반응으로 생겨나는 그 탁자의 활동이다. 그 탁자의 색깔은 그것이 상호작용하는 빛에 대한 반응으로 생겨나는 국소적 표현이다. 태양이 하늘을 가로질러 움직임에 따라 그 색깔은 수시로 변한다. 빛을 차단하면 색깔은 사라진다. 그 목재의 특성은 습도와 대기 중 화학물질, 온도, 기압 등의 다양한 환경 조건에 따라서 국소적으로 현시된다. 이런 조건이 변하면 그 목재가 국소적으로 현시되는 방식이 바뀌게 된다. 이들 국소적 표현이 변함없이 고정된 특성처럼 보인다면, 그 이유는 그 탁자의 세계에서 비롯되는 시공간적 중력장이 비교적 안정하기 때문이다. 그런데 그 중력장 안에서 이들 성질을 산출하는 활동은 끊임없이 이루어지고 있다. 우리가 어떤 기계에 작용하여 그것의 환경을 변화시킬 때까지 그 기계가 무엇인지 결코 실제로 알지 못한다면, 그 이유는 입력물을 변화시키지 않고서는 어떤 기계에 내재하는 역능을 알아낼 수 없기 때문이다. 마지막으로 운동은, 나비로 변하여 비행 역량을 발달시키는 애벌레의 경우처럼, 어떤 기계의 역능이나 역량이 그것을 관통하거나 그것의 내부에서 생겨나는 입력물의 결과로서 변화하는 과정인 되기로 이루어질 수 있다.

　기계는 언제나 움직이고 있다는 사실을 떠올리면, 우리가 객체를 그것의 현시된 성질들로 환원하지 않는 데 도움이 될뿐더러 응시를 위한 광경으로 현시되는 고정된 정적인 지점으로 여기지 않는 데도 도움이 된다. 한편으로 그 사실은, 우리가 어떤 기계에서 맞닥뜨리는 특성은 그 기계와 주변 환경 사이의 상호작용에서 생겨나는 **활동**의 결과임을 일깨워 준다. 다른 한편으로 그 사실은, 기계가 다른 조건 아래서는 매우 다른 국소적 표현을 생성할 수도 있을 은밀히 감춰진 역능을 품고 있음을 일깨워 준다. 그리하여 우리는, 자신이 어떤 기계를 이해하고 싶다면 그 기계가 어떤 국소적 표현을 산출하는지 알아내기 위해 그것에 작용해야 한다는 것을 인식하게 된다. 오로지 기계와의 상호작용을 통해서만 우리는 그것이 무엇을 할 수 있는지 또는 그것이 자신 안에 어떤 역량을 품고 있는지 알아내기 시작할 수 있다.

세 번째이자 마지막으로, 우리는 주체에 대한 우리의 이해를 문제로 삼아야 한다. 우리는 주체를 존재자의 한 **종류**로 여기는 경향이 있다. 인간 또는 합리적 행위주체 ― 존재자의 일종 ― 는 주체이고 여타의 것은 객체다. 이것은 최대한도의 혼동이다. 주체는 어떤 특정 종류의 존재자에 귀속되는 고정된 속성이 아니라, 오히려 특정 상황에서 기능적으로 규정되는 일시적인 역할이다. 무언가는 주체가 될 수 있고 주체를 그만둘 수 있는데, 때때로 주체이고 때때로 객체다. 더욱이, 주체는 도대체 인간일 필요가 없다. 기능적으로, 동물과 기술, 미생물, 바위, 공은 모두 어떤 환경 아래서 주체가 될 수 있다. 주체가 어떤 특정 종류의 존재자가 아니라 상황에 따른 기능적 역할이라면, 그것은 무엇인가? 주체는 기계들을 특정 중력 관계들로 끌어모으는 촉매적 조작자다.

여기서 주체를 논의하기 전에 주체와 행위주체를 구분해야 한다. 어느 것이나 주체로서 작용하거나 조작할 수 있지만, 모든 것이 행위주체인 것은 아니다. 행위주체성의 존재론은 대단히 복잡하고, 게다가 내가 알기에, 모든 것은 자연법칙에 따라 일어나고 자유에 의한 인과성 또한 존재한다는 모순을 진술하는 칸트의 세 번째 이율배반은 여전히 극복되지 않았다.[40] 여기서 나는 그 이율배반을 해소하려고 시도하지 않을 것인데, 그 작업은 나 자신보다 더 뛰어난 지성에 맡기고서 단지 존재지도학이 옹호하는 행위주체성에 관한 개념을 개괄할 것이다. 다시 말해서, 존재지도학은 행위주체성이나 자유가 현존한다고 주장하지만, 인과성의 지배를 받는 세계에서 어떻게 이런 일이 가능한

---

40. Kant, *Critique of Pure Reason*, A444/B472~A451/B479. [임마누엘 칸트, 『순수이성비판 1·2』.]

지에 대한 존재론적 설명은 없다. 어떤 기계가 두 가지 기준을 충족할 때 그 기계는 행위주체라고 할 것이다. 첫째, 어떤 기계가 자신의 내부에서 행동을 개시할 수 있다면 그 기계는 행위주체다. 그러므로 어떤 기계의 움직임이나 행동이 단순히 자신에 작용하는 다른 한 기계의 결과가 아니라면 그 기계는 행위주체다. 예를 들면, 테이블을 굴러가는 어떤 당구공이 행위주체가 아닌 이유는 그것의 운동이 오로지 다른 한 당구공에 부딪힘으로써 촉발되기 때문이다. 그 당구공은 독자적으로 행동을 개시할 수 없다. 이와는 대조적으로, 어떤 고양이가 소파에서 휴식을 취하는 중에 벌떡 일어나서 자신의 밥그릇까지 어슬렁거리며 걸어가는 한에 있어서 그 고양이는 행위주체다. 이런 행동을 개시하는 것은 그 고양이에 작용하는 다른 한 기계의 행위주체성이 아니고, 오히려 그 행동은 그 고양이의 내부에서 생겨난다.

이 첫 번째 기준에 대해 두 가지 점을 인식하는 것이 중요하다. 한편으로, 여기서 제기되는 주장은 행위주체적 행동의 원인이 없다는 것이 아니라, 행위주체적 행동의 원인이 기계의 내부에서 비롯된다는 것이다. 어떤 행위주체적 행동은 단지 그 자체에서만 비롯되기에 외부적 원인이 전혀 없다는 의미에서 원인이 없을 것이지만, 나는 그런 원인이 마법에 의지하지 않은 채 어떻게 현존할 수 있는지 이해하는 데 어려움을 겪는다. 이런 점에서, 존재지도학은 자유의지와 인과성이 서로 양립할 수 있다는 자유의지에 대한 양립가능론적 설명으로 강하게 기울어진다. 행위주체성의 경우에, 행위는 행위주체의 내부에서 비롯되는 과정들에 의해 초래되고, 즉 이들 과정이 행위주체성의 근원이 되고, 따라서 행동은 외부 자극에서 생겨나지 않는다.

다른 한편으로, 행위주체성이 기계의 내부에서 생겨나는 행동에 있다는 주장은 행동과 외부 자극 사이에 맺어지는 관계의 기반을 약화하지 않는다. 어떤 특정 행동은 다른 기계로부터 받은 어떤 특정 자극과 마주침으로써 유인되었을 것이지만, 이런 사실이 그 행동이 자극이나 정보 사건으로 초래됨을 뜻하지는 않는다. 어떤 행위주체적 기계가 셰익스피어의 연극 중 하나와의 만남, 한 조각의 정보, 다른 사람과의 토론, 뷔페 등과 같은 자극에 반응하는 방식은 그 기계의 내부에서 전개되는 조작들에 의해 결정된다. 그 반응은, 한 바위가 다른 한 바위에 반응하는 방식이 그 바위의 내부 구조와 더불어 충격에 의해 예정된 그런 식으로 자극에 의해 예정되어 있지 않다. 다시 말해서, 행위주체와 세계 사이의 상호작용은 자극과 반응 사이의 간극으로 특징지어지는 것처럼 보이는데, 여기서 행동은 행위주체가 작용 중인 정보나 자극을 처리하는 방식에서 생겨난다. 행위주체가 자신이 하는 일을 의식하고 있는지는 그것이 행위주체인지 여부에 그다지 중요하지 않다. 박테리아가 의식을 갖추고 있을 법하지 않은데, 왜냐하면 박테리아는 그것이 의식할 수 있게 하는 신경계가 없는 것처럼 보이기 때문이다. 그런데도 어떤 박테리아가 자신의 편모를 움직이는 방식은 그 박테리아 자체의 내부에서 생겨나고, 따라서 그저 자극에 대한 예정된 반응이 아님은 사실인 것처럼 보인다.

둘째, 어떤 행위주체가 행위주체로 여겨지려면, 그것은 행동을 개시하거나 자극에 대응하면서 행위를 실행할 때 몇 가지 다른 행위를 실행할 수 있는 역량을 갖추고 있어야 한다. 행위주체는 어떤 행동을 개시할지 말지를 선택할 역량을 갖추고 있는 것처럼 보인다. 예를 들면, 어쩌면 고양이는 휴식 상태에서 일어나지 않기로 선택할 것인데, 그리하여 먹을 것에 대한 생각을 실행에 옮기지 않은 채 그것이 스쳐 지나가도록 내버려 둔다. 마찬가지로, 어떤 자극에 대응하여, 행위주체는 자신이 어떻게 반응하거나 어떤 행위를 실행할지 선택할 역량을 갖추고 있는 것처럼 보인다. 어떤 사람은 셰익스피어의 언어를 이해하기가 어렵다는 것에 대한 반응으로 좌절하여 읽기를 포기하기로 선택할 수도 있고, 혹은 셰익스피어를 이해하기 위해 꾸준히 나아가기로 선택할 수도 있을 것이다. 기계를 관통하는 자극이나 정보가 출력물을 미리 결정하지 않는다.

이런 진술은 매우 도식적이며 행위주체성이 어떻게 가능한지에 대한 설명, 즉 행위주체성의 역학을 제시할 의도를 지니고 있지 않다. 내가 알기에, 지금까지 행위주체성에 대한 논란의 여지가 없는 설명을 제시한 사람은 아무도 없다. 오히려, 여기서 내 의도는 단지 어떤 기계가 행위주체로 여겨지려면 어떤 특질들이 필수적인 것처럼 보이는지 개관하는 것이다. 세 가지 점이 추가로 강조되어야 한다. 첫째, 행위주체성이 다양한 정도로 나타난다고 주장하는 것은 합당한 듯 보인다. 박테리아는 자신의 내부로부터 행동을 개시할 수 있는 것처럼 보이지만 바위는 그럴 수 없는 것처럼 보이는 한에 있어서 박테리아가 바위보다 더 큰 행위주체성을 갖추고 있는 것처럼 보인다. 한편으로, 고양이는 다양한 범위의 가능한 행동(혹은 무無행동) 가운데 선택할 수 있다는 점에서 박테리아보다 더 큰 행위주체성을 갖추고 있는 것처럼 보이고, 게다가 마크 오크렌트가 개, 문어, 돌고래, 유인원 등과 같은 많은 고등 유기체에 대해서 그러하다고 주장한 대로,[41] 고양이 역시 스스로 목표를 설정할 역량을 필경 갖추고 있을 것이다. 유사한 이유로 인해, 인간과 여타 대형 유인원은 문어와 고양이 같은 다른 유기체들보다 더 큰 행위주체성을 필시 갖추고 있을 것이다. 박테리아처럼 온도조절기와 두드러지게 다르지 않은 유기체들에서 나타나는 행위

---

41. M. Okrent, *Rational Animals* (Athens : Ohio University Press, 2007).

주체성에서 보노보 유인원과 문어, 인간, 돌고래 같은 더 복잡한 유기체들에서 나타나는 행위주체성에 이르기까지 다양한 정도의 행위주체성이 존재한다. 사소하고 생명이 없는 기계와 사소하지 않고 행위주체적인 기계 사이에 많은 점층적 단계가 존재하는 것처럼 보이는 한에 있어서, 자연에서 행위주체성이 어디에서 시작하여 어디에서 끝나는지에 대하여 명확히 판별하는 것은 필시 불가능할 것이다. 예를 들면, 바이러스는 박테리아 같은 행위주체인지 아니면 바위처럼 생명 없는 기계인지 판별하기 어렵다.

마찬가지로, 우리는 단지 다른 종류들의 기계 ─ 박테리아, 식물, 동물, 어떤 기술 등 ─ 사이에만 행위주체성의 등급이 존재한다고 가정하지 말아야 하는데, 단일한 기계가 현존하는 동안에도 행위주체성의 등급이 존재한다. 예를 들면, 성인이 신생아보다 더 큰 행위주체성을 갖추고 있는 이유는 성인이 단순히 무작위적인 신경 발화로 인해 행동하기보다는 자신의 목표나 목적을 세울 수 있는 더 큰 역량을 갖추고 있기 때문이고, 게다가 성인은 자신의 발달 과정 동안 자극과 반응 사이에 더 큰 간극을 구축함으로써 정보의 흐름에 대한 반응으로 가능한 행동들에 관해 숙고할 수 있게 되기 때문이다.

마찬가지로, 신생아가 갖추고 있지 않은 방식으로, 성인은 해리 프랭크퍼트가 "이차 욕망과 의욕" 또는 "욕망하고자 하는 욕망"으로 서술하는 것을 형성할 수 있는 역량을 필시 발달시켰을 것이다.[42] 이런 맥락에서, 욕망하고자 하는 욕망은 누군가가 자신이 현재 지니고 있지 않은 어떤 특정 욕망을 발달시키고자 하는 욕망이다. 예를 들면,

---

42. H.G. Frankfurt, "Freedom of Will and the Concept of a Person," *The Importance of What We Care About* (Cambridge : Cambridge University Press, 1998), 11~25.

알코올 중독자는 알코올에 대한 압도적인 욕망을 지니고 있을 것이지만, 그런데도 이런 욕망을 갖지 않고자 하는 욕망도 지니고 있을 것이다. 이차 욕망과 의욕이 매우 중요하다면, 그 이유는 그것들이 행위주체가 발달하는 방식에 이바지하기 때문이다. 사실상 누군가가 어떤 욕망을 발달시키기 시작하는 것은 그런 특정 욕망을 갖고자 하는 욕망을 통해서다. 프랭크퍼트는 이차 욕망을 형성할 수 있는 역량이 인간에게 고유한 것으로 여기지만,[43] 존재지도학은 문어와 돌고래 같은 비인간 행위주체들이 이런 역량을 갖추고 있는지에 대해서 여전히 불가지론적이다. 자연은 디지털적인 양자택일의 대안으로 특징지어지기보다는 오히려 아날로그적 단계들로 특징지어지는 것처럼 보이는 상황을 고려하면, 이런 역량이 인간에게만 한정될 법하지 않은 것처럼 보인다.

행위주체성의 점층적 단계들은 발달에서 생겨날 뿐만 아니라, 행위주체가 처해 있는 환경 또는 세계에서도 생겨난다. 기업 화폐로 지불받은 사람은 연방 화폐로 지불받은 사람보다 더 작은 행위주체성을 갖추고 있는 것처럼 보인다. 마찬가지로, 동물원의 우리에 갇힌 매는 자유로운 독수리보다 더 작은 행위주체성을 갖추고 있는 것처럼 보인다. 이들 사례에서, 행위주체들은 자신의 행위주체성을 발휘할 수 있는 역량이 제한되어 있고, 따라서 그 행위주체들의 행위주체성이 한정된다. 대다수 이데올로기는 행위주체의 행위주체성이 주변 환경으로 인해 제약되거나 제한될 수 있는 방식을 간과하는 경향이 있는데, 그리하여 매우 제약된 행위주체가 이런 제약에서 전적으로 자유로운 행위주체와 다를 바가 없다고 여긴다. 존재지도학의 주요 목표 중 하나

---

43. 같은 글, 12.

는, 주변 환경이 어떤 기계에 중력을 행사함으로써 그 기계가 따라 움직이고 국소적으로 현시되며 되기를 겪게 되는 경로를 형성하는 동시에 그 기계가 발휘할 수 있는 행위주체성을 규정하는 방식에 주목하게 만드는 것이다.

둘째, 행위주체성에 관한 이 개념은 세계에는 종종 인식되는 것보다 더 많은 행위주체가 존재한다고 시사한다. 소박한 박테리아에서 침팬지와 대왕고래처럼 복잡한 유기체에 이르기까지 행위주체성이 존재할 뿐만 아니라, 이 책 1부의 논증이 탄탄하다면, 기관 같은 존재자들 — 기업, 국가, 혁명 집단 등 — 도 행위주체로 여겨야 하고, 게다가 어떤 기술들도 첫 번째 장에서 비판된 제한적 의미에서의 기계에 불과하기보다는 오히려 전면적인 행위주체가 점점 되고 있는 것처럼 보인다. 그런데 이것이 전부가 아니다. 기관과 어떤 기술 같은 대규모 기계들을 행위주체의 범주에 포함해야 할 뿐만 아니라, 사이보그도 별개의 행위주체임을 인식해야 한다. 등자를 갖춘 말을 탄 병사는 말 혹은 인간 혹은 등자와는 별개의 행위주체다. 이 존재자는 자신을 구성하는 기계 중 고립된 어느 것과도 구별되는 행위주체성을 갖추고 있다. 마찬가지로, 총이나 스마트폰을 지닌 사람은 비슷한 이유로 인해 이들 사물에서 격리된 사람과는 별개의 행위주체다. 이들 사례에서 모두 행위주체는 사물들과 분리되면 나타내지 않을 행동 범위를 지니고 있고, 따라서 우리는 그 행동이 오로지 사람에게서 비롯되는지, 스마트폰에서 비롯되는지, 아니면 그 둘의 일종의 접속에서 비롯되는지 말할 수 없다. 여기서 한시적이라도 별개의 행위주체가 존속한다. 우리는 행위주체성이 오로지 인간에게만 있다고 여기는 경향이 있는데, 그리하여 회집체를 구성하는 존재자들 사이에 이루어진 연합들이 새로운 행동 역량을 생성할 뿐만 아니라 다른 기계들과 결합하지 않은 고립된 사람은 내리지 못할 결정도 초래하는 방식을 무시한다. 정치사상의 영역에서, 이런 사실로 인해 우리는 그것들이 전적으로 다른 회집체인 한에 있어서 완전히 별개인 기계들을 유사한 것으로 여기게 된다.

세 번째이자 마지막으로, 앞서 논의된 것은 **책임성**에 관한 우리의 개념을 수정해야 함을 시사한다. 데닛이 지적하는 대로, 행위주체성에 대한 의문과 우려는 종종 윤리적 책임성에 대한 우려의 맥락에서 발생한다.[44] 어떤 존재자가 행위주체라고 말하는 것은, 그 존재자가 자신의 행동에 책임이 있는 이유는 그 행동이 어떤 다른 존재자에서 비롯되기보다는 자신에게서 비롯되었기 때문이라고 말하는 것이다. 그런데 환경, 행위자로서의 기관, 그리고 사이보그의 경우에 그런 것처럼 행위주체성이 분산되어 있는 사례들이 많이 있다. 행동이 단일한 기계에서 비롯되기보다는 오히려 각기 다른 다양한 기계의 회집체에서 비롯될 때 행위주체성은 분산되어 있다. 위원회에 참석한 적이 있는 사람이라면 누구나 분산된 행위주체성에 익숙하다. 위원회가 취하는 마지막 행동은 일반적으로 어떤 **특정** 위원에게서 비롯되는 것이 아니라, 오히려 모든 위원의 신성하지 않은 자식 – 즉, 타협 – 인 경향이 있다. 사람-자동차 회집체 같은 사이보그의 경우에는 행동이 운전자에게서 비롯되었는지 아니면 자동차에서 비롯되었는지 판별하기 어렵다. 이것에 대한 좋은 이유가 있는데, 사람 더하기 자동차는 고립된 사람이나 고립된 자동차와는 별개의 행위주체이기에 그 둘 각각이 나타내지 않을 독특한 형태들의 행동을 초래하기 때문이다. 사실상, 고

44. D.C. Dennett, *Freedom Evolves* (New York : Penguin Books, 2003), 1. [대니얼 데닛, 『자유는 진화한다』, 이한음 옮김, 동녘사이언스, 2009.]

립된 자동차는 그것 자체로부터 행동을 개시할 수 없는 한에 있어서 결코 행위주체가 아닐 것이다. 분산된 행위주체성을 인정하는 것은 우리에게 책임성을 할당할 때 더 크게 주의하도록 요청하는데, 요컨 대 다양한 행위주체적 기계와 비非행위주체적 기계가 행동에 이바지 한다는 사실을 인식해야 한다.

행위주체와 주체는 각기 다른 것이다. 행위주체는 자신으로부터 행동을 개시할 수 있고 가능한 행동 방침 중에서 선택할 수 있는 존 재자다. 반면에, 주체는 종속시키는 존재자, 즉 다른 존재자들(이것들 이 행위주체인지 여부에 상관없이) 사이에 관계를 형성하는 촉매로서 작용하는 존재자다. 어떤 행위주체가 행위주체이기 위해서는 행동을 개시할 수 있고 가능한 것들 사이에서 다소간 선택할 수 있어야 하는 반면에, 주체는 그것이 행위주체인지 여부에 상관없이 모든 존재자가 담당할 수 있는 하나의 기능적 역할이다. 다시 말해서, 무언가가 주체 로서 작용하는지는 존재자의 고유한 특질이 아니라 일시적인 기능적 역할이다. 주체를 일시적인 촉매적 조작자로 생각하면서 세르보다 더 멀리 나아간 사람은 전혀 없다. 세르는 준객체에 관해 논의하면서 다 음과 같은 놀라운 주장을 제시한다. "공은 경기의 대상이고, 경기하는 팀들은 그 공과 관련하여 그 위치들이 정해진다. 그 역은 성립하지 않 는다. 준객체로서 공이 경기의 참된 주체다."[45] 이런 의미에서 주체는 준객체다. 주체 또는 준객체는 세계에서 다른 기계들을 끌어모으는 역동적인 누빔점이다. 축구 경기에서 공이 축구장에서 튀면서 움직임 에 따라 선수들은 재편되어 서로 다른 배치에 놓이게 된다. 마찬가지 로 선수들의 지위도 변화한다. 어딘가 다른 곳에서 세르가 서술하는

---

45. Serres and Latour, *Conversations on Science, Culture, and Time*, 108.

대로, "이 준객체가 그를 지시한다."[46] 한 선수가 상대 팀의 다른 한 선수에게서 공을 빼앗는다. 그전에는 이 선수가 저 선수를 쫓거나 수비를 했지만, 이제 그는 쫓기게 된다. 세르는 럭비의 맥락에서 다음과 같이 진술한다. 공을 잡는 선수는

> 이제 주체인데, 말하자면, 무너뜨림에 노출된, 떨어짐에 노출된, 다른 선수들의 조밀한 집단 아래 깔림에 노출된 주체다. 그때 당신이 이어받고, 당신이 '나'를 대체하고 그것이 된다. 그 후에 바로 당신이 그에게 그것을 넘겨주고, 당신의 일이 마무리되었고, 당신의 위험이 끝났고, 집단 구성에서 당신의 역할이 끝났다.[47]

들뢰즈의 어두운 전조처럼,[48] 준객체로서의 그 공은 다양한 존재자를 함께 엮어서 그들에게 역할이나 위치를 할당한다. 말하자면, 그 공은 다른 존재자들을 자신의 행위주체성에 종속시킨다. 그 결과, 우리는 행위주체성이 주체(그 공)에서 생겨나는지 아니면 그 객체들(선수들)에서 생겨나는지 판별할 수 없다. 오히려, 존재자들의 회집이 양쪽 모두의 결과다.

그 공의 사례가 가리키는 대로, 주체의 범주를 인간에게 한정할 필요는 없다. 때때로 축구공이 주체다. 때때로 인간이 주체다. 때때로 주체는 기술이거나 갑자기 떨어지는 바위다. 때때로 혁명 집단이 주체일 것이다. 더욱이, 어떤 기계의 주체 지위는 그 기계의 본질적인 특질이 아니다. 경기가 끝난 후에 차고에 던져진 공은 더는 주체가 아니다. 어

---

46. Serres, *The Parasite*, 226. [세르, 『기식자』.]
47. 같은 책, 227. [같은 책.]
48. Deleuze, *Difference and Repetition*, 119. [질 들뢰즈, 『차이와 반복』.]

떤 기계의 주체 지위는 순전히 우연적이고 기능적인데, 요컨대 특정 환경 아래서 그것이 수행하는 역할에 의해 결정된다. 모든 기계는, 일시적으로, 주체로서 작용할 수 있고, 그만큼 쉽게 더는 주체가 아닐 수 있다.

준객체 또는 주체는 다른 존재자들을 회집체로 함께 누비거나 회집한다. 그리하여 세르는 "준객체는 상호주관성의 놀라운 구축자다"라고 진술한다.[49] 세르는 집합체나 회집체가 개체들의 단순한 합이 아니라고 조심스럽게 강조한다. "'우리'는 '나'들의 합이 아니라, '나'의 유산, 양도, 물러섬, 단념에 의해 산출되는 참신한 것이다. '우리'는 '나'들의 집합체라기보다 나의 전달들을 합한 것들의 집합체다."[50] 이들 전달은 일단의 기계 사이에서 순환하는 주체 또는 준객체에 의해 이루어짐으로써 그 기계들을 끊임없이 변화하는 배치로 함께 엮는다. 그런데 사실상, 여기서 이루어지고 있는 것은 단지 상호주관성의 생산이 아니다. 상호주관성, 즉 인간들 사이의 관계는 주체가 만들어낸 역동적인 누빔이 취할 수 있는 한 가지 형태일 뿐이다. 주체에 의해 제조되는 누빔은, 인간이 포함되어 있는지에 상관없이, 모든 기계 회집체에서 발생할 수 있다.

그러므로 주체 또는 준객체는 다섯 가지 특질을 갖추고 있다. 첫째, 주체 또는 준객체는 어떤 특정 **종류**의 존재자(인간 혹은 합리적 행위주체)를 규정하는 것이 아니라, 어떤 회집체가 특정 조건 아래서 수행하는 기능적 역할이다. 그리하여 둘째, 인간이든 비인간이든, 즉 사람이든, 공이든, 기관이든, 기호이든, 기표이든, 혹은 집단이든 간에

---

49. Serres, *The Parasite*, 227. [세르, 『기식자』.]
50. 같은 책, 228. [같은 책.]

모든 것은 주체 또는 준객체로서 기능할 수 있다. 그러므로 인간과 합리적 행위주체 역시 주체에 대한 객체가 될 수 있다. 셋째, 어쩌면 블랙홀 객체는 예외로 하고, 주체는 일시적이다. '주체임'은 어떤 기계의 불변적이고 영구적인 특질이 아니라, 어떤 조건에 처해 있는 어떤 회집체에서 어떤 기계가 수행하는 기능적 역할이다. 기계는 주체가 되고 주체가 아니게 된다. 넷째, 주체는 촉매로서 작용하는 기계다. 주체는 회집체 안에서 서로 관계를 맺도록 다른 기계들을 회집하는 촉매다. 공이 축구장을 돌아다님에 따라 선수들은 끊임없이 자신들을 다른 관계들로 재배치하고 공에 대해서 다른 역할들을 떠맡는다. 다섯 번째이자 마지막으로, 준객체 또는 주체는 역동적인 누빔점이다. 주체는 어떤 천에서 일련의 교차하는 실을 묶어두는 고정된 단추가 아니라, 오히려 자신이 소집하여 회집하는 기계들 사이의 관계와 상태를 끊임없이 재배치하는 이동점이다. 이런 역동성은 세 가지 형태 중 하나(그리고 종종 동시에 세 가지 모두)를 취한다. 그것은 단순한 움직임의 형태를 취할 수 있다. 주체가 돌아다님에 따라 그것이 회집하는 여타 기계들도 그것에 대응하여 돌아다닌다. 그것은 새로운 국소적 표현의 형태를 취할 수 있다. 준객체가 행위를 실행함에 따라 존재자들은 그 주체와 자신들이 서로 맺는 관계들에 대응하여 새로운 성질들을 국소적으로 현시할 수 있다. 마지막으로, 주체 또는 준객체는 새로운 되기를 촉발할 수 있다. 다른 기계들은 주체에 의해 회집하는 방식에 대응하여 이전에는 갖추지 않은 역능이나 역량을 발달시키는 되기를 겪을 수 있다.

그러므로 준객체 또는 주체는 캐런 배러드가 양자역학에 의존하여 "회절 패턴"으로 부르는 파동 모양의 패턴을 갖추고 있다.[51] 물 안에서 동심원을 방사하는 연못에 던져진 자갈처럼 주체 또는 준객체는 다른 기계들이 서로 얽혀서 움직이게 하는 난류를 방사한다. 주체는 동일성과 같음으로 나아가는 것이 아니라, 오히려 차이를 생산한다. 그런데 우리는 주의력을 발휘해야 한다. 축구 경기의 사례처럼 네트워크 또는 회집체가 단 하나의 주체를 포함하고 있는 경우는 이례적이다. 오히려, 세계와 회집체에는 다양한 주체가 거주하는 경향이 있는데, 각각의 주체는 독자적인 방식으로 다른 기계들의 회집에 이바지한다. 그 결과, 준객체들 또는 주체들에서 방사하는 파동들이 서로 교차하고, 서로 간섭하며, 이들 얽힘 속에서 그리고 이들 얽힘을 통해서 차이를 만들어내는 방식에 주의를 기울여야 한다.

그러므로 존재지도학의 경우에, 문제는 '주체가 세계에 대해 어떻게 관련되는가?'라는 물음이 아니라 오히려 '주체 또는 준객체가 세계 안에서 기계들을 서로에 대해 어떻게 관련시키는가?'라는 물음이다. 다시 말해서, 존재지도학의 과업에 속하는 것은 주체에 관한 지도와 더불어 주체가 서로 관계를 맺거나 상호작용하는 다른 기계들을 회집하는 방식에 관한 지도를 제작하는 것이다. 그런 지도 제작이 존재지도학이라는 프로젝트에 중요하다면, 그 이유는 주체가 세계 안에서 일어나는 움직임과 되기, 국소적 표현에서 핵심적인 역할 – 유일한 역할은 아닐지라도 – 을 수행하기 때문이다. 그러므로 주체에 의해 조작되는 역동적인 누빔점들의 지도를 제작하는 것은 회집체 또는 네트워크 안에서 일어나는 움직임의 변동에 관한 지도를 제작하는 것에 해당한다.

---

51. K. Barad, *Meeting the Universe Halfway* (Durham : Duke University Press, 2007), 29~30.

우발 사건과 사건

우리가 이해한 대로, 어쩌면 수학에서 나타나는 것들과 같은 일부 무형 기계는 예외로 하고, 기계와 기계들의 회집체에서 일어나는 모든 것은 우발 사건이다. 한편으로, 개별 기계는 세 가지 방식으로 끊임없는 우발 사건이다. 첫째, 기계는 엔트로피와 씨름하면서 자신이 해체되고 파괴되지 않도록 끊임없는 조작에 관여해야 한다. 모든 기계는 끊임없이 분해되고 있기에 자신의 조직을 유지하기 위한 후속 조작에 관여해야 한다. 둘째, 기계의 국소적 표현은 내부 혹은 외부에서 비롯되는 흐름으로부터 수용하는 입력물에서 생겨나는 활동이다. 기계가 현시되는 방식은 기계의 본질이 아니라 우연히 생기는 것이다. 세 번째이자 마지막으로, 기계는 다른 기계들로부터 생겨나는 탄생 시점에서 엔트로피와 벌이는 전쟁에서 패하여 해체되는 사망 시점까지 불확정적으로 존속한다. 다른 한편으로, 회집체나 세계 속 기계들 사이의 관계들 역시 끊임없는 우발 사건이다. 세계 속 기계들 사이의 관계는 무언가의 왼쪽에 있음 혹은 무언가보다 더 짧음 같은 추상적인 관계가 아니라, 오히려 경로를 따라 나아가는 흐름을 통해서 산출되는 기계들 사이의 상호작용이다. 흐릿한 회집체로서의 세계는 이 세계에 거주하는 기계들이 이들 흐름을 통해서 서로 상호작용하는 경우에만 결합하여 있을 뿐이다. 이들 상호작용적인 흐름이 없다면, 세계는 분해되어 엔트로피로 해체되거나 아니면 새로운 형태의 조직을 띠게 된다.

그런데 기계와 세계에서 모든 것은 우발 사건이지만, 플루리버스가 온통 사건들로 이루어져 있다고 주장하는 것은 잘못일 것이다. 바디우를 좇아서, 그의 특정 이론은 공유하지 않은 채, 우리는 사건이라는 개념을 한낱 우발 사건에 불과한 것보다 약간 더 중요한 것을 위해 남겨 두어야 한다. 상황은 언제나 발생하지만, 사건이라는 개념은 단절, 전환, 분화를 뜻하는 것처럼 보인다. 그러므로 존재지도학의 틀 안에서, 사건은 세계 또는 회집체에 거주하는 기계들의 되기에 대한 촉매로서 체계적으로 작용하는 준객체 또는 주체의 출현으로 규정될 것이다.

더 나아가기 전에, 이런 사건 개념이 바디우의 사건 개념과 어떻게 다른지에 대해서 몇 마디 언급해야 한다. 우선, 바디우의 사건론과 달리, 사건은 진리 절차를 거쳐 자신에 대한 충성심을 품는 주체를 소환하지 않는데, 오히려 사건이 바로 회집체 안에서 주체 또는 준객체가 취하는 어떤 특정 형태다. 회집체에 거주하는 여타 기계를 그저 회집하거나 이들 기계의 국소적 표현을 유발하기보다는 오히려 그 기계들의 되기를 유발한다는 점에서 사건은 다른 준객체 또는 주체와 다르다. 둘째, 바디우의 사건론은 인간의 영역에 한정된 반면에 ― 어떤 사건에 대응하여 과학과 사랑, 정치, 예술과 관련된 진리 절차에 관여하는 것은 인간이다 ― 사건에 관한 존재지도학적 구상은 인간을 특별히 강조하지 않는다. 사건은 인간을 포함하는 회집체나 세계에서 일어날 수 있음이 확실하지만, 인간을 포함하지 않은 영역에서도 일어날 수 있다. 그리하여 셋째, 존재지도학의 틀 안에서 사건은 어떤 특정한 윤리적 특권이나 정치적 특권도 없다. 일부 사건은 긍정적이고, 일부 사건은 부정적이며, 대다수 사건은 양면적일 따름이다. 이렇다고 해서 우리가 진리 절차에 관한 바디우의 특정 이론을 거부하는 것은 아닌데, 왜냐하면 바디우가 정치적 진실과 사랑의 만남, 혁명적인 과학적 도박, 예술 혁명에의 헌신적인 관여에 관한 모범적인 현상학을 제시하는 것처럼 보이기 때문이다. 사건과 진리 절차, 주체에 관한 자신의 구상 아래 바디우가 가리키는 것은 무언가 실재적이고 엄청나게 중요한 것을 서술하고 있다는 강한 인상을 준다. 존재지도학은 이 중 어느 것도 거부하지 않는다. 오히려, 논란의 여지가 있는 유일한 것은 사건이 인간에게 한정되어야 한다는 논제다. 어쩌면 바디우의 사건 개념과 존재지도학이 옹호하는 사건 개념을 혼동하지 않은 채 둘 다 보존하려면 그 두 개념을 구분하는 다른 낱말이 제격일 것이지만, 어떤 다른 용어가 여타의 것이 되기를 겪게 하는 그런 단절을 적절히 서술할지 알기 어렵다.

그런데 존재지도학의 틀 안에서 사건은 다른 기계들이 되기를 겪도록 체계적으로 이끄는 준객체의 출현이다. 국소적 표현과 되기가 서로 다르다는 점을 환기할 것인데, 전자의 경우에는 어떤 역능 또는 역량이 변화하지 않은 채 그 역능이 어떤 성질을 생산하는 사태를 맞닥뜨리게 될 따름이고 후자의 경우에는 어떤 기계가 역량 또는 역능을 획득하거나 상실하게 된다. 기계는 되기를 겪으면서 역량을 얻거나 잃는다. 그러므로 예를 들면, 마늘이 프라이팬에서 소테가 될 때 그것은 되기를 겪는다. 마늘은 미가공 상태에서 지니고 있던 역량을 상실하는 한편으로, 그것이 다른 기계들과 상호작용할 수 있게 하는 새로운 역능을 갖추게 되거나 혹은 그것이 이전에는 지니고 있지 않았을 성분을 띠게 된다. 소테가 된 마늘은 미가공 마늘이 갖추고 있지 않은 역능을 갖추고 있고, 그 역의 경우도 마찬가지다. 예를 들면, 미가공 마늘의 경우에는 마늘 한 쪽을 심을 수 있고 그것은 식물로 자랄 것이다. 소테가 된 마늘은 이런 역능이 없다. 물론, 이로부터 어떤 새로운 역능을 획득하는 모든 사태에는 다른 한 역능의 상실이 수반된다는 결론이 도출되지는 않는다. 어린이는 배움으로써 이전의 많은 역능을 그대로 유지하면서 새로운 역능을 획득한다. 국소적 표현의 경우에는 되기에서는 나타나지 않는 역능의 어떤 가역성이 존재한다. 단순한 국소적 표현의 성질은 이런 국소적 표현을 현시할 수 있게 하는 역능은 그대로 유지하면서 나타나고 사라질 수 있다. 반면에, 되기에서는 전적으로 새로운 역능이 획득된다.

그런데 존재지도학의 경우에 되기만으로 사건이 야기되는 것은 아니다. 되기는 언제나 일어나지만, 사건은 꽤 희귀하다. 사건을 야기하는 것은 되기의 현존이 아니라 규모다. 사건은, 그것이 어떤 회집체에 거주하는 거의 모든 존재자가 되기를 겪게 함으로써 새로운 역능을 발달시키게 한다는 사실로 특징지어진다. 일반적인 준객체 또는 주체와 마찬가지로, 사건은 다른 존재자들을 새로운 네트워크로 회집하지만, 그것이 회집하는 기계들에서 대규모의 되기를 생성한다는 점에서 사건은 평범한 준객체와 다르다. 어쩌면 이런 의미에서의 사건에 관한 전형적인 사례는 대략 5억 3천만 년 전에 발생한 캄브리아기 대폭발일 것이다. 캄브리아기 대폭발과 더불어 많은 새로운 종과 신체 구조가 번성하게 되는 한편으로 많은 다른 종이 멸종되었다. 캄브리아기 대폭발이 왜 발생했는지에 대해서는 다양한 이론이 존재한다. 몇몇 진화생물학자는 수백만 년 동안의 광합성이 해양과 환경을 산소로 포화시켜서 새로운 신체 형태가 발달할 수 있게 하는 에너지 소비를 위한 조건이 설정되었다고 추측한다. 다른 사람들은 해양의 칼슘 농도 상승으로 인해 유기체에 알맞은 외골격과 뼈대가 형성되었다고 주장한다. 그런데 다른 사람들은 지구가 극적인 기후변화를 겪으면서 거대한 눈덩이가 됨으로써 어마어마한 수의 종을 전멸시키고 새로운 적소를 위한 길을 개척했다고 주장한다. 다양한 다른 설명 역시 존재한다. 어떤 이론이 참으로 판명되든 간에, 산소 포화, 칼슘 농도, 눈덩이 지구, 혹은 어떤 다른 요인은 다양한 새로운 역능과 기계를 형성하는 일단의 되기를 촉발한 사건 조작자 또는 준객체일 것이다. 사건에 관한 다른 사례들은 산업혁명과 인쇄기의 발명, 인터넷의 등장, 기후변화, 프랑스 혁명일 것이다. 각각의 사례에서는 역능과 역량의 발달(과 상실)뿐만 아니라 존재자와 실천, 생명 형태 사이의 관계 전환이 나타난다. 예를 들면, 산업혁명은 조립라인으로 인해 노동의 탈숙련화를 초래했다. 그러므로 사건은 어떤 회집체의 나머지 부분 전체에 중력의 잔물결을 전파함으로써 그 회집체가 광범위하고 활발한 전환을 겪게 하는 초신성을 닮았다.

앞서 논의한 바에 비춰보면, 사건 – 혹은 오히려 그 효과 – 은 한 번에 발생하지 않음을 인식하는 것이 중요하다. '캄브리아기 대폭발'이라는 이름이 시사하는 바에도 불구하고, 우리가 이 용어로 가리키는 생명의 새로운 번성은 즉시 일어난 것이 아니라 수백만 년에 걸쳐 일어났다. 이런 되기가 발생하려면 유기체는 여전히 돌연변이와 자연선택의 과정을 거쳐야 했고, 이 과정은 수만 년이 걸리는 과정이다. 그러므로 우리가 해양과 대기 중 산소 포화를 이 과정을 촉발한 촉매적 조작자로 여긴다면, 그 촉매적 조작자는 이 과정을 한 번에 초래한 것이 아니라 그 과정을 촉발한 조건일 따름이었다. 산업혁명의 경우도 마찬가지다. 산업혁명의 주체로서의 증기기관은 자체적으로 모든 것을 즉시 전환하지 않았다. 오히려, 증기기관은 현존하는 기술과 사회적 관계, 도시 구조, 자연환경(석탄 채굴과 석탄 연소가 환경에 미치는 영향)의 장을 점진적으로 헤쳐나가야 했고, 그리하여 이 모든 것을 서서히 재편했다. 사건은 어떤 지속에 걸쳐 전개되고, 따라서 9·11처럼 극적인 사건은 드물다. 오히려, 사건은 종종 은밀하고 조용히 회집체를 헤쳐나가는데, 어느 날 우리는 잠에서 깨어나서 모든 것이 달라졌음을 깨닫게 된다. 사건은 과정이지, 시공간에서의 엄밀한 국소화가 아니다. 사건은 멀리서 해안에 접근하는 지진해일 같은 파동으로 어떤 회집체나 세계의 전역에 퍼져 나간다.

사건의 파동성과 그 규모와의 관련성으로 인해 사건을 개체화하는 것은 엄청나게 어렵고, 따라서 여기서 나는 그런 작업을 할 수 있게할 어떤 원리를 제공하려고 시도하지 않을 것이다.[52] 기계는 종종 어떤 사건을 알아채지도 못한 채로 그 사건의 장 안에 현존하는데, 그 이유는 그 사건이 전개되는 과정이 느리게 진행되기 때문이다. 예를 들면, 인류세의 등장 사건의 경우에도 그러한데, 이 경우에 세계는 인간의 지배 상황이 지구에 미치는 영향을 아직 완전히 알아채지는 못하고 있다. 큰 어려움은 규모의 문제에 놓여 있다. 사건들은 다양한 규모의 층위에서 발생할 수 있고 서로 묶어 들어갈 수 있다. 그러므로 예를 들면, 치명적인 질환에 걸린 부모는 가족에게 사건일 수 있는데, 이로 인해 이 회집체에 거주하는 모든 사람에게 되기와 전환이 초래될 수 있기 때문이다. 여기서 그 회집체에서 전개되는 되기를 주재하는 준객체는 부모가 아니라 치명적인 질환이다. 그런데 이 사건은 대체로 그 가족에 한정되어 있고, 더 넓은 사회적 장에 확산하지는 않는다. 더욱이, 그것은 정보혁명과 인류세 같은 더 큰 사건들에 묶어 들어가 있는 사건이다. 대체로 그렇듯이, 무언가가 사건으로 여겨지는 방식을 결정하려면 해당 회집체를 특정해야 한다.

바디우에 따르면, 혁명 정치의 영역에서 우리가 추구하는 것은 사건이다. 혁명 정치가 추구하는 것은 단지 준객체 또는 주체의 행위주체성을 통한 관계들의 재편이 아니라, 오히려 어떤 회집체에 거주하는 모든 기계가 되기를 겪게 하는 사건적 개입이다. 왜냐하면 사실상 준객체는 사회적 회집체에서 기계들 사이의 관계들을 언제나 수정하고

---

52. 나의 이런 생각은 중세학자 칼 스틸과 나눈 논의에 힘입었다.

있기 때문이다. 예를 들면, 주식시장이 변동함에 따라, 한 사람은 부유해지고 다른 한 사람은 가난해진다. 주식시장과 화폐 자체는 주요한 결합 수단으로서 여전히 남게 된다. 이와는 대조적으로, 혁명적 개입은 사회적 회집체를 구성하는 관계들, 사물들이 생산되는 방식, 사물들이 분배되는 방식, 역할들이 할당되는 방식, 그리고 사람들이 상호작용하는 방식을 근본적으로 전환하고자 한다. 이런 종류의 사건은 다양한 규모의 층위에서 발생할 수 있다. 예를 들면, 어떤 기업이 소유한 탄광 소도시에서 기업 화폐가 폐지되고 연방 화폐로 임금이 지급되면서 모든 노동자가 전환을 겪게 됨으로써 행동과 주체화, 기업 권력 약화의 전적으로 다른 가능성이 전개된다. 그런 폐지는 소규모 사건을 구성한다. 다른 한편으로, 프랑스 혁명 같은 혁명들은 사회 전체의 되기와 전환을 초래한다. 언제나 정치적 문제는, 새로운 사회가 생성될 수 있도록 회집체가 되기를 겪게 하려면 무엇이 추가되어야 하는지 혹은 제거되어야 하는지의 문제다.

사건에 관한 개념이 존재지도학의 프로젝트에 중요한 이유는 그 개념이 세계가 되기를 겪거나 전개되는 경로를 설정하는 벡터들에 우리의 주의를 끌기 때문이다. 존재지도학은 기계들이 서로 결합하여 세계를 형성하는 방식에 관한 지도를 제작하는 것일 뿐만 아니라, 이들 세계가 되기를 겪거나 전개되는 방식도 판별하고자 한다. 이를테면, 어떤 특정 세계나 회집체가 진전하고 있는 방향은 무엇인가? 어떤 세계를 활성화하는 되기의 벡터들은 무엇인가? 어떤 세계에 나타나는 사건들을 판별하는 것이 이들 벡터를 판별하는 데 중요한 역할을 수행한다.

8장

대지, 지도, 그리고 실천

지리철학 : 자연에 관한 개념의 수정

존재지도학은 지리철학이다. 나는 '지리철학'이라는 용어를 들뢰즈와 가타리에게서 빌리지만,[1] 여기서는 존재지도학의 요구 조건에 따라 그 개념을 전개한다. 내가 그 개념에서 유지하고 싶은 것은 철학은 필연적으로 대지에 관한 것이고 물질적 세계에 한정되어 있다는 관념이다. 지리철학은 대지와 영토라는 함의를 품고 있다. 이론 혹은 존재론적 신념의 층위에서 지리철학은, 오로지 세계들이 존재할 따름이고 세계는 기계들과 그것들 자체가 기계들인 기계들 사이의 접속들로 온전히 이루어져 있다고 주장한다. 무형 기계도 세계 전역을 움직이기 위해서는 유형 신체가 필요하다. 무형 기계가 유형 신체를 취하게 하는 매체는 사유와 사회적 관계에 심대한 영향을 미칠 것이다. 예를 들면, 말에 기반을 둔 사회는 글에 기반을 둔 사회와 다를 것이다. 인지

---

1. G. Deleuze and F. Guattari, *What Is Philosophy*, trans. H. Tomlinson and G. Burchell (New York : Columbia University Press, 1996), ch. 4 [질 들뢰즈·펠릭스 가타리, 『철학이란 무엇인가』, 이정임·윤정임 옮김, 현대미학사, 1995]를 보라.

역시 이 두 매체의 결과로서 다를 것이다. 그러므로 지리철학은 데모크리토스에게서 유래한 유물론의 전통에 충실하고, 따라서 모든 초월성에 맞서 존재의 엄밀한 내재성을 옹호한다. 최종 분석에서는 오로지 물질적 또는 현세적 존재자들이 있을 따름이다. 물질이 무엇으로 판명되든 간에 – 물질의 본질에 대한 발견은 여전히 진행 중인 프로젝트다 – 대지를 구성하는 물질은 외부로부터 형상을 부여받기를 기다리고 있는 아무 형상도 없는 질료가 결코 아니라, 오히려 자신에 내재하거나 자신의 본질을 구성하는 형상 또는 구조를 갖추고 있다.

여기서 어쩌면 낱말이 오도될 수 있기에 조심스럽게 나아가는 것이 중요하다. '유형'이라는 낱말로 나는 단지 '물리적', '물질적', 혹은 '체화된'이라는 의미를 나타낼 뿐이다. 물질이 무엇으로 판명되든 간에 – 에너지, 불멸의 입자, 패턴 등 – 모든 기계는 유형의 것이거나 체화된 것이거나 물질적인 것이다. 이 사실은, 존재지도학이 영혼, 천사, 플라톤이 구상한 대로의 형상 등과 같은 존재자들은 현존하지 않는다는 논제를 신봉함을 뜻한다. 그런데 여기서, 더 좋은 용어가 없기에, '창발유물론'을 '부분 유물론'과 구분해야 한다. '부분 유물론'은, 단지 근본적인 부분들 – 이것들이 무엇으로 판명되든 간에(루크레티우스적 원자, 보손, 끈 등) – 만이 실제로 현존하는 유일한 것들이라고 주장한다. 여기서 어쩌면 우리는 피터 반 인와겐의 유물론에 관해 생각할 수 있을 것이다.[2] 인와겐의 경우에, 야구공이 유리창을 깨뜨릴 때 유리창이나 야구공이 현존한다는 것은 **존재론적으로** 참이 아닌데, 그 이유는 오로지 근본적인 부분들만이 실제로 현존하기 때문이다. 오히려, 여기서 나타나는 것은 기본 입자들의 상호작용일 따름이다. 이와는 대조적으로,

---

2. P. Inwagen, *Material Beings* (Ithaca : Cornell University Press, 1990).

창발 유물론은 나무와 항성, 야구공 같은 창발적 존재자들이 현존한다고 주장한다. 창발적 존재자는 자신을 구성하는 부분들이 없다면 현존할 수 없지만, 그런데도 이런 구성의 결과로서 창발하거나 생성되는 역능과 이들 부분 사이의 관계들 덕분에 절대적으로 실재적인 별개의 존재자다. 다시 말해서, 물질적 존재자는 물질의 가장 작은 단위체에서 원자와 분자, 토끼, 기업, 국가, 항성, 은하, 성단 같은 존재자들에까지 이르는 다양한 규모의 층위에서 현존한다.[3] 여기서 우리는 관계 자체가 물질적 존재자임을 기억해야 한다. 예를 들면, 어떤 기업은 그 기업을 위해 일하는 사람들 같은 '기본적인' 단위체들로 구성되어 있을 뿐만 아니라, 그 기업이 현존하고 하나의 기업으로서 존속하려면 이들 원소 사이에 소통도 이루어져야 한다. 사실상, 그런 소통이 멈추게 되면 그 존재자는 무질서해지거나 해체된다. 그런데 그런 소통이 이루어지려면 음파, 글로 작성된 문서, 전화선과 그것을 따라 나아가는 전기 펄스 등과 같은, 이들 존재자를 관련짓는 물질적 매체가 필요하다. 여기서 기업은 원자와 그리 다를 바가 없다. 원자는 더 기본적인 입자들로 이루어져 있고, 그 원자가 그런 원자로 구성되기 위해서는 이런 더 기본적인 입자들이, 예를 들면 전하를 통해서, 물질적으로 상호작용해야 한다. 이런 점에서, 어떤 존재자가 조밀하고 단단한지 여부는 그것이 물질적인지 여부와 무관하다. 모든 물리학자는 원자가 대체로 텅 빈 공간으로 이루어져 있다고 말할 것이다. 탁자의 경우도 마찬가지다. 우리가 탁자는 유형 존재자인 반면에 기업은 그렇지 않다고 결론을 내리게 하는 것은 지각적 편견일 따름인데, 왜냐하면 탁자의 경우에는 우리가 빈곳과 그것을 구성하는 역동적 과정을 분간하

---

3. DeLanda, "Emergence, Causality and Realism", *The Speculative Turn* 을 보라.

지 않고 기업의 경우에는 '아무것'도 없는 것처럼 보이기 때문이다.

우리가 무형 존재자(여기서 어쩌면 더 좋은 용어가 필요할 것이다)에 주의를 돌리면 사태가 혼란스러워진다. 처음에는 '무형성'을 '신체 또는 물질성이 없는'이라는 의미를 나타낸다고 여길 수 있을 것이다. 그런데 존재지도학의 틀 안에서는 오로지 물질적 존재자들이 있을 따름이다. 역설적이게도, 이 논제는 무형 존재자들이 유형임을 뜻한다. 그렇다면 도대체 왜 무형성이라는 범주를 도입하는가? 무형성은 비非물질적 존재자를 가리키는 것이 아니라, 오히려 반복 가능한 존재자를 가리킨다. 베토벤의 9번 교향곡이나 킴 스탠리 로빈슨의 『붉은 화성』을 예로 들어보자. 이들 존재자는 재현 가능하다는 특징을 갖추고 있다. 수천 부의 『붉은 화성』이 인쇄될 수 있고 세계 전역에 현존할 수 있다. 마찬가지로, 베토벤의 9번 교향곡은 여러 번 연주될 수 있다. 각각의 그 교향곡 연주와 각각의 그 소설 복제본은 여전히 바로 그 존재자다. 그런데 이 논점은, 이들 존재자는 신체 또는 물질성이 없다는 주장과 매우 다르다. 복제본, 반복체, 재현물은 물질적 매체 속에 현존할 수 있을 뿐이다. 그것들은 기입될 수 있는 뇌, 연주될 수 있는 공연, 쓰일 수 있는 종이, 저장될 수 있는 컴퓨터 데이터베이스 등이 필요하다. 이 것들은 모두 반복 가능한 것들을 위한 물질적 매체다.

이런 사태가 철학의 역사에서 유물론을 독특하게 만드는 것의 일부다. 대다수 철학이 어떤 개념을 통해서 존재의 본질을 미리 결정하는 반면에, 유물론의 핵심 개념인 물질은 언제나 가설적이고 불확실하다. 우리는 물질이 무엇일지에 대한 가설로 시작하지만, 이 개념은 세계에서 나타나는 새로운 현상과 맞닥뜨림으로써 끊임없이 수정되고 진전한다. 그러므로 예를 들면, 18세기의 유물론은 라 메트리와 라플라스 같은 사상가들이 부각한 대로의 우주에 관한 기계론적 모형을 주장했지만, 동역학적 체계뿐만 아니라 원자 입자와 생명의 본질에 대한 더 깊은 탐구가 이루어짐에 따라 물질에 관한 이해는 상당히 수정될 수밖에 없었다. 유물론의 개념들은 끊임없이 이행하고 진전하는 상태에 처해 있다. 유물론은, 사물들이 무엇이든 간에 그것들은 물리적이고 서로 관계를 맺으려면 어떻게든 물리적으로 상호작용해야 한다는 논제를 최소한으로 믿을 뿐이다.

그레이엄 하먼은, 유물론이 어떤 객체를 그 물질적 부분들로 환원함으로써 그 객체를 제거하거나 아래로 환원한다는 근거에 기반을 두고서 유물론을 거부했다. 뉴욕시립대학교 대학원 센터가 개최한 원탁회의에서 하먼이 문답 시간 동안에 진술한 대로, "뉴욕 증권거래소는 유리와 강철, 콘크리트 이상의 것이다."[4] 이 진술은 전적으로 참인데, 왜냐하면 뉴욕 증권거래소 같은 기계들은 건물 자체의 내부뿐만 아니라 세계 전역에서 이루어지는 생산과 분배, 소비, 화폐, 의미 등의 상이한 실천에 이르기까지 다양한 존재자 사이의 관계들도 포함하고 있기 때문이다. 그런데 유물론에 대한 그런 비판은, (1) 유물론이 기계를 그 **부분**들로 환원하는 것이 참이고, (2) 유물론이 창발이라는 현상을 부정할 때에만 통렬할 것이다. 하지만 유물론은 둘 다 그럴 필요가 없다. 루크레티우스가 존재는 자신이 원자라고 부르는 근본적이고 불가분한 원소들로 이루어져 있다고 주장하는 것과 같은 그런 유물론들의 경우에도 마찬가지다. 루크레티우스는 원자론을 알파벳과 끊임없이 비교한다. 루크레티우스가 서술하는 대로,

---

4. J. Bennett, L.R. Bryant, and G. Harman, "Speculative Realism : A Round-Table with Jane Bennett, Levi R. Bryant, and Graham Harman," hosted by the CUNY Graduate Center, 2011, 〈http://vimeo.com/30101429〉에서 입수할 수 있음.

358 2부 세계들

한 해의 정해진 강우 없이는

땅이 즐거움 주는 결실을 맺지 못하며,

짐승과 인간도 자연의 관대함이 없이는

종족을 번성케도, 생명을 지켜나가지도 못한다.

마치 낱말들에게 글자들이 필요한

그런 종류의 상호 의존성처럼 말이다. 그러니 그대는

모든 세계에 나름의 A B C들이 있다고 생각하기를.[5]

원자들은 존재의 '글자들'을 구성하지만, 이들 글자는 존재자를 생산하기 위해 올바른 방식으로 조합되어야 한다. 다시 말해서, 사물을 구성하는 것은 원소들 사이에 맺어진 관계들이다. 앞서 우리가 이해한 대로, 루크레티우스는 원소 또는 원자 자체에 속하는 특성 ─ 그 모양 ─ 과 원소들 사이의 관계에서 비롯된 창발적 특성을 주의 깊게 구분한다. 그러므로 예를 들면, 루크레티우스는 우리가 원자들이 그것들로 이루어진 객체의 색깔을 띠고 있다고 믿지 않도록 경고한다. 루크레티우스의 주장에 따르면, 색깔 같은 특성은 색깔을 띤 원자들로 구성된 객체에서 생겨나는 것이 아니라, 오히려 구성 원자들이 조합되는 방식에서 생겨나는 창발적 특성이다. 루크레티우스의 주장이 세부적으로는 틀렸지만, 이런 주장을 하면서 그는 색깔이 비실재적이라고 주장하고 있는 것이 아니라 ─ 정반대로 주장한다 ─ 색깔 같은 국소적 표현은 관계에서 생겨난다고 주장하고 있다. 다시 말해서, 루크레티우스는 원자들이 특정 방식으로 배치될 때 무언가 새로운 것이 창발한다고 주장한다. 이런 주장이 객체를 아래로 환원하기라는 조작에 어떻

---

5. Lucretius, *The Way Things Are*, 25. [루크레티우스, 『사물의 본성에 관하여』.]

게 해당할지 이해하기 어렵다. 오히려, 유물론이 필요로 하는 유일한 것은, 어떤 사물이 무엇이든 간에 그 사물은 물리적이어야 하고 그 원소들 사이의 관계들 역시 물리적이면서 어떤 매체를 통한 정보 전달의 제약 조건을 따라야 한다는 점이다.

지리철학은 내재성의 존재론이다. '내재성'과 '초월성'이라는 용어들은 특별히 언급되어야 하는데, 그 이유는 이들 용어가 철학적 전통 전체에 걸쳐서, 특히 현상학이 등장함으로써 다양한 방식으로 사용되기 때문이다. 현상학적 틀 안에서 내재성과 초월성은 무언가가 마음속에 있는지 아닌지를 가리킨다. 예를 들면, 꿈은 단지 마음속에만 있는 것이고, 다른 한 사람의 마음 혹은 길 건너편의 나무는 의식에 대해 초월적이다. 그렇다면 여기서 내재성과 초월성은 각각 내부에 있는 것과 외부에 있는 것을 가리킨다. 그리하여 문제는 마음이 자신의 내재성을 넘어서 어떤 초월적 존재자와 관계를 맺는 방식에 관한 물음이 된다.

존재지도학은 내재성과 초월성이라는 개념들을 이런 식으로 전개하지 않는다. 들뢰즈가 서술하는 대로, "절대적 내재성은 그 자체로 있는데, 그것은 어느 것 안에도 있지 않고 무언가에 귀속될 수도 없다. 그것은 객체에 의존하지도 않고 주체에 속하지도 않는다."6 여기서 내재성은 무언가가 주체의 내부 혹은 외부에 있는지를 가리키는 것이 아니라, 오히려 그것이 대지에서 비롯되는지 아닌지를 가리킨다. 어떤 존재론이 오로지 현세적 세계들의 현존만을 신봉하면서 모든 초월적 존재자를 거부하면 그 존재론은 내재성의 존재론이다. 초월적 기계는 유일신, 플라톤적 형상, 영원한 본질, 초월적 주체 등과 같은 존재자일

---

6. G. Deleuze, "Immanence : A Life," *Two Regimes of Madness*, ed. D. Lapoujade (New York : Semiotext(e), 2006), 385. [질 들뢰즈, 「내재성 : 하나의 삶」, 조정환 옮김, 『자율평론』 15호, 자율평론편집위원회, 2006, 〈https://bit.ly/3fBTFGN〉.]

것이다. 이들 사례에서는 각각 여타 존재자를 좌우하면서 자신은 그 존재자들에 의해 좌우되지 않는 수직성이 나타난다. 어떤 기계가 여타 기계를 조직하면서 자신은 그 기계들의 영향을 받지 않을 때 그 기계는 초월적이라고 여겨진다.

다시 말해서, 초월성에 전제를 두고 있는 존재론은 주권의 존재론이다. 여기서는 한 존재자가 여타 존재자에 대한 주권자로 여겨지는데, 요컨대 여타의 것을 조직하는 존재자이자 여타의 것이 그것에서 비롯되는 존재자로 여겨진다. 모든 사회적 관계를 조직하는 존재자로 여겨지는 주권자와 마찬가지로, 초월성의 존재론의 주권자 항은 여타의 것을 조직하고 배열하며 제정하는 것으로 여겨진다. 요약하면, 한 항이 여타 항을 초코드화한다. 마찬가지로, 모든 입자의 위치와 속도를 조사함으로써 모든 후속 사건을 예측할 수 있는 라플라스의 도깨비는 초월자의 일례가 될 것이다. 이런 점에서 초월성에 전제를 두고 있음에도 그 형태는 다양한 유물론적 존재론이 있을 수 있다. 이들 존재론은 내재성의 수평적 존재론에 대립하는 것으로서 '수직적 존재론'으로 불릴 수 있다.

여느 것과 마찬가지로, 수직적 존재론의 경우에도 다양한 정도의 초월성이 존재한다. 한 극단에는 유일신을 존재의 정점에 두고서 그가 만물을 창조하고 모든 사건을 조직하며 만사를 제정한다고 여기는 존재론들이 있다. 마찬가지로, 플라톤적 형상들도 자신들이 조직하는 사물들의 영향을 받지 않은 채 여타의 것을 조직하는 것으로 여겨진다. 수직성의 덜 극단적인 판본들은 인간을 창조의 정점, 여타 사물의 주인으로 여기는 것에 있거나, 혹은 언어나 문화가 여타 사물을 조직한다고 여기는 것에 있다.

이처럼 다양한 존재론적 성향은 다음과 같이 도식화될 수 있다

	존재론의 종류	기계들 사이의 관계	보기
초월성	수직적 존재론	한 기계가 여타 기계를 초코드화함으로써 일방적으로 조절한다. 주권	·존재신학의 유일신 ·초월적 관념론 ·휴먼주의 ·플라톤적 형상 ·언어적 관념론
내재성	평평한/수평적 존재론	과잉결정, 기계들의 쌍방적 조절, 매개. 무정부 상태	·발달기에 유기체와 환경이 상호작용하는 방식 ·글이 내용을 수정하고 내용이 글을 수정하는 방식 ·도구가 사용자를 수정하고 사용자가 도구를 사용하는 방식

〈표 8.1〉 내재성의 존재론과 초월성의 존재론

(〈표 8.1〉을 보라). 내재성의 평평한 존재론 또는 수평적 존재론 안에서는 기계들이 서로 영향을 주고받는 기계들의 단일한 평면이 존재한다. 이런 내재성의 평면 또는 고원에 대한 외부는 전혀 없다. 한 세계의 바깥에 다른 세계들이 있음은 확실하지만, 이들 다른 세계가 대지의 존재 위에 혹은 너머에 자리 잡고 있는 것은 아니다. 그것들은 다른 세계들을 초코드화하지 않는다. 이와는 대조적으로, 수직적 존재론에서는 한 기계가 여타 기계를 검토하고 자신은 그것들에 의해 좌우되지 않으면서 그것들을 좌우한다.

수직적 존재론에서는 특권을 갖춘 한 기계의 행위주체성을 통한 여타 기계의 일방적인 결정과 **초코드화**의 관계가 나타난다. 이와는 대조적으로, 평평한 존재론 또는 수평적 존재론에서는 기계들이 쌍방적으로 영향을 주고받는 과잉결정의 관계가 나타난다.

지리철학의 평평한 존재론, 수평적 존재론, 내재적 존재론은 모든 수직적인 것을 의심스럽게 여긴다. 다양한 기계가 다른 기계들에 다양한 정도의 역능을 행사함은 확실하다. 예를 들면, 태양은 지구가 태양에 미치는 영향보다 훨씬 더 큰 영향을 지구에 미친다. 어떤 기업의 소유주는 편중된 권력을 그 기업의 고용인들에게 행사한다. 기업 소유주는 고용하고 해고할 수 있는 능력, 임금을 배분하는 방식, 그리고 법체계가 대체로 기업 소유주에게 유리하도록 조직된 방식을 통해서 그 권력을 행사한다. 앞서 우리가 이해한 대로, 밝은 객체는 자신과 관련하여 위성 객체의 지위에 놓이는 다른 기계의 국소적 표현과 되기, 움직임을 조직하는 데 주요한 역할을 수행한다. 이 경우에, 한 기계는 자신의 움직임과 자신이 현시되는 방식, 자신이 되기를 겪는 궤적이 엄격히 제약받는 방식으로 다른 한 기계의 궤적에 포획된다. 그렇다면 이 사태는 왜 다른 기계들에 대한 초월성 또는 수직성이 아닌가?

그 차이는 조건화가 구상되는 방식에 놓여 있다. 어떤 기계가 유일신처럼 자신은 다른 기계들에 의해 매개되지 않으면서 그 존재자들을 일방적으로 조건 짓는가? 혹은 기계들 사이의 관계는 서로 영향을 주고받을 정도로 쌍방적으로 구상되는가? 예를 들면, 스피노자의 존재론은 내재성의 존재론일 것인데, 그 이유는 신과 자연이 동일하다고 구상되기 때문이다. 여기서 신은 여타 존재자를 조직하고 제정하는 주권자가 아니라 이들 존재자와 동의어다. 이와는 대조적으로, 데카르트의 존재론과 라이프니츠의 존재론은 수직적 존재론일 것인데, 그 이유는 신이 존재 위에 위치하여 존재를 조직하고 창조하며 제정하기 때문이다. 마찬가지로 우리는, 특권이나 주권을 갖춘 한 기계가 자신의 의지나 인과적 힘을 일시적으로 단박에 행사하는 것으로 구상되는지, 아니면 그것이 자신의 애초 목적이나 의도를 수정하는 많은 매개를 거쳐야 하는지 물을 수 있다. 기계들은 다른 한 기계의 행위주체성을 위한 한낱 운반체나 매개체에 불과한 것으로 여겨지는가, 아니면 그것들은 다른 한 기계의 작용이 자신들을 관통할 때 독자적인 무언가를 이바지하는가? 전자 사례에서는 초월성의 수직적 존재론이 나타나고, 후자 사례에서는 내재성의 수평적 존재론이 나타난다. 후자가 내재성의 존재론이라면, 그 이유는 한 기계의 행위주체성이 그것이 다른 기계들과 상호작용을 주고받음으로써 자신의 행위주체성을 제한하고 수정하는 그런 식으로 매개되기 때문이다. 인과성은 일방적이기보다는 오히려 분산되어 있다.

수직적 존재론과 수평적 존재론 사이의 차이는 생물학과 사회과학에서 벌어지는 본성/양육 논쟁에 의거하여 예시될 수 있다. 발달에 관한 논의는 유전자 중심주의적 전성설이 지배하고 있다. 이 상황은 특히 대중 매체에서 거론되는 생물학의 논의와 진화심리학과 진화사회학 같은 사회과학에서의 이론적 성향에 해당한다. 수전 오야마가 주장한 대로, 유전자 중심 접근법은 유기체의 유전체가 표현형 또는 발달한 유기체에 대한 모든 정보를 이미 포함하고 있다고 여긴다.[7] 어떤 유기체의 유전형은 그 유기체가 기반을 두고 있는 유전자들을 가리키고, 어떤 유기체의 표현형은 그 유기체의 형태, 관측 가능한 특질, 행태 등을 가리킨다.

본성/양육 논쟁은 유기체의 표현형이 어떻게 생겨나는지에 관한 물음을 중심으로 공전한다. 그것은 오로지 유전자만인가? 그것은 유전자와 환경인가? 혹은 그것은 그 밖의 다른 것인가? 유전자 중심 접근법 안에서 유기체의 발달은 결국에는 표현형 또는 발달한 유기체가 될 단백질을 생산하면서 유전자들에 이미 포함된 정보를 전개하는 문

7. Oyama, *The Ontogeny of Information*을 보라.

제일 따름이다. 여기서 유전체는 발달한 유기체가 무엇이 될지에 대한 모든 정보를 이미 포함하고 있다. 생물학자 길버트 고틀립은 이런 발달 모형에 대한 기본 도식을 다음과 같이 나타낸다.[8]

$$DNA \rightarrow RNA \rightarrow 단백질$$

RNA는 먼저 DNA 또는 유전자 안에 이미 포함된 정보에 기반을 두고서 전사된 다음에 단백질로 번역된다. DNA가 표현되는 것은 이들 단백질을 통해서다. 예를 들면, 한 사람의 머리카락 색깔은 표현되는 것일 것이고(국소적 표현), 하나의 유전자 혹은 유전자들의 복합체는 이 머리카락 색깔을 코드화한다(잠재적 고유 존재). 한 사람의 머리카락 색깔이 난자가 수정되는 순간 이미 정해져 있는 결론인 이유는 유전체가 이미 그것을 코드화하기 때문이다. 이 논점은, 수정된 난자가 단지 성체로 성장하기만 하면 되는, 완전히 발달한 유기체의 소형 모형을 포함하고 있는 것으로 구상한 초기 생물학자들의 전성설은 아님에도, DNA가 성체 유기체가 형성되는 데 필요한 모든 정보를 포함하고 있다는 의미에서 전성설의 일종이다. 요약하면, DNA는 성체 유기체를 위한 마스터플랜이나 청사진으로 여겨진다. 이것이 위 다이어그램에서 화살표들이 의미하는 바다. 이들 화살표는, DNA에서 단백질로 또는 유전형에서 표현형으로, 단지 한 방향으로 움직일 따름이다. 여기서 화살표들은 유전자에서 표현형으로 작용하는 인과성의 일방적인 방향을 가리킨다.

---

8. G. Gottlieb, "A Developmental Psychobiological Systems View," *Cycles of Contingency*, eds. S. Oyama, P.E. Griffiths, and R.D. Gray (Cambridge : MIT Press, 2001), 47.

이런 종류의 유전자 중심주의는 학술적 생물학에서는 이례적이지만, 언론과 진화심리학 및 진화사회학에서 이루어지는 유전학에 관한 논의에서는 일반적이다. 예를 들면, 진화심리학에서 인간 행태는 우리의 영장류 조상에서 물려받은 유전적 유산에 의거하여 설명된다. 이런 틀 안에서 바라보면, 우리가 그런 일을 행하는 이유는 우리가 사회적으로 조건화된 방식, 환경 인자, 혹은 우리의 믿음 때문이 아니라 우리의 유전형이 우리 행태를 결정하는 방식 때문이다. 그러므로 예를 들면, 침팬지와 다른 영장류 동물에 대한 관찰에 근거하여, 진화사회학자는 우리가 자신의 배우자를 추구하는 결과로서 전쟁에 관여하도록 유전적으로 결정되어 있다고 주장할 것이다. 그러므로 전쟁의 실제 목적은 재생산과 재생산 적합도일 것이다. 그런데 이런 유전적 충동은 다양한 방식으로 충족될 수 있을 것이다. 그것은 문자 그대로의 전쟁, 예술과 사업 경쟁, 스포츠 등의 형식을 취할 수 있다. 진화사회학자의 주장에 따르면, 이런 유전적 충동이 다양한 방식으로 충족될 수 있는데도 이 모든 활동을 설명하는 것은 우리의 유전적 유산이다. 문화는 그런 유전적 욕구를 수정하지 못한다.

학술적 생물학의 맥락에서 생물학자들은 일반적으로 어떤 '상호작용설'의 모형을 채택한다. 여기서 그 모형의 논제는, 표현형 또는 발달한 유기체는 유전형과 환경의 상호작용에서 비롯된다는 것이다. 생물학자 르원틴이 이 논제를 표현하는 대로, "유기체는 내부의 유전 가능한 인자들과 외부 환경이라는 주체들이 갖춘 힘들의 대상으로 [여겨진다]."[9] 다시 말해서, 유기체는 이들 유전 인자와 환경 인자의 결과로 여겨진다. 이런 상호작용설 모형은 유전자 중심 모형의 일방주의를 넘

---

9. Lewontin, "Gene, Organism and Environment," *Cycles of Contingency*, 59.

어서는 진전이지만, 오야마 등이 주장한 대로,[10] 그 모형은 여전히 기본적인 본성/양육 이분법을 유지한다. 이렇게 해서 그 프로젝트는 표현형의 몇 퍼센트가 유전자에서 생겨나고 몇 퍼센트가 환경에서 생겨나는지 결정하는 것이 된다. 여기서 요점은, 유전형이 환경 인자와 대조를 이루면서 표현형의 형성에 자율적으로 이바지하는 별개의 인과적 인자로 여전히 여겨진다는 것이다. 환경이 배우자를 추구하는 방식으로서의 스포츠 경쟁에 이바지하는 한편으로, 유전자가 여전히 궁극적인 목적을 결정한다. 우리는 어떤 인과적 인자들이 유전자(본성)에서 비롯되고 어떤 인과적 인자들이 환경(양육)에서 비롯되는지 말해주는 틀 안에 여전히 남게 된다.

표현형의 발달에 관한 유전자 중심 모형은 유물론적인 수직적 존재론의 탁월한 사례다. 코틀립이 "중심원리"라고 부르는,[11] 'DNA → RNA → 단백질' 모형에서 DNA는 어떤 초월적 항, 즉 여타의 것을 좌우하는 마스터플랜이나 청사진으로 기능한다. DNA는 자신은 영향을 받지 않으면서 영향을 미친다. 모든 것은 되먹임 없이 앞먹임 메커니즘을 통해서 일어난다. 이것은, 예를 들면, 플라톤의 형상론에서 나타나는 그런 종류의 수직성 또는 초월성이 아님이 확실하다. 플라톤의 형상론에서 형상들은 매우 초월적이고 매우 수직적이어서 자신들은 어떤 식으로도 절대 좌우되지 않으면서 세계 속 모든 존재자를 좌우한다. 이와는 대조적으로, DNA는 자연선택을 통해서 세계 속 다른 존재자들의 영향을 받을 수 있을 뿐만 아니라, 주변 환경의 화학물질

10. S. Oyama, P.E. Griffiths, and R.D. Gray, eds., *Cycles of Contingency* (Cambridge : MIT Press, 2001).
11. Gottlieb, "A Developmental Psychobiological Systems View," *Cycles of Contingency*, 46.

들, 높은 전하를 띠는 태양 입자들, 전사 오류 등에 의해 초래되는 '무작위적인' 돌연변이의 영향도 받을 수 있다. 그런데도 유기체의 유전형은 모든 후속 발달에 대한 마스터플랜이나 청사진을 제공하는 초월적 항으로 작용한다. 유기체는 그 유전자 코드에 의해 미리 형성되어 있다. 부인되는 것은 환경의 영향을 통해서 유전자가 자신이 생겨난 역사적 맥락과는 다른 기능을 떠맡을 가능성이나, 혹은 유전자가 다른 방식으로 현실화되고 활성화될 가능성이다. 다시 말해서, 진화사회화학에서 나타나는 것들과 같은 강한 유전자 중심 모형들은, 연료 분사식 엔진이 사실상 향수병인 이유는 연료 분사식 엔진에 사용되는 분사 기술이 향수병을 대상으로 발전된 기술에서 생겨났기 때문이라고 주장하는 것과 약간 유사하다.

발달 체계 이론가는 지리철학이 옹호하는 평평한 존재론 또는 수평적 존재론과 일치하는, 발달에 대한 매우 다른 설명을 제시한다. 여기서 발달 체계 이론가는 DNA가 표현형의 발달에 중요한 역할을 수행한다는 논제를 거부하는 것이 아니라, 오히려 잘 뒷받침된 경험적 근거에 기반을 두고서 표현형에 대한 설명에서 **동등성**을 고려해야 한다고 요청한다. 수전 오야마가 표명하는 대로, 동등성 추리는 "인과적 상호의존성으로 인해 … 원인과 결과를 절대적으로 구분할 수 없는 다양한 규모에서 이루어지는, 이질적인 내부 및 외부의 인과적 영향들의 상호작용에서 비롯되는 형태와 기능의 출현"을 탐구하는 데 있다.[12] 다시 말해서, 발달 체계 이론developmental systems theory(이하 DST) 접근법은 발달에 관한 전체론적이고 후성유전학적인 설명을 채택하는데, 요컨대 DNA와 RNA, 단백질, 유기체 자체, 유기체의 환경이 모

---

12. Oyama, "Terms in Tension," *Cycles of Contingency*, 184.

두 상호작용하여 표현형을 생산한다. 고틀립이 이 모형을 다음과 같이 도식적으로 표현한 대로, 유전자를 비롯한 다양한 행위주체들이 이바지하는, 국소적 표현을 주재하는 일단의 역동적인 상호작용을 얻게 된다.[13]

(DNA ↔ RNA ↔ 단백질) ↔ 구조적 성숙 ↔ 기능, 활동, 혹은 경험

여기서 핵심은 화살표들이 쌍방적이라는 것이다. 유전자 중심 모형에서는 단지 유전자 같은 행위주체들이 여전히 그대로 있으면서 발달 사슬 아래에 이르기까지 여타의 것을 결정하는 앞먹임 관계를 얻게 될 뿐이지만, DST 틀에서는, 예를 들면, 구조적 성숙의 층위에서 일어나는 사건들이 DNA와 RNA, 단백질 과정에 되먹임 작용을 수행함으로써 그것들과 그것들이 전개하는 방식을 수정할 수 있게 된다. 다시 말해서, DNA는 표현형을 일방적으로 결정하는 것이 더는 아니고, 다른 인자 중 하나의 인과적 인자일 따름이다. 더 근본적으로, DNA는 유기체의 구성을 위한 모든 정보를 포함하는 마스터플랜이나 청사진이더는 아니고, 오히려 다른 인자들의 영향을 받을 수 있고 다른 환경 아래서 다양한 방식으로 실현될 수 있는 다른 인자 중 하나의 인과적 인자다. 유기체가 왜 그런 식으로 국소적으로 현시되는지 이해하려면 발달 체계 전체를 탐구해야 한다.

처음에는 DST가 나타내는 참신성의 진가를 파악하기 어려운 이유는 상호작용설 덕분에 우리가 표현형은 부분적으로 환경의 결과이

---

13. Gottlieb, "A Developmental Psychobiological Systems View," *Cycles of Contingency*, 46.

고 부분적으로 유전자의 결과라는 주장에 익숙해졌기 때문이다. 그런데 상호작용설 안에서는 여전히 유전자가 유기체와 환경 안에서 일어나는 다른 과정들에 의해 변하지 않은 채 그대로 있으면서 청사진을 구성하는 결정적인 행위주체로 여겨진다. DST의 급진성은, 유기체와 환경에서 일어나는 다른 과정들이 DNA에 되먹임 작용을 수행함으로써 그것을 다른 방식으로 활성화할 수 있다고 주장하는 데 있다. 이런 모형에서는 DNA가 유기체 또는 표현형을 구성하는 데 필요한 모든 정보를 이미 포함하고 있는 청사진이 더는 아니고, 오히려 단백질과 RNA의 층위에서 유기체에 일어나는 다른 과정들과 환경의 특질에 응하여 다양한 방식으로 활성화될 수 있는 일단의 잠재태다. 이것에 대한 고전적 사례는 개미의 발달일 것이다. 어떤 개미가 일개미가 되는지, 병정개미가 되는지, 혹은 여왕개미가 되는지는 개미 안에 유전적으로 코드화되어 있는 것이 아니고 ─ 사실상 각각의 개미는 유전적으로 모든 계급의 개미가 될 수 있다 ─ 오히려 개미는 발달하는 동안 자신이 노출되는 화학물질들의 결과로 어떤 한 계급의 개미가 된다. 생물학자 리처드 르원틴은 곡물과 관련하여 이런 사태에 대한 또 하나의 멋진 사례를 제시한다.

응용생물학에서, 특히 식물 교배와 동물 교배에서, 유기체가 발달하는 동안 유전형과 환경 사이에 독특한 상호작용이 있다는 점을 이해하는 것이 실제적인 측면에서 거의 1백 년 동안 근본적으로 중요했다. 이를테면, 수확량을 증대하기 위해 곡물을 교배하는 표준적인 방법은 생산 지역의 여러 위치에서 여러 해 동안 시험 삼아 다양한 품종을 재배하는 것이다. 출시용으로 선택된 품종이 반드시 여러 환경에 대해 최대 평균 수확량을 나타내는 것은 아닌 이유는 여러 해 동안

여러 위치에 대한 결과의 균일성이 가장 중시되기 때문이다. … 이와
는 대조적으로, 실험실 본보기 유기체들의 형태생성에 관해 연구하는
모든 발생유전학자는 유전자와 환경의 상호작용이 초래하는 결과를
완전히 무시한다.[14]

실험실 유전학자는 유전형이 유기체가 무엇이 될지 미리 나타내는 청
사진이나 마스터플랜이라고 가정함으로써 표현형을 생산하는 데 이
바지하는 환경 인자를 무시한다. 이런 인상이 강화되는 이유는 실험실
환경이 여전히 그대로이기에 실험실 생물학자가 동일한 유전형에 대해 사
실상 유사한 결과를 얻게 되기 때문이다. 이와는 대조적으로, 응용농
생물학자는 환경이 유전체의 현실화에 영향을 미치는 방식을 인지한
다. 동일한 유전형을 갖춘 곡물이 해마다 다른 날씨 조건을 비롯하여
심어진 토양의 차이, 고도의 차이, 주변 식물과 동물 생활의 차이 등으
로 인해 다른 표현형으로 발달할 수 있다. 유전형이 인과적 영향에 이
바지함은 확실하지만, 그것 자체도 다른 인자들의 영향을 받을 수 있
고, 따라서 유전형은 결정 모형이라기보다는 일종의 스케치다.

그러므로 발달 체계 이론가는 유기체에 관한 탐구와 유기체가 그
런 표현형을 발달시키는 이유에 관한 설명에 대하여 전체론적으로 접
근할 것을 권고한다. 유기체는 별개로 연구될 수 없고 DNA도 마찬가
지인데, 오히려 발달 체계 전체를 그 모든 요소 사이의 상호작용을 검
토하면서 탐구해야 한다. 마르코프 사슬과 마찬가지로, 이전의 발달
단계 및 현 단계에서의 상태들이 DNA와 RNA가 그다음 단계에서
전개될 방식을 수정한다. 이들 과정은 환경에 따라 다양한 방향으로

---

14. Lewontin, "Gene, Organism and Environment," *Cycles of Contingency*, 55~6.

전개될 수 있는 고도의 우연성으로 특징지어진다.

그러므로 유기 생명에 대한 발달 체계의 완전한 도식은 다음과 같을 것이다.

유전자 활동(DNA ↔ RNA ↔ 단백질) ↔ 구조적 성숙 ↔ 기능, 활동, 혹은 경험 ↔ 유기체 ↔ 환경

또다시, 우리는 모든 층위에서 양방향을 가리키고 있는 화살표들을 보게 되는데, 이들 화살표는 각 영역 사이의 되먹임 관계들을 나타낸다. 우리가 원인으로 여기는 것(DNA)이 사실상 환경이 그것을 활성화한 방식의 결과일 수 있는데, 요컨대 환경이 DNA에 되먹임 작용을 수행함으로써 활성화된 DNA는 발달 체계에 앞먹임 작용을 수행한다. 예를 들면, 애벌레의 환경 속 페로몬이 병정개미를 생산하기 위한 유전자 서열을 활성화하고, 일단 활성화되면 이 서열은 이런 종류의 개미를 생산하는 단백질을 회집하도록 앞먹임 작용을 수행한다. 발달하는 동안 인과성은 광범위하게 분산되거나 과잉결정된다. 어느것도 단 하나의 행위주체에서 비롯된 결과가 아니다. 그렇다고 모든 행위주체가 모든 상황에서 똑같이 이바지한다고 주장하는 것도 아니고, 사물이 모든 가능한 방식으로 발달할 수 있다고 주장하는 것도 아니다. 다른 행위주체들이 상호작용을 하면서 서로 제약함으로써 발달 과정의 다양한 사례에서 다소간 동일한 형태를 믿음직하게 생산하는 이유는 환경이 대체로 안정된 상태를 유지하기 때문이다. 요점은, 표현형이 취하는 형태는 단 하나의 특정 행위주체에 의한 결과가 아니라는 것이다.

앞서 제시된 다이어그램에서 두 가지 행위주체, 즉 유기체 자체와

환경이 발달 과정에 추가되었음을 알아챌 것이다. 그 도식이 유기체의 발달 과정을 모형화하는 한, 유기체가 여러 행위주체 중 한 행위주체로서 표현형의 생산에 포함되어 있음을 보는 것은 흥미로운 일이다. 르원틴이 지적하는 대로, 우리는 유기체를 독자적으로는 아무것도 이바지하지 않은 채 자신의 유전자와 환경에서 비롯되는 결과로 여기는 경향이 있다. 그런데 르원틴이 주장하는 대로, 유기체 자체도 자신의 구성에 어떤 역할을 수행한다.[15] 그것은 두 가지 방식으로 이런 일을 행한다. 첫째, 우리는 환경을 모든 유기체에 대해 '저쪽에' 그저 무심히 있는 단순한 '용기'로 언급할 수 없는데, 그 이유는 유기체가 자신의 환경을 결정하기 때문이다. 우리가 기계의 선택적 개방성에 관하여 논의하면서 이해한 대로, 유기체는 주변 세계의 모든 특질에 열려 있는 것이 아니라 특정 흐름에 선택적으로 열려 있을 따름이다. 르원틴이 주장하는 대로,

돌은 개똥지빠귀 환경의 일부이고, 나무껍질은 딱따구리 환경의 일부이고, 잎의 이면은 딱새 환경의 일부다. 이들 새가 모두 물리적으로 입수할 수 있는 세계의 어떤 부분이 사실상 자기 환경의 일부인지 결정하는 것은 바로 이들 새의 생명 활동이다. 더욱이, 유기체가 진화함에 따라 주변 환경도 부득이 변화한다.[16]

유기체가 자신의 환경을 선택한다는 강한 감각이 있다. 그러므로 유기체는 자신의 환경을 선택하면서 다른 기계의 어떤 특질이 자신에

---

15. 같은 글, 59~66.
16. 같은 글, 64.

선택 압력을 행사할 수 있는지 선택하게 된다. 나무껍질의 조성 변화
는, 딱따구리의 후속적인 진화적 발달에는 영향을 미칠 것이지만 딱
새에는 아무 영향도 미치지 못할 것이다. 그리하여 유기체는 단지 주
변 환경의 수동적인 결과가 아니라, 자신이 구성되는 방식에 이바지하
는 식으로 자신의 환경에 적극적으로 개입한다.

둘째, 르원틴과 생물철학자 킴 스테렐니가 주장하는 대로,[17] 유기
체는 자신의 적소를 적극적으로 구성한다. 이 주장의 결말은, 발달하
는 유기체는 자신에 선행한 유기체들로부터 유전자를 물려받을 뿐만
아니라 구성된 환경도 물려받는다는 것이다. 우리는 개미집의 사례에
서 이 상황을 이미 목격했는데, 여기서 어떤 애벌레는 개미집의 특정
장소에 위치함으로써 그것이 노출되는 화학물질로 인한 결과로서 어
떤 종류의 개미가 될지가 주로 정해지게 된다. 또 하나의 사례는 비버
가 건설하는 댐일 것이다. 스테렐니는 나무가 자신의 뿌리가 토양에
공기를 통하게 하는 방법을 통해서 자신의 적소를 구축함으로써 자
신의 자손이 자라날 기회를 높이는 방식에 관해 이야기하고, 게다가
솔잎이 다른 식물이 자라기 더 어렵게 만듦으로써 그 소나무가 더 많
은 토양 양분에 접근할 수 있게 하는 방식을 언급한다.[18] 마찬가지로,
앤디 클락은 언어, 우리가 전수하는 관행, 그리고 우리가 구축하는 도
시와 가정이 몸과 마음의 발달에 영향을 미치는 방식을 논의한다.[19]
구성된 이들 적소 — 특히 재배되는 곡물과 식생활에 관한 이론에서 비롯되
는 적소 — 는 몸의 발달에 되먹임되어 표현형이 형성되는 방식에 영향

17. K. Sterelny, *Thought in a Hostile World* (Malden : Blackwell, 2003)을 보라.
18. K. Sterelny, "Niche Construction, Developmental Systems, and the Extended Replicators," *Cycles of Contingency*, 332.
19. Clark, *Supersizing the Mind*, chs. 3~4. [클라크, 『수퍼사이징 더 마인드』.]

을 미칠 수 있다. 다시 말해서, 적소 구성은 환경 구성뿐만이 아니라 표현형 구성이기도 하다.

그런데 우리는 두 가지 전선에서 DST에 대하여 신중해야 한다. 첫째, 앞서 논의된 바에 기반을 두고서, 어쩌면 우리는 기계가 자신의 환경과 떼어놓을 수 없게 연계되어 있기에 주변 환경이 기계의 존재에 속한다는 결론을 내릴 것이다. 하지만 환경이 유기체가 발달하는 방식에 영향을 미친다는 주장과 유기체가 자신의 환경과 떼어놓을 수 없게 연계되어 있다는 주장은 상당히 다르다. DST가 품은 취지의 일부는 유기체가 다른 환경에 처하게 되면 자신의 표현형을 다른 방식으로 발달시킬 것이라는 점을 인식하는 데 있다. 유전체가 동일한 옥수수가 이 환경에서는 이런 식으로 자랄 것이고 저 환경에서는 저런 식으로 자랄 것이다. 어떤 유기체가 주변 환경과 유지하는 관계 또는 상호작용이 단절될 수 있어서 그 유기체가 새로운 환경에 처할 수 있게 되지 않는다면 그런 일을 가능하지 않을 것이다. 또다시, 기계는 자신이 맺은 관계들과는 별개의 것이다.

둘째, 더 중요하게도, 우리는 발달과 표현형의 관계를 과정과 '목적지'의 관계로 여기는 것을 삼가야 한다. 만약에 표현형을 유기체가 발달을 끝맺음으로써 궁극적으로 도달하는 종점으로 구상하면, 우리는 표현형을 목적지로 여기게 된다. 브라이언 마수미의 저작에서 이런 사고방식의 징후가 나타난다. 마수미가 서술하는 대로,

자연 자체, 과정의 세계는 "지나가는 사건들의 복합체다." … 세계는 객체들의 집합체가 아니다. 세계를 그런 식으로 여기는 것은 이행으로서의 자연의 복잡성을 축소하는 추상 작용에 참여한 것이다. "사물이 존재함을 믿지 않는" 것은 객체가 과정의 파생물이고 객체의 출현

은 추상 활동의 특정 양식의 지나가는 결과임을 믿는 것이다. 이것은 객체들의 실재가 실재계의 영역을 망라하지 않음을 뜻한다. 세계의 실재는 객체들의 실재를 넘어서는데, 그것은 객체들이 존재하는 곳에 그것들의 되기도 존재했었다는 단순한 이유 때문이다. … 어떤 객체의 존재는 그 되기를 추상화한 것이다. 세계는 사물들의 주머니가 아니다. 세계는 언제나 싹이 트는 상태에 있다. 어떤 객체 틀로 세계를 지각하는 것은 세계의 싹트는 실재라는 더 넓은 영역을 무시하는 것이다.[20]

마수미가 사물(기계)의 현존을 거부하게 되는 이유는 그가 사물은 운동의 부재 혹은 중지로 여기고 존재 자체는 운동으로 이루어져 있을 따름이라고 여기기 때문이다. 그리하여 마수미는 존재는 온전히 사건들로 이루어져 있다는 결론에 이르게 된다. 여기서 존재에 관한 마수미의 구상은 아리스토텔레스의 퓌시스 개념과 두드러지게 유사한데, 요컨대 존재자들은 발달이 끝나는 최종 상태를 향해 이끌리게 된다. 그런 운동의 종점이 바로 마수미가 '사물'이라고 부르는 것이다.

존재자의 표현형은 어떤 특정 시점에서 그 존재의 "정지 화면"이라는 마수미의 논제에 동의하기는 쉽지만,[21] 이 논제로부터 사물(기계)이 현존하지 않는다는 결론을 내릴 이유는 전혀 없다. 기계에 관한 논의에서 우리가 이해한 대로, 기계는 바로 과정이다. 현존하는 매 순간에 기계는 계속 현존하기 위해 엔트로피를 저지하는 조작에 관여해

---

20. B. Massumi, *Semblance and Event* (Cambridge : MIT Press, 2011), 6. [브라이언 마수미, 『가상과 사건』, 정유경 옮김, 갈무리, 2016.]

21. B. Massumi, *Parables for the Virtual* (Durham : Duke University Press, 2002), 3. [브라이언 마수미, 『가상계』, 조성훈 옮김, 갈무리, 2011.]

야 한다. 이런 점에서, 발달은 기계가 표현형 또는 국소적 표현이라는 최종 목적지를 향해 따라 움직이는 벡터가 아니다. 다시 말해서, 기계가 먼저 발달하고 그다음에 표현형 또는 국소적 표현을 생산한다는 것이 아니다. 오히려, 시간을 가로지르는 기계의 현존 전체가 발달이다. 기계가 파괴되는 시점을 제외하고는 발달이 정지하는 시점은 전혀 없다. 그러므로 기계의 표현형, 국소적 표현은 선행 과정들의 결과로서 특정 시점과 지점에서 그것이 마침 국소적으로 현시되는 방식이다. 이 논점이 매우 중요하다면, 그 이유는 그것이 우리에게 기계는 자신의 내부에서 일어나는 과정들과 다른 기계들과 맺는 새로운 상호작용들의 결과로서 언제나 새로운 국소적 표현을 현시하고 되기를 겪을 수 있음을 일깨워 주기 때문이다.

DST는 지리철학이 요구하는 대로 내재성에 의거하여 존재를 생각하기 위한 모형을 제공한다. 발달 체계는 기계마다 다를 것 — 그리고 유기 기계와 무기 기계, 사회적 기계 사이에 분명히 다를 것 — 이지만, 모든 기계의 경우에 되기와 국소적 표현에 연루된 인과성은 분산되거나 과잉결정될 것이다. 이 사실은 인문학과 사회사상과 정치사상에 관해 생각하는 방식에 큰 영향을 미친다. 라투르가 주장한 대로, 지금까지 근대성은 자연이라는 영역과 문화라는 영역 사이의 강한 구분과 구획을 전제로 하였다.[22] 문화나 사회는 우리가 문화적 세계를 구축하고 자신을 발명하는 자유의 영역으로 생각된다. 자연은 기계론적 인과관계의 영역으로 여겨진다. 사회는 규범과 믿음, 언어, 의미로 이루어져 있고, 자연은 물질적 사물과 인과적 상호작용으로 이

---

22. Latour, *We Have Never Been Modern*, ch. 2. [라투르, 『우리는 결코 근대인이었던 적이 없다』.]

루어져 있다.

근대성은 이들 두 영역이 엄격히 분리되고 정화된 채로 있어야 한다고 주장한다. 사회적인 것과 정치적인 것이 자연과학의 영역에 들어오면, 우리는 진실을 얻게 되는 것이 아니라 오히려 불순한 정치적 간계를 얻게 될 것이다. 예를 들면, 우리는 진화론이 종의 형성에 대한 가장 적절한 설명인지 아닌지에 근거를 두지 않고, 오히려 우리가 진화론을 부르주아적인 신자유주의 이데올로기를 체화하는 것으로 여기는지 아닌지에 근거를 두거나, 혹은 진화론이 우리의 종교적 믿음과 어긋나는지에 근거를 두고서 진화론을 거부하게 될 것이다. 이와는 대조적으로, 우리가 사회나 문화를 자연적 세계 또는 물질적 세계의 일부로 여긴다면, 최선의 경우에 우리는 윤리적 책임과 해방에 대한 설명이 없는 상태로 남겨지는데, 그 이유는 모든 자연 현상이 기계론적으로 결정되기 때문이다. 최악의 경우에, 사회적인 것에 관한 자연주의적 구상은 여성 혐오와 가부장제, 인종주의, 우생학을 정당화할 위험이 있다.

두 번째 우려는 다윈 이전의 자연 개념이 지속하는 데서 생겨난다. 이런 틀 안에서는 기계의 존재는 고정된 본질이나 본성의 견지에서 생각된다. 인간은 어떤 특정 본성이 있고, 여성은 어떤 특정 본성이 있고, 다양한 '인종'은 각각 어떤 특정 본성이 있고, 섹슈얼리티는 어떤 특정 본성이 있고, 기타 등등. 이들 범주 혹은 본질은 그저 서술적으로 작용하는 것이 아니라 규범적으로 작용한다. 그것들은 이언 해킹이 "상호작용적 종"으로 부르는 것이다. 해킹이 명시적으로 표명하는 대로,

'여성 난민'(분류의 일종으로서)이 상호작용적 종으로 불릴 수 있는 이

유는 그 관념이 그런 종류의 사람들, 이를테면, 개별적 여성 난민들을 포함하여, 자신이 어떻게 분류되는지 의식하게 되어 그에 알맞게 자신의 행태를 수정할 수 있는 사람들과 상호작용할 수 있기 때문이다. 반면에, 쿼크는 상호작용적 종을 형성하는 못하는데, 그 이유는 쿼크라는 관념이 쿼크와 상호작용할 수 없기 때문이다. 쿼크는 자신이 쿼크임을 알지 못하고, 따라서 단순히 쿼크로 분류된다고 해서 바뀌지는 않는다.[23]

상호작용적 종의 경우에는 범주 자체가 그것 아래 포섭되는 존재자에 영향을 미칠 뿐만 아니라 — 해킹이 제기하지 않은 논점 — 그 범주에 속하는 사람 역시 그 범주에 대한 태도를 취할 수 있다. 다시 말해서, 상호작용적 종은 일종의 자기준거성에 의해 특징지어진다. 한편으로, 그 사람은 그 종에 의해 미리 정해진 역할을 수행하는 것처럼 그 범주를 예증하는 방식으로 행동할 수 있게 된다. 예를 들면, 보건 전문가에 의해 알코올 중독자로 분류된 사람은 어쩌면 알코올 중독증에 관해 꼼꼼히 읽고서 알코올 중독증에 일치하는 방식으로 스스로 행동하고 생각하기 시작할 것이다. "내가 이런 식으로 생각하고 느끼는 이유는 나 자신이 알코올 중독자이기 때문이다." "내가 x를 행해야만 하는 이유는 이것이 알코올 중독자가 행하는 것이기 때문이다." 여기서 알코올 중독증은 알코올 중독자가 연기하기 시작하는 일종의 역할이 된다. 범주는 그저 사람에게 이미 있던 무언가를 서술하는 것이 아니고, 오히려 사람이 연기하는 대본으로 기능한다. 범주는 어떤 사람이

---

23. I. Hacking, *The Social Construction of What?* (Cambridge : Harvard University Press, 1999).

그것에 대한 태도를 취하는 방식으로 인해 그 사람을 서술하기보다는 오히려 그 사람을 변화시킨다. 이런 상황은 특히 민족주의의 사례에서 나타난다. "미합중국인들은 x와 y, z를 행한다." 어떤 사람이 정말로 미합중국인이라면, 그 사람은 이런 것들을 행해야 한다. 그러므로 그 범주는 민족성이라는 하나의 자연종, 즉 객관적으로 서술되는 것으로서 현시됨으로써 해당 사람이 연기하거나 수행하는 일단의 규범으로 암암리에 작용한다.

다른 한편으로, 상호작용적 종은 각각의 개인이 그 범주에 대하여 어떤 태도를 취하는지 여부에 무관하게 개인들의 사회적 운명을 조직하는 데 중요한 역할을 수행할 수 있다. 1994년에 르완다에서 발생한 집단 학살 사건이 특히 두드러진 사례다. 식민주의적 지배 아래서 벨기에 사람들은 다수파 후투족과 소수파 투치족 사이에 인종적(자연적) 차이가 있다는 결론을 내렸다. 투치족은 인종적으로 우수하다고 여겨졌고, 후투족은 인종적으로 열등하다고 여겨졌다. 이런 인종 본질주의에 기반을 두고서 권리를 부여하는 신분증이 그 두 종족에게 발급되었고, 따라서 후투족의 경우에 그들이 할 수 있는 것과 할 수 없는 것이 엄격히 제한되었다. 나중에 후투족이 권력을 획득했을 때, 그들은 투치족을 근절하는 일에 착수하여 5십만 명 이상의 사람을 학살했다. 투치족의 한 사람이 벨기에 사람들의 인종적 이데올로기를 받아들이지 않고 후투족과 투치족의 평등을 믿었을지라도, 혹은 (매우 어린 아이의 경우에 그런 것처럼) 심지어 이런 역사와 인종적 구분을 알지 못했을지라도, 그 사람은 이런 분류에 따라 여전히 살해당했을 것이다. 여기서 우리는 사람들이 그것을 알고 있는지 여부에 상관없이 사람들의 운명을 주재하는 표현의 측면, 기표 체제에 대한 일례를 보게 된다. 여기서 기표, 범주는 사람들을 분류하는 중력으로 작용한다.

이들 사례에서 기표 또는 범주는 민족성으로 현시되고, 그것과 더불어 사람들이 관계를 어떻게 맺어야 하는지, 사람들이 무엇을 행할 권리가 있는지, 사람들이 살아야 하는지 죽어야 하는지, 사람들이 서로 결혼할 수 있는지 없는지 등에 대한 일단의 규범적 명령을 수반한다. 이들 주장의 힘은 이들 범주를 본질이나 자연종으로 여기는 데서 비롯된다. 예를 들면, 여성은 그렇고 그런 자연적 인지 역량을 갖추고 있고 자연적으로 감정의 지배를 받고 자연적으로 양육에 관여한다고 하는데, 그리하여 이것들에 근거하여 여성은 어떤 일자리들에서 배제되어야 하고 그들의 고유한 장소는 아이를 양육하고 남성의 욕구에 주의를 기울이는 가정에 있다는 주장이 제기된다. 이런 범주화는 여성에게 특정 역할들을 할당하고 다른 것들에서 배제하기 위한 규범적 정당화 근거로 작용한다. 여성이 다른 일을 행하려고 시도할 때, 그들은 암묵적으로 혹은 명시적으로 본성에 어긋난다는 말을 듣게 된다. 기묘하게도, 자연은 그런 것이며 그리고 자연은 우리가 따라야 하는 것이라고 한다. 자연은 인과적 견지에서 생각되는 동시에 목적론적 견지에서 생각되는데, 그리하여 우리는 이런 목적론에 따라 행동하기를 거부함으로써 자연이 우리에게 말해주는 바를 저버릴 수 있게 된다.

사회적인 것에서 자연이 수행하는 역할을 이해하는 이런 방식은 존재자들을 영원한 본질들로 분류하는 동시에 이들 본질을 사람들을 그렇게 만드는 원인이면서 사람들이 자신의 수행을 통해서 따라야 하는 목적론적 목표로 생각하는 데서 생겨난다. 그런데 자연이 정말로 있는 것이라면, 1987년에 러브 앤 로켓츠가 발표한 〈새로운 이야기는 없어〉No New Tale to Tell라는 노래의 가사가 표명하는 대로,

당신은 자연에 맞설 수 없다

왜냐하면 당신이 정말로

자연에 맞설 때에도

그것 역시 자연의 일부다.

다윈은 종이 개체에 앞서는 영원한 본질이 아니라 개체들 사이에서 일어나는 돌연변이와 자연선택, 유전에서 생겨나는 통계적으로 일반적인 것이라는 사실을 가르쳐주었다. 개별성과 차이가 동일성과 유사성에 앞서고, 닮은 것들은 언제나 모든 개체가 상이한 개체군 전체에 걸쳐서 통계적으로 일반화한 것들이다. 라이프니츠가 서술하는 대로, "자연에는 완전히 닮은 두 존재자가 절대 없다."[24] 마찬가지로, 발달 체계 이론가가 가르쳐주는 대로, 표현형 또는 개체의 발달을 주재하는 하나의 행위주체 ― 유전자 ― 가 있는 것이 아니라 오히려 표현형을 생산하는 것은 발달 체계 전체다. 이 체계에는 환경, 즉 구축된 적소가 포함되는데, 인간의 경우에는 그런 구축된 적소를 구성하는 요소들에 범주와 기표, 기호가 포함된다. 범주들, 즉 표현의 측면을 구성하는 요소들은 형태의 형성을 서술할 뿐만 아니라 형태를 형성하는 데에도 이바지한다.

　　그러므로 DST 덕분에 존재지도학은 자연/문화 분열을 폐기할 수 있게 된다. 지리철학적 관점에서 바라보면, 존재는 오로지 자연으로 이루어져 있다. 문화와 사회는 자연과 다른 것이 아니라, 아마존 우림이나 산호초처럼 자연의 특정 구성체다. 역사적으로 자연/문화 분열은,

---

24. Leibniz, *The Principles of Philosophy, or, the Monadology (1714)*, in *Discourse on Metaphysics and Other Essays*, 69. [라이프니츠, 『모나드론 외』.]

문화는 역사적이고 우연적인 반면에 자연은 필연성과 영원성으로 특징지어진다는 구상에 근거하여 정당화되었다. 자연의 형태들은 영원하고 불변하는 반면에 문화의 구성체들은 역사의 결과로 생겨났기에 달리 될 수 있고 달리 될 수 있었다. 이런 틀 안에서 비판적 태도는, 우리가 자연적이라고 여기는 것 — 예를 들면, 성별화된 성적 지향 — 이 사실상 달리 될 수 있었을 역사적 구성물이거나 사회적 구성물이고, 게다가 우리에게 바꿀 힘이 있음을 밝히는 것이다. 무언가가 자연적인 것으로 여겨지면, 그것은 바꿀 수가 없다.

여기서 내 목적은 이런 비판적 태도를 물리치는 것이 아니라, 오히려 그 태도가 근거를 두고 있는 자연에 관한 구상에 이의를 제기하는 것이다. 이 구상은 폐기되어야 하는 다윈 이전의 유해한 자연 개념을 전제로 삼고 있다. 자연은 필연성과 영원성, 불가피성으로 특징지어지는 것이 아니라, 오히려 우연성과 역사성, 창조성으로 특징지어진다. 다윈이 종 — 그리고 더 나아가서 생태계 — 은 영원한 것이 아니라 우연적인 역사의 산물임을 가르쳐주는 한에 있어서, 이런 이행은 다윈에 의해 최초로 공인된다. 스티븐 J. 굴드가 주장하는 대로, 우리가 진화를 되감고서 그것이 다시 전개하게 할 수 있다면 그 결과는 다를 것인데, 요컨대 오늘날 우리가 알고 있는 많은 종이 절대 진화하지 않고 우리가 거의 상상할 수 없는 다른 종들이 진화하고 있을 것이다.[25] 생명은 우연적이고 역사적이다. 이런 관점에서 바라보면, 생명의 역사성을 사회적 및 문화적 역사성과 엄밀히 구분하기가 어렵게 된다. '자연'의 이런 역사성은 생명에 한정되는 것이 아니라, 아래로 원자까지 줄곧 적

---

25. S.J. Gould, *Wonderful Life* (New York : W.W. Norton, 1989) [스티븐 제이 굴드, 『원더풀 라이프』, 김동광 옮김, 궁리, 2018]를 보라.

용된다. 천체물리학자가 가르쳐주는 대로, 다양한 원소가 항성의 용광로에서 만들어지고, 게다가 우주가 빅뱅 직후에 다른 속도로 냉각되었다면 물리학의 법칙이 어쩌면 달라졌을 것이다.

더 중요하게도, 진화 사상 덕분에 우리는 자연의 목적론이 필요없는 설명을 전개할 수 있게 된다. 매는 자신의 먹이를 포획하기 위해 예리한 시각을 갖추고 있는 것이 아니다. 다시 말해서, 목적이나 목표는 매의 예리한 시각의 원인이 아니다. 오히려, 매의 특별한 시각은 돌연변이와 자연선택, 유전에서 생겨났는데, 그리하여 매는 먹이를 포획할 수 있게 되었다. 예리한 시각의 획득은 목적이 아니라 우연에 의해 견인되었다. 이와 같은 목적론의 거부는 자연으로부터의 논증이 사회적 및 문화적 세계에서 작동하는 방식의 견지에서 중요하다. 진화에는 아무 목적도 없다는 것이 사실이라면, 인간은 '본성'에 의해 그러해야 한다고 더는 말할 수 없다. 일탈과 차이를 비롯하여 모든 것이 자연이다. 더욱이, 일방적으로 그리고 불가항력적으로 지배하는 유전적 본질은 전혀 없다.

이런 관점에서 바라보면, 자연을 아무튼 문화의 바깥 혹은 위에 있는 것으로 여기지 않은 채, 자연/문화 분열을 옹호하는 사람들의 비판적 태도를 통합할 수 있다. 자연은 철저히 역사적이고 우연적이다. 문화는 자연의 바깥에 있는 것이 아니라, 오히려 자기준거성으로 특징지어지고 더 빨리 변화하는 역사성을 갖추고 있다. 사회 같은 생태계에서의 변화 속도가 아마존 생태계 같은 것에서의 변화 속도보다 훨씬 더 빠름 – 특히 문자 체계를 획득함과 더불어 – 은 확실히 참이다. 문화의 변화 속도가 더 빠른 이유는, 인간이 포함된 사회가 자신의 적소를 더 편재적으로 구성하고 축적된 문화적 기억을 넘겨줄 수 있다는 의미에서 사회적 생태계가 자기준거적이기 때문이다. 하지만 이렇다고 해서 비인간 생태계가 역사적이고 인간 생태계가 자연적이라는 사실은 바뀌지 않는다.

그런데 왜 번거롭게도 굳이 문화는 자연의 일부라고 주장하는 것일까? 지리철학의 도착적 움직임은 왜 만들어지는가? 이런 움직임의 필요성은 두 가지다. 첫째, 문화연구와 사회사상과 정치사상은 자연과 문화를 구분한 결과로 곤경에 빠지게 되었다. 그것들은 규범과 기표, 믿음, 의미, 이데올로기에 집중함으로써 사회적 구성체가 그런 형태를 취하는 이유를 설명할 수 없고, '자연적' 본질로 통하는 종이 사실상 사회적으로 구성된 상호작용적 종임을 예증하는 강력한 비판을 받더라도 사회적 구성체가 존속하는 이유를 설명할 수 없게 된다. 브뤼노 라투르와 재레드 다이아몬드 같은 이론가들이 주장한 대로, 사회적 생태를 구성하는 데 비인간 행위주체들이 수행하는 역할을 설명하지 않고서는 이런 회집체가 그런 형태를 취하는 이유를 전적으로 이해할 수는 없다. 이런 맥락에서 특히 다이아몬드가 유익하다. 그는 묻는다. "부와 권력은 왜 현재 어떤 다른 식으로 분포하기보다는 이런 식으로 분포하게 되었는가?"[26] 부와 권력은 왜 오스트레일리아 원주민, 아메리카 토착민, 혹은 아프리카인들에게 집중되지 않게 되었는가? 자연/문화 구분을 전제로 하는 근대성은 불쾌한 두 가지 가능성을 제시한다. 이 분포는 '자연'의 입장을 취함으로써 설명될 수 있는데, 요컨대 유라시아 사람들은 생물학적으로 뛰어나기에 그들 자신의 더 우수한 지능을 사용하여 부와 권력을 축적하고 다른 사람들을 복속시킬 수 있었다고 주장한다. 이와는 대조적으로, 이런 종류의 생물학적 차이가 현존함을 부인하면 — 다수의 경험적 데이터로 인해 우리는

---

26. Diamond, *Guns, Germs, and Steel*, 15. [다이아몬드, 『총, 균, 쇠』.]

부인할 수밖에 없다 ─ 문화적 설명이 남게 된다. 부와 권력이 집중하게 된 그런 문화들과 관련된 무언가가 다른 문화들보다 뛰어났음이 틀림 없다. 다시 말해서, 생물학적 인종주의가 문화적 인종주의로 대체된 다. 더욱이, 이들 뛰어난 문화가 어떻게 발생했는지에 대한 실제적 설명이 주어지지 않는다.

다이아몬드는 다른 접근법을 취한다. 세계 전역에서 그리고 역사 전체에 걸쳐서 사람들이 다소 동등한 지능을 갖추고 있고, 게다가 그런 지능을 사용하는 결과로 주변 환경의 자원을 최대한 활용한다는, 경험적 근거가 탄탄한 논제에 의지함으로써 다이아몬드는 오히려 지리가 다양한 사회의 형성에 어떻게 이바지하는지 살펴본다.[27] 다이아몬드는, 세계의 다양한 지역에서 기후 조건, 길들일 수 있는 식물과 동물의 수, 토양 조건, 광물 자원의 가용성, 그리고 전염병을 분석함으로써, 더 많은 자원이 집중된 문화가 더 빨리 발전할 수 있었고, 따라서 다른 문화들을 복속시킬 수 있었다는 사실을 규명할 수 있었다. 예를 들면, 유럽인들은 아메리카 토착민들보다 식량과 노동에 활용할 길들일 수 있는 동물이 더 많이 있었다. 그리하여 다른 동물들과 인접하여 살아감으로써 질병의 발달이 가속화되었을 뿐만 아니라 이들 질병에 대한 면역력 형성도 가속화되었다. 유럽인들이 아메리카 대륙에 갔을 때 이들 질병을 동반함으로써 아메리카 토착민들은 결코 면역력을 발달시키지 못했던 세균들에 노출되었다. 이렇게 해서 수십만 명의 아메리카 토착민이 천연두 같은 질병들로 인해 죽게 됨으로써 유럽인들은 지역민들을 복속시키고 그들에게서 땅과 자원을 빼앗을 수 있게 되었다. 유럽인들이 이런 일을 할 수 있게 한 것은 생물학적 우수성 혹은

---

27. 같은 책, 22. [같은 책.]

문화적 우수성이 아니었고, 오히려 부분적으로 이런 사태가 일어날 수 있게 한 조건을 설정한 것은 길들일 수 있는 동물이 더 많이 있었다는 점이었다.

마찬가지로, 경도 같은 지리적 위치도 어떤 곡물이 재배될 수 있고 얼마나 많은 수확량을 거둘 수 있는지에 이바지하고, 그리하여 인구 규모가 얼마나 커질 수 있는지와 사회적 분화가 얼마나 많이 일어날 수 있는지에 이바지한다. 그러므로 예를 들면, 북반구의 높은 위도에 자리 잡은 문화는 겨울 특유의 차가운 환경으로 인해 식물학적 다양성이 작은 환경에 현존한다. 이 상황은 입수할 수 있는 식량이 더 적을 것임을 뜻하고, 따라서 두 가지 결과를 낳는다. 집단으로 식량을 찾아내는 데 더 많은 시간이 소요되어야 할 것이고, 게다가 식량의 희소성으로 인해 인구는 어떤 규모 이상으로 증가하기가 대단히 어려울 것이다. 그리하여 식량 등을 생산하는 사람들과 발명, 자연에 관한 과학적 탐구를 비롯하여 지적 추구에 종사하는 사람들의 사회적 계층화가 발달하기는 더 어렵게 되었을 것이다. 여기서 인간 회집체의 시간적 조직화에서 중요한 역할을 수행하는 비인간 존재자들로 구성된 공간적 네트워크의 교차가 나타난다.

이것이 바로 존재지도학과 지리철학의 기본 논제다. 회집체가 왜 그런 형태를 취하는지 이해할 수 있으려면, 유형 기계와 무형 기계, 인간과 비인간, 무기 기계와 유기 기계, 그리고 사회적 기계가 어떻게 교차하고 상호작용하는지 탐구해야 한다. 현대 문화 이론을 특징짓는 범주들은 자연과 문화를 구획함으로써 이런 종류의 분석을 저지하고, 그리하여 사회적 설명을 의미의 영역에 한정시킨다. 문화 자체가 자연의 구성체이고, 문화는 자연과 별개의 것이라기보다 오히려 자연과 연속적이라고 주장할 때, 지리철학은 이런 걸림돌을 극복하는 데 이바지함으로써 사회적 생태가 그런 형태를 취하는 이유를 더 잘 이해하고, 그리고 무엇보다도 변화를 만들어내기 위한 우리의 개입 현장을 증식하기를 희망한다. 비인간이 사회적 생태가 취하는 형태에 상당히 이바지한다는 사실을 일단 이해하면, 변화가 단지 믿음을 변화시키고 이데올로기를 폭로함으로써 이루어질 필요가 없을 뿐만 아니라, 인간의 삶을 자신의 중력에 포획하는 다양한 비인간 기계를 도입하거나 제거함으로써 유의미한 변화가 또한 이루어질 수 있다는 사실도 이해하게 된다.

다른 한편으로, 지리철학은 생태적 이유로 인해 문화가 자연의 구성체라고 주장한다. 티모시 모턴이 주장한 대로, 자연/문화 분열로 인해 우리는 자연을 문화와 별개의 것이자 문화의 바깥에 그리고 너머에 있는 것으로 생각하게 된다.[28] 자연은 인간이 손대지 않은 야생의 것으로 여겨진다. 자연은 우리가 도보 여행이나 낚시를 하러 가는 저쪽의 장소다. 이렇게 해서 우리는, 사회적 회집체가 자신이 존속하는 데 필요한 물질적 환경으로서 자연과 얽혀 있는 방식을 이해하지 못할 뿐만 아니라, 우리의 사회적 활동이 더 넓은 자연 세계에 영향을 미치는 방식도 이해하지 못하게 된다. 예를 들면, 빅맥을 먹을 때, 나는 나 자신이 자연과 아무 관계도 없는 순전히 문화적인 사태에 관여한다고 생각한다. 문화 이론가는 빅맥을 분석하면서 내가 실제로 먹고 있는 것이 어떻게 '기표'인지 논의할 것인데, 요컨대 이 샌드위치가 어떻게 국가 정체성, 계급, 상징적 지위 등의 표지인지 검토할 것이다. 검토되지 않는 것은 빅맥이 소 방목을 위한 아마존 열대 우림의 벌채 작업과 관련되는 방식과 쇠고기를 수송하고 가공하고

---

28. T. Morton, *Ecology Without Nature* (Cambridge : Harvard University Press, 2007).

요리하고 소비하면서 산출되는 모든 물질적 출력물과 관련되는 방식이다. 빅맥은 기후변화 및 생태와 관련된 이들 쟁점과 아무 관계도 없는 것으로 여겨진다.

모턴은 이런 점들에 근거하여 자연이라는 개념을 전적으로 폐기해야 한다고 주장한다. 모턴이 서술하는 대로,

> 『자연 없는 생태학』은 대단히 많은 사람이 소중히 여기는 '자연'이라는 바로 그 관념이 인간 사회의 '생태적' 상태에서 사라져야 할 것이라고 주장한다. 아무리 이상하게 들리더라도, 자연이라는 관념은 문화와 철학, 정치, 예술의 제대로 생태적인 형식들을 가로막고 있다.[29]

나는 자연이 우리가 주말에 가곤 하는 문화의 바깥에 있는 장소라는 관념을 거부하는 모턴에 동조하지만, 지리철학은 자연이라는 개념을 폐기하는 것을 권고할 만하지 않다고 여긴다. 모턴이 그런 사태에 대한 책임은 없지만, 그런 움직임은 문화가 유일하게 존재하는 것이고 사회만이 있을 뿐이라는 관점을 낳을 위험이 있으며, 그리하여 인간예외주의나 인간중심주의에 전제를 두고 있는 수직적 존재론을 강화할 위험이 있다.

오히려, 지리철학은 오로지 자연이 있을 뿐이고, 문화는 그 자체로 자연의 구성체이며, 자연의 바깥에 어떤 초월적 항이나 수직적 항도 전혀 없다고 제안한다. 지리철학은 아무 예외도 없는 자연의 존재론을 옹호한다. 이렇게 해서 지리철학은 우리에게 문화/사회라는 개념과 자연이라는 개념을 모두 재고하도록 요청한다. 사회에 관한 개념은

---

29. 같은 책, 1.

자연의 일부이자 자연과 연속적인 것으로서 생태적으로 구상되어야 하는데, 그리하여 사회적 회집체는 그저 인간과 의미로만 이루어져 있기보다는 오히려 다양한 비인간 기계도 포함된 것으로 생각된다. 자연은, 여타의 것을 초코드화하는 불변하는 종과 같은 초월적 항이나 영원한 본질이 전혀 없는 채로, 역사적이고 우연으로 가득 차 있으며 창조적인 것으로 여겨져야 한다.

지리철학의 세 가지 차원

지리철학은 서로 관련된 세 가지 실천, 즉 지도학과 해체, 대지형성으로 이루어져 있다. 이들 실천은 그저 세계를 이해하기 위해 수행되는 것이 아니라, 더 근본적으로 더 공정하고 공평하며 지속 가능한 세계를 생산하기 위해 수행된다. 더욱이, 우리는 이들 실천을 순차적인 것으로, 혹은 이산적이고 분리된 것으로 생각하지 말아야 한다. 어쩌면 어떤 조건 아래서는 한 실천이 여타의 실천 없이 수행될 것이지만, 더 일반적으로는 그것들은 얽혀 있고 동시에 발생한다. 그러므로 예를 들면, 지도학과 해체는 동시에 발생할 것이고, 어쩌면 대지형성 역시 해체를 수반할 것이다. 지리철학의 목적은 더 나은 생태나 회집체를 생산하도록 세계에 건설적으로 개입하는 수단을 제공하는 것이다.

지도학 : 네 가지 지도

이제까지 우리는 무엇이 지도학에 해당하는지 살펴보았다. 지도학 ─ 혹은 더 적절하게 존재지도학 ─ 은 기계들의 회집체들 또는 세계들, 그것들 간에 흐르는 기계들, 그리고 기계들이 다른 기계들에 중력을 행사하여 그것들의 시공간에서의 움직임과 국소적 표현, 되기를 조직하는 방식에 관한 지도를 제작하는 것에 해당한다. 이들 회집체에는 유기 기계와 무기 기계, 사회적 기계뿐만 아니라 기표 같은 비물질적 표현 기계도 포함된다. 존재지도학의 배경적 근거, 즉 존재지도학이 매우 필요한 이유는 우리가 지형이나 기계들이 결합하는 방식, 기계들이 행사하는 중력, 그리고 기계 간에 흐르는 것을 알지 못하고서는 상황에 효과적으로 개입할 수 없다는 사실에 있다. 의사와 수의사는 생리학과 해부학을 알지 못한다면 사람과 동물을 치료할 수 없고, 장군은 군대 이동, 물자 보급로, 군수품을 생산하는 공장 등에 관해 알지 못한다면 적군을 정복할 수 없다. 온갖 종류의 변화나 새로운 회집체를 산출하는 첫 번째 단계는 좋은 지도를 확보하는 것에 있다.

존재지도학의 첫 번째이자 가장 중요한 원리는 필경 다음과 같은 언명에 있다. "추상 작용을 자제하라!" '자본주의,' '가부장제,' '이성애주의,' '종교,' '사회,' '인종주의,' '존재신학,' '문화' 등과 같은 포괄적 용어는 무언가를 설명하기보다는 모호하게 한다. 우리는 결국 수직성을 우리의 사유에 도입하게 되고, 그리하여 이들 초월적 또는 주권적 용어는 우리가 극복해야 하는 것이라고 믿게 된다. 문제는 이들 거대 용어가 결국에는 정치적 비관주의를 생성한다는 것이다. 예를 들면, 우리는 자본주의를 유령처럼 도처에 있고 어디에도 없는 것으로 여긴다. 자본주의는 어떤 특정 장소에도 있지 않으면서 여타의 것을 낳는 주권적 행위주체가 된다. 유령과 싸울 수는 없다. 그리하여 우리는 결국 이론적 비관주의나 혁명적 정적靜寂주의의 상태에 빠지게 된다. 이론적 비관주의의 경우에, 우리는 자본주의가 도처에 있으면서 어디에도 없는 상태에서 모든 것을 초코드화한다고 이해하기에 비관주의적 입장을 취하게 되는데, 그 이유는 우리가 이 주권적 존재자에 작용함으로써 변화를 일으킬 지점을 떠올릴 수 없기 때문이다. 그러므로 우리는 자신이 할 수 있는 것은 아무것도 없다는 결론을 내리게 된다.

　모순어법인 '혁명적 정적주의'는 이론적 비관주의를 뒤집은 것이다. 혁명적 정적주의가 결국에 온갖 개입을 거부하게 되는 이유는 이들 개입이 자본주의(혹은 무엇이든 우리가 선택하는 주권적 용어) 자체를 쓰러뜨리지 못하기 때문이다. 혁명적 정적주의는 끊임없이 말한다. "이 조치는 주권적인 초월적 행위주체를 부분적으로 그대로 둘 것이고, 따라서 그런 일을 하는 것은 에너지를 낭비하는 짓이다." 혁명적 정적주의자가 꿈꾸는 것은 주권적 행위주체를 완전히 그리고 단박에 없애버릴 조치이고, 따라서 그는 초코드화하는 그 항이 그대로 남게 된다는 점에 근거하여 그런 이상에 미치지 못하는 모든 것을 거부한다. 그러므로 역설적이게도, 혁명적 정적주의자는 결국에 자신이 맞서 싸우고 있는 바로 그것을 영속화하게 된다. 이런 입장은 행동의 매개적 본성과 어떤 지속에 걸친 다양체로서의 사건의 전개를 인식하지 못하는 데서 생겨난다.

　문제는 가부장제, 자본주의, 사회, 인종주의 등과 같은 것들이 실재적이지 않다는 점이 아니라, 오히려 그것들이 설명하지 못한다는 점이다. 그것들이 외려 **설명되어야** 하는 것들이다. 이들 용어는 모두 회집체를 가리키는 축약어다. 그것들은 세계 안의 기계들 사이에 맺어진 대단히 복잡한 관계들을 가리키는 유적 용어들이다. 상황을 초래하는 것은 이들 용어가 아니라, 그것들에 해당하는 **회집체들**, 이들 회집체를 구성하는 기계들이다. 존재지도학은 이들 회집체의 조직을 파악하기를 열망한다. 존재지도학은 구체적인 것을 겨냥한다. 그것의 물음은 "우리가 어떻게 '자본주의' 혹은 '가부장제' 혹은 '인종주의' 혹은 '존재신학'을 극복하는가?"라는 것이라기보다는 "이 회집체가 어떻게 결합하여 있고, 기계들 사이의 상호작용은 무엇이고, 그 회집체는 어떻게 엔트로피에 저항하는가?"라는 것이다. 존재지도학은 유령의 현존을 더는 믿지 않고, 이들 용어를 지배 항으로 여기기보다는 오히려 세계를 형성하는 기계들의 회집체들로 설명되어야 하는 것으로 여긴다. 존재지도학은 이런 것들이 회집체들 속에서 그리고 회집체들을 통해서 현존한다는 전제에 근거하여 작업함으로써 이런 것들을 변화시키거나 파괴할 우선적이고 전략적인 개입 지점을 결정하는, 회집체들에 관한 지도를 제작하려고 노력한다.

존재지도학은 회집체들에 관한 좋은 지도를 생산하고자 하는 동시에 『자본론』의 맑스, 푸코, 역사가 브로델, 『프랑스의 파스퇴르화』의 라투르 등과 같은 모범적인 지도 제작자들에게서 영감을 끌어내고자 한다. 우리는 앞서 논의된 바에 바탕을 두고서 네 가지 다른 종류의 지도를 생각할 수 있다. 첫 번째 종류의 지도, 즉 지형도는 특정 시점에서의 세계들 또는 회집체들에 관한 스냅 사진의 일종이다. 지형도의 제작법은 생태학자가 생태를 조사하는 데 사용하는 방법과 동일하지는 않더라도 유사하다. 지형학자는 생태를 이루는 존재자들과 그들 사이의 위계적 관계, 회집체 도처에 있는 되먹임 고리 등을 식별하고자 한다. 그러므로 지형도를 제작하는 첫 번째 단계는 생태, 회집체, 또는 세계(이들 세 용어는 동의어다)에 거주하는 기계들을 식별하는 데 있다.

우리가 그 지도를 제작하고 싶은 회집체들을 지나치게 단순화하지 않도록 주의해야 하는 이유는 이들 회집체의 주요 행위자들이 종종 놀라게 할 것이기 때문이다. 현대 세계의 제국(또 하나의 만능 용어) 같은 회집체 또는 생태를 예로 들자. 조잡한 지형도는 이 회집체가 오로지 사람들과 정부들, 국제 조직들, 법률, 기업들, 돈, 군대들로 이루어져 있다는 결론을 내릴 것이다. 이들 기계는 모두 사실상 현대 제국의 거주자들이다. 문제는 그런 목록이 현대 제국을 가능하게 한 물질적 조건에 관한 물음을 제기하지 못한다는 점이다. 물질적 조건을 언급할 때, 나는 맑스주의자와 비판 이론가, 포스트구조주의자가 이야기한 것처럼 실천에 관해 이야기하고 있는 것이 아니라 진정한 물질적 또는 물리적 행위주체들에 관해 이야기하고 있다. 현대 제국 같은 것이 생겨나려면 어떤 물질적 기계들, 어떤 기술들이 생성되어야 했는가? 제임스 글릭이 주장하는 대로, 세계는 신경계를 개발해야 했다.[30] 현대 제국은 무엇보다도 시간과 공간을 정복하는 생태다. 제국 안에서는 그리스에서 일어나는 경제적 및 정치적 사건들이 영국과 일본, 미합중국의 경제적 및 정치적 사건들에 즉시 영향을 미칠 수 있다. 이전 시기에는 공간적 거리로 인해 이들 사건의 뉴스가 다른 지역에 도달하는 데 며칠, 몇 주, 몇 달이 걸리곤 했다. 이와는 대조적으로, 현대 제국은 정보가 먼 거리를 가로질러 전달될 수 있는 신속성으로 특징지어지는데, 그리하여 도처에서 일어나는 사건들에 대한 작용과 반응의 전례 없는 배치가 이루어질 수 있다. 이런 일을 가능하게 하는 물질적 조건은 광섬유 케이블, 위성, 전파, 휴대전화 기지국, 컴퓨터, 인터넷 서버, 고속도로, 공항, 자동차, 해상 항로, 시계, 컨테이너선, 이진 컴퓨터 코드, 그리고 그 밖의 다른 것들에서 찾아볼 수 있을 것이다. 이들 기술과 그 기술들이 세계에서 회집하는 방식이 없었다면, 현대 제국은 가능하지 않았을 것이다. 이들 기술과 그 기술들이 서로 관련되는 방식은 현대 제국을 특징짓는 방식으로 시간과 공간을 극복하는 생태의 가능성에 대한 조건이다. 그러므로 제국에 관한 좋은 지형

---

30. J. Gleick, *The Information* (New York : Vintage Books, 2012) [제임스 글릭, 『인포메이션』, 박래선·김태훈 옮김, 동아시아, 2017]를 보라.

도는 내용의 측면에서 비롯된 이들 요소와 그것들이 기능하고 세계를 조직하는 데 이바지하는 방식에 상당한 주의를 기울일 것이다.

지형도를 제작하는 것은 먼저 검토할 생태를 구성하는 기계들을 식별하는 데 있다. 인간들이 거주하는 회집체의 경우에, 이들 기계는 비물질적 기호 기계들(법률, 규범, 정체성, 이데올로기 등)과 물질적 무기 기계와 유기 기계, 사회적 기계, 기술 기계들을 포함할 것이다. 그 다음 단계는 기계들 사이의 위계적 관계들을 판별하거나 생태를 조직하는 중력의 구조를 판별하는 데 있을 것이다. 여기서 문제는 어떤 생태나 회집체가 엔트로피로 인한 해체에 저항하는 메커니즘을 판별하는 것이다. 이 문제와 관련하여 세 가지 것이 분석되어야 한다. 첫째, 밝은 객체들과 그 위성 객체들을 식별해야 한다. 어떤 존재자들이 다른 존재자들을 자신의 궤도에 포착하는가? 그리고 그 방법들은 무엇인가? 훌륭한 지형학적 분석은 종종 놀라운 결론에 이르게 될 것이다. 예를 들면, 우리는 어쩌면 역사상 특정 시점에 사람들이 그런 식으로 살고 노동하는 이유는 그들이 어떤 이데올로기나 일단의 믿음에 사로잡혀 있기 때문이라고 생각할 것이지만, 사실상 그들의 움직임과 관계들을 조직하는 데 있어서 시계가 이데올로기라는 무형 기계보다 훨씬 더 밝은 객체로서 작용함을 깨닫게 될 따름이다. 시계가 발명되고 사회적 회집체들에 두루 확산함에 따라 사람들이 자신의 삶을 영위하는 방식과 서로 관계를 맺는 방식에서 혁명이 일어난다. 이제 하루가 정확한 단위로 조직될 수 있고, 만남 시간이 확정될 수 있고, 노동의 지속 시간이 규정될 수 있으며, 공간에 두루 퍼져 있는 사람들 사이에 활동들이 조정될 수 있다. 시계는 사람들의 움직임과 행동을 집단적 단위체로 재단하는 밝은 객체로서 기능한다. 자신의 행동을 시계에 의해 가능해진 방식으로 조직하기를 거부하는 사람들은 여타 사람으로부터 제재를 받게 된다.[31] 요약하면, 밝은 객체와 그 위성 객체들의 관계들에 관한 지도를 제작할 때, 우리는 비인간 행위주체들이 수행하는 역할을 판별하기 위해 자신의 인간 중심적 경향 – 사람과 믿음, 의미, 기관만이 사회적 회집체에서 중력 관계들을 조직한다고 여기는 경향 – 을 의도적으로 중지해야 한다.

둘째, 훌륭한 지형도는 기계들이 어떻게 연계되는지 조사할 것이다. 1부에서 이해한 대로, 원격작용 같은 것은 전혀 없다. 두 개 이상의 기계가 상호작용하려면 그것들은 서로 직접 접촉하거나, 아니면 그것들이 상호작용할 수 있도록 에너지, 물질, 혹은 정보 형태로 그것들 간에 흐르는 어떤 종류의 물질적 흐름이 있어야 한다. 달리 서술하면, 상호작용의 매체가 없다면 두 존재자 사이에는 아무 관계도 맺어지지 않는다. 그러므로 앤드루 블룸이 주장하는 대로, 2007년에 상원의원 테드 스티븐스가 인터넷을 일련의 "튜브"로 서술했다고 놀림을 받았을 때 사실상 그는 옳았다.[32] 인터넷은 문자 그대로 튜브들로 이루어져 있는 것은 아니지만, 그런데도 광섬유 케이블, 위성, 컴퓨터, 전화선, 휴대전화 기지국 등이 없다면 아무 정보도 전송되지 않는다. 멀리 떨어진 기계들은 그것들을 관련짓는 매체의 행위주체성을 통해서 서로 관계를 맺을 따름이다. 세계에서 서로 영향을 미치려면 언제나 물질적 신체가 필요한 무형 존재자들의 경우에도 마찬가지다.

이들 흐름과 그것들이 경로들을 창출하는 방식을 이해하는 것은 회집체들의 중력 구조를 이해하는 데 중요하다. 우리는 이런 사실을

---

31. 나는 2002년에 노아 호로비츠와 나눈 논의 덕분에 이 소견을 품게 되었다.
32. A. Blum, *Tubes* (New York : HarperCollins, 2012), 5.

현대 제국과 이전의 사회적 생태를 비교한 사례에서 알게 되었다. 오늘날 경제가 그런 식으로 작동할 수 있는 이유는 지리적으로 멀리 떨어진 기계들 사이에 기술을 통해서 구축된 경로 때문이다. 이들 매개체가 없었다면 오늘날과 같은 종류의 경제가 나타나지 않았을 것이다. 이것이 모든 것은 여타의 모든 것과 관련되어 있다고 주장하는 강한 전일론과 관련된 문제다. 전체론은 관계가 중요하다고 인식한 점에는 직관적으로 올바르지만, 모든 것은 여타의 모든 것과 관련되어 있다고 주장한 점에는 너무 멀리 나아갔다. 그런 논제로 인해 우리는 사물들이 실제로 관계를 맺거나 관계를 맺지 않는 방식을 무시할 뿐만 아니라, 관계의 부재와 현존이 특정 생태의 조직을 이해하는 데 미치는 영향도 무시하게 된다.

셋째, 기계가 자신의 조작에 관여하기 위해 의존하는 에너지원과 자신의 조작을 수행하면서 행하는 일에 관한 지도를 제작해야 한다. 1부에서 이해한 대로, 어떤 기계도 자신을 조작을 지속시키는 어떤 에너지원에 의존하지 않으면 존속할 수 없다. 그런 조작 역시 열역학적 의미에서의 일이 필요하다. 피로는 모든 기계의 실재적 특질이다. 훌륭한 지형도는 무엇보다도 어떤 회집체를 구성하는 기계들이 자신의 조작을 수행하는 데 필요한 에너지를 끌어내는 에너지원에 관한 지도일 것이다. 에너지 관계들에 관한 지도를 제작하는 것이 존재지도학적 분석에 매우 중요하다면, 그 이유는 에너지 의존성이 회집체에서 기계들이 다른 기계들에 자신의 중력을 행사하는 주요한 방식 중 하나이기 때문이다.

이데올로기는 인간을 포함하는 사회적 생태에서 실제적인 중력 메커니즘이지만, 에너지 의존성이 사람들이 억압적인 사회적 회집체를 감수하게 하는 데 훨씬 더 큰 힘을 행사함이 거의 틀림없다. 또다시, 기업 화폐의 사례가 이 점을 멋지게 예시한다. 사람들이 '그 기업'에 의한 억압적인 고용 조건을 감수하게 하는 것은 이데올로기라기보다는 오히려 그들이 연방 화폐와 교환될 수 없고 기업 상점에서만 상환될 수 있을 뿐인 기업 화폐로 임금을 받는다는 사실이다. 이런 상황이 에너지와 무슨 관계가 있는가? 사람들은 먹어야 하고 가정 난방과 교통을 위한 연료가 필요하다. 이런 것들이 지역 화폐의 결과로 그 기업을 통해서만 확보될 수 있을 뿐이라면, 그들은 위성 객체의 지위로 전락하여 그 기업의 궤도 안에 갇히게 된다. 그들이 더 낫고 더 자유로운 기회를 찾아서 다른 곳에 갈 수 없는 이유는 그들이 자신의 조작을 위해 필요한 에너지 수요를 충족시킬 수 있게 할 연방 화폐가 없기 때문이다. 여기서 이데올로기 비판은 사람들이 기업 화폐에 의한 임금 지급은 공정하지 않다고 말하게 하는 데 도움을 준다는 점에서 어떤 가치가 있을 것이지만, 기업 화폐라는 밝은 객체를 없애는 것이 훨씬 더 효과적인 전략일 것이다. 문화연구와 비판 이론은 사회적 관계를 비*물질화하는 경향이 강하기에 이들 관계가 오로지 믿음과 이데올로기, 기호, 규범, 법률에서 생겨난다고 여긴다. 지리철학은 우리에게 사회적 회집체는 자신을 유지하기 위해 에너지가 언제나 필요하다는 것과 에너지 관계와 의존성에의 개입이 우리가 억압적인 사회적 질서를 바꿀 수 있는 한 가지 방법이라는 것을 일깨워 준다.

네 번째이자 마지막으로, 훌륭한 지형도는 기계들이 수행하는 조작의 **물질적 출력물**에 관한 지도이기도 할 것이다. 기계는 자신뿐만 아니라 생산품도 생산하기 위해 다른 기계들에서 비롯되는 입력물 또는 흐름에 의존한다. 자신의 조작을 수행하면서 어떤 종류의 물질적 출력물을 생산하지 않는 유형 기계는 전혀 없는데, 곧이어 그 출력물은 세계 도처를 돌아다니면서 새로운 방식으로 영향을 미칠 것이다. 이 사태는 상품과 잉여가치를 생산하는 노동, 책을 저술하는 사람, 새로운 사유를 생성하는 대화, 학생들을 사회화하고 특정 종류들의 인식적 행위주체와 실천적 행위주체로 전환함으로써 일꾼들을 생산하는 교실 등의 사례에서 명백히 나타난다. 그런데 생태론을 제외하고, 우리에게는 모든 조작으로 산출되는 폐기물의 차원을 무시하는 경향이 있다. 나머지가 있는 홀수에 대한 긴 나눗셈과 마찬가지로, 물질적 신체의 조작은 독자적인 방식으로 세계에서 작용하는 기계가 되는 폐기물을 생산한다. 기술과 유기적 신체가 작동할 때는 환경으로 흩어지는 열과 에너지가 있다. 신진대사와 소화 작용에서 생겨나는 폐기물이 있다. 소비와 건설을 통해서 생산되는 폐기물이 있다. 재화와 상품을 생산하면서 생겨나는 폐기물이 있다. 훌륭한 지형도는 다양한 기계의 출력물, 이들 출력물이 다른 기계들 ─ 예를 들면, 가금류 농장의 폐기물을 먹고 살아가는 세균과 곤충 ─ 을 위한 적소를 창출하는 방식, 그리고 이들 출력물이 어떤 회집체 또는 생태가 맞닥뜨리는 문제와 중력을 조직하는 데 이바지하는 방식에 관한 지도다.

지도학에 속하는 두 번째 종류의 지도는 발생도다. 발생도는 특정 세계들이 생겨나는 방식의 역사 또는 창세기를 기록한다. 맑스와 브로델, 프로이트, 다윈, 데란다는 모두 모범적인 발생도 제작자다.[33] 여기서 나는 발생도가 지리철학의 지도학적 차원에 매우 중요한 이유를 개관하는 데 한정할 것이다. 발생도는 두 가지 중요한 기능을 실행한다. 첫째, 발생도는 현재에 대해 일종의 판단중지를 수행한다. 현대 세계들의 지형도는 제작하기가 어려울 수 있는데, 그 이유는 이들 세계

---

33. M. DeLanda, *A Thousand Years of Nonlinear History* (Cambridge : MIT Press, 2000)을 보라.

가 우리에게 친숙하고 명백하기 때문이다. 우리는, 예를 들면, 시계와 인공위성 같은 기계들이 우리 세계를 조직하는 데 수행하는 역할을 인식하지 못할 것인데, 그 이유는 이들 기계가 일상생활에 속속들이 펴져 있기에 우리에게 보이지 않게 되기 때문이다. 그리하여 우리는 사회적 회집체를 순전히 표현의 측면 - 기호와 기표, 믿음, 이데올로기, 법률, 규범 - 에 의거하여 설명함으로써 사회적 생태의 형성에서 비인간 행위주체들이 수행하는 역할을 간과하게 된다. 예를 들면, 랜즈의 『시간 혁명』처럼 훌륭한 역사적 또는 발생적 분석은 시계가 현존하지 않았던 사회적 생태들을 우리에게 소개한다. 그리하여 그 분석은 이들 생태가 매우 다르게 조직된 방식을 보여준다.[34] 과거 회집체들과 그것들이 회집한 방식을 회고함으로써 우리가 살아가는 세계가 낯설게 되고, 따라서 우리는 우리 세계의 중력 조직에 이바지하는 기계 행위주체들을 더 잘 식별할 수 있게 된다. 역사적 또는 발생적 분석은 우리에게 현재를 살펴보는 식견을 제공함으로써 지형도를 제작하는 데 중요한 기능을 수행한다.

둘째, 발생도는 현재의 우연성과 역사성을 드러낸다. 발생적 분석은, 현 상황은 달리 될 수 있었기에 다윈 이전의 의미에서 '자연'의 산물이 아님을 드러낸다. 이런 점에서, 발생적 분석은 중요한 비판적 기능을 수행한다. 예를 들면, 『아버지 혹은 남편 없는 사회』 같은 민족지학적 분석서뿐만 아니라 다른 민족지학적 저서를 읽을 때, 우리는 핵가족이 유일한 친족 구조가 아님을 알게 된다.[35] 그 분석서에서 후아는 히말라야산맥에서 살아가고 있는 민족인 나[Na]족의 친족 구조를

---

34. D.S. Landes, *Revolution in Time* (Cambridge : Harvard University Press, 1983)을 보라.
35. K. Hua, *A Society Without Fathers or Husbands* (New York : Zone Books, 2008).

탐구하는데, 나족은 형제와 자매가 평생 서로 함께 살고, 결혼식이 없으며, 일부일처제가 필수적이지 않다. 이런 식으로 사는 사람들을 맞닥뜨리게 되면, 진화심리학자들과 진화사회학자들에게서 나타나는 것들과 같은 사회적 설명들에 대한 비판이 이루어지게 된다. 역사와 민족지학에 대한 부주의로 인해 진화사회학자들은 현대의 작동 방식을 본질화하는 경향이 강하기에 핵가족 혹은 자본주의적 경쟁을 비역사적 보편자로 여기고, 역사와 세계 전체에 걸쳐서 사람들이 매우 다양한 방식으로 지내왔다는 사실을 무시한다. 발생적 분석은 우리가 살아가는 방식의 우연성과 그들이 지금까지 다른 식으로 살았다는 것을 드러냄으로써 사회적 회집체에 관한 더 정교한 분석에의 길을 개척한다.

그런데 무엇보다도, 사회적 회집체가 조직되는 방식의 우연성을 드러낼 때, 발생적 분석은 상황이 이런 식으로 될 필요가 없고 달리 될 수 있음을 드러낸다. 발생적 분석은 그저 역사에 관한 분석이나 다른 사람들이 지금까지 상황에 대처한 방식에 관한 분석이 아니라, 미래를 지향한다. 발생적 분석을 통해서 우리는 현대의 사회적 실천을 탈'자연화'(다윈 이전의 의미에서)할 수 있다. 예를 들면, 경제학자는 경쟁과 부채를 역사 전체에 걸쳐 이루어진 모든 경제 활동의 본질적 특질로 여길 것이고, 따라서 자본주의의 대안은 없다는 결론에 이르게 되는 반면에, 발생적 분석은 다른 시기에 그리고 다른 문화에서는 상황이 달랐음을 드러낼 수 있다. 이렇게 해서 발생적 지도학은 상황에 대처하는 다른 방식들을 상상하기 위한 공간을 개방한다. 요약하면, 발생적 분석은 현재의 강한 제약을 낯설게 하고 그 우연성을 드러냄으로써 우리를 그 제약에서 벗어나게 한다. 그리하여 다른 세계를 생산할 수 있는 길이 열리게 된다.

발생도의 반대 지도는 벡터도다. 모든 회집체, 생태, 또는 세계는 기계들이 주고받는 상호작용의 결과로, 특히 밝은 객체와 준객체가 다른 기계들의 움직임과 국소적 표현, 되기에 영향을 미치는 방식의 결과로 어떤 방향으로 되기를 겪거나 진전하고 있다. 회집체나 세계는 정적인 존재자가 아니라 오히려 특정 방향으로 진전한다. 벡터도는 세계가 그에 따라 전개하고 있는 궤적에 관한 지도다. 기후학자 제임스 한센이 벡터도 제작자의 탁월한 사례다. 한센은 인구, 온실가스 배출량 등에 의거하여 세계의 현대 지형을 검토함으로써 미래에 기후가 어떠할지에 관한 지도를 그린다. 『자본론』에서 수행된 맑스의 작업이 벡터도 제작 작업의 또 다른 두드러진 사례다. 맑스는 당대 자본의 동학을 검토함으로써 자본이 향하고 있던 미래에 관한 지도를 그릴 수 있었다. 그밖에, 필립 K. 딕의 과학소설은 감시와 정보기술의 결과로 사회가 어디로 나아갈 법한지에 관한 벡터도를 전개했다. R. S. 베커의 소설 『뉴로패스』[36]와 피터 와츠의 소설 『블라인드 사이트』[37]의 경우에도 마찬가지인데, 그 두 소설은 모두 점점 더 만연해지는 기술과 뇌의 인터페이스와 신경학의 결과로 우리의 미래 자아가 어떤 모습일지 탐구한다.

벡터도는 현재 작용하고 있는 중력의 경향에 기반을 두고서 제작된 지도다. 벡터도는, 언제나 오류가 있지만, 우리가 미래를 예상할 수 있게 하는 지도다. 이와 같은 벡터도의 예상 기능이 존재지도학에 중요한 이유는 그 기능이 우리가 현재 대응해야 하는 것을 결정하는 데 도움이 되기 때문이다. 우리는 결국, 자신이 대응해야 하는 중요한 것을

36. R.S. Bakker, *Neuropath* (New York : Tor Books, 2009).
37. P. Watts, *Blindsight* (New York : Tor Books, 2008). [피터 와츠, 『블라인드 사이트』, 김창규 옮김, 이지북, 2011.]

알지 못한 채, 일상의 우발 사건과 목전의 요구에 대응하게 된다. 이것은 좌파 정치에 대한 맑스의 비판에서 반복되는 상투적인 것이다. 한편으로 맑스는, 활동가들이 현대의 사회적 관계들을 조직하는 것에 관한 조잡한 지형도를 갖추고 있기에 그들은 결국 종종 현존하는 자본의 중력 구조를 강화할 따름인 것들을 요청한다고 주장한다. 예를 들면, 표준화된 시험과 평가가, 평가 회사 등에 이익이 되도록 설계된 자본주의적 체계 전체에 편입되는 방식을 알지 못하는 교사들은 자신의 교육적 이상의 일부를 보존할 더 효율적이고 정확한 시험 방법을 위해 싸움으로써 자본주의적 관계들의 네트워크 전체는 그대로 내버려 둔다. 그들은 쟁점이 자본주의적 착취의 문제라기보다는 오히려 **교육적 수월성**의 문제라고 가정한다. 다른 한편으로 맑스는, 자본주의가 가고 있는 방향에 관한 훌륭한 벡터도가 없다면 우리는 현재 개입해야 하는 지점을 결정할 수 없게 된다고 주장한다. 그러므로 예를 들면, 자본주의가 이윤을 극대화하기 위해 임금과 수당, 세금을 낮추려는 본질적인 경향이 있다는 사실을 깨닫지 못한다면, 그리고 이것이 시간이 흐름에 따라 자본주의가 그에 따라 불가피하게 전개되는 일반적인 벡터라는 사실을 깨닫지 못한다면, 우리는 임금 삭감이 기업이 이윤을 증가시키기 위해 고안된 것이 아니라 정말로 외국과의 경쟁과 관련된 것일 뿐이라는 결론을 내릴 것이다. 그러므로 우리는 노동자들이 임금 삭감을 방지하기 위해 조직하기보다는 오히려 대외 교역에 대한 관세를 올리는 것이 임금 하락에 대한 적절한 대응책이라고 여길 것이다. 벡터도는, 아무리 불완전하더라도, 우리에게 미래를 흘끗 보여줌으로써 우리가 개입해야 하는 지점과 우리의 관심사를 결정하는 데 도움을 준다.

마지막으로, 양상도 또는 가능한 미래들에 관한 지도가 있다. 처음에는 양상도와 벡터도가 동일한 것처럼 보일 것이지만, 실제로는 꽤 다르다. 벡터도는 현재 전개되고 있는 경향들에 기반을 두고서 세계, 회집체, 또는 생태의 있을 법한 미래를 그린다. 벡터도는, 이들 경향을 고려하여, 이것이 있을 법한 미래라고 말한다. 이와는 대조적으로, 양상도는 우리가 특정 방식으로 생태에 개입한다면 현존할 수 있을 미래에 관한 지도다. 벡터도는 어떤 회집체가 자신의 장치에 맡겨지면 일어날 법한 미래를 그리고, 양상도는 우리가 어떤 생태에 새로운 기계를 추가하거나 어떤 생태에서 현존하는 기계를 제거함으로써 특정 미래를 적극적으로 생산할 수 있을 방식을 그린다. 그리하여 양상도는 활동가와 투사, 장군의 영역이다. 양상도는 지형도와 벡터도의 일종의 종합이다. 양상도 제작자는 자신이 바람직하다고 알아낸 특정 미래를 구상하면서 이렇게 묻는다. "이런 세계를 생산하기 위해서는 현존하는 회집체를 어떻게 바꾸어야 할 것인가?" 예를 들면, 환경 활동가는, 농경 조건이 변화하고 더 파괴적인 날씨 사건이 발생하며 사람들이 자원을 두고 다툴 미래 시기의 엄청난 경제적 및 정치적 불안정으로 인해 세계적 기근과 많은 유기체의 멸종이 야기될 특정 방향을 따라 세계가 진전하고 있음을 인식할 것이다. 양상도는 주어진 운명을 벗어날 가능한 미래를 생산하기 위해 현재의 지형, 즉 기계들의 현재 배치에 대한 작용으로 이루어질 것이다. 이것은 현대 세계의 지형에서 기계들이 서로 관련된 방식, 세계의 현재 조직을 유지하는 되먹임 관계, 이 세계를 존속하게 하는 기계들 사이의 의존성, 그리고 이 세계의 벡터를 변화시키기 위해 어떤 기계를 추가하고 제거해야 하는지에 관한 지도에 대한 이해를 수반할 것이다. 양상도를 이해하려면 지리철학의 두 가지 다른 차원을 이해해야 한다.

해체

해체는 상호작용들이 만들어내는 중력을 통해서 특정한 생태적 패턴을 유지하는 무형 기계와 유형 기계의 관계를 단절하기라는 작업을 포함하는 그런 차원의 지리적 실천이다. '해체'라는 용어로 나는 문화연구와 비판 이론에서 작동하는 대로의 느슨한 해체 개념을 보존할 뿐만 아니라, 훨씬 더 직설적인 해체 개념도 제안하고 싶다. 다시 말해서, 표현의 측면이나 비물질적 기표 기계들에 전념하는 해체적 실천의 한 차원이 있을 것이고, 내용의 측면이나 세계 속 유형 기계들 사이의 관계들과 관련된 해체의 다른 한 차원이 있을 것이다.

지금까지 해체는 일반적으로 표현의 측면에 한정되었는데, 요컨대 기표 회집체에 작용하는 일단의 조작을 거론하면서 그 조작들의 '자연성'(다윈 이전의 의미에서)과 내부 결속력, 내부 필연성에 이의를 제기한다. 해체를 가리키는 다른 이름은 '의심의 해석학' 혹은 '비판 이론'일 것이다. 해체는 데리다와 그 추종자들의 작업에서 꽤 정확한 의미를 나타내지만, 대중문화에서는 다양한 기표 기계 또는 표현적 구성체의 정당성과 힘에 이의를 제기하는 모든 형태의 문화적 비판을 가리키게 되었다. 그러므로 예를 들면, 데리다의 해체, 지젝의 이데올로기 비판, 정신분석학, 역사주의 비판, 퀴어 및 페미니즘 이론, 맑스주의 경제 비판, 하버마스 이전의 프랑크푸르트학파, 그리고 다양한 다른 형태의 비판 이론이 해체라는 표제어 아래 포섭될 것이다.

이런 의미에서의 해체에 관한 탁월한 일례는 주디스 버틀러의 『젠더 트러블』일 것이다.[38] 버틀러는 우리의 성 정체성과 성적 성향의 자연성에 이의를 제기하면서 그것들이 오히려 어떻게 수행적 실천의 결과

---

38. Butler, *Gender Trouble* [버틀러, 『젠더 트러블』]를 보라.

인지 보여준다. 우리는 필연적으로 반대의 성을 욕망하는 남성 혹은 여성으로 태어나기보다는 오히려 남성성과 여성성, 이성애를 수행한다. 이들 수행은 우리가 양육되는 더 넓은 문화에서 물려받는 대본에 근거를 두고 있다. 그러므로 성 정체성과 욕망에 관한 버틀러의 분석은 이것들을 탈물질화한다. 그것들이 우리 존재의 고유한 성질이나 특성이라기보다는 오히려 비물질적 기호 기계가 우리에게 작용하는 방식과 우리가 자신의 수행을 통해서 우리 자신의 실천으로 기계들을 재연하는 방식에서 비롯됨을 알게 된다. 문화가 역사와 우연성의 영역인 한에 있어서 이런 해체 덕분에 우리는 자신의 성 정체성의 우연성을 인식할 수 있게 되면서 다른 가능성을 상상하고 시행하기 시작할 수 있게 된다.

　　표현적 해체의 또 다른 사례는 알튀세르의 이데올로기 분석에서 찾아볼 수 있다. 「이데올로기와 이데올로기 국가 장치」라는 유명한 에세이에서 알튀세르는 교화와 매체, 학교 같은 기관들이 자본주의 아래서 지배적인 생산양식과 계급관계를 재생산하기 위해 기능하는 방식을 드러내고자 시도한다.[39] 우리는 교회는 정신적 교화에 전념하고, 학교는 지식과 훈련의 보급에 전념하고, 매체는 오락과 정보에 관여한다고 생각하지만, 알튀세르는 이들 기관이 매우 다른 목적, 즉 잉여가치를 산출하는 데 필요한 과정들에 필수적으로 종사해야 하는 순종적이고 유능한 일꾼들을 생산하는 목적을 지니고 있음을 예증하려고 노력한다. 여기서 해체는, 우리가 한 가지 특정 목적을 지니고 있다고 생각한 신망 있고 유명한 기관들이 사실상 우리가 분명히 깨

---

39. Althusser, "Ideology and Ideological State Apparatus," *Lenin and Philosophy and Other Essays*[알튀세, 「이데올로기와 이데올로기적 국가 기구」, 『레닌과 철학』]를 보라.

닫고 있다면 지지하지 않을 사회적 질서를 재생산하고자 하는 또 다른 억압적 목적을 지니고 있음을 보여주는 데 있다. 알튀세르는 그런 해체를 통해서 이들 기관의 억압적 조작에서 우리를 분리하여 더 공정하고 자유롭고 공평할 새로운 기관을 형성하는 데 도움을 줌으로써 해방의 가능성을 위한 조건에 이바지한다.

나는 이들 사례를 응당 평가해야 할 만큼 제대로 평가한 것이 전혀 아니라, 단지 지리철학이 표현의 측면의 층위에서 해체에 관해 어떻게 생각하는지에 대한 감각을 제공하기 위해 제시할 따름이다. 표현의 측면의 층위에서 해체는 우리가 한 가지 목적을 지니고 있다고 믿은 어떤 표현 기계가 오히려 또 다른 목적을 지니고 있음을 보여주거나, 혹은 우리가 자연적이고 필연적이라고 여긴 것이 사실상 역사적이고 우연적임을 보여준다. 그러므로 이런 해체는 표현 기계들 이면의 우연성을 드러내면서 새로운 사회적 회집체를 창출하기 위한 경로를 개척한다. 비물질적이고 표현적인 기호 기계들이 인간이 포함된 회집체들에 중력을 행사하는 한에 있어서 지리철학은 존재지도학적 분석과 실천의 중요한 요소로서 표현적 해체의 다양한 기법을 유지한다. 다양한 기호 기계의 효험을 단절하는 것은 사회적 회집체가 바뀌게 되는 방식의 일부다. 물론, 이들 다양한 해체 기법은 존재지도학과 발달 체계 이론의 발견 결과―특히 지리철학에 의한 자연/문화 분열의 해체―에 의거하여 수정되어야 하지만, 그런데도 그 기법들은 일반적으로 견실하다. 이들 기법에서 수정되어야 하는 것은 대다수 문화적 비판이 암묵적으로 공유하는, 표현 기계가 물질적 존재자를 일방적으로 결정하고 조직한다는 가정이다. 오히려 표현적인 것 또는 기호적인 것과 물질적인 것 사이의 역동적인 상호작용을 탐구할 필요가 있다.

지리철학은 표현적 해체의 실천에 덧붙여 물질적 해체 또는 신체적 해체도 제시한다. 물질적 해체는 어떤 기계에 대하여 움직임, 국소적 표현, 혹은 되기의 자유를 개방하도록 두 개 이상의 유형 기계 사이의 의존 관계를 단절하는 것으로 이루어진다. 표현적 해체는 기호와 텍스트, 믿음, 이데올로기에 조작을 수행하고, 물질적 해체는 육체적인 것들의 관계에 조작을 수행한다. 물질적 해체의 전제는, 어떤 기계가 그런 식으로 국소적으로 현시되고 움직이는 한 가지 이유는 그 기계가 다른 기계의 중력에 포획되어 있기 때문이라는 것이다. 다시 말해서, 우리가 참을 수 없는 사회적 관계를 감내하게 하는 것은 그저 이데올로기와 잘못된 믿음만이 아니고, 물질적인 것들과 맺어진 관계도 있다.

어떤 기계가 다른 한 기계에 대해 힘을 행사할 수 있는 두 가지 방식이 있다. 첫째, 한 기계는 그저 다른 한 기계에 대한 걸림돌이 됨으로써 그 기계의 가능한 움직임을 조직할 수 있다. 전자의 기계가 후자의 기계에 대해 걸림돌로 현존하기에 후자의 기계의 움직임은 어떤 경로를 따라 유도되면서 그 기계는, 적어도 큰 노고와 어려움을 겪지 않는다면, 다른 기계들과 접촉할 수 없게 된다. 복도와 과속 방지턱, 강, 사막, 산맥, 도로, 기차 노선, 해양은 모두 다른 존재자들의 움직임과 경로를 조절할 수 있는 존재자로서 그것들이 저 방향이 아니라 이 방향으로 어쩔 수 없이 움직이게 하고, 저 존재자가 아니라 이 존재자와 어쩔 수 없이 관계를 맺게 한다. 그러므로 공간 혹은 영토의 배치 자체가 사회적 회집체들이 어떻게 조직되는지와 어떤 존재자들이 이들 사회적 회집체에 속하는지에 대한 촉매 역할을 수행한다.

둘째, 한 기계는 다른 한 기계의 중력에 포획될 수 있는데, 이를테면 전자의 기계가 자신을 존속하는 데 필요한 에너지를 후자의 기계에서 비롯되는 흐름에 의존하는 경우에 그렇다. 우리는 이런 상황을 기업 화폐의 사례에서 살펴본 적이 있는데, 여기서 광부가 그 기업 아래서의 삶이 억압적이지만 아무 대안도 없음을 깨닫게 되는 이유는 자신의 지역에서 다른 일자리 기회가 전혀 없고 오로지 그 기업을 통해서만 상환될 수 있는 화폐로 지급받기 때문이다. 그 상황은 화석연료에 대한 의존성의 경우에도 마찬가지다. 어쩌면 어떤 사람은 기후변화의 실재성을 설득당해서 그것이 화석연료의 연소와 어떻게 관련되는지 이해함에도 기후변화를 방지하는 데 이바지할 일을 행하지 못하게 하는 환경에서 살아갈 것이다. 필경 그는 태양 전지판과 하이브리드 자동차 같은 것들을 살 만큼 충분한 돈을 벌지 못함으로써 교통과 가정을 운영하기 위한 화석연료에의 의존성에 갇혀 버리게 될 것이다. 필경 그는 건설 사업에 종사하고 있고 자신의 장비를 운반할 대형 차량이 필요할 것이다. 필경 그는 지역적으로 재배한 식품을 살 수 없는 지역에서 살아가고, 따라서 먼 지역에서 배송된 식품과 환경적으로 파괴적인 기법을 사용하여 재배된 식품에 의존할 것이다. 필경 그의 일터는 멀리 떨어져 있고, 따라서 자전거를 타고 출근하기보다는 오히려 자동차를 운전하여 출근할 것이다. 이런 환경에서는 그 사람의 행위를 조장하는 것은 기후변화에 관한 믿음의 결여가 아니라, 오히려 물질적 환경에 의해 생성된 필요성이다. 그는 자신이 선호하지 않음에도 화석연료에 의존하는 환경에 다소간 강제적으로 처해 있다. 이들 경우에 필요한 것은 기표 회집체나 집합체의 파괴가 아니라 물질적 세계의 전환이다.

물질적 해체는 어떤 영토를 구성하는 에너지 의존성과 장애물에 개입함으로써 새로운 형태의 움직임과 국소적 표현, 되기에의 경로를 개척하는 방식으로 관계를 단절한다. 다시 말해서, 물질적 해체는 어떤 특정 회집체가 구성되는 방식을 문자 그대로 해체함으로써 한 존재자 혹은 일단의 존재자가 다른 한 존재자에 대해 행사하는 중력의 기반을 약화한다. 그런 해체는 다소 사소한 것 – 이것은 시각의 문제일지라도 말이다 – 에서 난해한 것에 이르기까지 다양하다. 그러므로 예를 들면, 우리는 대체로 다른 마을에서 단절되어 있기에 기회에서 단절된 외딴 산골 마을을 생각할 수 있을 것이다. 여기서는 산을 통과하는 난점이 그곳에서 살아가는 사람들의 경제적 삶과 사회적 삶을 조직하는 장애물로 기능한다. 간단히 그 마을과 다른 마을들 사이를 쉽게 오갈 수 있게 하는 터널을 건설함으로써 그 마을 주민은 온갖 종류의 방식으로 움직일 수 있게 될 것이다. 여기서 우리가 얻게 되는 것은 그 산이 마을 주민에게 행사하는 중력의 해체다.

물질적 해체의 다른 한 사례는 최근에 '월스트리트를 점거하라' 운동의 참여자들이 채택한 '롤링 주빌리'라는 실천일 것이다.[40] 롤링 주빌리는 부채에 개입하기 위한 해체 전략이다. 학자금 대출 부채, 주택담보 대출 부채, 신용카드 부채 등은 한 사람의 삶에 어마어마한 중력을 행사할 뿐만 아니라, 사람들이 거주하는 사회적 회집체에 이의를 제기하고 그 회집체를 변화시키는 집단의 능력에도 엄청난 중력을 행사한다. 막대한 빚을 지고 있는 사람은, 워쇼스키 형제 감독의 〈매트릭스〉 안에 갇힌 사람들과 마찬가지로, 실제로 다른 기관을 위한 배터리와 동등한 것이 된다. 이자가 붙음에 따라 채무자 소득의 상당 부분이 끊임없이 채권자에게 이전되어야 하는데, 종종 끝이 보이지 않는다. 많은 경우에, 채무자는 부채의 매월 할부금을 상환하기 위해 부업을 수행해야 한다. 모든 의도와 목적에도 불구하고, 채무자는

---

40. 롤링 주빌리에 관해 더 자세히 알고자 한다면, 〈http://rollingjubilee.org/〉에서 관련 내용을 살펴보라.

채권자에게 계약제로 고용된다.

그리하여 부채의 중력은 채무자의 삶 전체를 조직하게 되고 채무자의 개별적 삶을 훌쩍 넘어서는 영향을 미친다. 채무자의 시간은 그 자신의 매월 할부금을 상환할 만큼 자금을 확보해야 하는 노동의 필요성이 삼켜버린다. 이런 상황은 결국 관계에 엄청난 압력을 가하고 아이의 돌봄을 등한시하게 만든다. 또한, 채무자는 시간을 빼앗김으로써 자신의 경제 상황을 개선할 그런 종류의 훈련과 교육을 추구하기 어렵게 된다. 마찬가지로, 채무자가 자신에게 청구된 금액을 지불하기 위해 끊임없는 노동에 갇혀 버리게 되는 한에 있어서 그의 이동성은 저하된다. 채무자는 자신의 부채를 상환하기 위해 일을 해야 하므로 자신이 현재 종사하는 직업에 묶여 있게 되고, 그리하여 그냥 짐을 챙겨서 어딘가 다른 곳으로 이주하기가 어렵게 된다. 그러므로 부채는 정치적 영향도 상당히 미친다. 채무자는 채권자에게 지불해야 하는 상황으로 인해 자신의 직업에 묶이게 됨으로써 불공정한 노동 관행에 이의를 제기하는 집단 운동에 관여하기를 꺼리게 되고 임금과 수당의 삭감을 더 기꺼이 받아들이게 된다. 실업은 채무자와 그 가족에게 파국적 상황이기에 일자리는 어떠한 대가를 치르더라도 유지되어야 하고 일자리를 위협할 어떤 행동도 회피되어야 한다.

그러므로 부채는 하나의 중력 메커니즘, 즉 개인의 삶을 조직할 뿐만 아니라 사회적 회집체의 구조도 조직하는 밝은 객체로 기능한다. 부채는 사람들의 공간 이동성을 감소시키고, 불공정한 노동 관행에 맞서는 활동을 축소하고, 사람들이 자신을 교육적으로 계발할 수 있는 능력의 기반을 이루는 시간을 빼앗으며, 돈을 채권자에게 끊임없이 집중시킴으로써 사회적 회집체를 조직하는 기능을 수행하는데, 그리하여 자본주의의 불평등한 구조를 그대로 내버려 두게 된다. 우리와 사회적 회집체는 모두 부채의 중력 그물에 갇히게 되는데, 요컨대 우리는 자신의 채권자들에게 지불할 돈을 벌기 위해 끊임없이 일해야 하는 삶에 묶이게 된다. 부채의 크기와 이자율에 따라 우리는 자신이 이 중력에서 결코 벗어날 수 없음을 깨닫게 된다.

롤링 주빌리는 부채가 행사하는 중력을 전략적으로 겨냥하는 유물론적인 해체적 실천이다. 롤링 주빌리의 참여자들은 채권자들에게서 다른 사람들의 부채를 더 싸게 매입한다. 일반적으로 채권자가 다른 채권자에게서 채권을 매입하는 의도는 채권을 매집하여 그 이자로 수익을 올리기 위함이다. 한 채권자가 더 저렴한 가격으로 채권을 매도하는 이유는, 그 채권을 확보하고 있었다면 벌 수 있었을 액수에는 미치지 않을지라도, 그 채권으로 여전히 약간의 수익을 올릴 것이기 때문이다. 상대편 채권자가 그 채권을 매입하는 이유는 남아 있는 대출금과 이자로 돈을 벌 수 있을 것이기 때문이다. 롤링 주빌리를 독특하게 만드는 것은, 그것이 채권을 매입하는 의도는 채권을 매집하기 위함이라기보다는 오히려 부채를 탕감하기 위함이라는 점이다. 다시 말해서, 롤링 주빌리는 채권 매입으로 인한 수익을 요구하지 않는다. 바라는 바는, 자신의 부채를 탕감받은 채무자가 이런 탕감 과정이 지속하도록 다른 사람의 부채를 매입하는 데 투자할 것이라는 점이다.

그러므로 롤링 주빌리는 한 개인이 어떤 에너지의 중력 관계에 포획된 상황을 단절하거나 해체한다. 그것은 채무자를 채권자에 대한 에너지원으로 작용하는 상황에서 떼어놓는다. 이런 해체를 통해서 온갖 종류의 가능성이 개방된다. 개인적 층위에서는 그 사람이 더는 그렇게 일할 필요가 없기에 자신의 기회를 향상하기 위해 훈련과 교육을 추구할 수 있게 되고, 가족 및 연인과 더 많은 시간을 보낼 수 있게 되고, 많은 파괴적인 스트레스가 사라지며, 특정한 지리적 위치에 더는 갇혀 있지 않게 된다. 집단적 층위에서는 더 공평한 노동 조건을 추구하기 위하여 조직을 구성하고 불공평한 노동 관행에 이의를 제기할 가능성이 더 커지게 된다. 부채의 해체가 이런 일이 일어날 것이라는 점을 보증하지는 않지만, 그 해체는 그런 일이 일어날 수 있는 가능성을 향상하는 데 이바지한다. 이런 종류의 해체는 사람들의 삶과 행동을 조직하는 물질적 중력에 대한 민감성을 통해서 그런 일을 성취하게 된다. 그 해체는 자본에 이의를 제기하기를 꺼리는 태도가 이런 불평등하고 억압적인 조건을 공정하고 자연적이라고 여기는 이데올로기적 믿음에 속아 넘어감으로써 생겨난 것이라고 이해하기보다는 오히려 사람을 어떤 경로에 가두는 중력장을 검토한다.

우리는 앞서 논의한 바에 근거를 두고서 양상도가 어떤 모습일지에 대한 더 나은 감각을 얻게 된다. 표현적 해체와 물질적 해체의 층위에서, 양상도는 이들 관계가 단절되면 이런 종류의 미래가 생산될 수 있다고 가정한다. 지형학의 층위에서 특정 세계 또는 회집체의 움직임과 국소적 표현, 되기가 관계들의 네트워크들에 의해 조직된다는 점을 인식하는 해체 전략은 표현 기계와 유형 기계의 층위에서 이루어진 어떤 관계들을 단절함으로써 대안이 가능해지도록 개입한다. 그런데 이런 일은 관계가 단절될 수 있는 경우에만 가능하다. 이 상황은 존재론적 층위에서 기계가 관계와 독립적이어야 함을 요구한다. 기계들은 사실상 서로 관계를 맺지만, 변화가 일어나려면 기계들은 관계를 단절할 수 있어야 한다. 그런데 관계의 단절이 종종 뜻밖의 결과를 초래할 수 있기에 우리는 물질적 해체와 관련하여 주의를 기울여야 한다. 줄기 두꺼비가 북부 오스트레일리아 지역에 도입된 사례에서 이런 사태를 살펴볼 수 있다. 1932년에 오스트레일리아의 농부들은 그들의 사탕수수밭을 파괴하고 있던 곤충을 잡아먹도록 줄기 두꺼비를 그 생태계에 도입했다. 다시 말해서, 이들 농부는 사탕수수 식물과 곤충의 관계를 해체하고자 하였다. 그들은 이 목적을 달성하는 데에는 엄청난 성공을 거두었지만, 문제는 어떤 천연 포식자도 없었기에 줄기 두꺼비가 오스트레일리아의 생태계를 재빨리 지배하게 됨으로써 지역의 야생과 동물상을 파괴했다는 것이다. 요약하면, 치유책이 질병보다 더 나쁜 것임이 판명되었다. 해체를 통해서 생산될 미래에 관한 양상도를 제작할 때, 바람직한 출력물만큼이나 우연성을 고려하는 것이 중요하다. 이런 일은 우리가 개입하고 있는 체계의 지형과 그 지형에 거주하는 기계들의 본성, 그 기계들이 이들 해체에 반응할 법한 방식에 관한 지식이 필요하다.

대지형성

대지형성, 즉 세계의 구축이 지리철학의 세 번째 차원이다. 움직임과 되기의 새로운 경로를 개방하도록 기계들의 관계가 단절될 수 있는 것과 꼭 마찬가지로, 현존하는 세계에 새로운 기계가 추가됨으로써 움직임과 되기의 새로운 경로를 창출할 수 있게 된다. 해체와 대지형성은 종종 어우러지면서 동시에 발생할 것이다. 그러므로 예를 들면, 집을 지을 때 일어나는 일에 관해 생각하자. 우선 수목과 관목을 벌채하고 땅을 고르는 등의 작업을 통해서 초래되는 토지의 해체가 있고, 그다음에 실제로 기초를 다지고 집을 짓는 등의 대지형성 작업이 있다. 해체는 대지형성의 필수 요소다.

현대 비판 이론의 결점 중 하나는 그 이론이 오로지 해체에 집중하는 경향이 있다는 것이다. 예를 들면, 맑스주의적 비판 이론의 경우에, 자본주의와 관련하여 그르고 파괴적이며 억압적인 모든 것에 대한 설득력이 있고 견실한 비판은 제기되지만 대안에 관한 구상은 거의 제시되지 않는다. 우리가 달리 할 수 있는 방법에 관한 구상은 거의 제안되지 않는다. 이것은 어떤 질병에 관한 어떤 치료법도 표명하지 않은 채로 그 질병이 우리 몸을 파괴하는 방식에 대한 설명을 제시하는 것과 약간 유사하다. 그런 지식은 궁극적으로 그 질병을 치료하는 데 필요하지만, 그것만으로는 효과가 별로 없다. 우리가 대안을 어떻게 구축할 것인지에 관한 논의가 전혀 없다면, 사람들은 여전히 자본주의의 중력 구조에 갇혀 있게 된다. 그 상황은 텔레비전 쇼 〈사우스 파크〉의 두 번째 시즌에서 방영된 '난쟁이'Gnomes라는 에피소드의 상황과 유사하다. 그 에피소드에서는 사람들의 가정에서 속옷을 수집하러 돌아다니는 일단의 난쟁이가 등장한다. 마침내 그 난쟁이들의 소굴에 들어가는 소년들은 그들이 사업 계획의 일부로서 이 기묘한 활동에 관여함을 알게 된다.

> 1단계 : 속옷 수집
> 2단계 : ?
> 3단계 : 이윤!

이것이 대다수 비판 이론과 해체 이론과 관련된 상황이다.

> 1단계 : 급진적 비판
> 2단계 : ?
> 3단계 : 혁명적 사회!

여기서는 2단계 또는 대지형성에 관한 구상이 없기에 이들 비판은 결국 변화를 전혀 만들어내지 못한다. 사람들은 비판의 견실성을 인식할 것이지만, 비판받는 행위주체들의 중력 그물에 여전히 갇혀 있게 된다. 어떤 대안도 없기에 사람들은 어쩔 수 없이 이런 조건을 따르면서 이전처럼 지낼 수밖에 없다. 이와 같은 환경에서 사람들이 그런 회집체를 감내하는 것은 그들이 이데올로기에 속아 넘어가기 때문이 아니라, 그들이 여전히 일하고 먹고 자신의 가족을 돌보는 등의 활동을 해야 하기 때문이고, 게다가 이런 것들을 행할 다른 방식을 전혀 인식할 수 없기 때문이다. 지리철학의 목표 중 하나는 더 많은 일과 생각을 대지형성에 전념하도록 고무하는 것이다.

해체와 마찬가지로, 대지형성은 표현의 층위와 내용의 층위에서 일어날 수 있다. 표현의 층위에서 대지형성은 이전에 사회적 회집체 안에 현존하지 않았던 새로운 기표 회집체의 생산이나 구축으로 이루어진다. 이것은 세계를 이해하기 위한 새로운 개념적 회집체와 새로운 규범, 삶의 목적 등의 발명으로 이루어진다. '월스트리트를 점거하라' 운동은 주목할 만한 성취를 이루지 못했다고 종종 비판받지만, 표현의 층위에서는 꽤 많이 성취했다. 그 운동이 일어나기 이전에는 소득 불평등에 관한 논의가 미합중국에서 거의 완전히 부재했다. 소득의 대부분을 벌고 대다수의 부를 통제하는 일부 인구와 여타 사람 사이의 엄청난 격차는 주류 정치학의 쟁점이 아니었다. 그 운동은 경제학과 비판 이론에 대한 깊은 배경이 없는 사람들이 접근할 수 있는 기표 우주를 구축함으로써 이 쟁점을 국민적 관심사로 부각했는데, 그리하여 우리는 이런 부의 격차와 그 격차를 유지하고 심화하는 조작들이 우리 삶과 정치의 모든 측면에 영향을 미치는 방식을 식별할 수 있게 되었다. 이런 기표 우주의 대지형성은 결국 대안 구축을 위한 길을 개척한다. 요약하면, '월스트리트를 점거하라' 운동은 표현의 측면에서 이전에 밝게 현존하지 않았던 무언가를 추가했다.

내용의 층위에서 대지형성은 움직임과 되기의 새로운 경로를 개척하기 위해 새로운 유형 존재자들을 추가하는 것과 유형 기계들 사이의 관계들을 구축하는 것에 있다. 해체와 마찬가지로, 대지형성적 개입은 소규모의 것에서 대규모의 것에 이르기까지 다양할 수 있다. 그 스펙트럼의 작은 쪽 끝에는 학교에서 학습하는 데 어려움을 겪는 한 초등학생을 생각할 수 있을 것이다. 후속 조사는 어쩌면 그 어린이가 학습 장애나 주의력 결핍 장애를 겪는 것이 아니라 오히려 근시임을 밝힐 것이다. 단순히 새로운 매체, 즉 안경을 도입함으로써 그 어린이에게는 완전히 새로운 세계, 있는 것조차 알지 못한 세계가 열리게 된다. 이 기계를 추가함으로써 그 어린이는 이제 수업 중에 칠판에 필사되고 있는 것을 따라갈 수 있게 되고, 따라서 새로운 학습의 가능성이 그에게 열리게 된다. 여기서 내용의 측면에서 일어난 변화는 그 어린이가 표현 기계(학교에서 배우는 교재)와 관계를 맺는 방식의 층위에서 변화가 일어날 가능성을 개척한다.

　　이것은 대지형성에 관한 사소한 일례인데, 그 어린이에게는 사소하지 않지만 말이다. 무엇이 심대하고 광범위한 대지형성에 해당할 것인가? 많은 사람이 자본주의를 감내하는 것은 그들이 자본주의가 자연적이고 공정하다고 믿기 때문이 아니라, 혹은 충분히 열심히 일하기만 한다면 그들 역시 언젠가 백만장자가 될 것이라고 믿기 때문이 아니라, 그들에게 아무 대안도 없기 때문이다. 오히려, 그들은 자신과 자신의 가족을 부양해야 하고, 따라서 그들은 임금 노동과 얻을 수 있는 일자리를 감수해야 한다. 이런 상황을 바꾸는 한 가지 방식은 사람들이 자신의 필요를 충족시킬 수 있게 하는 대안을 만들어내는 일일 것이다. 예를 들면, 마이클 린턴이 처음 제안했고 가라타니 고진이 논의한 '지역교환거래 체계'(이하 LETS)가 하고자 애쓰는 것이 바로 이것이다.[41] LETS는 사람들이 다른 사람들을 위해 자신이 수행한 용역에 대한 신용을 획득한 다음에 그 신용이 다른 사람들에게서 용역으로 교환될 수 있는 경제적 체계다.[42] 그러므로 예를 들면, 나는 다른 한 사람의 울타리를 손질함으로써 x만큼의 신용을 벌 수 있을 것이다. 그 후에 나는 나의 지역 LETS 체계에 참여하는 지역 농부에게서 식량을 구매하는 데 이 신용을 사용할 수 있다.

그러므로 내가 노동을 행함으로써 다른 용역과 상품으로 교환될 수 있는 신용을 획득한다는 점에서 LETS는 물물교환 체계와 다르다. 물물교환 체계에서는 자신이 재배한 옥수수를 어떤 직물과 거래한 다음에 다른 교환에 관여하려면 직물을 찾고 있는 누군가 다른 사람과의 만남을 기다려야 하고, LETS 체계에서는 해당 공동체에서 동등한 가치의 용역과 상품으로 교환될 수 있는 신용을 획득한다. 처음에, 내가 다른 사람들에게 제공하는 재화와 용역에 대한 신용을 획득한다는 점에서, LETS는 임금 노동과 동일한 것처럼 보일 것이다. 그런데 중요한 차이점은, LETS 아래서는 교환 과정에서 어떤 잉여가치도 생산되지 않고 획득한 신용에서 어떤 이자도 발생하지 않는다는 것이다. 가라타니가 서술하는 대로, "그것은 모든 사람의 이해득실의 총합이 영이 되도록 조직되어 있다."[43] 재화와 용역, 신용은 서로 가치가 동등하기에 교환으로부터 어떤 수익도 창출되지 않는다. 그리하여 이자 수익을 올리기 위해 신용을 축적할 동기도 없고, 자신의 정당한 몫을 빼앗기는 일꾼도 없다. 마지막으로, 재화와 용역으로 획득한 신

---

41. K. Kojin, *Transcritique*, trans. S. Kohso (Cambridge : MIT Press, 2003), 23~5 [가라타니 고진, 『트랜스크리틱』, 이신철 옮김, 도서출판 b, 2013]을 보라.

42. LETS에 관한 더 자세한 내용은 〈http://www.gdrc.org/icm/lets-faq.html〉에서 입수할 수 있음.

43. Kojin, *Transcritique*, 23. [고진, 『트랜스크리틱』.]

용이 정규 화폐로 교환될 수 있다는 점에서 LETS는 기업 화폐 체계와 다른데, 요컨대 사람들은 자신이 바란다면 그 경제에서 벗어날 수 있게 되고, 신용은 기업 같은 단일한 기계에 의해 지급되는 것이 아니라 오히려 재화와 용역을 구매하는 사람들에 의해 지급된다.

존 크로포트가 지적하는 대로, LETS 덕분에 사람들은 전통 경제를 우회하는 방식으로 해당 공동체의 부를 실현할 수 있게 된다.[44] 예를 들면, 경기 침체로 인해 지역 공동체에서 돈이 부족하고 실업률이 높다고 가정하자. 그 공동체의 주민들은 계속해서 재화와 용역이 필요하고, 그 공동체에는 많은 부가 여전히 남아 있으며, 그 공동체 안에는 숙련된 일꾼이 많이 있지만, 기술과 용역, 재화의 형태로 그 공동체의 부를 입수하기에는 충분한 돈이 없다. LETS는 이런 문제를 우회하는 한 가지 방법이다. 용역과 재화는 그에 해당하는 신용의 크기와 더불어 온라인 게시판에 나열되고, 그 체계에 참여하는 각 개인이 소유하는 신용의 크기 역시 나열되며, 해당 용역과 재화를 제공할 기술을 갖춘 사람들은 그것들이 필요한 사람들과 접촉한다. 일자리가 사업체, 기업, 혹은 소유주에 의해 제공되는 자본주의적 체계와 달리, LETS 체계에서는 교환 관계가 개인 간에 일어난다. 이렇게 해서 LETS 덕분에 공동체의 부는 돈이 모자라는 경제적 혼란과 불안정의 시기에도 입수될 수 있게 된다. 그런 경제적 체계 안에서는 사람들의 기술이 계속해서 활용될 수 있고, 따라서 사람들은 자신의 교육과 법률, 의복, 에너지, 양육의 필요에 계속해서 대비할 수 있다.

이와 관련된 취지로, 자본주의적 체계가 공동체에서 부를 **빼앗는**

---

44. Croft, "A FAQ on LETS," ⟨http://www.gdrc.org/icm/lets-faq.html⟩에서 입수할 수 있음.

경향이 있는 이유는 돈이 소유주와 공동체의 외부로 흘러가기 때문인 반면에, LETS는 부를 공동체 안에 머무르게 하는 데 이바지하고 사실상 공동체를 구축하는 기능을 수행한다. 한편으로, 공동체 관계가 구축되고 강화되는 이유는 경제적 거래가 개인 간에 직접 이루어지기 때문이다. 다른 한편으로, 이 경제에 참여하려면 LETS 집단에 합류해야 하고, 게다가 그런 체계에서 이해득실의 총합이 영이기 때문에 부는 공동체 바깥으로 빠져나가지 않고 오히려 그 안에서 순환한다.

이런 간략한 진술은 LETS를 사실상 제대로 다루지 못했고, 따라서 나는 독자가 나름대로 더 알아보기를 강력히 권고한다. LETS는 대지형성에 대한 완벽한 일례이다. 나는 그것이 완벽한 체계라고 주장하고 있지도 않고, 그것이 자본주의의 모든 우환을 해결한다고 주장하고 있지도 않고, 오히려 단지 대규모의 대지형성이 어떤 모습일지에 대한 일례로서 그것을 환기할 따름이다. 대지형성의 실천은, 노예 소유주에 맞선 노예 반란 혹은 현존하는 체제를 전복하고자 하는 정치 혁명의 경우처럼, 특정 형태의 중력을 둘러싸고 조직된 현존하는 회집체에 정면으로 이의를 제기하고자 하지 않는다. 오히려, 대지형성은 사람들이 현존하는 회집체의 중력을 온전히 우회할 수 있게 하는 대안 회집체를 구성하려고 시도한다. 현존하는 회집체와 싸우기보다는 오히려 그저 그 회집체에서 벗어나서 어딘가 다른 곳에 캠프를 세운다. LETS의 사례에서 알 수 있는 대로, 이런 탈주는 공간의 한 노드에서 다른 한 노드로 움직일 필요가 없다. 오히려 그것은 해당 회집체의 동일한 지리적 영역의 바로 그 안에서 이루어지는 적절한 탈주일 수 있다.

해체와 마찬가지로, 대지형성은 회집체들 또는 세계들에 관한 좋은 지도가 필요하다. 만약 세계가 회집한 방식을 이해하지 못한다면, 무엇이 해체되어야 하는지 알 수 없다. 만약 현존하는 회집체의 중력 구조를 이해하지 못한다면, 어떤 다른 종류의 회집체가 구성되어야 하는지 결정할 수 없다. 해체와 대지형성은 둘 다 지도학을 언제나 수반할 것이다. 그런데 지도학은 해체나 대지형성을 언제나 수반하는 것은 아니다. 예를 들면, 대지형성은 노예제로 특징지어지는 사회적 회집체에 대한 적절한 반응이 아님이 명백하다. 어떤 노예가 해당 회집체에서 결코 벗어날 수 없는 이유는 바로 그가 노예이기 때문인데, 적어도 그는 큰 위험과 희생을 무릅쓰지 않고서는 그렇게 할 수 없다. 노예제를 극복하는 유일한 방법은 법률과 믿음의 층위에서 그 제도를 정당화하는 기표 회집체들과 그 제도를 뒷받침하는 물질적 체계를 분쇄하는 것이다. 마찬가지로, 학습의 문제가 있는 근시 어린이의 사례에서 드러난 대로, 해체가 언제나 관계를 바꾸기 위한 적절한 반응인 것은 아니다.

흔히 전환적 실천은 해체와 대지형성의 조합을 수반할 것이다. 예를 들면, 기후변화를 해결하려면 우리가 우리 자신의 생활방식이 환경에 미치는 영향을 보지 못하게 만드는 믿음과 이데올로기를 모두 해체할 뿐만 아니라 어떤 기술들과 화석연료에 대한 우리의 의존성도 해체해야 한다. 또한, 그것은 새로운 기술, 새로운 여행 방식, 새로운 농업 관행, 새로운 형태의 에너지, 생태계와 관계를 맺는 새로운 방법, 그리고 표현 기계의 층위에서 '좋은 삶'을 구성하는 것에 관한 새로운 일단의 이상과 관점을 구축할 필요가 있다. 마찬가지로, 사람들을 아무 대안도 없는 비참한 상태로 전락시킴으로써 1917년의 러시아 혁명을 촉발한 것과 같은 대규모의 경제적 파국을 제외하고, 비판만으로는 자본주의에 실질적으로 영향을 미칠 법하지 않다. 사람들이 자신과 자신의 가족을 부양할 수 있게 하는 대안을 **구축하기** 시작할 때에만, 비판 외의 것을 제시하기 시작할 때에만, 실제적 대체 세계가 어떤 모습일지 보여주기 시작할 때에만 많은 사람이 자본주의 비판에 따라 행동할 법하다.

결론

지리철학의 세 가지 차원은 〈표 8.2〉에 나타낸 대로 요약될 수 있다.

존재지도학의 목표는 세 가지다. 첫째, 존재지도학은 지금까지 대륙적 사회 이론과 정치 이론이 주로 주체의 담론적인 일인칭 경험에 집중했다 ─ 소수의 주목할 만하고 중요한 예외가 있다 ─ 는 전제에서 나아간다. 희망컨대 앞서 논의된 바가 분명히 하는 대로, 존재지도학은 이들 분석 양식을 보존하고 싶고 그것들이 어느 정도는 타당하다고 믿고 싶다. 그런데 존재지도학은, 이런 형태들의 분석이 권력이 작동

	실천	목표	생산물
지도학	지도 제작	세계의 중력 조직을 이해하기	지형도, 발생도, 벡터도, 양상도
해체	관계 단절/ 제거하기	움직임과 되기, 국소적 표현을 해방시키기 위해 중력을 전복하기; '탈주선'의 창출	표현의 층위와 내용의 층위에서 기계와 회집체의 해체 (현존하는 생태의 기반을 약화하기)
대지형성	관계 구축/ 추가하기	더 만족스럽고 공정하고 지속 가능한 새로운 회집체를 구성하기; 삶과 물질성, 정동성의 새로운 장의 창출	표현의 층위와 내용의 층위에서 기계와 회집체의 구성 (새로운 생태를 구축하기)

〈표 8.2〉 지리철학의 세 가지 차원의 요약

하는 방식에 관한 매우 한정된 이해를 제시하는 이유는 그것들이 우리의 사회적 관계를 조직하는 데 비인간 기계들이 수행하는 역할을 고려하지 않기 때문이라고 주장한다. 비인간이 우리의 움직임과 되기, 국소적 표현을 재단하는 방식에서 생겨나는 문제들이 보이지 않게 되는 이유는 우리가 담론적인 것만이 오로지 사회적 관계를 조직하는 것으로 여기기 때문이다. 존재지도학의 중요한 목표 중 하나는 이들 비인간과 더불어 그것들이 우리의 사회적 관계를 조직하는 방식과 그것들이 표현의 측면에 해당하는 기표 회집체들과 교차하는 방식에 주의를 기울이게 하는 것이다. 이렇게 해서 존재지도학은 우리의 사회적 및 정치적 개입 지점들을 줄이고자 하는 것이 아니라 늘리고자 한다. 요점은 주디스 버틀러에게서 나타나는 것과 같은 비판 양식들을 폐기하는 것이 아니라, 제인 베넷이 인식하는 대로, 사물 역시 역능이나 중력을 행사한다고 인식하는 것이다. 사물이 특정 회집체에서 자신의 역능을 행사하는 방식을 이해할 때, 우리는 변화를 만들어내기 위한 한 가지 전략으로서 그런 기계에 개입하기 시작할 수 있다.

둘째, 존재지도학의 목표는 사회적 회집체를 자연과 구분되는 별개의 영역으로 파악하기보다는 오히려 생태와 과정으로 파악하는 것이다. 이런 움직임을 자극하는 두 가지 동기가 있다. 한편으로, 사회적 회집체 ─ 사실상 모든 기계와 생태 ─ 는 엔트로피를 저지하는 그런 방식으로 작동하는 과정임을 이해할 때, 우리는 또한 존재를 조작의 견지에서 이해할 수 있는 동시에 조작을 수행하려면 일 ─ 열역학적 의미에서의 일과 노동의 의미에서의 일 ─ 과 에너지가 필요함을 이해할 수 있다. 우리는 '그것은 무엇인가?'라고 묻기보다는 오히려 '그것은 무엇을 행하는가?'라고 물어야 한다. 그리고 '그것은 무엇을 행하는가?'라고 물을 때 우리는 어떤 특정 기계가 무엇에 조작을 수행하는지, 그 기계가 그 흐름을 어떻게 변환하는지, 그리고 그 조작의 출력물은 폐기물과 물질적 생산물, 국소적 표현, 되기 중 무엇인지 묻게 된다.

그런데 조작의 견지에서 기계와 회집체를 이해하는 것은 또한 우리에게 모든 기계와 회집체는 일과 에너지가 필요함을 일깨워 준다. 일은 한 기계 안에서 조작을 수행하거나 혹은 흐름 같은 다른 한 기계에 조작을 수행하는 역량이다. 에너지는 일을 행하는 데 필요한 것이다. 철학의 역사에서 일과 에너지라는 개념들이 거의 완전히 없다는 사실은 놀라운 일이다. 철학자의 경우에 존재는 온전히 대상들과 개념들과 마음들로 이루어져 있는 것처럼 보이고, 게다가 철학자는 존재가 이들 세 가지 것들로 구축되는 방식을 예증하고자 한다. 사회철학과 정치철학의 관점에서 일과 에너지라는 개념들의 부재 상황이 매우 이롭지 못하다면, 그 이유는 에너지가 사회적 회집체 안에서 역능(정치적 의미에서 권력) 또는 중력을 행사하게 하는 주요 메커니즘 중 하나이기 때문이다. 우리는 사회적 기계를 조직하는 것은 단지 기표 회집체들 – 믿음과 이데올로기 – 뿐인 것처럼 말하는데, 그리하여 일과 여가를 통해서 생겨난 기진맥진과 불면이 사회적 관계를 조직하는 역할을 전적으로 무시하게 된다. 지금까지 우리는 일과 에너지에 관한 생각을 시작조차 거의 하지 않았지만 – 개체적 생명의 영역에서 그리고 더 넓은 사회적 생태계와 자연적 생태계의 영역에서 – 존재지도학의 주요 목표 중 하나는 일과 에너지를 사회사상과 정치사상의 전면에 내세우는 것이다. 기후 위기가 심화할 뿐만 아니라 경제적 불평등 역시 지속적으로 증가하는 현실을 참작하면, 무엇보다도 우리는 '열정치'(열역학 + 정치)와 '열윤리'(열역학 + 윤리)를 진전시켜야 한다. 또한, 그런 탐구들은 표현의 측면의 층위에서 불편한 자기반성적인 해체적 분석이 필요할 것인데, 요컨대 이론가들이 사회사상과 정치사상에서 일과 에너지를 지속적으로 간과하는 바로 그 이유에 관한 물음을 제기한다.

다른 한편으로, 존재지도학은 사회적 회집체를 자연과 분리된 별개의 영역으로 이해하기보다는 생태로 이해하면서 사회적 행위주체성이 더 넓은 자연 세계에 속하는 비인간에 의존하고 분산되는 방식에 주의를 끌어들이고 싶어 한다. 티모시 모턴의 "자연 없는 생태학"과는 대조적으로, 우리에게 무엇보다도 필요한 것은 자연에 관한 사유로서의 사회사상과 정치사상이다. 모턴의 직관은 적절하지만, 우리가 해야 하는 일은 자연이라는 개념을 폐기하는 것이 아니라, 지난 300년에 걸쳐 이루어진 발견들에 의거하여 자연 개념을 변환하는 것이고, 자연/문화 구분을 폐기하는 것이다. 이 구분이 파괴적인 이유는 두 가지다. 첫째, 자연/문화 구분의 결과로 우리는 사회적 관계가 오로지 기표와 기호, 이데올로기, 믿음, 규범, 담론, 경제, 법률에서 생겨난다고 여기게 됨으로써 지리, 전염병과 허리케인, 홍수 등의 자연적 사건, 지역 식물 및 동물과의 관계, 해류, 날씨 패턴, 계절, 가용 자원, 기술 등이 사회적 관계가 취하는 형태를 결정하는 데 수행하는 역할을 무시하게 된다. 사회나 문화를 하나의 생태이자 더 큰 자연 세계에 묻어 들어가 있는 것으로 인식하는 것은 우리가 이들 다른 기계가 수행하는 역할을 식별하는 데 도움이 된다. 둘째, 우리는 사회적 회집체를 하나의 생태로 여김으로써 열역학적으로 우리가 비인간으로부터 사회적 관계를 지속시키는 에너지를 끌어냄 – 화석연료와 더불어 농업과 축산업의 경우에 – 을 깨닫게 될 뿐만 아니라, 온갖 종류의 폐기물을 주변 세계에 배출한다는 사실도 깨닫게 된다. 자연/문화 분리는 우리가 이러한 영역 간의 흐름을 망각하도록 조장하는 반면에, 오히려 사회적 회집체를 생태로 여김으로써 사회적 회집체로 유입되어 그 회집체가 존속할 수 있게 하는 것을 고려하게 될뿐더러 사회적 회집체에서 흘러나와서 우리와 더 넓은 자연 세계에 영향을 미치는 것도 고려하게 된다. 기후 변화가 심화함에 따라, 우리는 빅맥을 먹을 때마다 우리 자신이 속해 있는 더 넓은 자연 세계에서 에너지를 끌어내고 있고 우리가 의존하는 세계에 쓰레기를 투기하고 있음을 기억하는 것이 중요하다.

세 번째이자 마지막으로, 존재지도학은 구체적인 것에 대한 호소로 고무되었다. 바로 앞 절에서 논의된 대로, 이론은 추상관념들, 이를테면 '자본주의,' '가부장제,' '인종주의,' '환경,' '주권,' '식민주의' 등을 밀거래하는 경향이 있다.『정신현상학』의 '감각적 확신'이라는 절에서 헤겔이 가르쳐준 대로, 우리는 언어의 본성 덕분에 추상관념을 어김없이 밀거래한다. '/개/'라는 기표 또는 기호는 각기 다른 별개의 개들이나 다양한 개를 결코 완전히 포착하지는 못할 것이다. 그 기표는 개들을 그 다양성과 개체성을 저버리는 일단의 유사성에 기반을 둔 집단으로 언제나 환원할 것이다. 이런 점에서, '자본주의'와 '인종주의' 같은 용어들은 매우 복잡한 회집체들에 대한 축약어다. 그런데 루카치가 가르쳐 준 대로, 우리는 또한 이들 용어를 물화하는 경향이 있다.[45] 다시 말해서, 우리는 이들 용어가 매우 복잡한 회집체들에 대한 축약어임을 잊어버리고, 결국에는 어떤 종류의 신비한 마법을 통해서 사회적 관계들을 공표하는 행위주체들로 여기게 된다. 그러므로 앞서 이해한 대로, 우리는 마침내 실용적 비관주의와 혁명적 정적주의 중 한 관점을 취하게 된다. 실용적 비관주의자는 자신이 모든 곳에 있으면서 어디에도 없는 유령 또는 추상적 존재자와 싸울 수 없음을 인식하고서 철저히 포기하기로 선택한다. 혁명적 정적주의자는 우리가 단박에 유

---

45. G. Lukács, *History and Class Consciousness*, trans. R. Livingstone (Cambridge : MIT Press, 2002) [죄르지 루카치,『역사와 계급의식』, 조만영·박정호 옮김, 지만지, 2015]를 보라.

령 전체를 전복할 수 없다면 어떤 개입 과정도 어떤 개입 순서도 가치가 없다고 주장한다. 혁명적 정적주의자는 자신이 단 한 번의 몸짓으로 적을 죽일 수 있는 소림사 무승이기를 꿈꾼다. 혁명적 정적주의자는 단 한 번의 치명적인 타격을 꿈꾸는 결과로 여타 개입 조치를 거부한다.

구체적인 것에 주목해야 한다는 존재지도학의 요청은 이들 물화된 용어의 근저에 놓여 있는 회집체들 또는 세계들이 실제로 회집하는 방식에 주목해야 한다는 요청이다. 그 전제는, 우리가 회집체들이 표현의 층위와 내용의 층위에서 회집하는 방식을 이해하게 되면 중력의 구조, 역능의 작동 방식, 억압적이고 파괴적인 회집체가 엔트로피에 저항하는 방식, 그리고 해체와 대지형성을 통해서 이들 회집체를 변환하는 전략을 고안하는 방식을 식별할 수 있게 된다는 것이다. 우리는 자본주의에 작용할 수 있는 것이 아니라 기계들 사이의 이런저런 관계에 작용할 수 있고, 따라서 기계들의 이런저런 회집체를 생산할 수 있다. 존재지도학의 외침은 "세계 속 기계들과 더불어 기계들 사이의 관계들에 주목하라"라는 것이고, 존재지도학의 금제는 "추상적 기계 또는 역능이 박탈당한 기계를 무시하라"라는 것이다. 여기서 존재지도학이 염두에 두고 있는 것은 들뢰즈와 가타리의 '추상적 기계'가 아니라, 오히려 너무 모호하기에 세계에 개입할 어떤 지점도 제시하지 못하는 물화되고 역능이 박탈당한 기계임이 명백하다.

우리는 앞서 논의한 바에 기반을 두고서 서로 관련된 두 가지 형태의 정치, 즉 규범적 정치와 지도학적 정치를 생각할 수 있다. 규범적 정치와 윤리는 우리의 정치적 및 윤리적 개입을 활성화하는 목적과 목표를 개관한다. 여기서 우리는 정치적 및 윤리적 평가 자체가 비물질적 표현 기계임을 기억해야 한다. 윤리는 어떤 미래를 만들어내기 위해 현재의 어떤 기계들을 선택하고 어떤 조작을 제시한다. 그것은 양상도다. 정치는 그런 미래를 만들어내기 위한 계획을 제시하는 기계다. 지리철학자가 기억해야 하는 것은, 윤리 기계와 정치 기계가 데 넷이 "스카이훅"이라고 부르는 것처럼 하늘에서 떨어지는 것이 아니라, 우리가 처해 있는 대지, 세계, 환경에서 생겨난다는 점이다. 대륙적 전통의 사회 이론과 정치 이론, 윤리 이론 안에는 윤리 기계가 많이 있다. 우리는 불평등이 나쁘고, 성차별주의가 나쁘고, 인종주의가 나쁘고, 자본주의가 파괴적이고 억압적이며, 지속 불가능한 에너지와 소비 관행이 처참함을 알고 있다. 요약하면, 현대의 관행에서 도출되는 벡터도에 주의를 기울인다면, 현재 우리가 처해 있는 문제 상황은 우리가 준수해야 하는 규범을 당연히 생성할 것이다. 이런 점에서, 여기서 비난은 그 가치가 한정적이다. 우리는 이런 비난을 알고 있고, 그것을 들은 적이 있다. 우리에게 필요한 것은 이들 규범 기계를 세계에 실현할 수 있게 할 양상도다.

이와는 대조적으로, 지도학적 정치는 중력이 조직되는 방식에 관한 지도의 제작으로 이루어진다. 지도학적 정치는 우리가 무엇을 행해야 하는지 거의 말해주지 않고, 오히려 어떤 회집체에서 중력이 그런 식으로 조직되는 방식과 이유에 관한 지도를 제시한다. 맑스와 푸코가 두 명의 모범적인 지도학적 정치 이론가다. 맑스와 푸코는 독자적인 분석을 통해서 사회적 회집체의 중력이 조직되는 방식을 보여준다. 지도학적 정치는 우리의 활동을 조정해야 하는 규범에 관한 담론도 아니고, 우리가 행해야 하는 것에 관한 담론도 아니라, 오히려 특정한 사회적 회집체 또는 세계에서 역능이나 중력이 작용하는 방식에 관한 지도의 제작이다. 예를 들면, 맑스의 『자본론』의 경우에 우리는 무엇을 해야 하는지를 듣게 되는 것도 아니고, 무엇이 옳은지 그른지를 듣게 되는 것도 아니다. 오히려, 우리는 자본주의가 생겨난 방식에 관한 발생도와 자본주의가 체계적으로 불평등을 산출하고 세계를 일꾼과 주인으로 나누는 방식에 관한 지형도, 자본주의가 자체의 내재적 적대 관계로 인해 향하고 있을 법한 방향에 관한 벡터도를 제시받게 된다. 맑스는 기술과 자원, 공장, 화폐, 노동이 상호작용하여 어떤 중력장과 국소적 표현을 생산하는 방식을 보여준다. 이들 지도로 무장함으로써 이런 중력을 타파할 전략적 개입 조치를 고안할 수 있게 된다. 『감시와 처벌』에서의 푸코도 마찬가지다. 푸코는 우리가 권력을 내부화함으로써 자신의 간수가 되는 방식과 일단의 실천과 건축 구조가 이런 종류의 주체성을 생산하기 위해 작동하는 방식을 보여준다.

맑스와 푸코는 그들의 지도를 통해서 사회적 생태의 우연성을 드러낸다. 그들은 이들 생태를 세계가 자연적으로 현존하는 방식으로 여기기보다는 오히려 그 생태들이 일단의 발생 과정을 통해서 생겨났음을 보여준다. 예를 들면, 맑스는 역사 전체에 걸쳐 다양한 생산 조건과 생산 관계가 현존했음을 보여줄 뿐만 아니라, 그것들이 다양한 형태의 주체성 또는 행위주체성도 생성했음을 보여주었다. 맑스에 따르면, 농민의 주체성과 숙련된 상인의 주체성, 공장 노동자의 주체성은 각각 다르다. 맑스는 이런 점을 보여주면서 오늘날 우리가 생산하고 교역하는 방식이 모든 생산의 비역사적이고 보편적인 특징이 아니라 특정한 역사적 배치라는 점도 보여주고, 게다가 우리가 자신을 경험하는 방식과 실존하는 방식 역시 마찬가지로 역사적임을 보여준다. 푸코의 경우에도 마찬가지다. 『쾌락의 활용』에서 푸코가 보여주는 대로, 역사 전체에 걸쳐서 다양한 실천에서 다양한 종류의 '자아' 또는 '주체'가 생겨났다.[46] 맑스와 푸코는 둘 다 이들 주체성을 생산하는 회집체들에 관한 세심한 지도를 제공한다. 그들은 이들 회집체와 주체성의 형식이 모두 우연적임을 규명하면서 다른 생활방식과 사회적 생태를 배치하는 다른 방식이 가능하다는 점도 드러내고, 따라서 다른 생태들을 상상하고 생산하고자 애쓰기 시작할 수 있는 공간을 개방한다.

　그런데 이런 맥락에서 우리가 기억해야 하는 것은 맑스의 지도와 푸코의 지도가 갖는 **특정성, 구체성**이다. 이들 지도는 각각 특정한 역사적 조건에 처해 있는 특정한 사회적 생태에 관한 지도다. 그러므로 아마존 우림에 관한 생태 지도에서 나타난 바를 캘리포니아의 거대한 삼나무 숲으로 이전할 수 없는 것과 꼭 마찬가지로,『감시와 처벌』에서 이루어진 푸코의 권력 분석을 모든 지리적 지점이나 역사적 시점으로 이전할 수 없다. 맑스와 푸코에게서 우리는 그저 그들의 발견 결과를 취하는 것이 아니라 그들의 기법도 취해야 한다. 존재지도학적 분석의 역설적 위험은 그런 분석이 사회적 생태가 취하고 있는 새로운 형태를 보이지 않게 할 수 있다는 것이다. 요컨대 우리는, 지도는 영토가 아니라는 사실과 어쨌든 영토는 변화한다는 사실을 잊어버린다. 그리하여 결국 우리는, 제작된 지도에 기반을 두고서, 이런 지리 안에서 혹은 이런 조건 아래서 중력이 조직되는 방식에 민감하지 않은 방식으로 영토에 개입하고자 애쓰게 된다.

　그런데 맑스와 푸코 같은 사상가들이 존재지도학에 이바지하는 바는 가치가 있지만, 그들의 사유 양식들은 존재지도학적으로 아직 충분하지 않다. 그들 각자의 설명 양식과 정치적 목적이 반영하는 대로, 그들의 담론들은 여전히 인간 예외주의라는 곤경에 처해 있다. 예

---

46. M. Foucault, *The History of Sexuality, Vol. 2*, trans. R. Hurley (New York : Vintage Books, 1990), 25~32. [미셸 푸코,『성의 역사 2』, 신은영·문경자 옮김, 나남출판, 2018.]

를 들면, 맑스의 경우에 주요한 정치적 목적은 인간 해방이다. 이것은 『경제학–철학 수고』의 사례에서 특히 명료하게 나타나는데, 여기서 맑스는 인간은 자신뿐만 아니라 주변 세계도 형성한다는 점에서 독특하고 정치의 목적은 인간이 자신의 노동에서 소외된 방식을 극복하는 것이라고 주장한다.[47] 문제는 인간 해방이 칭찬할 만한 목표가 아니라는 점이 아니고, 오히려 이렇게 규정함으로써 우리 역시 온갖 종류의 비인간 행위주체에 의해 형성된다는 발달 체계 이론의 가르침을 잊어버리게 될 뿐만 아니라, 정치적 개입이 필요한 우리 세계의 더 넓은 생태도 잊어버리게 된다는 점이다. 존 벨라미 포스터가 맑스의 작업에 묻어 들어가 있는 심층적이고 풍성한 생태적 사상에 대한 설득력 있는 논증을 제시하였지만, 지배적인 주류의 맑스주의 사상에서 이런 사고방식이 깊이 표현된 적은 없었다.[48] 사실상 하버마스 이전의 프랑크푸르트학파와 알튀세르의 프랑스 맑스주의에서 생겨난 후속 맑스주의 사상은 공장 같은 존재자들과 기술이 수행하는 형성적 역할에 관한 맑스의 풍성한 성찰을 대체로 무시하게 되었고, 그 대신에 사회적 관계에 대하여 이데올로기에 의거한 문화적 설명을 제시하였다. 푸코의 경우에도 마찬가지인데, 여기서 사회적 생태를 형성하는 데 기술과 비인간이 수행하는 역할에 관한 논의는 매우 불충분하게 이루어진다.

우리에게 필요한 것은 언어적 전회의 결과와 맑스주의 사상, 푸코의 사상, 매클루언과 키틀러, 옹 같은 매체 이론가들의 사상과 더불

---

47. K. Marx, "Economic amd Philosophic Manuscripts of 1844," *The Marx-Engels Reader*, ed. R.C. Tucker (New York : W.W. Norton, 1978), 66~125. [카를 마르크스, 『경제학–철학 수고』, 강유원 옮김, 이론과실천, 2006.]

48. J.B. Foster, *Marx's Ecology* (New York : Monthly Review Press, 2000) [존 벨라미 포스터, 『마르크스의 생태학』, 김민정·황정규 옮김, 인간사랑, 2016]을 보라.

어 생태주의자들과 신유물론자들, 행위자-네트워크 이론가들의 포스트휴먼주의적 사상 및 다이아몬드와 브로델 같은 사상가들의 작업을 종합할 수 있는 포스트휴먼주의적인 틀이다. 서로에 대한 매체로서 작용하는 다양한 종류의 기계가 실행하는 교차와 상호작용 안에서 그리고 그것들을 통해서 과잉결정에 관해 생각할 수 있는 어떤 틀 안에서만 오늘날 우리가 마주하는 정치적 요구와 윤리적 요구에 적절한 지도를 전개하기 시작할 수 있다. 더욱이, 기후변화가 인간 역사에서 전례가 없는 위험으로 우리를 위협하는 한, 우리는 인간의 사회적 회집체가 더 넓은 생태에 묻어 들어가 있는 방식을 고려하도록 우리의 사회사상과 정치사상에서 나타나는 인간 예외주의라는 편견을 극복해야 한다. 바로 이런 틀이 존재지도학이 제공하고자 시도하는 것이다.

그레이엄 하먼이 묻고 레비 브라이언트가 답하다

하먼 당신의 책 제목인 온토-카르토그라피Onto-Cartography로 시작합시다. 대륙철학 저술가들 사이에서 당신은 매우 다양한 분과학문을 접한다는 점에서 언제나 두드러졌습니다. 존재지도학은 어느 정도까지 지리학에 집중합니까? 당신은 그 용어를 지리학적 의미에서 사용하고 있습니까? 아니면 어떤 다른 의미에서 사용하고 있습니까?

브라이언트 저는 지리학이 사회과학에서 가장 중요하다 ― 그 책에서 저는 지리학을 사회과학의 여왕으로 서술합니다 ― 고 생각하지만, 온토-카르토그라피는 지리의 철학이 아닙니다. '카르토그라피'는 '지도'를 나타냅니다. 상이한 종류들의 다양한 지도가 존재하는데, 지리적인 것들도 있고 그렇지 않은 것들도 있습니다. 예를 들면, 맑스는 자본주의가 작동하고 조직되는 방식에 관한 지도를 제시하고, 푸코는 『말과 사물』 같은 저작들에서 특정 시기에 지식이 조직되는 방식에 관한 지도를 제시합니다. 해부학이라는 분과학문은 육체가 배치된 방식에 관한 지도로 여길 수 있습니다. 반면에, 그리스어로 [존재를 뜻하는] '온토'라는 용어는 '사물' 또는 제가 '기계'라고 부르는 것을 가리킵니다. 그리하여 『존재의 지도』라는 책에서 저는 표현 기계 또는 기호 기계와 유형 기계 또는 물질적 기계 사이의 관계들에 관한 지도를 제작하기 위한 기법을 개발하는 데 관심이 있는데, 그것은 압제적 세계를 벗어나기 위한 전략을 고안할 수 있도록 그런 관계들이 우리에게 행사하는 중력이나 역능을 탐구하기 위함입니다. 저는 말과 사물의 회집체에서 벗어날 수 있는 탈출 속도에 도달할 방법을 알고 싶습니다. 이들 회집체가 특정한 지리적 공간에 자리 잡고 있다는 점에서 이 프로젝트는 지리학과 통합되지만, 그런데도 그것은 지리적 공간 외의 것에 관한 지도를 제작하는 것입니다.

하먼 그 책은 기계지향 존재론을 제시합니다. 기계가 어떻게 더 일반적으로 존재자들에 대한 훌륭한 은유가 되는지를 조금 설명해 주시겠습니까?

브라이언트 제가 객체라는 낱말에서 기계라는 낱말로 바꾼 이유는 여러 가지입니다. 첫째, 저는 객체에 관한 논의를 전개하면서 사람들이 주체와 객체의 관계에 관한 인식론적 물음들에 집중하는 경향이 있다는 점을 거듭해서 알게 되었습니다. 그런데, 여기서 쟁점은 우리가 객체를 표상하거나 인식하는 방식과 관련된 것이 아니라 ─ 저는 이들 문제가 대단히 중요하다고 생각하지만 ─ 오히려 객체를 표상할 어떤 의식 있는 존재자가 있는지 여부와 무관하게 객체가 무엇이고 무엇을 행하는지와 관련된 것입니다. 어떤 마음이 객체를 목격할지 여부와 무관하게 객체는 현존합니다. 존재론은 우리가 그런 존재자를 인식하는 방식에 관한 물음들에 관심이 있는 것이 아니라 존재자의 특질들에 관심이 있다고 저는 생각합니다. 어쩌면 인식론의 물음들이 방법론적 우위를 지니고 있을지라도 말입니다. 제 희망은, '존재자' 또는 '실체'를 나타내기 위해 '기계' 같은 용어를 채택하면 주체와 객체의 관계 및 인식론에 관한 물음들에 집중하는 이런 경향이 얼마간 완화될 것이라는 점이었습니다. '기계'라는 용어를 들을 때 우리는 즉각적으로 '주체'를 생각하지 않습니다. 그리고 물론, 주체 역시 기계의 일종이라는 점을 기억할 가치가 있습니다. 예를 들면, 기계지향 존재론의 틀 안에서는 바디우가 제시하는 그런 종류의 주체를 아무 모순 없이 옹호할 수 있습니다.

그런데 더 근본적으로, 저는 '기계'라는 용어가 저의 존재론적 신념을 더 잘 포착하기를 바랍니다. 기계는 조작하고 작동하는 것입니다. 제가 관심이 있는 것은 사물이 행하는 것입니다. 저는 존재자를 활동과 행위로 간주합니다. 저는 '기계'라는 용어를 통해서 존재자의 특성보다 존재자의 활동에 주의를 끌어들이고 싶습니다. 예를 들면, 저는 소설이 무엇을 의미하는지 묻기보다는 소설이 무엇을 행하는지 묻는 탐구를 더 많이 보고 싶습니다. 마찬가지로, 저는 바위가 어떤 특성들로 이루어져 있는지 묻기보다는 바위가 어떤 활동들로 이루어져 있는지 묻는 탐구를 더 많이 보고 싶습니다.

마지막으로, 제가 기계라는 용어를 선택한 것은 우리가 살아가는 시대를 수긍하는 것입니다. 우리는 인류세 시대에 살고 있다는 말이 점점 더 많이 들립니다. 인류세는 기계의 시대입니다. 인문학과 사회과학에서는 담론적 구성체를 논의하는 데에는 많은 시간을 보내면서도, 매체 연구와 과학기술학을 제외하곤 기계의 영향에 관해 성찰하는 데에는 훨씬 적은 시간을 보냅니다. 우리의 일상생활에서 기계가 도처에 널려 있는 현실을 고려하면 이것은 특이합니다. 저는 기계의 존재론이 기술 기계에 관한 더 많은 성찰을 고무할 수 있기를 바랍니다.

하면 독자에게 매혹적일 것이라고 제가 예상하는 당신 책의 한 측면은 어두운 객체, 밝은 객체, 위성 객체, 희미한 객체, 불량 객체, 그리고 블랙홀 객체라는 새로운 분류법입니다. 이런 분류 도식과 그 도식이 어떻게 유용한 것으로 판명될 수 있는지에 관해 몇 가지 말씀해 주십시오.

브라이언트 이 분류법은 기계의 고유한 특질들을 가리키는 것이 아니라 – 예를 들면, 어느 객체도 본질적으로 희미한 객체인 것은 아닙니다 – 오히려 기계들 사이의 관계들을 가리킵니다. 어두운 객체는 다른 객체들과 전적으로 관계를 맺지 않고 있는 객체이고, 따라서 그것은 세계에 전혀 드러나지 않습니다. 그런 객체의 현존이 순전히 사변적인 이유는 우리가 무언가를 인식하려면 그 존재자와 관계를 맺어야 하기 때문입니다. 어두운 객체가 현존한다는 것은 하나의 가능성에 불과합니다. 밝은 객체는 다른 객체들의 운동과 되기를 강력하게 조직하는 객체입니다. 예를 들면, 태양은 태양계 행성들에 대한 밝은 객체이며, 부채는 수백만 명의 사람들에 대한 밝은 객체입니다. 위성 객체는 밝은 객체의 궤도에 포획된 기계입니다. 희미한 객체는 세계 안에 현존하는 객체이지만, 희미하게 나타날 따름이고 독자적인 힘은 거의 지니고 있지 않습니다. 이런 객체의 일례는 억압받는 주변부 집단일 것입니다. 불량 객체는 세계에 갑자기 나타나는 객체인데, 그것은 '월스트리트를 점거하라' 같은 혁명 집단이나 바디우의 사건과 주체처럼 세계의 관계들을 재편합니다. 마지막으로, 블랙홀 객체는 매우 강력하여 아무것도 그것의 궤도를 벗어날 수 없는 기계입니다. 심각한 약물 중독, 어떤 형태들의 부채, 그리고 암이 블랙홀 객체의 사례들일 것입니다.

존재지도학의 의미작용 중 하나는 이들 기계의 역선力線들을 식별하기 위해 기계들 사이의 관계들에 관한 지도를 제작하는 것입니다. 예를 들면, 우리는 다양한 사람을 위성 객체와 희미한 객체의 위치에 남겨 두는 권력이 구성되는 방식을 식별하는 데 관심을 둘 수 있을 것입니다. 제 희망은 이들 지도가 탈출 속도에 도달하기 위한 전략을 고안하는 데 도움이 될 것이라는 점입니다. 일반적으로 저는 '분석적' 혹은 '진단적' 정치 이론으로 부를 수 있는 것에 관심이 있습니다. 이런 점에서 저는 제 작업을 푸코와 맑스 같은 사상가들의 전통에 속하는 것으로 여깁니다. 그들은 권력의 메커니즘과 동학을 이해할 수 있도록 권력의 배치를 분석하고 그 지도를 제작합니다. 이들 지도를 통해서 더 전략적이고 유용한 방식으로 개입할 수 있게 됩니다. 억압적 회집체를 탄핵하는 선언을 공표하는 것은 가치 있는 일이지만, 그런 회집체를 변화시키기 위한 좋은 지도가 없다면 이런 비판은 크게 도움이 되지 않습니다. 맑스와 푸코는 그 점을 이해했습니다. 『감시와 처벌』에서 푸코는 규율적 권력을 비난하는 데 많은 시간을 소요하는 것이 아니라, 그런 권력이 뜻밖으로 놀라운 다양한 방식으로 작동하는 방법에 관한 지도를 제시합니다. 이 지도는 감옥 폐지 운동의 사례처럼 다른 사람들이 받아들이고 있는데, 이렇게 해서 정치적으로 의미 있는 현장으로서 자명하지 않을 권력의 메커니즘들과 그것들이 만들어 내는 주체화 행위들을 겨냥하는 해방적 투쟁을 낳습니다. 이들 지도가 제가 관심을 두는 것입니다.

하면 저는 비디오 게임 〈심시티 4〉가 당신의 사유에 미친 영향에 관한 솔직한 논의가 좋았습니다. 당신과 마찬가지로 저도 비디오 게임과 함께 성장한 첫 번째 세대에 속하고, 따라서 그것의 잠재적인 인지적 중요성에 대해 결코 회의적이지 않습니다. 그런데 특히 그 게임과 관련된 어떤 부분이 당신의 사유를 그토록 깊이 형성했습니까?

　브라이언트　오랫동안 저는 비판 이론에 관심을 기울였는데, 특히 지젝의 이데올로기 비판, 아도르노의 문화 산업 분석, 푸코의 계보학, 그리고 데리다의 해체에 관심을 기울였습니다. 오늘날까지 저는 여전히 이들 이론에 큰 신세를 지고 있고 제가 제시하는 존재론적 틀 안에 그것들을 위한 자리를 보존하려고 확실히 노력했습니다. 왜냐하면 저는 기표의 행위주체성을 이해하지 않고서는 도대체 이해할 수 없을 뿐더러 더군다나 다룰 수 없는 정치적 쟁점이 많이 있다고 믿기 때문입니다. 그런데 이 시기에 저는 사회적 세계가 온전히 기표로 구성되어 있다고 믿었습니다. 저는 "우주는 수사학의 꽃"이라는 라캉의 경구를 지지했습니다. 그러므로 정치적 행위는 기표의 장에서 이루어지는 행위를 의미했습니다.
　무엇보다도 〈심시티〉는 이런 전제의 한계를 제게 보여주었습니다. 흔히 그렇듯이, 제 말은 기호학적 전환, 수사학적 전환, 또는 언어적 전환이 잘못되었다는 것이 아니라 과장되었다는 것입니다. 〈심시티〉는 사물 및 하부구조의 행위주체성과 더불어 그것들이 발휘하는 역능을 직면하지 않을 수 없게 만듭니다. 그리하여 예를 들면, 도로를 올바른 장소에 건설하지 않는다면, 사람들이 직장에 접근하지 못하고 기업이 그런 지역에 오지 않기 때문에 도시 인근은 쇠퇴하여 죽기 시작합니다. 석탄이 저렴하기 때문에 도시에 에너지를 공급하기 위해 화력 발전소를 건설하기로 선택할 수도 있지만, 그런 행위는 도시 지역에 질병과 죽음을 초래하는 온갖 종류의 오염을 만들어냅니다.
　〈심시티〉는 언어적 전환의 이론적 틀 안에서는 비가시적이었던 전적으로 다른 형태의 역능을 제게 드러내 주었습니다. 게임의 사변적 중요성에 대해서는 이안 보고스트의 수행적 수사법이라는 개념을 떠올릴 가치가 있다고 생각합니다. 제가 이해하는 바에 따르면, 수행적 수사법은 언어를 통해서가 아니라 청중을 어떤 활동에 처하게 함으로써 설득하는 수사법입니다. 청중의 이해는 실천 활동을 통해서 전환됩니다. 이런 측면에서 게임은 수사법의 한 형식입니다. 게임은 연출을 통해서 우리를 변화시킵니다. 보고스트는 게임이 인간에게 인지적으로 그리고 정동적으로 어떤 영향을 미치는지 탐구하는 데 많은 시간을 보내면서 이런저런 게임이 어떤 종류의 주체를 생산하고 있는지 묻습니다. 예를 들면, 보고스트는 얄궂게도 성공적인 게임 〈카우 클리커〉Cow Clicker를 스스로 만들어냄으로써 웃음거리로 만들던 〈팜빌〉Farmville 같은 사회적 네트워크 게임들이 초래하는 인지적 마비 효과를 비판하는 것으로 유명합니다(그리고 악명이 높습니다!). 이런 점에서 수행적 수사법에 관한 그의 이론은 자크-알랭 밀레의 봉합 개념과 약간 유사합니다. 게임은 다양한 방식으로 우리를 주체화할 뿐만 아니라, 세계와 관련된 것들을 알아내기 위한 실험적 도구도 될 수 있습니다.

저는 더 많은 철학적 게임, 즉 철학적 실험 장치와 유사한 것의 기능을 수행할 게임이 발명되는 사태를 보고 싶습니다. 운이 좋게도 현재 저는 바로 이런 작업을 실행하고 있는 한 유능한 학생을 지도하고 있는데, 그는 존재지도학의 개념들을 도시 이론과 클리블랜드라는 도시를 분석하는 데 적용하여 정동을 개체화하는 하나의 장으로서의 그 도시를 새로운 방식으로 대면할 수 있게 할 영화와 게임을 제작하고 있습니다. 그것은, 제가 추정컨대, 우리 자신의 아무 근거도 없는 가정들 ― 들뢰즈가 '양식과 상식'으로 부른 것 ― 을 드러내는 데 있어서 엄청나게 유용할 수 있을뿐더러 우리가 인간중심주의적 인지의 한계를 넘어설 수 있게 해줄 수도 있는 새로운 철학하기의 방식입니다.

이런 맥락에서 때때로 저는 사람들이 사변적 실재론을 아무튼 반인간적이고 비정치적인 것으로 여긴다고 생각합니다. 저는 이런 견해가 절대 맞지 않다고 생각합니다. 비인간의 행위주체성에 대한 인식은 인간에 대한 그 어떤 적대감에서 이루어지는 것이 아니라 – 제 경우에는 어쨌든 – 사회적 회집체가 그런 형태를 취하는 이유와 권력이 작동하는 방식을 더 잘 이해하고 해방적 개입의 가능성과 전략을 다양화하기 위한 것입니다. 현상학의 경우처럼 체험된 지향성을 통해서 인간이 세계에 의미를 주입하는 방식에 집중할 때, 혹은 기표가 실재를 구성하는 방식을 탐구하는 데 열중할 때, 혹은 규범에 관한 담론과 규범이 우리의 추리와 사회적 관계를 지배하는 방식에 집중할 때, 사물의 이런 행위주체성은 간과된다고 저는 생각합니다. 이런 것들은 모두 필요하지만, 저는 사물이 우리의 사회적 관계를 구성하는 방식에도 더 주목할 필요가 있다고 믿고 있습니다.

하면 맑스에 대한 당신의 관계는 꽤 흥미롭습니다. 그것은 대체로 우호적이지만, 대다수 사람은 당신을 정통 맑스주의자로 부를 생각이 결코 없을 것입니다. 당신이 생각하기에, 맑스주의가 세계와 관련하여 어떤 점을 올바르게 이해하고 어떤 점을 잘못 이해하고 있습니까?

브라이언트 맑스와 맑스주의를 구분하는 것이 언제나 중요합니다. 제가 생각하기에, 맑스가 잘못 이해하고 있는 것을 찾아서 인용하는 데에는 어려움을 겪을 것입니다. 간단히 말하자면, 저는 맑스가 현대의 사회적 세계에 관한 가장 정확한 분석을 제시한다고 생각합니다. 제가 보기에는 자본주의가 모든 사회적 관계의 지평이고, 따라서 자본주의의 동학이 모든 사회적 관계와 정치적 쟁점을 특징짓고 좌우합니다. 예를 들면, 자본주의 아래서 생산과 분배, 소비가 작동하는 방식의 동학을 이해하지 못할뿐더러 가능한 곳이라면 어디에서든지 이루어지는 자본주의의 강박적인 자본 추구도 이해하지 못한다면, 기후변화에 관해서 아무것도 이해하지 못하며 우리의 파괴적인 실천을 바꾸는 것이 매우 어려운 이유도 전혀 이해하지 못하게 됩니다. 기후변화를 다루는 것은 반드시 자본주의를 다루는 것을 수반하게 됩니다. 마찬가지로, 자본주의가 사회적 세계의 고체성을 약화하는 방식과 99%의 구성원이 영구적으로 불안정한 환경에서 살아남으려고 노력하면서 서로 싸우게 만드는 방식을 이해하지 못한다면, 종교적 근본주의의 흥기와 인종주의의 당혹스러운 심화에 관하여 아무것도 이해할 수 없습니다.

맑스의 탁월함은 '헤겔을 물구나무 세워' 버렸다는 것이라고 저는 생각합니다. 여기서 '헤겔'은 철학자를 가리키는 고유명사 — 그렇기도 하지만 — 가 아니라, 관념론자를 가리키는 유적 용어로 이해해야 합니다. 마찬가지로 맑스가 또한 플라톤을 물구나무 세웠다고 쉽게 말할 수 있을 것입니다. 관념론자는 사회적 세계가 개념, 정신, 기표, 규범 등에서 비롯된다고 여깁니다. 세계를 구성하는 것은 관념이라고 관념론자는 주장합니다. 물론, 이 주장은 관념과 텍스트로 작업하는 사회 이론가의 일반적인 계급적 지위를 반영하는 것입니다. 구두 수선공은 만물이 신발이라고 생각하는 것과 마찬가지로, 학자는 만물이 텍스트 혹은 관념이라고 생각합니다. 반면에, 맑스는 일종의 사변적 실재론자였고 심지어 행위자-네트워크 이론가였습니다(당혹스러운 여러 가지 이유로 인해 라투르는 격렬히 반대할 것이지만 말입니다). 맑스는 생산 관계와 생산 조건, 세계의 물질을 변형시키는 물리적 활동이 사회적 관계들의 모든 차원을 특징짓는 방식을 보여줍니다. 또한, 맑스는 우리가 사용하는 다양한 도구와 기술이 우리를 좌우함으로써 어떤 형태들의 정동성, 인지, 육체적 역량 등을 부여하고 제약하는 방식을 보여줍니다. 슬프게도, 저는 물질적 세계에 대한 이런 집중의 많은 부분이 프랑크푸르트학파와 알튀세르 학파를 특징짓는 문화적 맑스주의에서 사라져 버렸다고 생각합니다. 문화적 맑스주의에서는 관념론이 복귀해 버린 듯 보입니다.

그건 그렇다 치고, 저는 모든 정치적 다툼이 전적으로 자본주의에 뿌리를 두고 있는 것으로 여길 수 있다고 생각합니다. 때때로 당신은 '정체성 정치'라고 조소적으로 불리는 것이 진짜 쟁점, 즉 자본주의를 둘러싼 쟁점으로부터의 '일탈 행위'로 다루어지는 발언을 듣습니다. 이런 발언은 실수이고 거기에는 정치적인 것의 많은 현장이 있다고 저는 생각합니다. 맑스주의적 전통에서 작업하고 있는 정치 이론가들에게서 자주 목격하게 되는 독단적인 거부 행위를 실천하지 않으면서 자본주의, 정체성, 체화, 섹슈얼리티, 동물성, 매체, 그리고 생태와 관련된 이들 쟁점을 동시에 생각할 수 있는 더욱더 다원주의적인 정치를 저는 보고 싶습니다.

하면 당신은 헌신적인 유물론자입니다. 유물론의 미래 전망과 더불어 유물론적 전통과 관련하여 매우 중요한 것을 몇 개의 문장으로 요약해 주시겠습니까?

브라이언트 인문학 종사자들과 더 나아가 일반인들은 다양한 이유로 인해 유물론에 대한 과민 반응을 나타낸다고 저는 생각합니다. 어쩌면 가장 기본적인 실존적 층위에서 유물론은 죽음과 노화, 그리고 우리가 자기 육체의 주권자가 아니라는 사실 — 암 같은 심각한 질병의 경우처럼 우리 자신의 육체가 우리에게 끔찍한 일을 행할 수 있다는 사실과 우리가 피로를 겪기에 어느 날에 우리가 할 수 있는 것에는 한계가 있다는 사실 — 을 우리가 마주하지 않을 수 없게 만듭니다. 이런 점에서 저는, 문화를 가로질러 유물론을 제거하려는 경향이 세계의 모든 위대한 종교와 철학적 전통에서 식별될 수 있으며, 육체의 제약으로부터의 해방이라는 환상의 변양태들이 이들 전통 모두에서 목격될 수 있다고 생각합니다. 서양의 철학적 전통과 종교적 전통 전체에 걸쳐 나타나는 탈체화된 영혼이라는 개념과 코기토라는 개념, 혹은 동양의 다양한 전통에서 나타나는 물리적 제약에서 해방된 육체적 숙달이라는 이상에 관해 무엇을 말하든 간에 이들 사유 공간은 물질성의 억압을 전제하고 있는 듯 보입니다. 소중한 이들의 상실과 개체적 실존 둘 다에서 우리가 겪는 고통의 정도를 생각하면, 존재의 이런 측면들을 열렬히 제거하고 싶어 하는 경향은 전혀 놀라운 일이 아닙니다.

인문학에서 나타나는 유물론에 대한 적대감은 제가 앞서 넌지시 말한 사상가와 학자의 일반적인 계급적 지위에서 비롯될 뿐만 아니라, 유물론이 인문학을 붕괴시키거나 인문학을 위한 자리를 없애버림으로써 인문학이 물리과학에 의해 대체될 것이라는 불안에서도 비롯된다고 저는 생각합니다. 이런 맥락에서 우리는 '과학주의'라는 표제어 아래서 과학에 관한 가장 간단한 언급도 독단적으로 거부하는 행위를 많이 보게 됩니다. 제 생각에 오히려 이런 행위는 인문학과 사회과학에서, 특히 다양한 프로그램을 해체하는 데 사용되고 있는 인가와 평가에 활용되는 사이비과학적 기법들의 공세를 겪을 때, 많은 사람이 품고 있는 불안을 반영하는 것입니다. 그런데 그런 현상이 이런 종류의 거부 행위를 정당화하지 않으며, 스스로를 프톨레마이오스를 옹호하는 입장에 처하게 하는 것은 인문학과 사회과학에 좋은 생각도 아닙니다. 저는 물리과학이 존재와 우리 자신의 본성에 관한 많은 가정을 수정하기를 요구한다고 믿고 있지만, 물리과학에 대한 인문학과 사회과학의 불안이 특이하다고 알아차립니다. 신중한 개념 구성, 비판, 의미 탐색 등을 위한 중요한 자리가 언제나 있을 것이라고 저는 생각합니다.

유물론이 매우 중요하다면, 그 이유는 유물론이 우리를 자신이 살아가는 이 세상으로 복귀시키기 때문입니다. 유물론은 우리가 물리적 하부구조와 그것이 배치되는 방식, 그것이 행동을 가능하게 하고 제약하는 방식에 주목하도록 부추깁니다. 유물론은 우리가 자신의 육체를 움직이는 데 필요한 칼로리와 사회적 세계를 운영하는 데 필요한 연료의 형태로 나타나는 정치적 인자로서의 에너지의 요건들에 주목하도록 부추깁니다. 유물론은 상이한 형태들의 노동이 인지와 정동에 미치는 영향과 소진 효과 역시 하나의 권력 형식 혹은 통제 형식이 될 수 있는 방식에 우리의 주의를 기울이게 만듭니다. 확실히 그저 살아남기 위해 두세 개의 직장에서 일하는 사람의 수가 증가하는 현상은 결과적으로 더 나은 조건을 위한 투쟁에 사용될 수 있는 에너지를 빼앗고, 그런 체계에 도전하기 위한 정보를 갖추게 되는 데 필요한 시간을 소진합니다. 유물론은 우리가 정치적 인자이자 권력의 작동 방식 중 하나로서 피로 같은 현상들에 주목하게 만듭니다. 유물론은, 세계를 변화시키기 위해서는 그저 어떤 관념을 품는 것만으로는 충분하지 않고, 오히려 그 관념이 억압적 세계를 해체하고 대체 세계를 구축하기 위해 협력하는 사람들의 집합체를 구성하도록 물리적 세계에 두루 유포되게 해야 한다는 점을 우리에게 일깨워 줍니다. 저는 이들 중 많은 것이 관념론적 틀 안에서는 흔히 간과된다고 믿고 있습니다.

하면 당신의 저작들(당신의 이전 저작들은 전 세계 독자들에게 상당한 영향을 미쳤습니다)과 더불어 당신은 만만찮은 철학 블로거로 알려져 있습니다. 사실상 저는 이 세상에서 더 나은 철학 블로거는 없다고 말하고 싶습니다. 당신의 블로그 활동과 더 전통적인 학술적 글쓰기 사이의 관계를 어떻게 서술하시겠습니까?

브라이언트 운이 좋게도 저는 제 계약의 일부로서 학술 활동을 요구하지 않는 교육 중심의 교수직에 종사하고 있고, 따라서 그 주제가 철학, 사회학, 민족지학, 문학 이론, 자연과학 등에 속하는지와 무관하게 제가 원하는 것을 탐구할 자유가 있습니다. 저는 제가 연구 중심 대학에 자리를 잡았더라면 제 연구는 전적으로 다른 방식으로 진전했으리라고 짐작합니다. 그런데 이런 상황을 깨닫는 데는 얼마간의 시간이 걸렸습니다. 처음에 저는 익명으로 제 학술 작업과 무관한 착상들을 자유롭게 탐구하는 공간으로서 블로그 활동을 시작했습니다. 그 당시에 저는 여전히 언젠가 연구 중심 대학에 자리를 잡을 것이라는 희망을 품고 있었습니다. 대륙철학 부문과 분석철학 부문의 맥락 안에서 제 작업의 특이성과 취업 시장의 끔찍한 상태를 고려하면 그런 일이 일어나지 않으리라고 이제는 짐작하지만 말입니다. 시간이 흐름에 따라 블로그 활동은 더욱더 제 사유의 중심이 되었습니다. 그런 매체에서 주고받는 상호작용이 종종 믿을 수 없을 정도로 불쾌할 수 있다는 사실에도 불구하고, 그 매체 덕분에 그렇지 않았더라면 제가 맞닥뜨리지 못했을 텍스트와 사유 노선뿐만 아니라 철학 세계의 바깥에 있는 온갖 종류의 사람들에게 저 자신이 노출되었기에 저는 그로부터 엄청난 이익을 얻었다고 믿고 있습니다. 이렇게 해서 저는 그렇지 않았더라면 저 자신이 겪었을 것으로 생각하지 못한 사유의 모험에 나서게 되었습니다. 더욱이, 저는 사유를 촉발하는 타자를 만나지 않았더라면 제가 정말로 상상조차 할 수 없는 그런 식으로 이렇게 형성되어 있습니다. 사회적 매체의 대화적 차원은 제 사유에 보조적인 것이 아니라, 제가 생각하기 위한 필요조건입니다. 저는 라캉적 의미에서 저 자신이 약간의 히스테리 환자라고 생각합니다.

하먼 당신의 사유를 가장 많이 형성한 책은 무엇입니까?

브라이언트 그것은 루크레티우스의 『사물의 본성에 관하여』와 스피노자의 『에티카』일 것입니다. 이상하게 들릴 것이지만, 저는 그 두 가지 책 모두 비판 이론의 최초 형식이었으며, 둘 다 평평한 존재론, 혹은 그에 동일한 것에 해당하는 것으로서, 초월적인 항들이 없는 자연주의와 유물론을 표현했다고 생각합니다.

하먼 1990년대 중엽부터 질 들뢰즈는 특별히 흥미로운 일종의 비주류로서의 이전 지위에서 격상되어 필경 대륙철학의 중심적인 준거가 되었습니다. 당신은 들뢰즈에 관한 진지한 작업을 수행하였기에 그의 영향과 관련하여 지금까지 가장 중요했다고 여기는 것이 무엇인지 말씀해주시겠습니까?

브라이언트 저는 들뢰즈가 철학과 이론의 세계를 기표와 텍스트의 우위로부터 과학의 진가도 인정하는 유물론과 자연에 관한 갱신된 성찰을 가능하게 한 실재론으로 이행시키는 데 있어서 핵심적인 역할을 수행했다고 생각합니다. 들뢰즈는 환원적 유물론이나 제거적 유물론과 과학주의에 빠지지 않으면서도 이런 작업을 행하는 것이 어떻게 가능한지 보여주었습니다.

하면 당신은 남은 경력 기간에 대륙철학이 어떤 방향을 취하는 것을 보고 싶습니까?

브라이언트 외부 지역에 사실상 어떤 '대륙철학'이 있는지 알기 어렵습니다. 대륙철학은 영어권 세계의 현상이라고 저는 믿고 있는데, 여기서 철학적 작업은 들뢰즈, 하이데거, 바디우 등과 같은 중요 인물들에 대한 주석에 집중하고 있는 것처럼 제게 보입니다. 저는 인물들에 대한 상당히 오이디푸스적인 이런 물신숭배에서 벗어나서 오히려 의문과 문제에 집중하는 그런 이행을 보고 싶습니다. 현대 영어권 대륙철학 학과의 사회학을 고려하면, 현재 의문과 문제는 고유명사의 저작에 관한 분석을 통해서만 탐구될 수 있는 것처럼 보입니다. 예를 들면, 실재론의 쟁점에 관해 바로 작업하기보다는 '실재론에 관한 들뢰즈' 같은 것을 논의하는 논문이나 책을 저술해야 합니다. 인물로부터 의문과 문제로의 이행은 인물을 무시하거나 신중한 주석의 실천을 전적으로 포기함을 수반하는 것이 아니고, 오히려 문제와 의문이 더는 고유명사에 종속된 것이 아니라 이들 고유명사가 문제와 의문에 종속되어 있음을 뜻합니다. 이런 맥락에서, 단일한 인물에 몰두하는 연구는 훨씬 더 적어지는 대신에 어떤 의문을 전개할 때 다양한 사상가의 작업에 의존하는 현상을 보게 될 것입니다.

:: 감사의 글

『존재의 지도』는 다른 많은 사람의 유익한 논평과 도움이 없었다면 저술될 수 없었을 것이다. 2012년 가을학기 동안 콜린 칼리지Collin College가 내게 안식년을 허가해 준 덕분에 이 책의 저술을 끝낼 수 있게 되었다. 나는 이어지는 글에서 나타나는 개념들과 논증을 진전시키면서 멜라니 도허티의 통찰과 비판, 격려, 그리고 여러 장과 사유 노선에 대한 논평으로부터 막대한 혜택을 입었다. 도허티가 없었다면, 이 책은 도대체 완결되었을 법하지 않다. 마찬가지로, 칼 클라크는 내가 논증을 전개하는 동안 나와 많은 토론을 벌였는데, 요컨대 클라크는 내가 이들 관념을 헤치고 나아가면서 제기한 산만한 주장을 관대하게 경청하며 통찰과 비판을 제시했다. 네이던 게일과 칼 스틸, 조 휴스는 시간, 행위주체성, 그리고 사건과 관련된 쟁점들에 관하여 매우 값진 통찰을 제공했다. 대니얼 사실루투는 규범성과 유물론, 인식론에 관한 소중한 통찰을 내게 제공했다. 디지털 세계에서는 제레미 트롬블리, 〈아카이브 파이어〉Archive Fire라는 뛰어난 블로그를 운영하는 마이클, 그리고 알렉스 라이드가 민족지학의 세계에서 비롯된 끝없는 영감, 객체와 물질에 관한 그들의 사색, 그리고 그들의 수사학 작업을 지금까지 제공했다. 또한, 나는 독자적인 생태적 존재론을 진전시키면서 제프리 제롬 코헨의 비판으로부터 큰 혜택을 입었다. 이어지는 글에서 존 프로테비의 저작이 나타나지는 않더라도, 이 책은 들뢰즈와 가타리, 자기생산 이론, 발달 체계 이론, 그리고 진화발생생물학에 관한 프로테비의 작업에 깊이 고무되고 영향을 받지 않은 페이지가 하

448 존재의 지도

나도 없다. 때때로 나는, 내 작업이 프로테비의 특별하고 광범위한 사상의 저렴한 판본에 불과하다고 생각한다. 마찬가지로, 이 책은 이안 보고스트와 그레이엄 하먼, 티모시 모턴의 격려와 영감이 없었다면 저술될 수 없었을 것이다. 마지막으로, 마이클 플라워는 이어지는 텍스트의 도표들을 작성했고 그 자체로 유익한 논평을 제공했다.

2012년에 운이 좋게도, 나는 여기서 전개되는 관념들을 시험해 볼 수 있는 강연의 기회가 많이 있었다. 스테이시 앨러이모와 케네스 윌리퍼드는 친절하게도 내가 알링턴 소재 텍사스대학교에서 강연하도록 초청했는데, 거기서 나는 포스트휴먼 윤리학과 윤리적 기계를 탐색했다. 로리 로완은 나를 런던의 스페이스 아트 스튜디오Space Art Studio에 초대했는데, 거기서 나는 자연과 연속적인 생태로서의 사회에 관한 내 생각을 발표했다. 캐리 울프는 친절하게도 나를 라이스대학교에 초대했는데, 거기서 나는 기계의 존재론에 관한 내 주장을 발표할 기회를 얻었다. 제임스 윌리엄스는 내가 에든버러대학교에서 강연하도록 초청했는데, 거기서 나는 기계의 본질과 평평한 존재론을 논의했다. 또한 운이 좋게도, 나는 리버풀 호프대학교에서 행한 기조연설에서 생태에 관한 내 견해를 발표했다. 지금까지 내가 이들 청중에게서 받은 입력은 매우 값진 것이었고, 그 덕분에 이 책은 그렇지 않았을 경우보다 훨씬 더 좋은 책이 되었다. 이어지는 텍스트에서 좋은 것은 모두 여기서 언급된 사람들과 그 밖의 다른 많은 사람의 비판과 통찰, 후원에서 비롯된 것이다.

: : 참고문헌

Alaimo, Stacy, *Bodily Natures : Science, Environment, and the Material Self*, Bloomington, Indiana University Press, 2010. [스테이시 앨러이모, 『말, 살, 흙: 페미니즘과 환경정의』, 윤준·김종갑 옮김, 그린비, 2018.]

Althusser, Louis, "Ideology and Ideological State Apparatus (Notes Towards an Investigation)," in *Lenin and Philosophy and Other Essays*, trans. Ben Brewster, New York, Monthly Review Press, 2001, pp. 85~132. [루이 알튀세, 「이데올로기와 이데올로기적 국가 기구」, 『레닌과 철학』, 이진수 옮김, 백의, 1997.]

Aristotle, *Metaphysics*, in *The Complete Works of Aristotle : Volume Two*, ed. Jonathan Barnes, Princeton, Princeton University Press, 1984. [아리스토텔레스, 『형이상학』, 김진성 역주, 이제이북스, 2007.]

Badiou, Alain, *Being and Event*, trans. Oliver Feltham, New York, Continuum, 2005. [알랭 바디우, 『존재와 사건』, 조형준 옮김, 새물결, 2013.]

_____, "Being and Appearing," in *Briefings on Existence : A Short Treatise on Transitory Ontology*, trans. Norman Madarasz, Albany, State University of New York Press, 2006. [알랭 바디우, 「존재와 출현」, 『일시적 존재론』, 박정태 옮김, 이학사, 2018.]

_____, "What is Love?" in *Conditions*, trans. Steven Corcoran, New York, Continuum, 2008, pp. 179~98. [알랭 바디우, 「사랑이란 무엇인가」, 『조건들』, 이종영 옮김, 새물결, 2006.]

_____, *Logics of Worlds : Being and Event II*, trans. Alberto Toscano, New York, Continuum, 2009.

Bakker, R. Scott, *Neuropath*, New York, Tor Books, 2009.

Barad, Karen, *Meeting the Universe Halfway : Quantum Physics and the Entanglement of Matter and Meaning*, Durham, Duke University Press, 2007.

Bateson, Gregory, *Steps to an Ecology of Mind*, Chicago, University of Chicago Press, 2000. [그레고리 베이트슨, 『마음의 생태학』, 박대식 옮김, 책세상, 2006.]

Baudrillard, Jean, *For a Critique of the Political Economy of the Sign*, trans. Charles Levin, New York, Telos Press, 1981. [장 보드리야르, 『기호의 정치경제학 비판』, 이규현 옮김, 문학과지성사, 1998.]

_____, *System of Objects*, trans. James Benedict, New York, Verso, 2006. [장 보드리야르, 『사물의 체계』, 배영달 옮김, 지만지, 2011.]

Bennett, Jane, *Vibrant Matter : A Political Ecology of Things*, Durham, Duke University Press, 2010. [제인 베넷, 『생동하는 물질』, 문성재 옮김, 현실문화, 2020.]

Bennett, Jane, Levi R. Bryant, and Graham Harman, "Speculative Realism : A Round-Table with Jane Bennett, Levi R. Bryant, and Graham Harman," hosted by the CUNY Graduate Center, 2011, ⟨http://vimeo.com/30101429⟩에서 입수할 수 있음.

Berger, Peter L. and Thomas Luckmann, *The Social Construction of Reality : A Treatise in the Sociology of Knowledge*, New York, Anchor Books, 1967. [피터 버거·토마스 루크만, 『실재의 사회적 구성 : 지식사회학 논고』, 하홍규 옮김, 문학과지성사, 2014.]

Bergson, Henri, "Introduction to Metaphysics," in *The Creative Mind : An Introduction to Metaphysics*, New York, Dover Publications, 2010, pp. 133~69. [앙리 베르그송, 「형이상학 입문」, 『사유와 운동』, 이광래 옮김, 문예출판사, 1993.]

Bhaskar, Roy, *A Realist Theory of Science*, New York, Routledge, 2008.

Blum, Andrew, *Tubes : A Journey to the Center of Internet*, New York, HarperCollins, 2012.

Bogost, Ian, *Unit Operations : An Approach to Videogame Criticism*, Cambridge, MIT Press, 2006.

_____, *Alien Phenomenology, or What It's Like to Be a Thing*, Minneapolis, University of Minnesota Press, 2012.

Bourdieu, Pierre, *Pascalian Mediatations*, trans. Richard Nice, Stanford, Stanford University Press, 2000. [피에르 부르디외, 『파스칼적 명상』, 김웅권 옮김, 동문선, 2001.]

_____, *Distinction : A Social Critique of the Judgement of Taste*, trans. Richard Nice, Cambridge, Harvard University Press, 2002. [삐에르 부르디외, 『구별짓기 : 문화와 취향의 사회학 상 · 하』, 최종철 옮김, 새물결, 2005.]

Brandom, Robert, *Making It Explicit : Reasoning, Representing, and Discursive Commitment*, Cambridge, Harvard University Press, 1998.

Braudel, Fernand, *The Structures of Everyday Life : Civilization & Capitalism, 15th-18th Century*, Vol. I, trans. Siân Reynolds, New York, Harper & Row, 1981. [페르낭 브로델, 『물질문명과 자본주의 I : 일상생활의 구조 상 · 하』, 주경철 옮김, 까치, 1995.]

Bryant, Levi R., *The Democracy of Objects*, Ann Arbor, Open Humanities Press, 2011. [레비 R. 브라이언트, 『객체들의 민주주의』, 김효진 옮김, 갈무리, 근간.]

Butler, Judith, *Gender Trouble : Feminism and the Subversion of Identity*, New York, Routledge, 2006. [주디스 버틀러, 『젠더 트러블 : 페미니즘과 정체성의 전복』, 조현준 옮김, 문학동네, 2008.]

Casey, Edward S., *The Fate of Place : A Philosophical History*, Berkeley, University of California Press, 1999. [에드워드 S. 케이시, 『장소의 운명 : 철학의 역사』, 박성관 옮김, 에코리브르, 2016.]

_____, *Getting Back into Place, Second Edition : Toward a Renewed Understanding of the Place-World*, Bloomington, Indiana University Press, 2009.

Clark, Andy, *Being-There : Putting Brain, Body, and World Together Again*, Cambridge, MIT Press, 1998.

_____, *Natural-Born Cyborgs : Minds, Technologies, and the Future of Human Intelligence*, Oxford, Oxford University Press, 2003. [앤디 클락, 『내추럴-본 사이보그 : 마음, 기술, 그리고 인간 지능의 미래』, 신상규 옮김, 아카넷, 2015.]

_____, *Supersizing the Mind : Embodiment, Action, and Cognitive Extension*, Oxford, Oxford University Press, 2011. [앤디 클라크, 『수퍼사이징 더 마인드』, 윤초희 · 정현천 옮김, 교육과학사, 2018.]

Clark, Andy and David Chalmers, "The Extended Mind," in *Supersizing the Mind : Embodiment, Action, and Cognitive Extension*, Oxford, Oxford University Press, 2011, pp. 220~32.

Croft, John (n.d.) "A FAQ on LETS," available at ⟨http://www.gdrc.org/icm/lets-faq.html⟩.

DeLanda, Manuel, *A Thousand Years of Nonlinear History*, Cambridge, MIT Press, 2000.

_____, *Intensive Science and Virtual Philosophy*, New York, Continuum, 2005. [마누엘 데란다, 『강도의 과학과 잠재성의 철학』, 김영범 · 이정우 옮김, 그린비, 2009.]

_____, "Emergence, Causality and Realism," in *The Speculative Turn : Continental Materialism and Realism*, eds. Levi R. Bryant, Nick Srnicek, and Graham Harman, Melbourne, Re.Press, 2011, pp. 381~92.

Deleuze, Gilles, *Cinema 1 : The Movement-Image*, trans. Hugh Tomlinson and Barbara Habberjam, Minneapolis, University of Minnesota Press, 1986. [질 들뢰즈, 『시네마 1 : 운동-이미지』, 유진상 옮김, 시각과언어, 2002.]

_____, *Foucault*, trans. Seán Hand, Minneapolis, University of Minnesota Press, 1988. [질 들뢰즈, 『푸코』, 허경 옮김, 그린비, 2019.]

_____, *The Logic of Sense*, trans. Mark Lester and Charles Stivale, New York, Columbia University Press, 1990. [질 들뢰즈, 『의미의 논리』, 이정우 옮김, 한길사, 1999.]

_____, *Difference and Repetition*, trans. Paul Patton, New York, Columbia University Press, 1995. [질 들뢰즈, 『차이와 반복』, 김상환 옮김, 민음사, 2004.]

_____, "Immanence : A Life," in *Two Regimes of Madness : Texts and Interviews 1975-1995*, ed. David Lapoujade, New York, Semiotext(e), 2006. [질 들뢰즈, 「내재성 : 하나의 삶」, 조정환 옮김, 『자율평론』 15호, 자율평론편집위원회, 2006, ⟨https://bit.ly/3fBTFGN⟩.]

Deleuze, Gilles and Félix Guattari, *Anti-Oedipus : Capitalism and Schizophrenia*, trans. Robert Hurley, Mark Seem, and Helen R. Lane, Minneapolis, University of Minnesota Press, 1983. [질 들뢰즈 · 펠릭스 과타리, 『안티 오이디푸스 : 자본주의와 분열증』, 김재인 옮김, 민음사, 2014.]

_____, *Kafka : Toward a Minor Literature*, trans. Danna Polan, Minneapolis, University of Minnesota Press, 1986. [질 들뢰즈 · 펠릭스 가타리, 『카프카 : 소수적인 문학을 위하여』, 이진경 옮김, 동문선, 2001.]

_____, *A Thousand Plateaus : Capitalism and Schizophrenia*, trans. Brian Massumi, Minneapolis, University of Minnesota Press, 1987. [질 들뢰즈 · 펠릭스 가타리, 『천 개의 고원 : 자본주의와 분열증 2』, 김재인 옮김, 새물결, 2001.]

_____, *What Is Philosophy*, trans. Hugh Tomlinson and Graham Burchell, New York, Columbia University Press, 1996. [질 들뢰즈 · 펠릭스 가타리, 『철학이란 무엇인가』, 이정임 · 윤정임 옮김, 현대미학사, 1995.]

Dennett, Daniel C., *Darwin's Dangerous Idea : Evolution and the Meaning of Life*, New York, Simon & Schuster, 1995.

_____, *Freedom Evolves*, New York, Penguin Books, 2003. [대니얼 데닛, 『자유는 진화한다』, 이한음 옮김, 동녘사이언스, 2009.]

Dewey, John, *The Later Works of John Dewey, Volume 12, 1925-1953 : 1938, Logic : The Theory of Inquiry (Collected Works of John Dewey 1882-1953)*, Edwardsville, Southern Illinois University Press, 2008.

Diamond, Jared, *Guns, Germs, and Steel : The Fates of Human Societies*, New York, W. W. Norton, 2005. [제레드 다이아몬드, 『총, 균, 쇠 : 무기, 병균, 금속은 인류의 문명을 어떻게 바꿨는가』, 김진준 옮김, 문학사상사, 2013.]

Elder-Vass, David, *The Causal Power of Social Structures : Emergence, Structure and Agency*, Cambridge, Cambridge University Press, 2010.

Flusser, Vilém and Louis Bec, *Vampyroteuthis Infernalis : A Treatise, with a Report by the Institut Scientifique de Recherche Paranaturaliste*, trans. Valentine A. Pakis, Minneapolis, University of Minnesota Press, 2012.

Foerster, Heinz von, "Perception of the Future and the Future of Perception," 1971, ⟨http://ada.evergreen.edu/~arunc/texts.old/readings.htm⟩에서 입수할 수 있음.

Foster, John Bellamy, *Marx's Ecology : Materialism and Nature*, New York, Monthly Review Press, 2000. [존 벨라미 포스터, 『마르크스의 생태학 : 유물론과 자연』, 김민정 · 황정규 옮김, 인간사랑, 2016.]

Foucault, Michel, *The History of Sexuality, Vol. 2 : The Use of Pleasure*, trans. Robert Hurley, New York, Vintage Books, 1990. [미셸 푸코, 『성의 역사 2 : 쾌락의 활용』, 신은영 · 문경자 옮김, 나남출판, 2018.]

_____, *The Order of Things : An Archaeology of the Human Sciences*, New York, Vintage, 1994. [미셸 푸코, 『말과 사물』, 이규현 옮김, 민음사, 2012.]

_____, *Discipline and Punish : The Birth of the Prison*, New York, Vintage, 1995. [미셸 푸코, 『감시와 처벌 : 감옥의 탄생』, 오생근 옮김, 나남출판, 2016.]

Frankfurt, Harry G., "Freedom of Will and the Concept of a Person," in *The Importance of What We Care About*, Cambridge, Cambridge University Press, 1998, pp. 11~25.

Freud, Sigmund, "Civilization and Its Discontents," in *The Standard Edition of the Complete Psychological Works of Sigmund Freud*, Vol. 21, trans. James Strachey, New York, Vintage, 2001. [지그문트 프로이트, 『문명 속의 불만』, 김석희 옮김, 열린책들, 2003.]

_____, *The Interpretation of Dreams*, in *The Standard Edition of the Complete Psychological Works of Sigmund Freud*, Vol. 4, trans. James Strachey, New York, Vintage, 2001. [지그문트 프로이트, 『꿈의 해석』, 김인순 옮김, 열린책들, 2003.]

_____, "A Note Upon the 'Mystic Writing-Pad'," in *The Standard Edition of the Complete Psychological Works of Sigmund Freud*, Vol. 19, trans. James Strachey, New York, Vintage, 2001, pp. 227~32. [지그문트 프로이트, 「〈신비스러운 글쓰기 판〉에 대한 소고」, 『정신분석학의 근본 개념』, 박찬부 옮김, 열린책들, 2004.]

Gleick, James, *The Information : A History, A Theory, A Flood*, New York, Vintage Books, 2012. [제임스 글릭, 『인포메이션 : 인간과 우주에 담긴 정보의 빅히스토리』, 박래선 · 김태훈 옮김, 동아시아, 2017.]

Gottlieb, Gilbert, "A Developmental Psychobiological Systems View : Early Formulation and Current Status," in *Cycles of Contingency : Developmental Systems and Evolution*, eds. Susan Oyama, Paul E. Griffiths, and Russell D. Gray, Cambridge, MIT Press, 2001.

Gould, Stephen Jay, *Wonderful Life : The Burgess Shale and the Nature of History*, New York, W. W. Norton, 1989. [스티븐 제이 굴드, 『원더풀 라이프 : 버제스 혈암과 역사의 본질』, 김동광 옮김, 궁리, 2018.]

Grandin, Temple and Catherine Johnson, *Animals in Translation : Using the Mysteries of Autism to Decode*

Animal Behavior, New York, A Harvest Book, 2005. [템플 그랜딘 · 캐서린 존슨, 『(자폐를 극복한 동물학자, 템플 그랜딘의) 동물과의 대화』, 권도승 옮김, 샘터사, 2006.]

Greenblat, Stephen, *The Swerve: How the World Became Modern*, New York, W. W. Norton, 2012. [스티븐 그린블랫, 『1417, 근대의 탄생 : 르네상스와 한 책 사냥꾼 이야기』, 이혜원 옮김, 까치, 2013.]

Hacking, Ian, *The Social Construction of What?*, Cambridge, Harvard University Press, 1999.

Haraway, Donna J., "A Cyborg Manifesto : Science, Technology, and Socialist-Feminism in the Late Twentieth Century," in *Simians, Cyborgs, and Women : The Reinvention of Nature*, New York, Routledge, 1991. [도나 해러웨이, 『유인원, 사이보그, 그리고 여자 : 자연의 재발명』, 민경숙 옮김, 동문선, 2002.]

Harrington, Donald, *The Cockroaches of Stay More*, Las Vegas, Toby Press, 1989.

Harman, Graham, *Tool-Being : Heidegger and the Metaphysics of Objects*, Chicago, Open Court, 2002.

_____, *Guerrilla Metaphysics : Phenomenology and the Carpentry of Things*, Chicago, Open Court, 2005.

_____, "Time, Space, Essence, and Eidos : A New Theory of Causation," *Cosmos and History*, vol. 6, no. 1, 2010, pp. 1~17.

_____, *The Quadruple Object*, Winchester, Zero Books, 2011. [그레이엄 하먼, 『쿼드러플 오브젝트』, 주대중 옮김, 현실문화, 2019.]

Harvey, David, *A Companion to Marx's Capital*, New York, Verso, 2010. [데이비드 하비, 『데이비드 하비의 맑스 〈자본〉 강의』, 강신준 옮김, 창비, 2011.]

Hegel, G. W. F., *Hegel's Science of Logic*, trans. A. V. Miller, Atlantic Highlands, Humanities Press International, 1969. [게오르그 빌헬름 프리드리히 헤겔, 『헤겔의 논리학』, 전원배 옮김, 서문당, 2018.]

_____, *Hegel's Phenomenology of Spirit*, trans. A. V. Miller, Oxford, Oxford University Press, 1977. [게오르그 빌헬름 프리드리히 헤겔, 『정신현상학 1 · 2』, 임석진 옮김, 한길사, 2005.]

Heidegger, Martin, *Being and Time*, trans. John Macquarrie and Edward Robinson, San Francisco, Harper Collins, 1962. [마르틴 하이데거, 『존재와 시간』, 이기상 옮김, 까치, 1998.]

Hjelmslev, Louis, *Prolegomena to a Theory of Language*, trans. Francis J. Whitfield, Madison, University of Wisconsin Press, 1962. [루이 옐름슬레우, 『랑가쥬 이론 서설』, 김용숙 · 김혜련 옮김, 동문선, 2000.]

Hoy, David Couzens, *The Time of Our Lives : A Critical History of Temporality*, Cambridge, MIT Press, 2009.

Hua, Kai, *A Society Without Fathers or Husbands : The Na of China*, New York, Zone Books, 2008.

Hume, David, *An Enquiry Concerning Human Understanding*, ed. Tom L. Beauchamp, Oxford, Oxford University Press, 1999. [데이비드 흄, 『인간의 이해력에 관한 탐구』, 김혜숙 옮김, 지만지, 2012.]

Inwagen, Peter van, *Material Beings*, Ithaca, Cornell University Press, 1990.

Kafka, Franz, *Amerika*, trans. Willa and Edwin Muir, New York, Schocken Books, 1974. [프란츠 카프카, 『아메리카』, 곽복록 옮김, 신원문화사, 2006.]

Kahn, Amina, "Giant Rogue Planet, Without a Home Star, May Roam Nearby Heavens," *Los Angeles Times*, November 14, 2012, 〈http://articles.latimes.com/2012/nov/14/science/la-sci-sn-giant-rogue-planet-lost-space-star-20121113〉에서 입수할 수 있음.

Kant, Immanuel, *Critique of Pure Reason*, trans. Paul Guyer and Allen W. Wood, Cambridge, MIT Press, 1998. [임마누엘 칸트, 『순수이성비판 1 · 2』, 백종현 옮김, 아카넷, 2006.]

Karatani, Kojin, *Transcritique : On Kant and Marx*, trans. Sabu Kohso, Cambridge, MIT Press, 2003. [가라타니 고진, 『트랜스크리틱 : 칸트와 맑스』, 이신철 옮김, 도서출판 b, 2013.]

Kelly, Kevin, *What Technology Wants*, New York, Penguin Books, 2011. [케빈 켈리, 『기술의 충격 : 테크놀로지와 함께 진화하는 우리의 미래』, 이한음 옮김, 민음사, 2011.]

Lacan, Jacques, *The Psychoses (1955-1956) : The Seminar of Jacques Lacan – Book III*, trans. Russel Grigg, New York, W. W. Norton, 1993.

_____, *Encore : The Limits of Love and Knowledge (1972-1973)*, trans. Bruce Fink, New York, W. W. Norton, 1998.

_____, *Écrits : The First Complete Edition in English*, trans. Bruce Fink, New York, W. W. Norton, 2006. [자

크 라캉, 『에크리』, 홍준기 · 이종영 · 조형준 · 김대진 옮김, 새물결, 2019.]

Landes, David S., *Revolution in Time: Clocks and the Making of the Modern World*, Cambridge, Harvard University Press, 1983.

Latour, Bruno, *Science in Action: How to Follow Scientists and Engineers through Society*, Cambridge, Harvard Universirty Press, 1987. [브뤼노 라투르, 『젊은 과학의 전선: 테크노사이언스와 행위자-연결망의 구축』, 황희숙 옮김, 아카넷, 2016.]

_____, *Irreductions*, in *The Pasteurization of France*, trans. Alan Sheridan and John Law, Cambridge, Harvard Universirty Press, 1988.

_____, *We Have Never Been Modern*, trans. Catherine Porter, Cambridge, Harvard University Press, 1993. [브뤼노 라투르, 『우리는 결코 근대인이었던 적이 없다』, 홍철기 옮김, 갈무리, 2009.]

_____, *Politics of Nature: How to Bring the Sciences into Democracy*, Cambridge, Harvard Universirty Press, 2004.

_____, *Reassembling the Social: An Introduction to Actor-Network-Theory*, Oxford, Oxford Universirty Press, 2005.

Lautman, Albert, *Mathematics, Ideas, and the Physical Real*, trans. Simon B. Duffy, New York, Continuum, 2011.

Leibniz, G. W., *The Principles of Philosophy, or, the Monadology (1714)*, in *Discourse on Metaphysics and Other Essays*, trans. Daniel Garber and Roger Ariew, Indianapolis, Hackett, 1991. [G. W. 라이프니츠, 『모나드론 외』, 배선복 옮김, 책세상, 2007.]

Lewontin, Richard C., "Gene, Organism and Environment, " in *Cycles of Contingency: Developmental Systems and Evolution*, eds. Susan Oyama, Paul E. Griffiths, and Russell D. Gray, Cambridge, MIT Press, 2001.

Lovejoy, Arthur O., *Great Chain of Being*, Cambridge, Harvard University Press, 1936. [아서 O. 러브죠이, 『존재의 대연쇄』, 차하순 옮김, 탐구당, 1984.]

Lucretius, *The Way Things Are: The De Rerum Natura of Titus Lucretius Carus*, trans. Rolfe Humphries, Stanford, Stanford University Press, 1969. [루크레티우스, 『사물의 본성에 관하여』, 강대진 옮김, 아카넷, 2012.]

Luhmann, Niklas, *Social Systems*, trans. John Bednarz, Jr. and Dirk Baecker, Standford, Stanford University Press, 1995. [니클라스 루만, 『사회체계이론 1 · 2』, 박여성 옮김, 한길사, 2007.]

_____, *The Reality of the Mass Media*, trans. Kathleen Cross, Stanford, Stanford University Press, 2000. [니클라스 루만, 『대중매체의 현실』, 김성재 옮김, 커뮤니케이션북스, 2006.]

_____, "Deconstruction as Second-Order Observing," in *Theories of Distinction: Redescribing the Descriptions of Modernity*, ed. William Rasch, Stanford, Stanford University Press, 2002, pp. 94~112.

_____, "The Cognitive Program of Constructivism and the Reality that Remains Unknown," in *Theories of Distinction: Redescribing the Descriptions of Modernity*, ed. William Rasch, Stanford, Stanford University Press, 2002, pp. 128~54.

_____, "What is Communication?" in *Theories of Distinction: Redescribing the Descriptions of Modernity*, ed. William Rasch, Stanford, Stanford University Press, 2002, pp. 155~68.

Lukács, Georg, *History and Class Consciousness: Studies in Marxist Dialectics*, trans. Rodney Livingstone, Cambridge, MIT Press, 2002. [죄르지 루카치, 『역사와 계급의식』, 조만영 · 박정호 옮김, 지만지, 2015.]

Malabou, Catherine, *What Should We Do With Our Brain?*, trans. Sebastian Rand, New York, Fordham University Press, 2008.

Marx, Karl, "Economic amd Philosophic Manuscripts of 1844," in *The Marx-Engels Reader: Second Edition*, ed. Robert C. Tucker, New York, W. W. Norton, 1978. [칼 마르크스, 『경제학-철학 수고』, 강유원 옮김, 이론과실천, 2006.]

_____, *Capital: Volume I*, New York, Peguin Classics, 1990. [카를 마르크스, 『자본론 I-상 · 하』, 김수행 옮김, 비봉출판사, 2015.]

Massey, Doreen, *For Space*, Los Angeles, Sage, 2005. [도린 매시, 『공간을 위하여』, 박경환 · 이영민 · 이용균 옮김, 심산, 2016.]

Massumi, Brian, *Parables for the Virtual : Movement, Affect, Sensation*, Durham, Duke University Press, 2002. [브라이언 마수미, 『가상계 : 운동, 정동, 감각의 아쌍블라주』, 조성훈 옮김, 갈무리, 2011.]

_____, *Semblance and Event : Activist Philosophy and the Occurrent Arts*, Cambridge, MIT Press, 2011. [브라이언 마수미, 『가상과 사건 : 활동주의 철학과 사건발생적 예술』, 정유경 옮김, 갈무리, 2016.]

Maturana Humberto R. and Francisco J. Varela, *The Tree of Knowledge : The Biological Roots of Human Understanding*, Boston, Shambhala, 1998. [움베르또 마뚜라나 · 프란시스코 바렐라, 『앎의 나무 : 인간 인지능력의 생물학적 뿌리』, 최호영 옮김, 갈무리, 2007.]

McLuhan, Marshall, *Understanding Media : The Extensions of Man*, Cambridge, MIT Press, 1994. [마셜 매클루언, 『미디어의 이해 : 인간의 확장』, 김상호 옮김, 커뮤니케이션북스, 2011.]

McLuhan, Marshall and Eric McLuhan, *Laws of Media : The New Science*, Toronto, University of Toronto Press, 1998.

Metzinger, Thomas, *The Ego Tunnel : The Science of Mind and the Myth of the Self*, New York, Basic Books, 2009.

Miéville, China, *The City & The City*, New York, Del Ray, 2010. [차이나 미에빌, 『이중 도시』, 김창규 옮김, 아작, 2015.]

Miller, Adam, *Speculative Grace : Bruno Latour and Object-Oriented Theology*, New York, Fordham University Press, 2013.

Minard, Anne, "'Weird Beastie' Shrimp Have Super-Vision," *National Geographic News*, May 19, 2008, 〈http://news.nationalgeographic.com/news/2008/05/080519-shrimp-colors.html〉에서 입수할 수 있음.

Mineault, Patrick J., "What's the Maximal Frame Rate Humans Can Perceive," at *XCORR Computational Neuroscience*, November 20, 2011, 〈http://xcorr.net/2011/11/20/whats-the-maximal-frame-rate-humans-can-perceive/〉에서 입수할 수 있음.

Molnar, George, *Powers : A Study in Metaphysics*, Oxford, Oxford University Press, 2006.

Mori, Scott, "Brazil Nut (*Bertholletia excelsa*)," in *The Encyclopedia of Earth*, August 23, 2008, 〈http://www.eoearth.org/article/Brazil_nut_%28Bertholletia_excelsa%29〉에서 입수할 수 있음.

Morton, Timothy, *Ecology Without Nature : Rethinking Environmental Aesthetics*, Cambridge, Harvard University Press, 2007.

_____, *The Ecological Thought*, Cambridge, Harvard University Press, 2010.

Nagel, Thomas, "What Is It Like to Be a Bat?" *Philosophical Review*, vol. 83, no. 4, 1974, pp. 435~50.

Negarestani, Reza, *Cyclonopedia : Complicity with Anonymous Materials*, Melbourne, Re.Press, 2008.

Okrent, Mark, *Rational Animals : The Teleological Roots of Intentionality*, Athens, Ohio University Press, 2007.

Ong, Walter J., *Orality and Literacy*, New York, Routledge, 2002. [월터 J. 옹, 『구술문화와 문자문화』, 임명진 옮김, 문예출판사, 2018.]

Oyama, Susan, *The Ontogeny of Information : Developmental Systems and Evolution*, Durham, Duke University Press, 2000.

_____, "Terms in Tension : What Do You Do When All the Good Words Are Taken?" in *Cycles of Contingency : Developmental Systems and Evolution*, eds. Susan Oyama, Paul E. Griffiths, and Russell D. Gray, Cambridge, MIT Press, 2001.

Oyama, Susan, Paul E. Griffiths, and Russell D. Gray, eds., *Cycles of Contingency : Developmental Systems and Evolution*, Cambridge, MIT Press, 2001.

PBS, "Deep Jungle : Monsters of the Forest — The Amazing Brazil Nut Tree," in *Nature*, 2008, 〈http://www.pbs.org/wnet/nature/episodes/deep-jungle-monsters-of-the-forest/the-amazing-brazil-nut-tree/3365/〉에서 입수할 수 있음.

Peirce, John R., *An Introduction to Information Theory : Symbols, Signals, and Noise*, New York, Dover, 1980.

Plato, *Republic*, in *Plato : Collected Dialogues*, ed. Edith Hamilton and Huntington Cairns, Princeton, Princeton University Press, 1989. [플라톤, 『국가』, 박종현 역주, 서광사, 2005.]

Pogge, Richard W., "Real-World Relativity : The GPS Navigation System," April 27, 2009, 〈http://www. astronomy.ohio-state.edu/~pogge/Ast162/Unit5/gps.html〉에서 입수할 수 있음.

Pollan, Michael, *The Botany of Desire : A Plant's Eye View of the World*, New York, Random House, 2002. [마이클 폴란, 『욕망하는 식물 : 세상을 보는 식물의 시선』, 이경식 옮김, 황소자리, 2007.]

Rancière, Jacques, *Disagreement : Politics and Philosophy*, trans. Julie Rose, Minneapolis, University of Minnesota Press, 1999. [자크 랑시에르, 『불화 : 정치와 철학』, 진태원 옮김, 길, 2015.]

Robinson, Kim Stanley, *Red Mars (Mars Trilogy)*, New York, Spectra Books, 1993.

Sartre, Jean-Paul, *Being and Nothing : An Essay on Phenomenological Ontology*, trans. Hazel E. Barnes, New York, Philosophical Library, 1956. [장 폴 사르트르, 『존재와 무』, 정소성 옮김, 동서문화사, 2009.]

_____, *Critique of Dialectical Reason : Volume One*, trans. Alan Sheridan-Smith, New York, Verso, 2004. [장 폴 사르트르, 『변증법적 이성비판 1』, 박정자 · 윤정임 · 변광배 · 장근상 옮김, 나남출판, 2009.]

Science Daily, "Mother's Diet Influences Infant Sex : High Energy Intake Linked to Conception of Sons," April 23, 2008, 〈http://www.sciencedaily.com/releases/2008/04/080422194553.htm〉에서 입수할 수 있음.

Serres, Michel, *The Birth of Physics*, trans. Jack Hawkes, Manchester, Clinamen Press, 2000.

_____, *The Parasite*, trans. Lawrence R. Schehr, Minneapolis, University of Minnesota Press, 2007. [미셸 세르, 『기식자』, 김웅권 옮김, 동문선, 2002.]

Serres, Michel and Bruno Latour, *Conversations on Science, Culture, and Time*, trans. Roxanne Lapidus, Ann Arbor, University of Michigan Press, 1995.

Simondon, Gilbert, *L'individuation à la lumière des notions de forme et d'information*, Paris, PUF, 1995. [질베르 시몽동, 『형태와 정보 개념에 비추어 본 개체화』, 황수영 옮김, 그린비, 2017.]

Spinoza, Benedict de, *Ethics*, in *Spinoza : Complete Works*, ed. Michael L. Morgan, Indianapolis, Hackett, 2002. [베네딕트 데 스피노자, 『에티카』, 황태연 옮김, 비홍, 2014.]

Srnicek, Nick, "Navigating Neoliberalism : Political Aesthetics After the Crisis," The Matter of Contradiction Conference, Limousin, France, September 8, 2012, 〈http://vimeo.com/52434614〉에서 입수할 수 있음.

Sterelny, Kim, "Niche Construction, Developmental Systems, and the Extended Replicator," in *Cycles of Contingency : Developmental Systems and Evolution*, eds. Susan Oyama, Paul E. Griffiths, and Russell D. Gray, Cambridge, MIT Press, 2001.

_____, *Thought in a Hostile World : The Evolution of Human Cognition*, Malden, Blackwell, 2003.

Taylor, David, "Tasty Brazil Nuts Stun Harvesters and Scientists," in *Smithsonian Magazine*, April, 1999, 〈http://www.smithsonianmag.com/science-nature/object_apr99.html〉에서 입수할 수 있음.

Uexküll, Jacob von, *A Foray Into the Worlds of Animals and Humans, with A Theory of Meaning*, trans. Joseph D. O'Neil, Minneapolis, University of Minnesota Press, 2010. [야곱 폰 윅스퀼, 『동물들의 세계와 인간의 세계 : 보이지 않는 세계의 그림책』, 정지은 옮김, 도서출판b, 2012.]

Vernant, Jean-Pierre, *The Origins of Greek Thought*, Ithaca, Cornell University Press, 1982. [장 피에르 베르낭, 『그리스 사유의 기원』, 김재홍 옮김, 길, 2006.]

Watts, Peter, *Blindsight*, New York, Tor Books, 2008. [피터 와츠, 『블라인드 사이트』, 김창규 옮김, 이지북, 2011.]

Whitehead, Alfred North, *Process and Reality*, New York, Free Press, 1978. [알프레드 노스 화이트헤드, 『과정과 실재』, 오영환 옮김, 민음사, 2003.]

Wollstonecraft, Mary, *A Vindication of the Rights of Women and a Vindication of the Rights of Men*, Oxford, Oxford University Press, 2009. [메리 울스턴크래프트, 『여성의 권리 옹호』, 문수현 옮김, 책세상, 2018.]

Žižek, Slavoj, *The Sublime Object of Ideology*, New York, Verso Books, 1989. [슬라보예 지젝, 『이데올로기의 숭고한 대상』, 이수련 옮김, 새물결, 2013.]

_____, *The Plague of Fantasies*, New York, Verso, 1997. [슬라보예 지젝, 『환상의 돌림병』, 김종주 옮김, 인간사랑, 2002.]

_____, *The Parallax View*, Cambridge, MIT Press, 2006. [슬라보예 지젝, 『시차적 관점』, 김서영 옮김, 마티, 2009.]

: : 인명 찾아보기

:: 용어 찾아보기

ㄱ

전성설(preformationism) 364, 365
전체론(holism) 368, 371, 397
전체주의(totalitarianism) 90, 146, 157, 166, 207, 233, 234
『젊은 과학의 전선』(*Science in Action*, 라투르) 327
『정글』(*The Jungle*, 싱클레어) 70
정동(affect) 130~133, 142, 143, 155~157, 198, 210, 234, 244, 275, 439, 444
정보(information) 18, 29, 31, 95, 101, 118, 120, 141, 147, 149, 167, 185, 188, 207, 244~247, 258, 261, 262, 275, 284, 336~338, 352, 360, 364, 365, 369, 370, 394, 396, 402, 406, 444
정적주의(quietism) 392, 426, 427
『젠더 트러블』(*Gender Trouble*, 버틀러) 57, 405
조작적 폐쇄성(operational closure) 94, 95, 97~99, 101, 102, 118, 119, 127, 165, 331
존재(being) 14, 17, 18, 20, 22, 24~26, 32, 36~39, 46, 48, 49, 53, 65, 66, 68, 69, 72, 77~83, 86~89, 91, 92, 94, 96, 105, 113, 121~123, 125, 126, 128, 130, 131, 140, 141, 143, 146, 147, 151, 153, 155, 157, 163, 164, 166, 167, 173, 174, 178~181, 184~188, 192, 194, 196, 202, 204, 206, 211, 212, 221, 222, 224, 226, 231, 235, 240~243, 255, 256, 259, 261, 266, 268, 270~272, 277, 278, 289~292, 294, 295, 297, 299, 304~306, 310, 311, 314~316, 318, 319, 325, 329, 331, 334, 338~340, 349, 350, 354, 355, 357~359, 361~363, 365, 375~378, 382, 389, 406, 423, 424, 433, 443, 444
『존재와 무』(*Being and Nothingness*, 사르트르) 174, 255
『존재와 시간』(*Being and Time*, 하이데거) 173, 326
존재자(entity) 14, 15, 25, 27, 29~32, 36~40, 48~53, 55, 57, 59, 64, 66, 68, 69, 75, 80, 81, 83, 85, 86, 89, 93~95, 97, 99, 100, 103, 104, 106, 107, 113, 118, 120~122, 124, 126~128, 130, 132~137, 147, 152, 153, 155, 164, 167, 169, 172, 174~177, 179~181, 184, 185, 192, 195, 196, 199, 212, 216, 217, 219, 221, 227, 230, 235, 241~243, 245, 250, 256, 258, 279, 282~284, 287, 289, 290, 293, 295, 302, 306, 307, 310, 317, 320, 324, 327~329, 331, 334, 340, 342~345, 350, 355~361, 363, 367, 376, 379, 381, 382, 387, 391, 393, 395, 396, 402, 407~409, 417, 426, 431, 434~436
존재지도학(onto-cartography) 10, 15, 24, 26~30, 66, 78, 85, 94, 103, 114, 166, 169, 172, 173, 180, 184, 185, 189, 213~216, 221, 225, 240~243, 255, 260, 267, 272, 276, 277, 286, 289, 293, 295, 297, 298, 302, 303, 316, 322~335, 339, 346, 348~350, 353~355, 357, 360, 382, 387, 390~393, 397, 402, 407, 422~427, 430, 432, 433,

436, 439
주권(sovereignty) 179, 361, 363, 391, 426
주체(subject) 32, 37, 40, 67, 83, 100, 177, 242, 323, 326, 327, 329, 331, 334, 342, 343, 345, 348, 350, 351, 352, 360, 366, 422, 429, 434~436, 439
준객체(quasi-object) 323~346, 348~350, 352, 402
중력(gravity) 7~10, 27, 31, 47, 48, 140, 148, 183, 231, 282~286, 288~290, 293, 297, 299~303, 308, 310, 312, 314~317, 319, 320, 322, 323, 333, 334, 340, 351, 380, 388, 390, 395~397, 399, 400, 402, 405, 407, 408, 410~413, 415, 416, 420, 421, 423, 424, 427~430, 434
중심원리(central dogma) 367
지도 제작(mapping, cartography) 10, 26, 193, 240, 303, 322, 346, 393, 422
지도(map, cartography) 10, 15, 26, 27, 33, 45, 79, 86, 114, 140, 170, 172, 173, 192, 193, 215, 232, 240, 267, 276, 302, 308, 309, 322, 323, 346, 353, 354, 390, 393, 396~398, 402~404, 421, 428~430, 432~434, 437
지도학(cartography) 10, 26, 27, 33, 66, 172, 173, 390, 399, 401, 421, 422, 427, 428
지리(geography) 18, 27, 31, 61, 112, 129, 160, 172, 173, 181, 189, 228, 236, 237, 239, 240, 288, 317, 322, 386, 387, 397, 405, 412, 420, 425, 430, 433, 434
지리정치(geopolitics) 316, 317
지리철학(geophilosophy) 32, 33, 354, 355, 360, 362, 368, 377, 382, 385, 387~390, 398, 399, 404, 407, 414, 416, 422, 428
지리학(geography) 27, 172, 173, 240, 433, 434
지속(duration) 26, 33, 153~156, 160, 162, 163, 165, 182, 220, 221, 242, 243, 246, 249, 252, 261, 265, 304, 318, 322, 332, 351, 378, 390, 392, 395, 397, 412, 424, 425, 428
지형도(topographical map) 33, 322, 393~400, 403, 404, 422, 429
질료형상론(hylomorphism) 41, 42
질적 표현(qualitative manifestation) 75

ㅊ, ㅋ, ㅌ
『차이와 반복』(*Difference and Repetition*, 들뢰즈) 13, 173, 253, 343
창발 유물론(emergence materialism) 355, 356
창발(emergence) 25, 40, 41, 123~125, 133, 167, 276, 286, 356, 358, 359
책임성(responsibility) 341, 342
초월성(transcendence) 355, 360~364, 367
초코드화(overcoding) 194, 204, 267, 268, 271, 310, 330,